동아시아 표해록

기획총괄	조현종(전 아시아문화연구소장)
편집총괄	안재연
편 집	김보배, 신경미

|2016년| 아시아 표해서사 현황 조사 및 자원 발굴

책임연구	서인범
연 구	김보배, 김일환, 노대환, 윤대영
연구보조	김강일, 김연옥, 김택경, 박대성, 신경미, 엄기석, 이명제, 이미정, 이진선, 임현진, 조성은, 홍진영

|2017년| 아시아 스토리 심화 연구: 표해서사

책임연구	안재연
연 구	강희정, 박현규, 송승원, 윤대영, 정성일, 조흥국
DB 구축/	김보배, 김용의, 서은숙, 전영숙, 조미원, 최가진,
자원관리	최정섭

동아시아 표해록

초판 1쇄 인쇄 2018년 12월 10일
초판 1쇄 발행 2018년 12월 14일

엮은이	국립아시아문화전당 아시아문화연구소
펴낸이	주혜숙
펴낸곳	역사공간
등 록	2003년 7월 22일 제6-510호
주 소	03996 서울특별시 마포구 월드컵로100 4층
전 화	02-725-8806
팩 스	02-725-8801
이메일	jhs8807@hanmail.net
ISBN	979-11-5707-179-1 93910

© 국립아시아문화전당·아시아문화원, 2018

책값은 뒤표지에 있습니다. 잘못된 책은 바꾸어 드립니다.

동아시아 표해록

아시아문화연구소 엮음

책머리에

　아시아문화연구소는 아시아 표해록의 문화적 가치와 잠재력에 주목해 2016년부터 2017년까지 〈아시아 표해서사 현황 조사 및 자원 발굴〉과 〈아시아 스토리 심화 연구: 표해서사〉 연구를 진행한 바 있습니다. 첫해는 동국대학교 산학협력단(책임연구자: 서인범 교수)과 조사를 진행하여 동북아시아 권역에 산재하고 있는 표해록 현황을 조사하고 활용 방안을 제시했습니다. 이듬해는 연구 영역을 동남아시아로 확대하는 한편, 동북아시아 권역의 표해록을 집중적으로 연구했습니다. 특히, 1차 연구 성과를 기반으로 한국, 중국, 일본의 관방자료 및 민간 표해록을 수집하고 초벌 번역을 시도했습니다. 동아시아 주요 표해록은 한국, 중국, 일본, 베트남 등 한자문화권에 속한 국가에서 전해지는 기록이었음을 볼 수 있었습니다.

　이제 2개년에 걸쳐 축적된 연구를 정리·편집하여 한 권의 책으로 묶어냅니다. 이 연구 보고서는 바다를 통한 문명 교류가 점차 활발해지고 주요 표해록이 출현했던 15세기부터 19세기를 주로 다룹니다. 서언에서는 표해록 연구의 목적과 범위, 선행연구를 밝혔습니다. 1부에서는 동아시아 표류의 발생 원인과 국가별 송환체제, 표해기록의 특성을 소개했습니다. 2부에서는 연구소가 발굴한 한국, 중국, 일본, 베트남의 주요 표해록을 소개했습니다. 3부에서는 고대부터 내려오는 각종 표류와 표해 관련 신화, 전설, 민담, 종교 설화 등을 망라하고, 4부에는 표해록 연구 논문을 실었습니다. 마지막으로 부록에는 동아시아 표해기록 총람과 관련 연구 자료, 주요 문헌을 실어 후속 연구에 보탬이 되고자 했습니다.

부족하나마 그간의 연구 성과를 묶어 냄은 표해록이 아시아의 해양 문화 교류를 통찰할 수 있는 기록의 정수이기 때문입니다. 표해록에 담긴 글과 그림은 당시 아시아 각국의 의식주는 물론이거니와 언어, 종교, 민속과 의례, 행정과 제도, 군사, 지리 및 환경, 도시와 문물 등을 알려주는 일종의 문화백과사전입니다.

국립아시아문화전당이 자리 잡은 전라남도 광주 지척에는 나주가 있습니다. 나주 출신의 조선 선비 최부(崔溥)가 지은 『금남표해록(錦南漂海錄)』에서 출발한 본 연구가 향후 아시아 해역을 둘러싼 다양한 문화 교류 현상을 통찰할 수 있는 마중물이 되기를 희망합니다.

2018년 12월
아시아문화연구소장

차
례

책머리에 4

| 서언 | 연구 배경 및 목적 ································· 11 |
| 조사 및 연구 범위 ································· 14 |
| 선행 연구 ··· 18 |

1부 **동아시아 표해와 표해기록**
  표해의 발생: 해류와 계절풍 ················· 31
  표류민 송환체제 ································· 40
  표해기록의 종류와 특징 ······················· 65

2부 **동아시아 표해록**
  한국 표해록 ······································· 87
  중국 표해록 ······································· 155
  일본 표해록 ······································· 177
  베트남 표해록 ··································· 222

3부 **문학과 종교 문헌에 나타난 표해**
  표해서사 ·· 233
  신앙과 표해 ······································· 260

4부 동아시아 표해록 연구 논문

해남잡저 연구: 대만 표류민이 바라본 베트남 271

중국 절강 내 한국 표류민의 유적과
기록에 대한 고찰 295

일본 사쓰마번사의 조선표류일기와
쓰시마번의 조사기록 324

찾아보기 354

부록 동아시아 표해기록 총람

한국 371
중국 400
일본 409

표해록 연구 자료 일람

국문 420
중문 445
일문 448
영문 467

고전문헌 원문

김수증, 『곡운집』,「법성전」 5
최두찬, 『승사록』 23
양지회, 『표해록』 141

일러두기

1. 이 책에서는 표해기록과 표해록을 구분하여 사용했다. '표해기록'은 공적·사적 기록을 포함하여 표해에 관련된 모든 기록을 뜻한다. '표해록'은 표해기록 가운데 실제 일어났던 표류 경험을 기록한 단독 저서로 한정했다.

2. 국명, 지명 등의 외래어는 국립국어원 외래어표기법을 준용함을 원칙으로 했다. 역사성을 띠고 있는 옛 국명이나 지명을 1차적 기준으로 삼고 현재 국명과 지명은 [ ]를 사용했다. 다만, 현재 위치가 명확하지 않은 경우, 옛 지명 그대로 표기했다.

3. 외래어라 하더라도 이미 표기 형태가 굳어진 용어는 그대로 두었다. 대마도(對馬島)의 경우, 쓰시마와 대마도를 상황에 따라 적절하게 골라 썼다.

4. 자료명의 경우 한글과 한자를 함께 적되 한자음에 따라 표기했다. 일본어로 된 자료의 경우, 꼭 필요한 경우를 제외하고는 별도로 풀이하지 않고 원문 그대로 표기했다.

5. 타국으로 표착한 경우에만 국명을 병기했다. 가령, 한국에서 한국으로 표해한 경우 국명은 제외하고 지명만 기재했고, 중국과 일본으로 표해한 경우에는 필요하면 국명까지 적었다. 중국, 일본도 마찬가지이다.

6. 부록 1(동아시아 표해기록 총람)은 검색의 용이함을 위해 모든 명칭을 원문 그대로 표기했다. 또한 단순 사실만을 기록하고 관련 내용이 거의 없는 경우는 제외했다. 공적 기록에서 중복되는 경우는 하나만 적되, 공적·사적 기록에 모두 기록된 경우는 비교를 위해 모든 출처를 기재했다. 작성 시기는 첫째, 해당 내용을 작성한 해, 둘째, 책이 완성된 해를 기준으로 했고, 둘 다 명확하지 않을 경우 빈칸으로 두었다.

서언

연구 배경 및 목적

지금으로부터 약 530여 년 전 한 중년의 나주(羅州) 선비가 왕명을 받아 중국에 표류했던 경험을 붓으로 옮기기 시작했다. 친부상을 치르기 위해 급히 제주도에서 귀향하던 중 절강(浙江)에 표착했다가 막 돌아온 참이었다. 그는 추쇄경차관(推刷敬差官)으로 제주도에 부임한 사연부터 여섯 달만에 한양에 당도하기까지의 여정을 빼곡하게 세 권에 나누어 적었다. 최부(崔溥, 1454~1504)의 『금남표해록(錦南漂海錄)』은 그렇게 탄생했다.

최부는 산더미처럼 몰아치던 폭풍우, 처음 보는 고래와 신기한 해양 생물들, 배고픔과 기갈보다 더한 두려움으로 점철된 생환 과정을 생생하게 기록하여 해양문학의 한 흐름을 일구었다. 또한 강남의 대표적 도시였던 항주, 소주를 거쳐 양자강을 건너고 북경과 한양에 도달하기까지 목도한 명(明)의 풍속, 산천, 제도, 운하와 문물 등을 손에 잡힐 듯 기록했다. 『표해록』이 엔닌(圓仁)의 『입당구법순례행기(入唐求法巡禮行記)』,

마르코 폴로의 『동방견문록』과 더불어 중국 3대 여행기로 손꼽히고 있는 것도 놀랄 일이 아니다. 수차의 이용과 제작법은 이후 충청도 해갈에 도움이 되어 아시아 과학사의 산 증거가 되었다. 성종의 명이 구체적으로 무엇이었는지는 전해지지 않는다. 그러나 『표해록』이 낯선 땅에서의 견문을 나누고자 했던 그의 열정의 소산이었음은 분명하다.

돌이켜보면 동아시아에서 표해록을 남긴 이가 최부만도 아니었고, 모두 임금의 명에 의한 것도 아니었다. 대부분 뜻밖에 접한 아시아의 풍경과 간난신고의 경험을 기록하려 한 아시아인의 자발적 의지에서 비롯되었다. 아시아문화연구소가 전근대 아시아 표해록에 주목한 첫 번째 이유가 바로 여기에 있다. 아시아 표해록을 통해 서양과의 접촉이 본격화되기 전 실재했던 아시아 문화 교류의 한 양상을 복원할 수 있기 때문이다. 아시아의, 아시아를 위한, 아시아에 의한 기록 발굴은 정복의 역사적 경험을 바탕으로 한 서구 중심의 시각에서 탈피하려는 최근 문화 연구의 흐름에도 부합한다.

또한 표해록은 국가, 저자, 혹은 기록 시기에 따라 상이한 특징을 보인다. 이를 비교한다면 자국의 역사와 타자의 시선을 종합하여 '함께 기억하는 인터아시아의 역사'를 구조화하는 시발점이 될 것이다. 결론적으로 아시아가 담은 아시아의 모습을 통하여 같이 향유할 수 있는 문화로 발전시키고자 함이 본 연구의 출발점이자 주요 목적이다.

다른 한편, 표해록이 가진 문화적·인류학적 가치에도 주목했다. 표해록은 뜻하지 않게 정처 없이 '표류(漂流)'했다가 돌아와 남긴 기록으로서, 박진감 넘치는 해양 체험과 이국의 풍속·제도 등을 기록한 역사기록이다. 연행록이나 조선통신사 등의 사행기록이 공적인 외교문서라면, 표해록은 벼슬아치, 무사, 어민, 무역상, 승려 등 다양한 계층의 사람들이 남긴 현장감 넘치는 사료로 볼 수 있다. 표해록은 대개 표착한 국가의 산천, 사람, 사회, 제도와 문물 등을 담은 일종의 민속지였다.

표해록이 가진 문화 콘텐츠로서의 가능성도 빼놓을 수 없다. 표해라는 돌발적인 사건과 '표류의 발생-바다에서의 위기-표착-이국 생활과 송환 여정-귀국'이라는 서사 구조는 문화 콘텐츠로서의 잠재력이 상당히 크다. 해난사고를 당하면 생환의 가능성이 극히 낮았던 과거, 육지에 닿아 생존하기까지의 과정과 미지의 세상을 여행하면서 귀환하는 이야기는 그 당시는 물론 오늘날도 사람들의 상상력을 자극하기에 충분하다. 또한 온갖 역경을 뚫고 귀환한 주인공들은 '(문화) 영웅'으로 소환되기도 했다.

이를 바탕으로 아시아문화연구소는 표해록이 집중적으로 생산된 15세기부터 19세기 아시아 표해록을 연구했다. 우리나라 제주도와 일본의 경우, 바다에 둘러싸인 섬이라는 지리적 환경으로 인하여 가장 많은 표해록이 배태되고 선행 연구도 적지 않다. 따라서 연구소는 상대적으로 연구가 미진한 여타 아시아 표해록을 집중 발굴하는 데 역점을 두어 대만에서 베트남으로, 류큐와 일본에서 충청도로, 혹은 조선에서 류큐와 필리핀을 거쳐 마카오로 표류했던 기록들을 조사했다. 궁극적으로 표해가 아시아 전역에서 동시다발적으로 일어났던 사건이며, 이를 통해 아시아 해양문명 네트워크의 한 축을 구성하는 데 일조했음을 규명하고자 했다.

조사 및 연구 범위

아시아문화연구소는 아시아 문화연구 생태계와 표해록 특성에 주목해 2년(2016~2017년)에 걸쳐 〈아시아 표해서사 현황 조사 및 자원 발굴〉과 〈아시아 스토리 심화 연구: 표해서사〉 연구를 진행했다.

 1차 조사연구를 통해 동북아시아 권역에 산재하고 있는 표해록 가운데 서사구조를 갖고 있는 기록 현황을 조사하고 이를 활용할 수 있는 방안을 제시했다. 본격적인 아시아 표해록 연구 확보에 우위를 확보함과 동시에 국립아시아문화전당 내 표해서사 활용 가능성을 확인했다. 더불어 기존에 잘 알려지지 않고 향후 문화콘텐츠로 활용 가능성이 높은 문헌을 발굴하여 다양한 분야에서 활용할 수 있는 우수한 원천 자원을 확보했다.

 2차 조사연구는 기존의 동북아시아 권역을 넘어 동남아시아까지 권역을 확대하여 진행했다. 권역별로 문화적 특성을 고려하여 각기 다른 방식의 연구를 진행했다. 동북아시아 표해서사는 1차 연구 성과를 기반으로 심층 조사 및 연구를 진행했다. 해류의 영향으로 대부분의 표류선이 귀착하는 대표적인 지역인 절강을 중심으로 한 중국과, 사면이 바다로 둘러싸인 대만으로 나누어 연구 지역을 세분화했으며 추가로 연구 자료를 수집했다. 이를 통해 일본의 오키나와 지역과 청대 동남아, 동북아 지역의 표류선들을 심문한 관방자료를 수집해 추가했다.

동남아시아 연구의 경우 지정학적으로 바다와 가장 밀접한 관계가 있는 권역임에도 불구하고 역사적 사실을 기반으로 한 표해록이 거의 남아 있지 않음을 확인했다. 면밀한 연구가 필요하겠으나, 동북아시아권의 사람들은 한자문화권을 중심으로 기록문화를 발전시킨 반면, 동남아시아인들은 무덥고 습한 환경 때문에 기록할 수 있는 재료의 보존이 용이하지 않았던 점을 중요한 이유로 우선 꼽을 수 있다. 동남아시아에서는 기록을 통한 전승보다는 구전이 발달했으며, 지배계층의 원류 설화 등에서 표류 플롯(plot)이 일부 확인되는 정도이다. 결국 한국, 중국, 일본, 베트남 등 한자문화권에 속한 지역에서 표해록이 주로 나타났다고 볼 수 있다.

『동아시아 표해록』은 1부 '동아시아 표해와 표해기록'에서 연구의 배경으로 동아시아에서 표류 발생의 원인인 해류와 계절풍, 표류민 송환 체제와 표류기록의 특성을 언급했다. 2부 '동아시아 표해록'은 국내외에 비교적 많이 알려지지 않고 후속연구가 필요한 기록을 위주로 했다. 한국 김수증(金壽增)의 『곡운집(谷雲集)』에 실린 「법성전(法性傳)」과 양지회(梁知會)의 『표해록(漂海錄)』을 비롯하여 중국의 『해남잡저(海南雜著)』, 일본의 『달단표류기』, 『유방필어(遊房筆語)』, 『조선표류일기(朝鮮漂流日記)』, 베트남의 『일본견문록(日本見聞錄)』 등이 그것이다. 자료집의 성격이 강한 만큼 국가별 주요 표해록에 뒤이어 기타 표해록들도 간략히 줄거리, 경로 및 의의 등에 대한 설명을 적었다.

표해를 다룬 기록들은 역사서부터 문학, 종교 문헌까지 다양하게 나타나며, 허구와 사실의 구분이 불명확한 경우가 다수이다. 3부 '문학과 종교 문헌에 나타난 표해'에서는 신화, 전설, 종교 설화 등에 나타난 표류 관련 이야기를 모았고, 4부에서는 동아시아 표해록 연구 논문 세 편을 실었다.

부록에는 아시아문화연구소에서 수집한 동아시아 표해기록 총람과 언어별 표해 관련 연구 자료 목록을 실었다. 또한, 한국의 주요 표해록으로 소개한 「법성전」과 최두찬(崔斗燦)의 『승사록(乘槎錄)』, 그리고 양지회의 『표해록』 원문을 실었다. 아시아에서 동일한 표해 경험을 각기 기록으로 남긴 유일한 이들이 바로 최두찬과 양지회이다. 『승사록』을 『표해록』과 대조하여 읽으면 상호 보완의 기능도 있고 필자의 개성도 드러나 매우 흥미롭다.

마지막으로 덧붙일 점은 연구소에서 지난 2년간 동북아시아, 동남아시아 표해록 관련한 자료를 다수 연구, 수집했으나, '동아시아 표해록' 관련 자료만 한정하여 소개한다. 앞에서 언급한 것처럼 동남아시아에서 주요 표해록이라 할 만한 것이 베트남 이외에는 찾을 수 없었고, 이 책이 한자문화권에서 나타난 표해록을 주요 대상으로 하기 때문이다. 또 하나, 표해록 연구는 동아시아 해류와 계절풍부터 국가별 송환체제, 동아시아를 포함한 국제 정세, 조서와 공문서, 역사서, 화첩과 신문까지 다양한 하부 주제를 포함했다. 한정된 시간에 수행된 연구이다 보니, 선행 연구가 진척되어 있는 경우 상대적으로 자료 확보가 수월했으나, 안타깝게도 그렇지 못한 경우가 허다했다. 국내에 처음 소개되는 〈청국표류도(淸國漂流圖)〉나 『일본견문록』 등은 상대적으로 간략히 소개할 수밖에 없었고, 여타 주제나 자료 소개가 그 범위와 깊이에 있어 가지런하지 않다는 저간의 사정을 미리 밝힌다.

선행 연구

한국

한국의 표해록 연구는 2000년대에 들어서면서 활발해졌다. 초반의 연구는 한일 관계에 집중되어 있었는데, 대다수가 현존하는 대표적인 표해 관련 자료를 분석하여 그 자료의 역사적·문헌적 성격 규명에 중점을 두었다. 바다라는 공간과 표해라는 사건에 집중하기보다는 기록 자체만을 강조하여 연구를 단순화하는 데 그쳤다는 한계가 있었지만, 이후 각종 국제심포지엄 개최 등을 통해 연구의 확장을 시도했다.[1]

---

[1] 1999년 한일관계사학회에서 진행한 〈조선시대 표류민을 통해 본 韓·日관계〉 국제학술대회는 표해록과 관련해 작품 이외의 다양한 내용을 살펴본 대표적인 학술대회로서, 이후 다양한 시각의 표해록 연구가 이루어지게 된다. 이와 같은 맥락으로 이훈,

선행 연구는 해양문학의 차원에서 접근하는 국문학계와 해양사관의 차원에서 접근하는 역사학계에서 주로 이루어졌다.[2] 국문학계에서는 고전문학의 새로운 연구과제로서의 의의를 논했으며, 서사구조를 분석해 콘텐츠로 활용하는 방법을 제시하거나 표류가 가지는 문학사적 의미를 도출하는 데 중점을 두었다.[3]

　역사학계 역시 유의미한 성과들을 도출했는데, 문헌자료라는 매체의 특성상 고·중세 시기보다 조선시대에 집중했다. 다만 표해라는 사건보다는 해양을 통한 교류라는 거시적 관점에 의한 연구를 진행하며 여러 결과를 도출해내고자 했다. 조선시대 표해록 연구는 표류민의 특성과 관련 정책을 살펴보고 이를 통해 동아시아 국제질서를 살펴보거나, 해역 혹은 대외교역의 실상을 파악하는 연구에 주력했다.[4]

　　『조선후기 표류민과 한일관계』(국학자료원, 2000)와 한일관계사학회, 『조선시대 한일 표류민연구』(국학자료원, 2001)가 대표적인 연구 결과물이라고 할 수 있다.
2　표해록에 관한 선행 연구는 표류민에 관한 통섭적인 연구나 개별 표해록에 관한 연구로 집중되는 경향이 있다. 다만 이 글에서는 주요 표해록별로 연구 경향을 살펴보기보다는 연구 계보라는 큰 지류만 살펴보는 것으로 그 범위를 한정하도록 하겠다.
3　윤치부, 『한국해양문학연구』(학문사, 1994); 이은주, 「19세기 표해록의 모습과 변모 양상-최두찬의 『乘槎錄』을 중심으로-」, 『국문학연구』 Vol.9(국문학회, 2003); 안대회, 「다산 제자 이강회의 이용후생학」, 『한국실학연구』 Vol.10(한국실학학회, 2005); 鄭珉, 「從三份十八世紀朝鮮人漂流臺灣的歷史文獻講起」, 『東亞漢文學與民俗文化論叢 (一)』(樂學書局, 2010); 정민, 「표류선, 청하지 않은 손님-외국 선박의 조선 표류 관련기록 探討-」, 『韓國漢文學研究』 Vol.43(한국한문학회, 2009); 최영화, 「조선시대 표류를 통한 해외 정보의 수집과 활용의 추이」, 『열상고전연구』(열상고전연구회, 2015); 정난영, 「조선후기 표류 소재 기사 연구」, 『동양한문학연구』(동양한문학회, 2015); 김수연, 「표류지에 대한 조선후기 상상력 일고」, 『이화어문논집』(이화어문학회, 2015); 정환국, 「동아시아 표류서사(漂流敍事) 서설(序說): 동아시아 해양문화의 단서(端緒)」, 『大東文化研究』 Vol.100(성균관대학교 대동문화연구원, 2017).
4　대표적으로 하우봉, 『해양사관으로 본 한국사의 재조명』(해상왕장보고기념사업회,

최근의 연구 경향은 표해라는 극적인 사건이 갖는 콘텐츠로서의 가능성에 주목하는 등 다각도로 변모하고 있다. 표류기록을 검토하여 시각적 데이터 관계망으로 재현함으로써 동아시아 교류에 관한 인문 정보를 전달하기도 했으며, 표류를 주제로 한 조선 시대의 소설과 제주도 민요와의 연관 관계를 살피는 연구를 진행하기도 했다. 그뿐만 아니라 표해사건에서 나타나는 리더십을 주목하거나, 표류지에 대한 조선인들의 상상력에 대한 연구를 진행하기도 했다.[5]

표류 경험에 대한 관심의 증대는 원전(原典) 번역 작업에도 영향을 미쳤다. 최부(崔溥)의 『표해록(漂海錄)』이나 장한철(張漢喆)의 『표해록(漂海錄)』을 비롯하여 이강회(李綱會)의 『운곡잡저(雲谷雜櫡)』, 『유암총서(柳菴叢書)』, 이익태(李益泰)의 『지영록(知瀛錄)』, 정운경(鄭運經)의 『탐라견문록(耽羅見聞錄)』, 풍계현정(楓溪賢正)의 『일본표해록(日本漂海錄)』 등이 영인 및 번역 발간되었다. 한편, 연구 결과물을 대중에게 효과적으로 전달하기 위해 다양한 콘텐츠 형태로 제작하기도 했는데, 어린이 스토리 콘텐츠,

---

2004); 신명호, 「조선후기 해양인식과 표류인 정책 -『典客司日記』를 중심으로-」, 『해양문화학』(한국해양문화학회, 2006); 고석규, 「조선시기 표류경험의 기록과 활용」, 『島嶼文化』 Vol.31(국립목포대학교 도서문화연구원, 2008); 구도영, 「16세기 조선의 '寧波의 亂' 관련자 표류인 송환」, 『역사학보』 Vol.224(역사학회, 2014); 손승철, 「조선후기 강원도의 표류민 발생과 송환」, 『인문과학연구』 Vol.45(강원대학교 인문과학연구소, 2015)의 연구들이 주목되며, 최근 표해민 연구와 관련해 김강식, 『조선시대 표해록 속의 표류민과 해역』(선인, 2018)이 표류인 연구 계보에 대해 상세하게 설명하고 있어 참고하도록 한다.
5 주희춘, 『제주 고대항로를 추적한다』(주류성출판사, 2008); 안대회, 「餘窩 睦萬中의 표류인 전기 『金福壽傳』 연구」, 『한국문화』 Vol.68(서울대학교 규장각한국학연구원, 2014); 김수연, 「표류지에 대한 조선후기 상상력 일고」, 『이화어문논집』(이화어문학회, 2015).

다큐멘터리 등의 영상 콘텐츠, 표류민을 주제로 한 전시 콘텐츠 등이 그 예시라고 할 수 있다.[6]

이러한 예는 표해를 단순한 사건으로 보지 않고 그 안에 내포한 생활과 문화, 교류, 서사 속에서 이끌어낼 수 있는 교훈 등에 주목하면서 그간의 연구 경향에서 좀 더 확대된 관점을 보여주고 있다. 그러나 한국 자료만을 중심으로 하는 한계를 보여주었다. 자국사를 넘어 아시아, 그리고 세계인의 시각에서 바라볼 수 있는 표해 연구가 필요한 시점이다.

중국

중국에서 바다와 표류에 관한 연구는 1996년 유엔해양법조약이 정식으로 발효되고 국가 차원에서 해양 발전 전략을 제안한 것을 계기로 발전하기 시작했다. 본격적인 연구의 출범은 늦은 감이 없지 않으나, 정부의 정책적인 지원 아래 중국 해양사 연구에 박차를 가하고 있다.

현재 중국에서 해양사를 연구하고 있는 기관은 해안을 끼고 있는 성(省) 소속 대학 연구기관이나 국가에 의해 운영되는 중앙연구소 등이며, 관심만큼이나 괄목할 만한 성과를 거두었다.[7] 그럼에도 불구하고 중국

---

6 목포대학교 도서문화연구소 또한 2012년 〈동아시아 표해록과 표류의 문화사〉라는 국제학술대회를 개최하여 표류에 대한 학계와 대중의 관심을 환기시켰다.
7 하문대학(夏門大學), 중국해양대학(中國海洋大學), 무한대학(武漢大學), 중국변계연구원(中國邊界硏究院), 광동성해양사연구센터(廣東海洋史硏究中心), 복단대학(復旦大學) 등이 대표적인 중국해양사 연구기관이라고 할 수 있다. 『中國海洋文化硏究』, 『海交史硏究』, 『海洋史硏究』, 『國家航海』 등의 해양 관련 전문잡지를 지속적으로 간행해 연구

의 동아시아 해양사 연구는 환중국해에서의 해방(海防)·해강(海疆)·도서(島嶼)·해권(海權)과 무역, 화교이민 등 자국 중심의 주제가 주종을 이루기 때문에 중국의 해양연구가 중국의 해양 진출을 위한 기초 연구라는 우려도 나오고 있다.

중국학계의 표류에 대한 연구는 근세, 즉 명·청시대 이후에 집중되어 있다 해도 과언이 아니다. 그 대상도 조선인과 일본인의 표류 사건 및 그 관련 문제에 대한 비교 검토가 주를 이루었다. 근세 이전의 표류 연구의 대표자로 정다웨이(郑大伟)와 류융롄(刘永连)을 들 수 있다. 정다웨이는 백제 유민 중 일본으로 표류하여 정착한 상황 및 고대 일본 사회에 끼친 영향을 언급했다. 한편 류융롄은 『태평광기(太平廣記)』에 나오는 당대(唐代)의 표류인(漂流人)에 주목하여 당인(唐人)의 동아시아 해역 및 인문환경에 대한 인식, 신라와 일본 등과의 대외 왕래 및 교통 상황, 국제 해상교통의 중심지였던 산동성(山東省) 등주(登州) 외에도 청주(青州)와 해주(海州)가 당과 동해의 각 국가를 연결하는 중요한 거점임을 강조했다.

최근 중국에서도 아시아의 지역의 교류에 관심을 두면서 최부의 『표해록』에 관심을 표명하고 있다. 북경대학교(北京大学) 거전쟈(葛振家) 교수의 『표해록역주(漂海绿注)』를 시작으로, 진쉬완더(金贤德), 탕바오수웨이(唐宝水), 판진민(范金民) 등이 『표해록』에 관련된 논문을 연이어 발표하여 이를 고찰했다. 다이린젠(戴琳劍)은 조선이 고대부터 활발한 해양 활동을 전개해 왔으나 조선시대 이후 해금정책의 실시로 해양이 홀시되

에 박차를 가하고 있다.

었음을 논증하기도 했다.

중국학자들도 한국학자들처럼 표류 관련 자료를 대거 포함하고 있는 『비변사등록(備邊司謄錄)』의 가치에 주목했다. 쑹셴차오(宋先超)는 17~19세기의 제주와 전라도, 충청도 등지에 표류한 120여 건의 기록, 그중 48건의 중국 표류민의 「문정별단(問情別單)」에 관한 내용을 면밀히 분석했다. 추란(鄒然)도 「문정별단」을 분석하여 중국 표류민의 자취를 조사하고, 아울러 조선과 중국 양국 민족의 문화 차이 및 인식 비교, 타 국가의 정세나 사회·문화의 소식 교류, 조선 관리가 심문을 통해 얻은 다른 국가의 소식과 시기에 따라 인식이 변화하는 여러 사정을 고찰했다. 중국의 표해기록과 관련해서는 정사(正史)에 기록된 단편적인 표해기록은 상당수에 이르고 있어 송환 시스템이나 표류민에 대한 연구의 단초를 제시한다.

한편, 해양사 연구가 발달한 대만에서도 중국사에서 대만사로 역사학의 중심이 이동하면서 표해록과 관련한 연구가 활발히 진행되고 있다. 대만 정부연구소인 중앙연구원(中央研究院)이나 대만해양대학 해양문화연구소(臺灣海洋大學 海洋文化研究所)와 같은 대학연구소에서 다양한 학술지를 발표하며 성과를 제고하고 있다.[8] 특히 대만의 류쉬펑(劉序楓) 교수는 북경 당안관 등지에 산재되어 있는 조선인 표류 자료를 다수 발굴하여 수집하는 등 탁월한 성과를 보였다. 가장 대표적인 업적이 청대 당안(檔案) 약 36종에 수록된 국적별 해난사고를 정리하여 출간한 『청대

---

8 『중국해양발전사논문집(中國海洋發展史論文集)』, 『대만사(臺灣史)와 해양사(海洋史)』, 『해양문화학간(海洋文化學刊)』, 『해양문화연구총서(海洋文化研究叢書)』, 『해양(海洋)과 대만(臺灣)』, 『계절풍아시아지역연구(季風亞洲研究)』 등이 대표적이다.

당안과 해난사료목록: 해외관계편(淸代檔安中的海難史料目錄(涉外篇)』이다. 청대 당안의 해난사고는 내각당(內閣檔), 궁중당(宮中檔) 및 군기처(軍機處)에 수록되었는데, 류쉬펑은 약 36종의 당안을 분석하여 조선, 류큐, 일본, 동남아, 서양, 기타 등 해난사고 기록 총 2,938건을 정리했다. 류쉬펑은 이 작업을 통해 근대 동아시아 해상 교류의 일면과 그에 따른 각종 해난사고 관련 행정 기록과 제도(지방 관원의 문건, 중앙정부의 교지 등)를 정리하는 성과를 거두었다.[9]

대만 해양·표류 문학 연구자로서는 천이위안(陳益源)을 빼놓을 수 없다. 대만성공대학(臺灣成功大學) 중문과 교수인 천이위안은 가장 대표적인 표해록 연구 분야의 권위자이다.[10] 특히『채정란과 해남잡저(蔡廷蘭及其《海南雜著》)』는『해남잡저』민남 초판본 1쇄와 2쇄, 재판본 1쇄와 2쇄 총 4가지 판본을 비교, 분석했을 뿐 아니라, 러시아어, 프랑스어, 일어 번역본도 조사했다.[11] 최근 천이위안은 연구 범위를 대만, 민남(閩南)에

---

[9] 류쉬펑에 의하면 중국 해난 기록 대부분이 청대에 기록되었고, 북경에 위치한 중국 제일역사기록관(中國第一歷史紀錄館), 대만고궁박물관(臺北古宮博物館), 그리고 중앙연구원역사언어연구소(中央研究院歷史言語研究所) 세 곳에 보관되어 있다. 국가별 해난사고 분석 결과 1,418건인 류큐를 이어 단일 국가로는 조선과 일본의 해난사고 수가 각 452건, 160건으로 그 뒤를 잇고, 서양과 동남아가 모두 400건을 상회했다. 이상의 내용은 劉序楓 編,『淸代檔案中的海難史料目錄(涉外篇)』,「序文」(中央研究院人文社會科學研究中心, 亞太區域研究專題中心, 2004), p.9 참조.

[10] 천이위안(陳益源)은『澎湖進士蔡廷蘭與海南雜著』(高啓進, 陳英俊 共著, 澎湖縣文化局, 2005),『蔡廷蘭及其《海南雜著》』(里仁書局, 2006),『閩南與越南』(樂學書局, 2015)을 잇달아 발표하며『해남잡저(海南雜著)』전문 연구가로서 명성을 높였다.

[11]『해남잡저(海南雜著)』의 판본은 다수이나 1959년 대만은행경제연구소가 펴낸『대만문헌총간』42종에 들어가 있는 판본이 대중적으로 알려져 있다. 그런데 이 판본이 초판과 비교해서 제사(題詞), 발(跋)이 없거나 오탈자가 있어 베트남 한남연구원도서관(漢喃研究院圖書館)에 소장된『해남잡저』를 바탕으로 교록본(校錄本)을 실었다. 베트

서 동아시아 해역으로 확장하고 있다. 2003년 대남(臺南)에 설립된 국립대만문학관(國立臺灣文學官)의 관장을 역임하며 〈파초바람·우림·북회귀선: 대만과 동남아문학전(蕉風·雨林·北迴歸線: 台灣與東南亞文學展)〉(2017. 6. 10~10. 8)을 개최한 바 있다.

21세기 들어 대만 해양사와 탈식민주의 연구 경향이 맞물려 해양 견문록, 표해기, 여행기 등에 대한 연구가 활발하다. 황메이링(黃美玲), 린슈후이(林淑慧), 탕시융(湯熙勇) 등은 표류나 배를 타고 이국에 간 경험을 한 여행기나 명대 해난제도를 분석하는 논문을 발표했다.[12]

최근 대만과 중국학계의 역사논쟁을 해양과 대륙의 대립구도로 풀어낸 연구 결과도 나왔다. 대만이 중국과 통일해야 하는가, 독립해야 하는가라는 논쟁에서 '해양'이라는 지리적 환경에 기인한 양자의 역사적·문화적 차이를 어떻게 바라볼 것인가에 대한 다양한 시각을 정리했다.[13]

남본이 비록 제사가 없긴 하나, 초판 1쇄를 저본으로 한 필사본으로 가장 원형에 가깝다 할 수 있다. 또한 베트남어 번역본도 같이 게재했다. 『민남과 월남』은 복건성 남부 지역인 민남의 독특한 해양문화에 바탕하여 채정란의 베트남 표류를 연구한 역작이다.

12 黃美玲,「意料之外的〈異域〉之旅 - 觀《神海紀遊》與《海南雜著》的旅遊視野」,『高醫通識教育學報』第3期(高雄醫學大學通識教育中心出版, 2008); 林淑慧,「旅遊, 記憶與論述 - 蔡庭蘭《海南雜著》的 跨界之旅」,『漢學研究』第26券 第4期(漢學研究中心, 2008); 湯熙勇,「遭難與海外歷險經驗 - 以蔡庭蘭漂流越南爲中心」,『人文及社會科學集刊』第21券 第3期(中央研究院人文社會科學研究中心, 2009); 鄧淑君,「明朝政府對外國船難事件的處理」,『史耘』17期(2015) 등 참조.

13 중국과 대만의 해양사 연구경향에 대해서는 조세현,『천하의 바다에서 국가의 바다로 - 해양의 시각으로 본 근대 중국의 형성』(일조각, 2016)의 서론과「河殤」에서 '走向海洋'으로 - 중국학계의 근대해양사 연구현황」,『중국사연구』Vol.95(중국사학회, 2015);『해양대만과 대륙중국: 대만을 둘러싼 역사논쟁』(부경대학교 출판부, 2017) 등을 참조할 것.

일본

일본학계에서는 메이지시대 이후 표해기록물을 대상으로 한 연구들이 주종을 이룬다. 일본을 본위로 하여 표류자의 표류에서 귀국까지의 경위나, 표류를 통해 얻은 정보와 이국 견문의 소개, 표류인 개인의 체험을 주로 연구했다. 아시아 해역을 총괄하는 분석이 이루어지지 않은 아쉬움이 있으나, 후학 연구자들에 의해 체계적인 수집과 연구가 이루어져 오늘날에 이르고 있다.[14]

근세 이후의 표류 문제에 대해서는 자료가 풍부하여 많은 연구가 축적되고 있다. 특히 해난의 원인, 해난구조 법령, 일본·한국·중국인의 본국 송환체제의 형성 문제 논의 등 다양 분야에서 괄목할 만한 성과를 내놓고 있다.[15] 특히 상당히 빈번히 발생했던 일본과 조선 사이의 표류 건수나 표류민의 구체적인 통계가 언급되기도 했다.[16]

---

14 메이지 이후의 표해록의 현황과 연구 경향을 상세히 알 수 있는 자료로는 가토다카시(加藤貴)가 교정한 『漂流奇談集成』(國書刊行會, 1990)이 대표적이며, 이시이겐도(石井研堂)가 수집한 『江戶漂流記総集(1~6)』(日本評論社, 1992)은 일본의 대표적인 표해록 수집 결과물로서 동남아시아나 러시아 등으로 표류한 약 50건에 육박하는 자료가 수록되어 있다.

15 특히 표류민 송환제도에 관해 상당한 연구가 진척되었는데, 가네자시 쇼죠(金指正三)의 연구가 선구적이며, 아라노 야스노리(荒野泰典)의 연구를 통해 동아시아 국제관계 속에서 각국의 송환제도에 관한 논의가 이루어졌다. 일본의 송환제도와 관련한 선행연구는 松本智也, 「표류기에 보이는 에도시대 일본 민중의 조선에 대한 인식」(고려대학교 대학원 중일어문학과, 2014)에서 자세히 확인할 수 있다. 金指正三, 「江戶時代の海難について」, 『海事史研究』 10(日本海事史學會, 1968a); 金指正三, 『近世海難救助制度の研究』(吉川弘文館, 1968b); 荒野泰典, 「近世日本の漂流民送還体制と東アジア」, 『歷史評論』 400(校倉書房, 1983).

16 2000년을 전후로 한일관계사에 주목한 양국 연구자들에 의해 각종 심포지엄이 개

최근 표류와 관련해 각광받고 있는 연구 주제는 '류큐'에 관한 것이다. 류큐에서의 표류·표착 문제는 독특한 양상을 보인다. 표착한 '류큐인'을 '일본인'으로 변장시켜 '일본인'으로 은폐하고 있다는 것인데, 이는 당시 류큐와 아시아의 국제관계에 의한 것이었다. 일본인으로 위장하여 보고하면 나가사키를 경유하여 송환된 반면, 류큐인으로 보고할 경우 청나라를 경유하여 송환되었기에 번거로움을 피하기 위해 위장했던 것으로 보인다. 이러한 양상이 상당수에 이르러 이들의 신분은폐가 1609년 일본의 류큐 점령과 류큐의 청에 대한 조공 지속이라는 당시 정치 상황에 기인했음을 보여준다.

동남아시아에 관한 연구도 주목하기 시작해 베트남, 필리핀, 보르네오에 표착한 일본인의 사례를 검토하여 이(異)문화에 대한 일본인의 인식을 검토하고 있다.

최되는 등 주목받기 시작했다. 이를 통해 17~19세기를 기준으로 조선에서 일본으로 표류한 건수는 약 1,000건에 이르고 표류인은 10,000명을 넘어서는 것이 확인되었다. 동시에 일본에서 조선으로 표착한 건수는 약 100건에 이르며 그 수는 1,000여 명이었던 것으로 확인된다. 春名徹, 「歷史學における〈漂流〉の現在」, 『調布日本文化』 10(田園調布學園大學, 2000); 한일관계사학회 편, 『조선시대 한일 표류민연구』(국학자료원, 2001); 김영원 외, 『항해와 표류의 역사』(솔, 2003).

1부

동아시아 표해와 표해기록

표해의 발생
해류와 계절풍

한국-중국-일본 동아시아 삼국은 육지와 바다로 연결되어 활발히 교류했다. 바다를 통해서는 동남아시아와도 교류가 이루어지며 유기적으로 발전해왔다. 선박 제조술과 해양·기상 관련 기술이 발달하지 않았던 전근대 시기, 바다에서는 표류를 포함한 각종 해난사고가 발생하기 마련이었다. 표해를 경험한 이들은 자신의 경험을 기록으로 남겼다. 이 기록에는 표해 원인과 여정, 이국에 대한 정보뿐만 아니라 표류 속에서 일어나는 갈등과 그 속에서 발생하는 사람의 심리·감정이 자세히 묘사되어 있다. 우리는 각 나라에 존재하는 옛 '표해기록'을 통해 동아시아의 공통된 문화를 확인할 수 있다.

표해를 통해 동아시아의 공통 분모를 확인하는 과정은 동아시아 표해 발생의 배경과 체제를 살펴보는 것에서 출발해야 한다. 표류의 원인과 과정, 그리고 그 결과를 이해하는 일은 해양의 자연적 메커니즘

(mechanism)을 이해하는 데 매우 유용할 뿐만 아니라, 자연이 일방적으로 부과한 상황을 역사의 과정에 능동적으로 변형시켜가는 사람과 집단의 모습 또한 확인할 수 있다.[1]

그렇다면 표해는 어떻게 발생했을까. 이는 동아시아의 지리적·기후적 요인과 밀접히 연관되어 있다. 표해는 대부분 해류와 바람에 의해 일어났다. 돛을 이용하여 무동력으로 이루어지던 예전 항해술에서는 예기치 않은 바람이 불어오면 바다를 떠돌다 기대하지 않은 곳에 표착했다.

표해에 가장 큰 영향을 미친 것은 바람이다. 동아시아는 특정 계절에 일정한 방향성을 가지는 계절풍지대로, 황해(西海)-동중국해(東中國海)는 봄과 가을을 경계로 하여 계절풍의 교대가 명료하게 나타나는 지역적 특성이 있다. 겨울에는 북서계절풍이 강하게 발달하여 잔잔한 날이 10% 정도밖에 되지 않으며, 이와 반대로 여름에는 남동계절풍이 강하게 발달한다.[2]

한국과 일본 사이에서 남풍 계열의 바람은 일본열도에서 한반도로 불며, 북풍 계열의 바람은 한반도에서 일본열도의 남부와 서부 해안과 교류를 가능하게 한다.[3] 동아시아 삼국에서 남동계절풍이 부는 6~8월과 북서계절풍이 부는 10~12월에 표류가 많이 일어난 사실은 표류의 직접적인 원인이 바람이라는 것을 반증한다.

---

1 윤명철, 「漂流의 발생과 역할에 대한 탐구-동아시아 해역을 배경으로-」, 『東아시아古代學』 18집(東아시아古代學會, 2008), p.85.
2 고유봉, 「해양학적 관점에서 본 하멜표류」, 『항해와 표류의 역사』(솔, 2003), pp.305-316.
3 윤명철, 「漂流의 발생과 역할에 대한 탐구-동아시아 해역을 배경으로-」, 『東아시아古代學』 18집(東아시아古代學會, 2008), p.93.

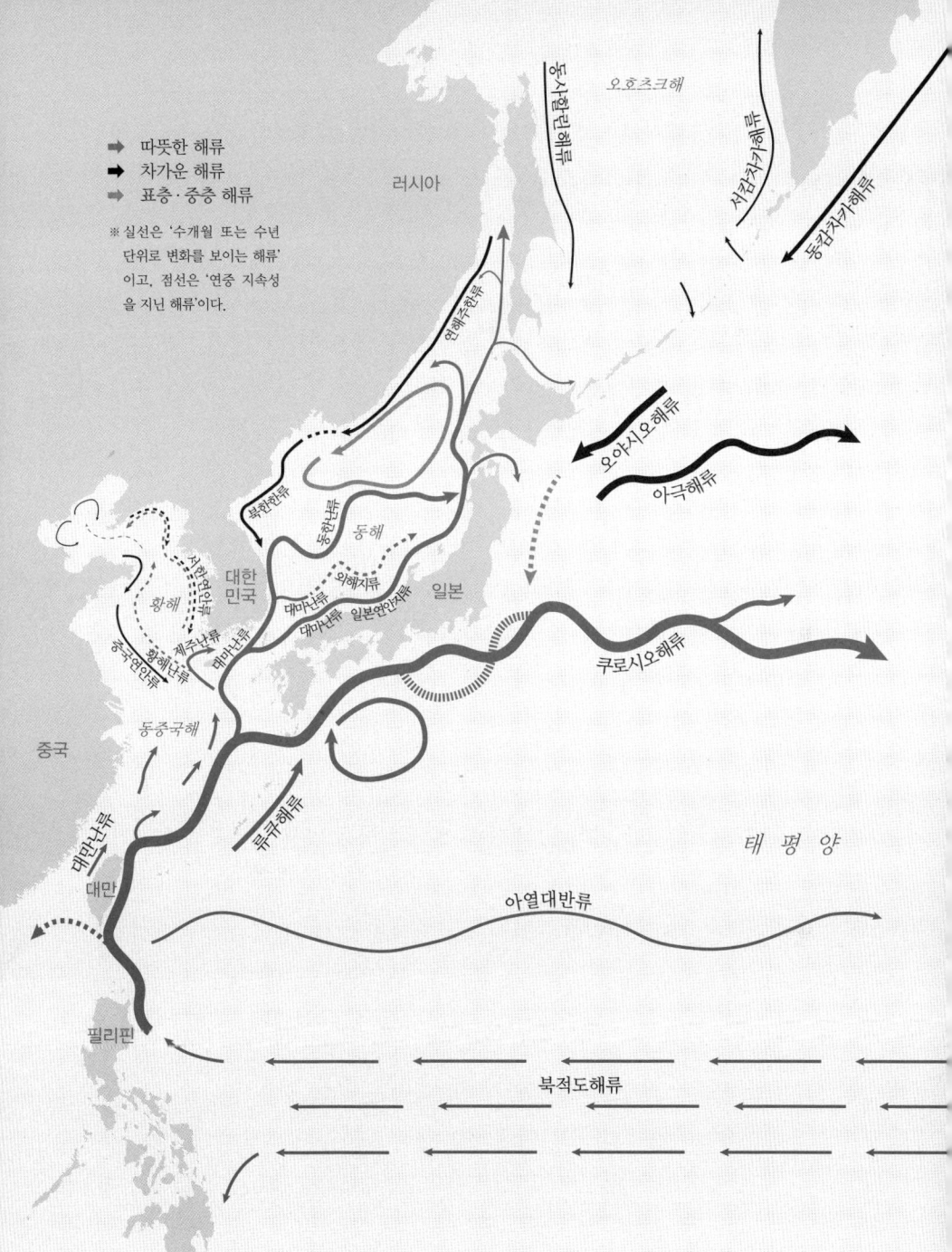

동아시아 해류 모식도 국립해양조사원(2017. 5. 10)

표해를 발생시키는 주요 원인이 바람이라면 표착하는 장소에 큰 영향을 미친 것은 해류였다. 북태평양 환류의 한 줄기인 쿠로시오해류(黑潮, くろしお, kuroshio current)는 필리핀 동쪽 해상에서 북전(北轉)하는 해류와 남중국해와 섞여 이루어졌다.

이 해류는 일본 아마미오(奄美, あまみおお)제도 북서쪽에서 대륙사면을 따라 북상, 대한해협을 통과하여 한국 동해로 흘러가는 동한난류(東韓暖流)와 쓰시마난류(對馬暖流) 두 줄기로 양분되고, 다른 한편으로 제주도 서쪽을 지나 황해로 들어가는 황해난류(黃海暖流)를 형성한다. 쿠로시오해류는 계절에 따라 뚜렷한 차이를 보이는데, 5~8월에 가장 강하며 늦여름과 가을에 약화하고 1~2월에 강해지다가 이른 봄 다시 약해진다.[4] 즉 계절풍이 강하게 부는 시기 항해를 나가 쿠로시오해류를 타게 되면 표류민은 동아시아 삼국은 물론 동남아시아까지 흘러갈 수 있었다.

〈표 1〉은 동아시아의 대표적 표해기록을 바탕으로 출발지와 표착지의 대략을 정리한 것이다. 바람과 해류에 의해 발생하는 표해에서 가장 주목되는 지역은 한국이다. 한국의 서남 해역은 중국의 산동(山東) 및 절강(浙江), 그리고 일본열도가 만나는 지점에 있다. 그렇기에 중국이나 일본에서 출발한 배가 표류하여 한국의 서남해안에 표착하는 일이 많았다. 제주도 또한 지리적으로 보면 중국의 강남(江南) 지역과 복건성, 대만 및 일본을 잇는 바다의 한가운데 위치해 있다.

정상적인 순풍을 타고 항해를 하면 불과 5~6일 이내에 닿게 되는 제

---

4 김인배, 『고대로 흐르는 물길』(세종서적, 1995), p.29.

〈표 1〉 동아시아의 표해기록을 바탕으로 한 출발지와 표착지

	자료명	저자	표류민	출발지	표착지
한국	『표해록(漂海錄)』	최부(崔溥)	최부	제주도(濟州島)	중국 절강성(浙江省)
	『표해록(漂海錄)』	장한철(張漢喆)	장한철	제주도	류큐(琉球) [일본 오키나와(沖繩)]
	『연암집(燕巖集)』, 「서이방익사(書李邦翼事)」	박지원(朴趾源)	이방익	제주도	중국 복건성(福建省)
	『심전고(心田稿)』, 「탐라표해록(耽羅漂海錄)」	박사호(朴思浩)	김광현	제주도	중국 절강성
	『유암총서(柳菴叢書)』 「표해시말(漂海始末)」	정약전(丁若銓)	문순득	제주도	여송국(呂宋國) [필리핀(Philippines)]
	『표주록(漂舟錄)』	이지항(李志恒)	이지항	부산(釜山)	일본 홋카이도(北海島)
	『표해록(漂海錄)』	양지회(梁知會)	양지회	제주도	중국 절강성
	『승사록(乘槎錄)』	최두찬(崔斗燦)	최두찬	제주도	중국 절강성
	『지영록(知瀛錄)』	이익태(李益泰)	한국인 등	한국 등	중국 등
	『일본표해록(日本漂海錄)』	풍계현정(楓溪賢正)	풍계현정	경주(慶州)	일본
	『해외문견록(海外聞見錄)』	송정규(宋廷奎)	한국인 등	한국 등	중국 등
	『탐라문견록(耽羅聞見錄)』	정운경(鄭運經)	한국인 등	제주도	일본 등
중국	『해남잡저(海南雜著)』	채정란(蔡廷蘭)	채정란	중국 복건성 팽호도(澎湖島) [대만 팽호]	안남국(安南國) [베트남(Vietnam)]
	『안남기유(安南紀遊)』	반정규(潘鼎珪)	반정규	중국	안남국

자료명		저자	표류민	출발지	표착지
중국	「표박이역 (漂泊異域)」	정광조(鄭光祖)	장용화 등	중국	일본
일본	『조선표류일기 (朝鮮漂流日記)』	야스다 요시카타 (安田義方)	야스다 요시카타	일본	한국
	『달단표류기 (韃靼漂流記)』	공문서	구니다 헤우에몬 (國田兵右衛 門) 등	일본	달단(韃靼)[러시아]
	『미장자이국 표류물어 (尾張者異國 漂流物語)』	불명	불명	일본	필리핀 바탄(Batan)
	『축전선표류기 (筑前船漂流記)』	불명	불명	일본	필리핀 민다나오 (Mindanao)
	『여송표류기 (呂宋國漂流記)』	오츠키 키요타카 (大槻淸崇)(편)	오츠키 키요타카	일본	필리핀

주도는 동아시아 해양을 항해하는 외국 선박에게는 아주 유용한 섬이었다. 이 때문에 제주 앞바다를 지나는 중국 배들이 태풍을 만나면 해안에 정박하며 며칠씩 머물렀으며, 식수가 부족할 때도 제주도 해안에 정박하고 식수를 공급하여 떠나기도 했다.[5]

앞서 설명한 지리·기후 조건을 염두에 두고 각 나라별로 자세히 살

---

5 원종민, 「조선에 표류한 중국인의 유형과 그 사회적 영향」, 『중국학연구』 Vol.44(중국학연구회, 2008), p.228.

펴보자. 한국에서 출항한 선박이 동해에서 표류한 경우 여름에는 대개 일본 홋카이도(北海島)나 러시아(Russia) 사할린(Sakhalin, Сахалин)으로 가게 되고, 겨울에는 일본의 규슈(九州)나 중부 지방에 닿게 된다. 황해에서 표해한 경우 겨울에는 일본 오키나와(沖繩) 또는 중국의 남쪽 끝으로 가게 되고, 여름철에는 중국의 산동 지역이나 우리나라 관서(關西) 지역으로 향하게 된다. 남해에서는 좀 더 다양하게 풍향과 조류가 흩어져 일본의 규슈나 오키나와 또는 중국의 동남 해안으로 가거나 우리나라의 황해 쪽에 닿게 된다.[6] 일본에 표착한 한국인 중 가장 많은 비중을 차지하는 것은 경상도인이었으며 전라도인이 그 뒤를 이었다. 서해안과 제주도를 포함한 전라도 지역에서 표해한 한국인은 일본의 고토(五島)와 마쓰우라(松浦) 구간에 표착하는 일이 가장 많았으며, 경상도 남쪽 해안과 동쪽 해안, 강원도 등의 동해안에서 떠돈 한국인은 대부분 쓰시마(對馬)-나가토(長門) 구간에 도착했다.[7]

중국의 경우, 산동 지역에서 출항하여 표해하는 경우가 다수였는데, 주로 한국의 서해안에 표착했다. 그중 전라도 나주(羅州) 일대와 태안(泰安)반도에 표착한 경우가 압도적이었다. 이 권역은 중국과 바다를 사이에 마주하고 있으며 당시 한국의 세곡선이 지나는 항로이면서 대표적인 험조(險阻)였다.[8] 한국에서 출발한 배는 주로 중국 절강·복주(福州)·

---

6 최강현, 「한국 해양문학 연구-주로 漂海歌를 중심으로-」, 『해양문학을 찾아서』(집문당, 1994), p.106.
7 이케우치 사토시(池内敏), 『近世日本と朝鮮漂流民』(臨川書店, 1998), p.15.
8 김경옥, 「조선의 對淸關係와 西海域에 표류한 중국 사람들」, 『韓日關係史研究』 Vol.49(한일관계사학회, 2014), pp.138-139.

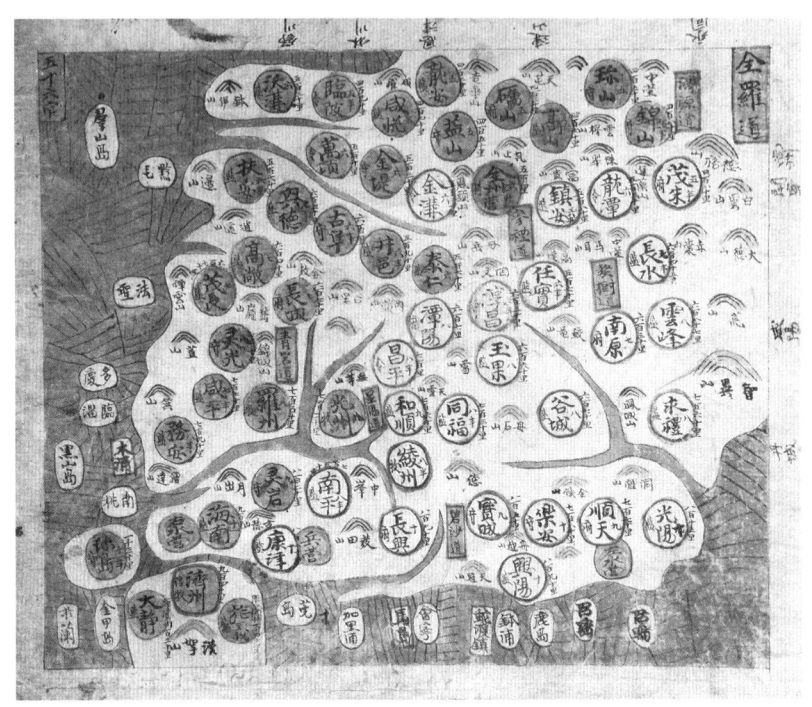

〈여지도〉의 전라도 부분
조선시대 종합 지도책이다. 그림은 제2권에 실린 조선팔도 중 전라도이다.

요녕(遼寧)에 표착했고, 일본에서 출발한 배는 주로 절강 지역이나 복건에, 일본 오키나와에서 출발한 경우는 주로 대만 일대에 표착했다. 태국(Thailand)은 향산양면(香山洋面)과 광동(廣東) 지역에, 필리핀(Philippines)은 하문(廈門)·대만·오문양면(澳門洋面)에, 베트남(Vietnam)은 대확양면(大钁洋面)과 해남(海南)·애주(崖州)[해남]에 표착했다.

중국인의 표해는 바람과 해류라는 기후적 요인 이외에 명의 해금정책(海禁政策)이라는 정치적 요인이 작용했다. 명(明) 홍무제(洪武帝)는 일부 지방 세력이 왜구와 결탁하여 군사적 불안 상태를 일으키자 개국 초기 중국의 전 해안에서 해상활동을 금하는 해금령(海禁令)을 선포했다. 이에 따라 약 200년간 중국에서의 해상활동은 공식적으로 금지되었으며, 외국과의 교류는 조공무역의 형태로만 가능하게 되었다. 해금시대의 표해 건수는 38건인 데 비해 해금정책을 해제한 후 표해 건수는 71건에 달해 해금정책이 표류에 미친 영향을 알 수 있다.[9]

선행 연구에 따르면 618~1872년 일본에서 출발한 일본인이 한국에 표착한 건수는 모두 91건이었다. 이들의 출발지는 주로 규슈 남부에서 홋카이도에 이르기까지 널리 분포되어 있다. 오키나와-사쓰마(薩摩) 구간, 고토-마쓰우라 구간에서 출발한 이들은 주로 한국 서해안이나 전라도 지방에, 쓰시마-나가토 구간과 산인(山陰)-홋카이도 구간에서 출발한 이들은 한국 동해안과 경상도에 표착했다.[10]

---

9 원종민, 「조선에 표류한 중국인의 유형과 그 사회적 영향」, 『중국학연구』 Vol.44(중국학연구회, 2008), p.230.
10 이케우치 사토시, 『近世日本と朝鮮漂流民』(臨川書店, 1998), pp.13 - 14; p.26.

표류민 송환체제

표류민의 출항 원인은 다양하다. 공무로 인한 경우도 있었고, 귀향이나 개인 사정으로 승선했다가 풍랑에 휩쓸리기도 했다. 그중에서 가장 많은 비중을 차지하는 것은 어업이나 무역, 상업에 종사하는 경우이다. 이들은 생계를 위해 위험을 무릅쓰고 바다에 나설 수밖에 없었고, 해난사고가 빈번히 발생했다.

동아시아 표류민의 처리 과정은 동아시아 삼국이 서로 최대한의 예우를 지키며 외교관계를 구축해가는 모습이나 당시의 해로(海路)와 선박 제도는 물론이고, 문화와 민간 교류의 단면을 보여준다. 동아시아 삼국은 각 나라에서 표류민 송환(送還)제도를 성립하기 전부터 표류민을 안전하게 본국으로 송환하는 것을 원칙으로 했다. 표류민 송환이 제대로 이루어지지 않을 때 각국 간의 외교 문제로 연결될 가능성이 있었기 때문에 각 나라에서는 표류민 송환에 최선을 다했다.

한국의 송환체제

조선 이전 표류민 송환체제에 관한 연구는 아직 심도 있게 진척되지 않은 것이 현실이다. 조선은 표류민 송환을 비변사(備邊司) 「사목」에 의정하여 체계적으로 관리했다. 관장 사무에 관해서는 『만기요람』에서 확인된다.[11] 비변사의 소장 「사목」 가운데 '표도민' 관련 조항을 살펴보면 다음과 같다.

> 이국인이 표착했다는 보고가 들어오면 뱃길이나 육로를 불문하고 표도민이 원하는 대로 송환시키는 방침을 아뢰되, 뱃길을 통과하는 동안의 의복과 식량을 제공하고, 잡인을 금하고 호송하는 제반 절차를 엄중 시달할 것이며, 표착인이 만일 육로로 송환을 원할 경우에는 홍제원이 들어온 뒤에 낭청을 파견하여 다시 사정을 사문(查問)하고 피복과 각종 물품을 따로 내어주도록 한다. 단 전라도에서는 표인(漂人)이 뱃길로 돌아가기를 원하면 회송되는 공문을 기다릴 것 없이 바로 떠나보내고, 뒤에 경과를 보고하도록 정조 3년(1779년)에 규례를 정했다. 표착한 중국인이 육로로 돌아가기를 원하는 자는 내지인(內地人)이면 따로 자관(咨官)을 정하여 호송하고, 만일 외지인이면 의주부의 통역관이 호송하여 황성(皇城)에 인계한다. 중국에 보내는 문서는 금군을 정하여 의주부로 내려보낸다.[12]

---

11 이하 조선시대 송환체제에 관해서는 김경옥, 『섬과 바다의 사회사』(민속원, 2012) pp.109-110을 참조했다.
12 『만기요람』, 「군정편」 권1; 김경옥, 『섬과 바다의 사회사』(민속원, 2012), p.109에서 재인용했다.

외국인이 조선에 표착하면 해당 지역의 지방관이 즉시 비변사에 보고했다. 표류민은 한양의 남별궁으로 후송되어 비변사에서 문정(問情)을 실시한 후 조정에 보고했다. 이 때 작성된 문건이 「문정별단」이다. 대체로 「문정별단」에 수록된 내용은 표류민의 성명, 나이, 신분, 승선인원, 항해 목적 등이다. 중국인이 표착한 경우 표류민의 의사에 따라 해로 또는 육로로 송환했는데, 육로로 이동할 경우 표착지에 따라 절차가 달라졌다. 서해안 지역에 표착했을 경우에는 의주(義州)로 호송했고, 충청도·전라도·경상도에 표착한 경우에는 서울로 호송한 뒤 표류민의 출신지가 산해관(山海關) 안쪽인지 바깥쪽인지에 따라 연경(燕京)[북경] 또는 봉성(鳳城)으로 호송했다.

조선에 표착한 일본 표류민은 쓰시마를 거쳐 나가사키 부교에게 인도했는데, 1672년에 쓰시마번에서 조사하여 수상한 점이 없으면 표류민의 주소지에 따라 나가사키 부교 또는 오사카마치 부교(大阪町奉行)에게 인도하는 것으로 바뀌었다. 한편, 쓰시마에 표착한 일본 표류민도 조선에 표착한 표류민과 동일한 취급을 받았는데, 1697년에 이상한 점이 없는 경우는 쓰시마에서 직접 주소지로 돌려보내는 것으로 변경되었다.

중국의 송환체제

송대에 이르러 동아시아의 교역이 더욱 활발해지면서 표류의 발생도 빈번해졌다. 표류에 있어 이 시기를 주목해야 하는 것은 청대 송환제도가 확립되기 이전 관행처럼 존재했던 표류인 송환의 대강을 살펴볼 수 있는 기록이 존재하기 때문이다. 〈표 2〉는 송대 표류기록의 대략을 정리

〈표 2〉 송대 표류기록

자료명	표류민	출발지	표착지
『속자치통감장편 (續資治通鑑長編)』 권95	활달 등	한국	영파(寧波)
『속자치통감장편』 권277	표풍 등 20명	한국	수주(秀州)
『속자치통감장편』 권302	유홍 등	한국	영파
『송사』 권487	예빈경 등	한국	등주
『송사』 권489	이보회 등	삼불제국 [인도네시아]	조주(潮州)
『송사』 권489	포압타려 등	삼불제국	점성국(占城國)[참파(Vietnam)]
『송사』 권489	점성국인	점성국	석당(石塘)[파라셀(Paracel)]
『송사』 권489	복건성인	복건성	점성국
『몽계필담(夢溪筆談)』 권24	고려인 30명	제주도	곤산(昆山)
『송사』 권491	일본인 73명	일본	수주
『송사』 권491	주세창 등	중국	일본

※ 『이견지』와 같은 설화·야담집은 제외했다.

한 것이다.

　표본의 수는 적지만 이 표를 통해 몇 개의 사실을 추론할 수 있다. 첫째 당시 중국에 표류한 상당수가 고려인이었다. 이는 활발했던 고려의 대송(對宋)무역의 결과인 것으로 보인다. 또한, 중국인의 외국 표류는 현저히 적었다. 둘째 여전히 공무로 인한 항해로 표류하는 경우가 많았다. 공무의 경우 각 나라가 서로 정한 체제에서 운영되었기 때문에 누가 언제 어디에서 출발했는지의 정보를 쉽게 파악할 수 있다. 그러나 상인이나 어민과 같은 일반인의 항해 경우 국가에서 모든 것을 파악할 수 없으

〈셀던의 중국지도(Mr. Selden's Map of China)〉
2008년 영국 옥스퍼드대학교 보들리언도서관에서 발견된 지도이다. 중국 남부와 인도차이나반도, 보르네오섬, 필리핀에 둘러싸인 남중국해 해안이 중심이다. 17세기 초반에 동남아시아 해역에서 활동하던 중국 상인을 위해 제작된 것으로 보인다.

므로 그 과정이 불명확한 경우 일반인일 가능성이 크다.

표류인의 처리는 국가적인 사안으로 출신 나라가 어디인지, 무슨 목적으로 왔는지, 어떻게 돌려보낼지 등의 문제가 발생했다. 국가나 표착지의 관아 및 그 거주민들은 표류인을 죽이거나 그 재물을 빼앗을 수도 있었고 반대로 재물과 식량을 주며 본국으로 돌려보낼 수도 있었다. 고대에서 당대까지 이러한 표류인 송환에 대한 어떠한 규정이 있었는지는 알 수 없지만, 현존하는 사서(史書) 및 문집이나 송대의 법률 등을 통해 대략을 유추할 수 있다.

[효종 순희] 3년(1176) 일본의 선박이 폭풍을 만나 표류하여 명주(明州)[영파]로 들어왔는데 그 무리들이 모두 먹을거리가 없어 걸식하며 임안부(臨安府)까지 들어온 자가 100여 명이나 되었다. 조를 내려 1인당 매일 전(錢) 50문과 쌀 2되를 지급하고 그 나라 배가 들어오는 날을 기다려 돌려보내게 했다. [순희] 10년(1183) 일본인 73명이 다시 표류하여 수주(秀州)[절강 가흥(浙江 嘉興)]의 화정현(華亭縣)에 들어와서 상평의창(常平義倉)의 전미(錢米)로 구제하게 했다. [광종] 소희(紹熙) 4년(1193) 태주(泰州) 및 수주(秀州) 화정현에 다시 바람을 만나 표류한 왜인이 들어와서 조를 내려 그 화물을 압수하지 말도록 하고 상평미(常平米)를 내어 지급한 다음 돌려보내게 했다. [영종] 경원(慶元) 6년(1200)에는 평강부(平江府)에 [영종] 가태(嘉泰) 2년(1202)에는 정해현(定海縣)에 [표류한 왜인이] 들어왔다. 조를 내려 모두 전미(錢米)를 지급하여 본국에 돌아가게 했다.[13]

---

13 『송사(宋史)』 권255, 「일본국전(日本國傳)」.

이 기록에 의하면 송 조정은 표류인에게 전(錢)과 식량으로서 미(米)를 지급하고 가지고 있는 재물을 빼앗지 않으며 표류인 본국의 배가 들어오는 날을 기다려 돌려보내게 한 것을 알 수 있다. 표류인의 표착에서 송환까지의 절차를 보면, 선박의 표착→시박사에 보고→관의 구제→시박사로 이관→인원과 화물의 등록 및 조사 처리(① 물품의 보관·각매(榷買) 및 분매(分買) 반환, ② 세금 부과, ③ 시박사의 감험(勘驗), ④ 위제실조례(違制失條例) 및 방수(防守)·도종(盜縱)·사모단죄법(詐冒斷罪法) 적용 등)→시박사의 중앙 보고→존무(存撫) 및 식량 지급→돌아갈 때의 식량 지급→사편(俟便)에 의한 송환으로 정리할 수 있다.

계절풍을 이용했던 고려인의 표착은 9월이 다수를 차지하지만, 송에서 고려로의 송환은 5~8월에 이루어지고 있다. 고려·송·일본의 계절별 항해를 보면 10세기 후반에서 13세기 후반에 걸쳐 고려에서 송으로는 11~12월이고 반대로 중국에서 고려로는 6~8월이었다.[14] 송환 지역은 영파, 한국의 제주, 일본의 쓰시마가 대표적이었다.

송대 조정에서는 표류인에게 선박을 수리해주고 안부를 물으며 돈과 쌀 숙식을 제공하고 화세(貨稅)를 감면해주며 재산을 보호해주고 본국으로 돌아가도록 조처해주었다.

증공은 주식을 베풀어주고 이들을 승사(僧寺)로 보냈다. 그리고 축일(逐日)에 식물을 주고 또 5일에 한 번 주식을 베풀어주었다. 이후 고려 등

---

14 전영섭, 「10~13세기 漂流民 送還體制를 통해 본 동아시아 교통권의 구조와 특성」, 『石堂論叢』 50집(동아대학교 석당학술원, 2011).

나라의 배가 바람 때문에 불편하거나 표풍으로 연해의 여러 주현(州縣)에 도착하면 주식을 두어 대접하게 했다. 해당 관청[官屋]의 안박(安泊)은 날에 따라 식물을 주고 며칠에 한 번 주식을 베풀고 의복을 궐(闕)했으면 관에서 조달해주고 수륙(水陸)을 따라 안마주선(鞍馬舟船)을 빌려준다. 본국으로 돌아가고자 하는 사람은 조지(朝旨)를 가지고 가 조정에서 대우하는 뜻을 알게 하라.[15]

이 규정과 같이 실제 표류인 구조에 정성을 다했다. 실례로 1000년 고려의 민간인이 항해 도중 폭풍을 만나 영파에 표착했다. 송 조정에서는 조칙을 내려 표류인을 등주로 오게 하여 식량과 의복을 주고 귀국하도록 했다.[16] 이 외에도 선박이 망가졌으면 수리를 지시하기도 했고 항해기술을 알려주기도 했다.

특히 송은 당시 동아시아의 불안정한 국제정세에서 고려와 우호적인 관계를 유지하고자 하는 염원이 강하여 특히 고려의 표류인을 대우하고 송환하는 데 성의를 보였다. 물론 송나라는 당시 국제정세에 민감할 수밖에 없었으므로 가짜 표류인이 있을까 신경을 썼지만 표류된 것으로 밝혀지면 잘 대우하여 송상이 무역하러 갈 때 귀국하게 하거나 표류인 본국의 사절단이나 상선이 올 때 돌려보냈다.[17] 일부 지역에서 표류인에 대한 약탈이 있기도 했지만, 전반적으로 중세 동아시아 삼국에서의 표

---

15 『원풍유고(元豊類稿)』 권32, 「존휼외국인청저위령(存恤外國人請著爲令)」.
16 『속자치통감장편(續資治通鑑長編)』 권97, 천희(天禧) 5년.
17 裵淑姬, 「宋代 東亞 海域上 漂流民의 發生과 送還」, 『中國史硏究』 Vol.65(중국사학회, 2010), p.90.

류인 송환은 공식적으로 체제가 확립되기 전에도 나름대로 평화적으로 이루어지고 있었다.

중국은 1737년 이후 해난(海難) 구조에 대한 제도를 본격적으로 정비했다. 청대 자국 표류인을 포함한 외국인 표류인에 대한 구조와 송환 체제는 1683년 청조가 중국을 통일하기 전에는 명대부터 이어져 온 것이 대부분이었다. 강희·옹정조의 『대청회전(大淸會典)』에는 외국인 표류민을 구조해서 송환한 사례가 많이 있으나 대부분 전례를 따를 뿐 통일된 규칙은 없었다. 그러던 중 1684년 청조가 대만의 정성공을 항복시킨 후 해금령을 해제하고, 예부에서 주변 조공국(조선, 류큐, 베트남)에 자문을 발표하여 중국인 표류민을 송환해줄 것을 요청한 것을 시작으로 체계화되기 시작한다. 마침내 옹정 7년(1729년)과 건륭 2년(1737년)에 잇달아 황제의 중국 관부의 공금을 사용하여 중국에 표착한 외국 선박을 구조하고 더 나아가 구조된 표류민을 본국으로 안전하게 돌려보내도록 명하여 제도화되었고 이후 주변 국가들이 이에 따르면서 관행으로 성립되었다.[18]

짐은 다음과 같이 생각한다. 연해 지방에는 외국 선박이 풍랑을 만나 표류하다 중국 경내로 들어온 일이 늘 있어 왔다. 짐은 천지 만물은 모두 나와 여등하며, 내외를 차별하지 않는 마음을 품고 있다. 외국의 백성이 중화(中華)로 표류해 들어왔다면, 그들을 어찌 의지할 곳 없이 유랑

---

18 류쉬펑, 「淸代 中國의 外國人 漂流民의 救助와 送還에 대하여: 朝鮮人과 日本人의 사례를 중심으로」, 『東北亞歷史論叢』 Vol.28(동북아역사재단, 2010), p.134.

하는 백성이 되도록 하겠는가? 이 이후로 이처럼 풍랑을 만나 표류하는 선박이나 사람이 있다면, 착해독무(著該督撫)는 관련된 관리들을 인솔하여 그들을 특별히 잘 위무해줄 것이며, 비축해 놓은 공은(公銀)으로 의복과 식량을 제공하고 선박을 수리해주고, 화물을 조사한 후 돌려주고, 본국으로 송환해줌으로써 원지(遠地)의 백성들을 잘 어루만져주고자 하는 점의 지극한 뜻을 보이도록 하라. 이를 오랫동안 본보기로 드러내고자 한다.[19]

외국 표류민의 송환은 대개 다음과 같은 방식에 따라 처리되었다. 각국 표류인이 중국 연해에 표착하면 해당 지역의 지방 관청에 즉각 보고되었다. 주현과 해방청에서는 관리를 파견하여 표류 경위와 과정을 조사하고, 선박에 금지된 물품이 실려 있는지를 검사했다. 그런 다음 거처와 옷, 음식을 공급하고 선박과 선적물의 처리 업무를 진행하고 주현에 보고했다. 원칙적으로 표류인은 수도(首都)로 이송되었으며 총독과 순무는 그 사실을 조정에 보고하고 호부와 예부 등에 통보하도록 규정되어 있었다. 이후 표류민의 출신 국가에 따라 이송을 담당할 해안의 순무(巡撫)에 통지하여 처리하도록 했다. 선박에 적재된 물품은 대개 현지에서 값을 매겨서 처리되었다. 표류민의 구조와 일상생활에 필요한 비용은 모두 지방 관청에서 지급했다. 이외에도 때때로 하사품, 의복, 이불, 자리, 신발, 모자 등이 지급되었고 병자는 치료를 받았으며 사망자는 관에 넣어 매장되었다.

---

19 『淸高宗實錄』 卷52, 「乾隆二十閏九月庚午條」.

송환 경로는 대체로 각국 조공 사절의 진공 루트를 따라 해당 항구나 국경 도시로 보냈다. 국적별 표류민의 송환 경로는 다음과 같다.

- 류큐(琉球)→복주(福州)
- 여송(呂宋)·섬라(暹羅)[샴(Siam), 태국] 등 동남아시아→하문(廈門) 또는 광주(廣州)·오문(마카오)
- 안남(安南)[베트남]→[해로] 광주, [육로] 광동(廣東) 흠주(欽州)나 광서(廣西) 진남관(鎭南關)
- 조선→[육로] 북경→봉황성(鳳凰城)→의주

일본의 경우 1750년까지는 일정한 경로가 없었다. 다만 표착지에서 가장 가까운 곳에서 일본으로 가는 무역선의 출장지까지 보내서 무역선에 위탁하여 송환했다. 1750년대부터는 표착지에서 절강(浙江) 가흥부(嘉興)의 작포(乍浦)로 보낸 뒤, 광주나 마카오로 송환하기도 했다.[20]

구조 경비와 송환 절차가 정비되면서 중국에 표착한 외국인 표류민은 외교나 무역 관계의 여부에 상관없이 본국으로 송환될 수 있었다. 문순득의 사례에서 잘 드러나듯이 조선인, 일본인이 동남아시아에 표류했을 경우 대부분 그 지역의 화교나 상인 네트워크에 의하여 구조될 수 있었다. 즉, 동남아시아에 표착한 표류민이 중국 본토로 보내져 중국 중심의 해역 질서를 통해서 본국 귀환이 가능했던 것이다.

---

20 류쉬펑,「淸代 中國의 外國人 漂流民의 救助와 送還에 대하여: 朝鮮人과 日本人의 사례를 중심으로」,『東北亞歷史論叢』Vol.28(동북아역사재단, 2010), p.136.

가장 많이 중국에 표착했던 조선인과 일본인의 표류민의 송환체제 연구자로는 류쉬펑이 단연 선두라 할 수 있고, 그의 연구를 참고로 하여 자세히 정리하면 다음과 같다.

조선 표류민 송환체제

상술한 바와 같이 중국와 조선 사이의 송환체제를 다룬 연구는 많지 않으며, 조선 자료로는 『일성록(日省錄)』, 『승정원일기(承政院日記)』, 『조선왕조실록(朝鮮王朝實錄)』, 『비변사등록』, 『동문휘고(同文彙考)』, 『제주계록(濟州啓錄)』, 『통문관지(通文館志)』 등이 있다.

조선배가 중국에 표착하거나 중국을 경유해서 귀국한 건수를 『통문관지』에서 찾아보면 1710년(강희 49년)부터 1884년(광서 10년)까지 175년간 총 172건으로 평균 약 1건이다.[21] 그러나 이는 비슷한 시기 다른 기록에 나타난 류큐에서 조선으로 표착한 경우를 포함하지 않은 것이라 훨씬 더 많은 수가 있었으리라 추측한다. 배가 스스로 항해할 수 있을 경우, 중국이 공금으로 배를 수리한 뒤 식량과 비용을 지급하여 자력으로 귀국하도록 하는 예도 있으나, 조선의 표류민은 육로 송환이 원칙이었다. 표착지에 따른 송환 경로를 정리하면 다음과 같다.

---

21 1687~1884년까지 『동문휘고(同文彙考)』, 『제주계록』, 『통문관지』, 『청대중조관계당안사료휘편』 등을 참고하면 조선 배의 표착지 가운데 제일 많은 지역이 요동반도이며, 강소, 절강, 산동, 복건, 대만 순이다. 출항지는 요동반도에 표착한 배의 대부분이 서북부 평안도에서 출항한 것이고, 중국 동부 연해나 류큐에 표착한 것은 전라도 배가 가장 많았다. 선박의 종류는 연해의 어선이나 소형 수송선, 무역선이 주종을 이루었다.

- 표착지(중국 본토): 북경(北京) 회동관(會同館)→산해관(山海關)→성경(盛京)→봉황성(鳳凰城)→압록강→의주
- 표착지(만주 지구): 성경(盛京)→봉황성(鳳凰城)→압록강→의주

　표착지가 중국 본토라면, 역소(役所)에서 전문위원을 파견하여 표류민을 북경까지 호송하고 조공사절이 머무는 회동관에서 수용한 뒤, 사절과 함께 본국으로 동반 귀국하도록 했다. 사절이 오지 않는 경우에는 청조 예부에서 조선통사(朝鮮通事)를 파견하여 국경지대인 봉황성까지 송환한 뒤, 의주 조선 관원에게 인도한 경우가 있었다. 만주 연해에 표착한 경우에는 먼저 성경(瀋陽)으로 보내고, 북경에는 보고하는 절차를 밟아 의주로 보내었다.

　조선 표류민이 북경이나 성경으로 이송되면, 북경과 성경 예부에서 조선 국왕 앞으로 일종의 공문서인 자문(咨文)을 보내 이 사실을 알렸다. 조선 국왕은 이에 대해 감사한다는 자문을 회신하고, 표류민이 본국에 송환된 후 청조 황제에게「사표인출송표(謝漂人出送表)」를 제출하여 감사의 뜻을 표했다. 그러면 청조 예부에서 이를 받았다는 문서를 재차 전달함으로써 표류민 송환의 전 체계가 마무리되었다.

일본 표류민 송환체제

일본의 표착민의 송환은 조선과 비교해볼 때 두 가지 특징이 있다. 첫째, 청조와 일본은 외교관계가 없었기 때문에 송환이 모두 중국 민간 상인에 의해 이루어졌다. 둘째, 조선에 표착한 일본인을 쓰시마번에 인도하는 것을 제외하곤 중국과 네덜란드 무역선에 의한 송환되는 것을 막부가 인정했다.

『통항일람(通航一覽)』에 기록된 일본 표류민 송환의 최초의 사례는 1674년, 대만에 표착한 오주상마(奧州上馬)라는 자를 당시 대만을 통치하고 있던 정성공(鄭成功)의 부하가 송환한 사건이며, 그 외는 모두 정성공이 항복한 이후(1683년)의 일이다. 이런 경우 대부분 관의 지시를 받은 일본 내항의 중국선[唐船]에 의해 송환되었으나 그중에는 1713년에 중국 광동(廣東) 지역의 선박에 의해 송환된 오슈(奧州)의 표류민과 같이 표착지에서부터 각지의 중국인의 보호를 받으면서 도착한 예도 있었다.

중국에 표착한 일본인의 경우 송환 경로가 고정되어 있지 않았다. 그런데 1755년(건륭 20년)부터 절강성 가흥부의 작포항(作浦港)으로 보내지게 되었다. 당시 작포항은 강남의 경제, 문화 중심지인 소주(蘇州)와 항주(杭州)로 통해 있고, 대운하나 장강(長江)을 따라 북경을 비롯한 각 성에 연결되어, 대일무역의 기지로서 번성하고 있었다. 중국에 표착한 표류민뿐 아니라, 중국 남부의 광동이나 동남아시아의 베트남, 필리핀에 표착한 이들도 우선 마카오나 광주로 보낸 뒤 육로를 통해 강서(江西)에서 절강을 경유하여 작포에 송치하기도 했다. 대만에 표착한 이도 배로 우선 복건의 아문으로 보내서 복건의 성도(省都)인 복주로 전송한 다음, 육로로 절강으로 가 작포로 이동했다.

일본과 외교관계가 없다고 해서 절차나 구휼의 원칙이 특별히 다르지 않았다. 관부 측이 간리를 파견하여 표착지에서부터 작포까지 호송했으며, 지방관이 실시하는 마지막 심문을 거친 뒤 문제가 없으면 중국 무역 상인에게 인도했다. 일본 배의 경우 소형배가 많았고, 큰 바다를 건너 귀국하기에 이미 결함이 있는 배가 많아서 대부분 선적 화물과 함께 매각되었다.

표류민을 송환할 때 북경의 지시를 받은 지방관이 일본인을 송환할 무역선의 선두(船頭)와 일본인 표류민에게 해상 왕래를 인정하는 증명서인 부패(部牌)와 호조(護照)를 발급했다. 나가사키 부교는 이것을 필사한 사본과 번역문을 막부에 제출했고, 당통사(唐通事) 명의로 '표류민을 잘 넘겨받았다.'는 내용의 증서를 써주었다. 무역상인이 중국으로 귀국시 3개월 내에 이 증서와 '호조'를 관부에 반납해야 했다. 즉 "중국에 표착한 일본의 경우는 민간 상인의 통상 관계를 통하여 송환이 이루어짐으로써, 청과 일본 두 정부의 직접 접촉을 피하고 있었다."[22]고 볼 수 있다.

일본의 송환체제

일본은 사면(四面)이 바다인 섬나라로 해상사고가 잦을 수밖에 없었다. 표해 또한 피할 수 없는 일이었다. 현재 일본에는 표해와 관련된 기록이 다수 남아 있는데, 대부분이 에도막부(江戶幕府)에 집중되어 있다. 특히, 일본 사회에 큰 변화가 찾아오는 메이지유신(明治維新, 1868년)을 기점으로 송환체제를 살펴보면 일본의 국제관계가 표류민 송환의 네트워크로서도 기능한 모습을 보여준다.[23] 일본은 4개의 창구-쓰시마(對馬), 마츠마에(松前), 나가사키, 사쓰마(薩摩)를 통해 다른 나라와 교섭했다. 이 중

---

22 류쉬펑, 「淸代 中國의 外國人 漂流民의 救助와 送還에 대하여: 朝鮮人과 日本人의 사례를 중심으로」, 『東北亞歷史論叢』 Vol.28(동북아역사재단, 2010), pp.137-141 요약.
23 이훈, 「근세 동아시아의 표해인 송환 체제와 국제 관계」, 김영원 외 지음, 『항해와 표류의 역사』(솔, 2003), p.299.

한국은 쓰시마, 중국과 네덜란드는 나가사키로 연결되었고, 이 흐름에 따라 표류민 송환이 이루어졌다.

조선 표류민 송환체제

15세기 중엽 이래 일본에 표착한 조선 출신 표류민은 쓰시마를 통해서 송환되었으며, 이와 같은 간접 송환 방식은 임진왜란(壬辰倭亂)·정유재란(丁酉再亂) 이후에도 기본적으로 유지되었다. 도요토미 히데요시(豊臣秀吉)의 조선 침략 이후 일시적으로 국교가 단절되었지만 에도막부와 통교를 재개한 이후부터는 표류민의 송환이 조·일 간의 교린·우호를 유지할 방법이라는 인식을 바탕으로 쓰시마를 통한 표류민 송환이 다시 회복되었다. 이러한 송환방식은 19세기 중엽 메이지유신으로 송환체제가 변질되기 전까지 계속되었다.

1607년 제1회 회답겸쇄환사(回答兼刷還使)의 파견을 계기로 조·일 간에 국교 재개 교섭이 타결되자 일본에 표착한 조선인들이 다시 송환되어 오지만, 막부의 사신(使臣)이 아닌 쓰시마의 사신이 송환해 왔다. 왜란 이후 일본과의 통교 관계를 정한 기유약조(己酉約條)를 보면, 조선은 막부 장군을 일본 국왕으로 상정했으나 실제 조약의 대상을 쓰시마번주에 국한함으로써 쓰시마를 일본에 대한 외교창구로 설정했다. 조선 사정에 어두운 에도막부는 주로 통신사 초빙에만 관심을 두고 있었을 뿐, 그 밖의 조선과의 외교 및 무역에 관한 권한은 쓰시마에 맡기게 되었다.

에도막부는 조선의 예조처럼 막부 직속으로 되어 있는 외교기관의 설치는 물론, 조선과의 외교 실무를 처리하기 위한 외교시설도 조선에 둘 필요가 없었다. 그랬기 때문에 부산에 설치된 왜관(倭館)이 양국 간에 설치된 유일한 외교시설이었다. 막부에서 이와 같이 쓰시마를 통해 간접적으로 통교하는 방식을 취하게 됨에 따라 일본에 표착한 조선인의 송환도 막부가 아닌 쓰시마가 대행하게 되었다. 따라서 쓰시마는 일본 각지에 표착한 조선인들을 표착지의 영주로부터 인수하여 피로인(被擄人) 쇄환선이나 쓰시마의 특송선(特送船) 또는 세견선(歲遣船) 편에 송환했다. 그리고 통교 재개 직후 한동안 에도막부에 송환 결과를 보고해야 하는 의무도 부담하지 않았다.

이러한 쓰시마의 표류민 송환 대행도 1630년대에 들어서면 변화하게 된다. 에도막부의 3대 장군 이에미츠(家光)는 종래 지방 다이묘(大名)에게 분산되어 있던 외교·무역에 관한 모든 권익을 막부에 집중시키려 했다. 대(對)조선외교에 있어서는 막부의 영향력 행사를 위해 쓰시마번주 소오(宗)씨의 가신인 야나가와(柳川)씨를 막부 직속의 대조선 창구로 육성하려는 생각도 가지고 있었으리라 추측한다.

그러나 막부의 의도는 번주 소오씨와 야나가와씨의 내분이 소위 '국서개작사건(國書改作事件, 柳川一件)'으로 비화됨으로써 좌절되었다.[24] 에도막부는 사건을 해결하는 과정에서 야나가와씨를 버리고 소씨를 선택함으로써 조선 전기 이래 쓰시마를 통한 대조선 통교방식을 그대로 유지했다. 그리고 소씨에게는 대조선 외교 교섭을 막부에 대한 가역(家役)으로 설정했다. 가역에는 조선에 대한 방위, 일본 내의 정보 전달, 외교

---

24 임진왜란 이후 도쿠카와 정권에서 쓰시마번에 조선과의 국교 정상화 교섭을 명했는데, 쓰시마의 도주 소 요시나리(宗義成)와 야나가와 시게오키(柳川調興)가 조선과 일본 사이의 교환국서(國書)를 위조한 사건이다. 이로 인해 1906년 기유약조(己酉約條)가 체결되고 조일무역이 재개되기까지 이른다. 이후 위조 사실이 확인되어 관련자 일부가 유배를 가고 이 사건을 계기로 대조선 외교체제를 개편·정리하게 됨으로써 사쓰마 중심의 조일무역이 막부의 엄격한 관리 아래 놓이게 되었다.

교섭, 표류민 송환 등이 포함되었다. 가역은 각 다이묘의 막부에 대한 병역의무와도 같은 것으로, 쓰시마번을 10만 석급의 다이묘로 취급하여 막번제(幕藩制) 안에 편입시켰음을 의미한다.

쓰시마번이 근세 일본의 막번제하에서 조선 표류민의 송환을 막부에 대한 가역으로 이행하게 되었다는 사실은 종래와 달리 막부가 정한 송환 절차에 따라 송환 임무를 수행함을 의미했다. 송환 절차 변경, 막부의 송환 비용 부담 및 쓰시마번의 표류민 송환 수행을 막부에 보고하는 것을 골간으로 했다. 과거에는 표착지에서 조선 표류민을 인수받았지만, 변경된 방식에서는 조선 표류민을 일단 표착지에서 막부의 직할도시인 나가사키로 호송하고, 일정한 절차를 밟은 다음 쓰시마번이 인수하여 조선으로 송환하는 것이다. 사료를 근거로 송환 절차를 살펴보면 다음과 같다.

① 규슈(九州) 또는 호쿠리쿠(北陸)·산인(山陰) 지방 및 그 밖에 어느 곳에라도 조선인이 표류할 경우, 일찍이 막부가 엄히 분부해 놓은 바가 있으므로, 이에 따라 표착지의 관할 영주가 신속하게 나가사키 봉행소로 보낸다. 그런 후 쓰시마번에서는 역인을 나가사키로 보내 표류민의 신병을 인수하고 사자를 붙여서 조선으로 송환한다.

② 표착지에서 조선 표선(漂船)을 나가사키로 옮길 경우, 나가토주(長門州)에서는 표류민의 수가 적으면 육로로 보내고, 선박 및 소지품은 해로를 통해서 보낸다. 치쿠젠주(筑前州)에서는 표류민이나 표선 모두 해로를 통해서 보낸다. 두 지방 이외의 곳에 조선인이 표착하는 경우도 가끔 있는데, 정해진 격식은 없으며, 위의 예에 따른다. 단, 조선 표류민

에게 표착지의 영주가 먹을 것은 물론 가벼운 의류 등을 지급하여 나가사키로 보내는 것이 전례이므로 막부에서는 상관하지 않겠다.[25]

①에 따르면, 조선인 표류민은 규슈 지방을 비롯하여 일본해 쪽에 면한 산인[26]과 호쿠리쿠 지방[27] 등에 표착한다면 그곳이 어느 지점이라 하더라도 막부의 지시에 따라 표착지에서 구호 조치를 받은 다음, 해당 번이 나가사키로 보내도록 되어 있다.[28] 그런 다음에는 쓰시마번이 조선인을 인수하여 사자를 세워서 조선으로 송환하도록 했다.

에도막부의 조선 표류민 송환 절차는 '표착지→나가사키→쓰시마'라는 경로를 거치도록 변경되었다. 단, 표류민이 쓰시마에 표착한 경우에는 쓰시마번이 송환하되 표류민의 출신지, 인원수, 직업, 표류 경위, 종교를 막부에 보고하도록 했다. 에조치(蝦夷地)에 표착한 경우에는 에도를 거쳐서 송환하도록 했다. 이와 같은 에도막부의 송환 절차는 1640년대 후반에는 거의 정비되며, 일본에 내항하는 외국 선박은 모두 나가사키로 입항해야 했다. 조선 표류민 및 표선도 예외는 아니었다. ②의 사료를 보

---

25 大岡清相 著, 中村質·中田直易 校訂, 『崎陽群談』 卷3(近藤出版社, 1974), "漂着の所より朝鮮船送越候節, 長州よりハ不大形人をは陸地を送越, 船幷手廻道具ハ尤海上差越候, 筑前よりハ人ともに海上送越候, 右兩國の外へ漂着候事も折折ハ有之候得共, 定格無之, 右之趣ニ准し候事, 附, 朝鮮よりの漂着人共へハ, 其所之領主より食物ハ不申及, 輕き衣類等爲取之候て差越候先格故, 於 爰許者其段者構不申候事."
26 현재 지명은 각각 島根·島根·島根·島取·島取·兵庫·兵庫縣이다.
27 현재 지명은 각각 福井·福井·石川·石川·富山·新潟·新潟縣이다.
28 나가사키 봉행소(막부)에서 조선인 표류민의 신병을 인수받는 날은 매달 4, 7, 13, 18, 23, 27일이었다. 岸浩, 「長門北浦に漂着した朝鮮船の記錄」, 『山口縣地方史硏究』 53 (1985).

면, 조선인이 나가토에 표착한 경우 표류민은 육로를 통해서, 표선이나 짐은 해로를 통해서 나가사키까지 호송하도록 하고 있다. 그리고 치쿠젠 등 규슈 지역에 표착했을 경우에는 표류민과 표선을 모두 해로를 통해서 호송하도록 하고 있다. 그 밖의 지역도 이에 준하도록 했다.

조선 표류민이 번거롭게 나가사키를 경유해야 했던 이유는 에도막부가 외국으로부터의 유입구를 막부의 직할도시인 나가사키 한 군데로 정했기 때문이다. 막부는 크리스트교도가 침투하는 것을 꺼려하여 일본에 표착하는 모든 조선인을 나가사키로 호송한 후, 그곳에서 종교에 관한 조사를 받게 했다. 종교에 관한 조사가 끝나면 조선인은 나가사키 주재 쓰시마번 사무소(長崎屋敷)로 옮겨진 후 쓰시마 사자의 호송을 받으며 쓰시마를 거쳐 조선으로 송환하도록 되어 있었다. 이와 같은 번거로운 절차는 결국 조선인 표류민이 귀국할 때까지 많은 시간이 소요되었으며, 지루한 외국생활을 견디지 못한 조선인들이 귀국을 재촉하다 일본인들과 마찰을 일으키는 일도 종종 있었다.

막부 주도의 송환체제에서 표류민 송환에 드는 비용의 일부는 막부가 부담했다. 막부는 표착사고가 발생하면 표선의 파손 여부를 막론하고 표착지 영주의 자의에 따라 표류민에게 의복과 식량을 지급했다. 그리고 표류민을 나가사키에서 쓰시마까지 호송하는 데 드는 비용은 막부가, 쓰시마에서 부산 왜관까지는 쓰시마번이 부담하도록 했다. 막부가 표류민 구호 비용을 표착지에서 부담하도록 한 까닭은 표류민 구호가 일종의 국역에 해당하기 때문이었다.

막부는 조선 표류민이 나가사키에 머무는 동안과 쓰시마도로 호송하는 동안 드는 비용은 쓰시마번이 막부에 청구하여 은(銀)으로 받아가도록 했다. 에도막부는 조선 표류민이 일본 내에 체류하는 동안 드는 비용을

〈표 3〉 조선 표류민이 일본에서 받은 접대[29]

구분 지급 품목	일본 표착 조선인		일본 표착 통신사(下官)	조선 표착 일본인
쌀(米)	7홉 5작 (검은쌀)	* 7홉 5작	1승 5홉(흰쌀)	7홉 5작 2재
술(酒)	2홉 5작	* 2홉 5문	5홉	
안주(肴)	1푼 6리 6모	* 은(銀) 217문		
된장(味噌)	1푼 (鹽噌)	* 은 8푼	3홉	3작 7재
야채	5리	* 은 5리		
땔감	1푼	* 은 5모		
대구어				1홉 6재
건어(乾魚)				7홉 4작 2재
감장(甘醬)			1홉(醬油)	3작 7재
참기름(眞油)				1작 2재
소금(鹽)			1홉	2작 7재(白蛤鹽)
콩잎(藿)			1홉	5문 6푼 9리
식초(酢)			5작	

※표준 단위
 승(升): 1말의 10분의 1. 약 1.8ℓ
 홉(合): 1되의 10분의 1. 약 180㎖
 작(勺): 1되의 100분의 1. 약 18㎖
 재(才): 1제곱피트를 말하는 것으로 약 0.0278㎥

 리(厘): 1푼의 10분의 1. 0.0375g
 모(毛): 1리의 10분의 1. 약 0.000375g
 푼(分): 1치의 10분의 1. 약 0.3㎝
 문(匁): 1관의 1000분의 1. 약 1.406g

조선 조정에 청구하지 않았을 뿐더러 표선이나 표류민들이 가지고 있던 물건도 빠짐없이 돌려주었다. 즉 '표착지→나가사키→쓰시마→부산 왜관'이라는 송환 절차는 경비 면에서 볼 때 부담자 및 부담 구간은 달랐지만, 전체적으로 보아 일본의 무상 송환을 의미하는 것이기도 했다.

송환 절차 변경으로 조선 표류민이 일본에서 받은 접대는 〈표 3〉과 같다. 다만 이러한 접대 방식을 조선인이 표착한 전국의 모든 영주가 준수해야 할 막부 지침으로 정하지는 않았다.

중국 표류민 송환체제

1715년 이후 일본에서는 이른바 무역허가증인 신패(信牌)를 발급하여 허락된 상인만 오갈 수 있는 신패무역을 실시했기 때문에 표류민을 조사할 때에도 반드시 신패를 확인했다. 이 과정에서 신패를 소지하지 않은 경우에는 삼엄한 감시를 받아야 했으며 때로는 표류한 배를 밀수선으로 생각하여 무력으로 내쫓기도 했다. 신패가 있는 배는 나가사키로 보내지고, 그렇지 않으면 엄격하게 감시 아래 나가사키에 도착한 후 즉시 항구 밖으로 나가 최소한의 선박 수리 활동만을 진행한 후 출항하도록 했다. 18세기 사쓰마의 중국 선박에 대한 처리 규정은 다음과 같다.

- 연해의 경비초소에서 당선을 발견하면 엄밀히 감시한다. 만약 닻을 내리고 정박할 경우 즉시 작은 배를 파견하여 '유단(諭單)'으로 필담하여 표류한 연유를 심문한다.
- 선박을 파견하여 감시하고 또한 즉시 외국 사물을 책임지는 관리에게 통보한다.
- 중국 통역을 파견하여 선적, 출항 항구, 출항 연월일, 목적지, 선원수, 화물, 기독교와 관련 있는 사람 혹은 물건이 있는지, 신패가 있는

---

29 『漂流民宛行書付』(국사편찬위원회 소장, 『대마도종가문서』 고문서 No.2756), *는 『通航一覽』.

지 서면으로 제출하도록 한다.
- 번청(藩厅)에서는 원역(员役)을 파견하여 경비하고 동시에 에도 및 나가사키에 통보한다.
- 선원 중에 기독교도가 있는지 조사하고 중국 선박의 모든 선원의 종교 신앙서를 신고하도록 한다.
- 선주 혹은 지도자 2~3명을 인질로 하여 경비하는 원역과 다른 배를 타게 한다.
- 선박을 끌 사람과 모든 인부, 경비 인원이 다 도착한 다음 당선을 나가사키로 보낸다.
- 당선(唐船)에서 제출한 모든 문서를 나가사키 봉행에게 보내고 동시에 표류 경과 및 처리 과정을 에도로 보고한다. 비록 각 번의 규정이 약간씩 차이가 있지만, '쇄국'의 큰 틀에서 일본 각 번의 중국 표류선박의 처리 방법은 크게 구별되지 않는다.[30]

일본에 표착한 중국 표류민의 경우 조선에 비해 엄격하여 때때로 표류민의 입항이 허가되지 않는 경우도 있었다. 일본에 도착한 중국 표류민의 송환 또한 나가사키에서 담당했다. 막부는 중국 어느 지역 출신인지 여부에 상관없이 모두 나가사키로 보내 자력으로 돌아가도록 했다. 중국 표류민이 나가사키에 도착하면 나가사키 봉행소에서는 조사를 실시했다.

마지막으로 일본의 자국민 송환체제를 간략히 소개하고자 한다. 일본은 섬나라라는 특성상 표류와 해난사고가 동아시아 삼국에서 가장 많

---

30 孟曉旭, 『漂流事件與清代中日關係』(中國社會科學出版社, 2010), p.126.

이 발생했고 외국에 표류한 자국민 송환 절차가 일찍부터 자리 잡았다. 외국에 표착한 일본 표류민의 일본 송환은 나가사키를 비롯한 네 개의 교섭 창구를 통해서 이루어졌다. 중국에 표착했거나 또는 중국으로 보내진 일본 표류민은 대개 나가사키로 내항하는 중국 선박 편을 통해서 송환되었고, 나가사키 부교에게 인도되었다. 류큐에 표착한 일본 표류민은 류큐에서 자이반 부교(在番奉行)[31]에게 인도하고, 그 후 사쓰마에서 직접 보호하여 송환했다. 한편, 에조치에 표착한 일본 표류민은 마쓰마에번 또는 마쓰마에 부교(松前奉行)가 교섭 창구가 되어 송환했던 것으로 보고 있다. 돗토리(鳥取)라든가 오가사와라제도(小笠原諸島) 등 무인도에 표착했다가 살아서 돌아온 경우는 하치조지마(八丈島) 또는 시모다(下田)에서 관리의 조사를 받았고, 에도로 보낸 뒤 그곳에서 소속 번(藩)의 관리에게 인도했다.

류큐의 송환체제

마지막으로 류큐의 경우를 간략히 언급하고자 한다. 류큐왕국은 1609년 전쟁에 패한 뒤 일본 사쓰마번의 복속국이 되어 조공을 바쳤으며, 왕이나 쇼군이 바뀔 때마다 에도로 시신을 보냈다. 사쓰미번은 에도막부로부터 류큐에 대한 지배권을 인정받았고 오키나와 본도의 나하항(那覇港)

---

31 부교란 에도막부시대인 1608년 이후 사쓰마번이 류큐 통치를 목적으로 파견하여 각종 업무 감독과 감찰을 담당하던 직책이었다.

에 봉행소(奉行所)를 설치해 무역을 감독하며 류큐왕국을 실질적으로 지배했다. 그러나 류큐왕국은 청나라와 조공무역을 지속하며 대외적으로는 일본과의 관계를 은폐하며 1879년까지 독립 왕국으로서의 명맥을 계속 유지했다.

류큐왕국의 송환체제에 관해서는 관련 자료가 부족하다. 지금까지의 연구에 따르면 류큐 선박이 중국에 표착한 경우는 복건(福建)에서 직접 류큐로 송환했고, 조선에 표착한 경우는 중국의 중개로 직접 송환했다. 류큐 선박이 일본에 표착한 경우는 표착지의 다이묘인 경우, 다이칸(代官)인 경우에도 오사카·나가사키의 사쓰마번저(藩邸) 중 가장 가까운 곳으로 보내고, 이곳에서 다시 가고시마(鹿児島)의 류큐관(琉球館)으로 보내 류큐에 인도했다.

표해기록의 종류와 특징

'명·청 교체기'로 불리고 있는 16~17세기는 아시아의 해역을 둘러싼 세계가 전기와 후기로 구분되는 대변동기였다. 17세기 이후 19세기 말에 이르기까지 동북아시아 각국은 내부 정세에 따라 해금령(海禁令), 천계령(遷界令), 전해령(展海令) 등을 번갈아 시행하기도 하고 거두기도 하며 서서히 해상을 통한 상호 교류를 재개했다. 현전하는 자료에서도 이러한 변동은 매우 뚜렷하게 반영되었는데, 이 시기 이후 환중국해(環中國海)를 중심으로 각국의 해상활동이 활발해지면서 표류와 관련된 기록이 큰 폭으로 증가하기 시작했다.

중국의 경우, 명·청 교체기에는 해상을 돌볼 겨를이 없었으나, 강희제가 즉위하자마자 산동부터 광동에 이르는 해상 지역의 주민을 해안선으로부터 30리 이내로 옮기는 천계령을 시행했다. 이는 골칫거리였던 정성공(鄭成功) 세력을 평정하기 위한 조치였으며, 정세가 안정되자

풍랑을 만나 표류하는 배(泛槎圖)
국립중앙박물관 소장. 1858년(철종 9년) 유숙(劉淑, 1827~1873)이 그림. 폭풍에 휘말려 배가 난파되려는 순간에 타고 있던 일본인이 배의 전복을 막고자 칼을 뽑아 돛대를 자르는 장면이 있는데, 당시 절박한 상황이 잘 묘사되어 있다.

1681년 천계령 해제, 1684년 전해령을 잇달아 공표하며 민간무역을 재개하기에 이른다. 일본의 경우, 에도막부가 기독교 포교를 금하기 위해 강력한 해금령을 펼치기도 했다. 한편, 임진왜란과 명·청 교체기를 겪으며 외국과의 공적인 해상 교류가 중지되었던 조선도 17세기에 이르러서는 서서히 동북아시아 해상 교류의 한 축을 담당하게 되었다.[32]

17세기 이전 동아시아 해상 교류의 중단은 대외관계의 주축을 이루는 바닷길을 통한 외교나 무역의 단절과도 사실상 같은 의미였다. 그러나 그렇다고 해서 민간 차원의 교류나 상업 활동이 전면 중단된 것도 아니었다. 가령, 해금령이 실시된 이후에도 일본은 물론, 조선의 제주, 대만, 류큐, 필리핀 등 배가 아니면 인접 국가나 지역에 갈 수 없던 섬나라 혹은 도서(島嶼)는 해상을 통한 국내 간, 혹은 인접 국가와의 교류가 지속되었다. 이에 대한 명징한 증거가 바로 배 고장이나 기후 이상, 해적 등으로 인한 표류나 표착에 관한 기록이다.

표해에 관한 기록은 기록 주체에 따라 정부나 관료에 의한 공적 기록과 개인의 사적 기록으로 나뉜다. 전자에는 공문서, 사서, 지방지, 각종 역사기록 등이 속하는데, 표류 사건을 처리한 보고서나 공문서로서 보고 대상은 황제나 중앙정부였다. 주요 내용은 보고자, 사유, 내용 경과, 처리 방식, 처리 결과, 그리고 관련 관청 등으로 구성되며 매우 정형화된 형식을 띠었다. 반면, 사적 기록은 신화집, 설화집, 기담, 소설집, 수필, 표해록(실제 있어났던 표류 경험을 기록한 단독 저서로 한정) 등이 속한다. 이는 표류 당사자의 표류기, 표류 당사자가 구술하고 다른 사람이 대필(代

---

[32] 최영화, 「조선후기 표해록 연구」, 연세대학교 대학원 박사학위논문(2017), pp.13-20.

筆)한 표류기, 그리고 실제 표류 사건에 상상력이 더해져서 만들어진 이 야기 등이다.

동아시아에서 공적 기록과 사적 기록은 종류, 편찬 시기, 수량 등에서는 차이가 있으나, 공통적인 특징은 다음과 같다. 첫째, 공적 기록의 경우 표해를 조사한 조사서의 형식으로 구성되어 있기 때문에 일목요연하게 표해 사실을 확인할 수 있다. 따라서 표류 당사자의 관심보다 표류 사고 처리에 관심이 맞춰져 있다. 기록물의 종류나 시기에 따라 체제나 분량이 상이하긴 하나 보통 표류인의 인적사항(국가, 성별, 나이, 직업 등), 항해 목적, 항해 일시, 표류 발생 경위, 표착 지점 및 일시, 발견 정황 및 신고 후 처리 과정, 심문 내용, 송환 과정 등이 적혀 있다. 이외에도 행방불명자의 수색과 익사자(溺死者)에게 지급하는 원휼전(元恤典), 전교(傳敎)에 의한 환포탕감(還布蕩減)의 내용과 수량, 외국 선박의 어로(漁撈)와 통상(通商) 요구에 대한 대응을 알 수 있다. 또한 해외 국가와의 교류가 쉽지 않았던 터라 표류민을 불러 표착 국가의 풍경과 풍습, 문물과 제도 등에 대해 정보를 얻고 기록하기도 했다.

이에 비해 사적 기록물의 경우 표해 사실을 기반으로 하되 표해를 당했을 때의 슬픔, 고난을 극복하는 방법, 다른 나라에 표착했을 때의 느낌과 이국 풍습에 대한 감정 등 표류를 경험한 인간의 심리와 감정이 더욱 풍부하게 남겨 있다. 또한 표류 당사자의 관심이 적극적으로 반영되어 있다. 공적 기록의 경우, 정부에서 필요한 정보만을 발췌, 기록하기 때문에 내용이 비교적 소략하지만, 개인의 기록은 표류 당사자의 경험과 견문을 여과 없이 전재(全載)하여 아무리 짧은 내용이라 할지라도 공적 기록보다 풍부한 양을 보여주게 된다.

이러한 차이는 결국 국가와 개인이 느끼는 '표해'에 대한 시선의 차이에서 비롯되는 것으로 보인다. 당시 국가에서는 허락하지 않은 외국 체험을 한 일반인의 실상을 조사할 필요가 있었기 때문에 표해한 '사실'에 집중했지만, 표해를 경험한 일반인의 경우 이국에 대한 호기심과 아무나 할 수 없었던 자신만의 특별하고도 아찔한 경험을 좀 더 극적으로 묘사하려는 의지가 강했기 때문일 것이다.

공적·사적 기록의 특징을 한국과 중국 사례를 중심으로 살펴보겠다. 우선, 한국의 공적 기록물로는 『삼국사기(三國史記)』, 『고려사(高麗史)』, 『조선왕조실록(朝鮮王朝實錄)』, 『비변사등록(備邊司謄錄)』, 『승정원일기(承政院日記)』, 『동문휘고(同文彙考)』, 『전객사일기(典客司日記)』, 『변례집요(邊例集要)』, 『표인영래등록(漂人領來謄錄)』, 『제주계록(濟州啓錄)』 등이 있다. 이들 자료는 대부분 표해라는 사건의 서사보다는, 표해라는 사고를 처리하거나 이국의 정보를 얻기 위한 사고 조사서의 성격을 가지고 있다.

이 중 표해를 바라보는 국가의 시선을 가장 잘 보여주는 것이 『비변사등록』에 수록된 「문정별단(問情別單)」이다. 이국인(異國人)이 표해하여 조선에 표착(漂着)할 경우, 해당 지역의 관원은 즉시 비변사로 보고해야 했다. 당시 표해에 관련된 사무는 비변사에서 관장했다.

비변사 관원은 표류민을 심문하여 국적·나이·이름·거주지·표류 날짜·출발지·경유지 등의 표해 경위를 기록했는데, 이것이 「문정별단」이다. 사정을 묻는다는 의미의 '문정(問情)'이라는 단어에서 드러나듯이 『비변사등록』의 내용은 사고 조사에 치중되어 있다. 이를 통해 국가는 표해를 누군가의 극적인 경험이 담긴 '이야기'로 대하기보다는 일련의 '사고'로 받아들이며 큰 관심을 두지 않음을 확인할 수 있다.

공적 기록에서 보이는 표해에 관한 무관심은 기록 횟수에서도 드러난다. 『조선왕조실록』에서 '표해(漂海)'를 검색했을 때 나오는 결과는

70건에 불과하며 같은 의미의 '표류(漂流)'를 검색했을 때 1,000여 건이 나온다. 이를 500년으로 환산해 계산해 보면 연평균 2건이 겨우 넘는 수준이다. 그마저도 한 사건이 며칠에 걸쳐 여러 차례 기록되어 있거나 자연재해로 인한 육지 내 표류가 중복된 경우가 많아서 실제로는 매우 적은 사례만이 기록으로 남겨져 있다.

공적 기록에는 기록 횟수뿐만 아니라 내용도 상당히 생략되었다. 예를 들어 19세기 전라도에 살던 홍어장수 문순득(文順得)의 표해를 『조선왕조실록』에서 검색할 경우, 『표해시말(漂海始末)』이라는 단독 표해록만이 이를 전하고 있으며, 현재 여러 단행본으로 출간되어 공연으로 제작될 만큼 서사가 풍부하지만 『조선왕조실록』에는 단 1건만이 기록되어 있다.

여송국(呂宋國)의 표류민을 성경(盛京)에 이자(移咨)하여 본국으로 송환시키게 하라고 명했다. 이에 앞서 신유년 가을 이국인 5명이 표류하여 제주에 도착했는데, 알아들을 수 없는 오랑캐들의 말이어서 무엇이 어떻게 되었다는 것인지 분별할 수가 없었다. 나라 이름을 쓰게 했더니 단지 막가외(莫可外)라고만 하여 어느 나라 사람인지를 알 수가 없었다. 그래서 이자관(移咨官)을 딸려서 성경으로 들여보냈었는데, 임술년 여름 성경의 예부로부터도 또한 어느 나라인지 확실히 지적할 수 없다는 내용의 회자(回咨)와 함께 다시 되돌려 보냈다. 그런데 그중 1명은 도중에서 병이 들어 죽었다. 그리하여 우선 해목(該牧)에 머무르게 한 다음 공해(公廨)를 지급하고 양찬(粮饌)을 계속 대어주면서 풍토를 익히고 언어를 통하게 하라고 명했는데, 그 가운데 1명이 또 죽어서 단지 3명만이 남아 있었다. 이때 이르러 나주(羅州) 흑산도(黑山島) 사람 문순득(文順得)이 표류하여 여송국에 들어갔었는데, 그 나라 사람의 형모(形貌)와 의관(衣冠)을 보고 그들의 방언(方言)을 또한 기록하여 가지고 온 것이 있었다. 그런데 표류하여 머무는 사람들의 용모와 복장이 대략 서로 비슷했으므로, 여송국의 방언으로 문답(問答)하니 절절히 딱 들어맞았다. 그리하여 미친 듯이 바보처럼 정신을 못 차리고서 울기도 하고 외치기도 하는 정상이 매우 딱하고 측은했다. 그들이 표류하여 온 지 9년 만에야 비로소 여송국 사람임을 알게 되었는데, 이른바 막가외라는 것 또한 그 나라의 관음(官音)이었다. 전라 감사 이면응(李冕膺)과 제주 목사 이현택(李顯宅)이 사유를 갖추어 아뢰었으므로 이 명(命)이 있게 된 것이다.

상기 인용문은 『조선왕조실록』에 기록된 문순득 관련 기록의 전문(全文)이다. 여기에서 보이는 문순득의 이야기는 단편적이다. 그마저도 문순득의 표해를 기록한 것이 아니고, 몇 년 후 바다에서 표해하여 조선에 표착한 사람의 국적을 확인하는 과정에서 문순득의 경험을 참고했다는 사실이 기재되어 있을 뿐이다.

문순득의 표해는 『동문휘고』에도 기록되어 있는데, 이 내용 역시 조선국인 문순득 등 2명을 조선으로 출송(出送)한다는 중국 예부(禮部)의 자문과 이에 대한 감사를 표하는 회답(回咨)만이 실려있을 뿐이다. 5년이라는 기간 동안 세 국가를 거쳐 귀환한 문순득의 경험이 국가에서는 크게 중요하지 않았다.

이 외에도 1662~1663년 바다에서 휩쓸려 류큐(流球)[일본 오키나와(沖繩)]에 도착한 김여휘(金麗輝)[33]의 사례도 대동소이하다. 어느 시점에 표해했는지도 알 수 없으며, 언제 조선에 도착했는지도 알 수 없다. 다른 공적 기록물을 봐도 사정은 비슷하다. 『승정원일기』나 『비변사등록』에는 해당 사건이 기록되어 있지 않으며, 『동문휘고』에는 해당 사건에 대해 일본 측에 전달하는 답서(答書)가 기록되어 있지만, 내용은 『조선왕조실록』보다도 소략하다. 『표인영래등록』에도 김여휘의 신분이나 일행 두 사람의 이름이 더 기재되어 있을 뿐이다.

하지만 조선시대 외국을 경험한 사람들의 이야기를 모아놓은 찬집서(撰集書)인 『해외견문록(海外見聞錄)』에 수록된 「기유구표해인어(記琉球漂海人語)」에는 공적 기록과는 달리 풍부한 내용이 남아 있다. 예컨대, 생환(生還)한 28명의 성별 및 6명의 이름, 그리고 그중 5명 이상의 표류 경위가 기재되어 있다. 이들은 모두 해남 출신도 아니었을 뿐만 아니라 저마다 다른 이유로 제주도에서 함께 배를 탄 것이었다.

공적 기록은 사고 조사서의 성격과 함께 이국에 대한 정보 수집의 성격도 가지고 있다. 상술했듯이 전통시대는 이국에 대한 정보를 얻기가 쉽지 않았기 때문에 표해를 통해 이국에 다녀온 사람을 통해 정보를 획득했다. 『실록』 및 『비변사등록』과 같은 공적 자료에는 표류민을 불러 표착한 곳의 풍경과 풍습, 문물과 제도 등에 대해 자세히 조사하라는 임금의 하교나, 표류민에 대한 문정이 지연되는 것에 대해 질책하는 내용이 빈번히 확인된다.

> 표류했던 제주 사람 김비의(金非衣) · 강무(姜茂) · 이정(李正) 등 세 사람이 류큐국(琉球國)으로부터 돌아왔는데, 지나온 바 여러 섬의 풍속을 말하는 것이 매우 기이하므로, 임금이 홍문관에 명하여 그 말을 써서 아뢰라고

---

33 『현종실록(顯宗實錄)』 권7, 현종 4년 7월 5일.

했다.

… 섬의 이름은 윤이시마(閏伊是麿)라고【그곳 풍속에 섬을 일컬어 시마라고 한다.】했습니다. 인가(人家)가 섬을 둘러 살고 있고, 둘레는 이틀 길이 될 듯하며, 섬사람은 남녀 1백여 명으로 풀을 베어 바닷가에 여막을 만들어서 우리들을 머물게 했습니다. 우리들이 제주(濟州)를 출발한 때로부터 큰 바람이 파도를 일으켜 파도가 이마(顙) 위를 지나고, 물이 배 가운데 꽉 차서 뱃전이 잠기지 않은 것은 두어 판자뿐이었습니다. 김비의와 이정이 바가지를 가지고 물을 퍼내고, 강무는 노(櫓)를 잡았으며, 나머지는 모두 다 배멀미를 하여 누워 있어서 밥을 지을 수가 없어 한 방울의 물도 입에 넣지 못한지가 무릇 열나흘이었는데, 이때에 이르러 섬사람이 쌀죽(稻米粥)과 마늘을 가지고 와서 먹였습니다. 그날 저녁부터는 처음으로 쌀밥 및 탁주(濁酒)와 마른 바닷물고기를 먹었는데, 물고기 이름은 다 알지 못했습니다. 7일을 머문 뒤에 인가(人家)에 옮겨 두고서 차례로 돌려가며 대접을 하는데, 한 마을에서 대접이 끝나면 문득 다음 동네로 체송(遞送)했습니다. 한 달 뒤에는 우리들을 세 마을에 나누어 두고 역시 차례로 돌려가며 대접하는데, 무릇 술과 밥은 하루에 세끼였으며, 온 섬사람의 용모(容貌)는 우리나라와 동일(同一)했습니다.[34]

『태종실록(太宗實錄)』에 실린 예를 통해서도 공적 기록과 사적 기록의 차이를 다시 확인할 수 있다.

---

34 『성종실록(成宗實錄)』 권105, 성종 10년 6월 10일.

① 사역원(司譯院) 부사(副使) 최운(崔雲)을 보내어 소주위(蘇州衛) 우소 백호(右所百戶) 시득(施得)·총기(摠旗)·임칠랑(林七郎) 등을 안동[押領]하여 요동으로 가게 했다. 시득 등은 해선(海船)을 타고 북경(北京)으로 양곡을 운송하다가 바람을 만나 순성(蓴城)에 표류되었는데, 배가 부서지게 되자 해안으로 올라왔다. 통사(通事) 전 판군기감사(判軍器監事) 곽해룡(郭海龍)을 보내어, 가서 체문(體問)하고 인하여 함께 데려오게 했다. 임금이 광연루(廣延樓)에 임어하여 시득(施得) 등을 인견하고 말하기를, "곤액(困阨)을 갖추 겪고서도 생명을 보전한 것은 황제의 덕이었다." 하니, 시득 등이 머리를 조아려 말하기를, "우리들이 전하의 경토(境土)에 이르러서 살아남을 얻었으니, 바로 전하의 덕입니다." 했다. 명하여 시득 등 84인에게 의복·갓·신[靴]을 내려 주고, 또 서상(西廂)에서 먹여 보내게 했다.[35]

이 인용문은 공적 기록이 표해 경위 및 송환 과정을 주로 서술하고 있음을 알 수 있다. 이에 반해 개인의 표류 경험을 기술한 사적 기록은 표해 당시의 감정과 심리나 표착지의 묘사가 주를 이룬다. 다음 두 표해록을 보자.

② 방익이 아뢰기를, "배가 바람에 휘날려 혹은 동서로 혹은 남북으로 표류하기를 열엿새 동안이나 했습니다. 일본에 가까워지는 듯 하더니 갑

---

35 『태종실록(太宗實錄)』 권12, 태종 6년 7월 6일.

자기 방향을 바꾸어 중국으로 향했습니다. 양식이 떨어져서 먹지 못한 것이 여러 날이었는데, 문득 큰 물고기가 배 안으로 뛰어들어 여덟 사람이 함께 산 채로 씹어 먹었습니다. 먹을 물이 다 떨어졌는데 하늘이 또 큰비를 내려 주어 모두들 두 손을 모아 받아 마시고 갈증을 풀었습니다. 배가 처음 해안에 닿았을 때는 정신이 어지러워 인사불성이 되었사온데, 어떤 사람이 멀리 서서 이를 엿보고 있더니 이윽고 무리를 지어 배에 올라 배 안에 있는 의복 따위들을 모두 챙기고 각자 한 사람씩 업고 나섰습니다."[36]

③ 삼은 체구가 단소(短少)하고 수염이 적었으며 얼굴은 붉고 용모는 매우 너그럽고 온화하여 우리나라 사람처럼 까다로운 태도가 없었다. 그들의 옷은 대부분 흑색이고 옷자락의 길이는 무릎에 오르내릴 정도이며 옷섶[袵]은 깃[領]이 없이 직선이었다. 머리는 잘랐으며 모발은 땋아 두 가닥으로 드리웠는데 혹은 한 가닥만 드리우기도 하고 혹은 없기도 했다. 흰 양[白羊]의 가죽으로 만든 모자를 썼는데 그 끝을 한 치쯤 말아 올려 테를 만들었고 혹은 검은 양[黑羊]의 가죽으로 만들기도 했다. 청색의 행전(行纏)에 청색의 천으로 만든 신발을 신었는데, 신발에 끈이 달려 끈을 매었으니 이는 유독 중국의 고제(古製)이다. 우리의 넓은 소매와 기다랗게 드리운 띠를 보고는 조롱하여 웃는 자가 있는가 하면 또한 감탄하여 사모하는 자도 있었다. 부채를 보고 매우 좋아하므로

36　박지원(朴趾源), 『연암집(燕巖集)』 권6, 별집(別集), 서사(書事), 「서이방익사(書李邦翼事)」.

사람들이 모두 어여삐 여겨 선물했다. 서화를 선물하기도 하고 담배나 돈을 주는 사람도 있었다. 그들은 이것을 모두 전대에 담아 두었는데 우리나라 사람이 훔쳐 가면 반드시 실심하여 머리를 긁고 발을 구르며 당국에 호소했으니, 우리나라 사람의 경박(輕薄)이 이와 같았다.[37]

동일한 사건을 다룬 공적 기록(①)과 사적 기록(②, ③)의 비교는 양자의 차이를 극명하게 보여준다.

한 가지 사례를 더 보자. 다음 인용문은 1687년에 베트남에 표류한 김대황(김태황)의 경험을 기록한 두 기록이다. ④는 공적 기록인 『숙종실록』에, ⑤는 정동유(鄭東愈)가 편찬한 『주영편(晝永編)』에 기록된 내용이다.

④ 대신(大臣)과 비국(備局)의 제신(諸臣)을 인견했다. 이에 앞서 전라도 관찰사(全羅道觀察使) 권시경(權是經)의 장계에 말하기를, "제주(濟州) 사람 김태황(金泰璜)이 정묘년(1687년) 9월에 목사(牧使) 이상전(李尙)이 진상하는 말을 거느리고 배를 타고 가다가 추자도(楸子島) 앞에 이르러, 풍랑을 만나 표류(漂流)하여, 31일 만에 바야흐로 안남국(安南國) 회안(會安) 지방에 이르렀더니, 안남 국왕이 임시로 공해(公廨)를 지어서 대접하고, 전미(錢米)를 주어서 호구(餬口)하게 했는데, 마침 절강의 상선(商船)을 만나서 무진년(1688년) 7월에 그 배에 실려 본주(本州)로 돌아왔

---

37 이덕무(李德懋), 『청장관전서(靑莊館全書)』 권3, 영처문고(嬰處文稿) 1, 「기복건인황삼문답(記福建人黃森問答)」.

습니다. 안남국에서 가져온 공문(公文)은 그 나라의 변신(邊臣) 명덕후(明德侯) 오(吳)가 작성한 것인데, 인장(印章)은 쓰지 않고 단지 도서(圖書)만을 썼습니다. 절강의 상선(商船)은 영파부(寧波府)의 표문(票文)을 【청인(淸人)의 행상(行商)들은 모두 표문(票文)을 가졌으니, 곧 공문(公文)이다.】 가졌으며, 김태황이 실릴 적에 쌀 6백 포(包)를 주기로 약정했는데, 김태황이 갚을 수가 없습니다. 그는 조정에서 구제함이 마땅하다고 말합니다." 하니, 임금이 그 일을 묘당(廟堂, 의정부)에 내렸다.[38]

⑤ … 숙종 정묘년(1687)에 제주도 아전과 백성 24명이 배를 타도 추자도 근해에 이르렀을 때 태풍을 만나 표류하게 되었다. 12일 동안 떠다니다 바람이 비로소 조금 잦아들었으나 배 안에 마실 물이 없었으므로 생쌀을 씹어 먹으면서 굶주림을 견뎠다. 이렇게 바다 한가운데서 지낸 지 6일 만에 또 동북풍을 만나 17일 동안 떠다니다가 어떤 섬에 도착했다. 배가 여러 척 다가와서 사방을 포위하고 칼과 창을 든 사람들이 빽빽이 늘어섰는데 그 섬의 순라선(巡邏船)인 것 같았다. 목이 말라 손으로 물을 따라 마시는 시늉을 해보이니 그 사람들이 뜻을 알아차리고 배 한 척을 보내어 물 한 병을 주었다. 배 안 사람이 뱃전에 있다가 물을 받아 다 마시고는 즉시 모두 혼절해 인사불성이 되었다. 그 사람들이 다시 물을 길어 보내주어 다른 사람들은 물을 뜨겁게 데워서 천천히 마시니 그제야 정신을 차렸다. 종이와 붓을 꺼내어 '여기가 어디냐?'라고 써서 물으니, 그 사람들이 글을 써서 대답하기를 '이곳은 안

---

38 『숙종실록』, 숙종 15년 2월 13일.

남국이라고 한다. 너희들은 어느 나라 사람이냐? 무슨 연유로 이곳에 왔느냐?'라고 했다.[39]

④는 『숙종실록』에 기록된 김대황의 표해이다. 이들이 어디에서 출발하여 어떤 이유로 바다에 나섰으며 어디로 표착하고, 어떤 경로로 귀환했는지 차례로 기록되어 있다. 뒤를 이어 김대황을 구제해달라고 하는 장계(狀啓)의 처리 여부에 대한 의정부(議政府)의 논의가 기록되어 있는 반면, 이들이 표류하여 어떤 경험을 했는지는 생략되어 있다. ⑤는 정동유(鄭東愈)가 편찬한 『주영편(晝永編)』에 기록된 내용이다. 이 기록은 김대황 일행의 경험을 듣고, 글을 지을 수 있는 사람이 대신 저술한 것이다. 앞에서 볼 수 있듯이 ④는 ⑤에 비해 표류 과정에서의 상황과 감정 묘사가 더욱 풍부하다. 그뿐만 아니라 베트남에 대한 정경(情景), 의복, 짐승까지 일일이 적고 있다.

중국의 경우, 가장 큰 특징은 압도적으로 많은 공적 기록이며, 그중 대다수가 중국에 표착한 이국인(異國人)의 표류를 다루고 있는 점에서 찾을 수 있다. 이는 19세기 중엽 이전 환중국해 해역 질서가 중국을 중심으로 한 조공(朝貢)과 호시(互市)로 이루어져 있었기 때문이다. 조선과 류큐, 일본 등 국가는 외교관계를 제한적으로 유지했고 민간인이 바다로 나아가 교역을 하는 것을 금지했기 때문에 해상에서 소난을 히는 경우 대다수가 먼저 중국을 거쳐 조난 당사자의 국가로 인도되었다. 그리하

---

39 정동유 지음, 안대회, 서한석 외 옮김, 『주영편 – 종횡무진 지식인 정동유, 심심풀이로 조선 최고의 백과사전을 만들다』(휴머니스트, 2016), pp.143 – 144.

여 중국 관청의 기록 속에는 외국 선박의 표류 사건에 대한 기록들이 많이 남게 되었다.

또한 같은 공적 기록이라 하더라도 명·청대 기록은 양과 질에서 차이가 존재한다. 『명사(明史)』, 『명실록(明實錄)』과 같은 명대의 기록에서 보이는 표류는 상세하지 않고 체계적으로 정리되지 않아 미흡한 면이 많다. 명대에는 공문서의 관리체제와 해난구조의 체계가 제대로 확립되지 못했기 때문에 표류의 구체적인 경위를 파악하기에도 곤란한 점이 많았다. 하지만 이러한 한계는 청대, 특히 건륭(乾隆, 1736~1795) 연간에 이르러 문서 행정이 정비되고 구조 및 송환 관행이 성립되면서 일신되었고 달라진 상황이 기록에도 고스란히 반영되었다.

일반적으로 청대 지방 관청에는 외국 조난자와 언어 소통이 가능한 통역시스템이 갖추어져 있지 않았기 때문에 대다수가 필담(筆談)으로 소통했다. 환중국해를 표류한 외국 선박은 대부분 한자로 간단하게 의사를 주고 받을 수 있었다. 의사소통이 불가한 경우, 표류자의 외모와 복장으로 소속 국가를 판단하여 부근을 왕래하는 외국 상인을 찾아 통역을 시도했고 해당 해안의 담당 지역으로 이관하여 송환을 진행했다. 광동 상인 가운데는 서양과 동남아시아의 언어를 통역할 수 있는 사람이 있었고, 절강에는 일본어를 통역할 수 있는 민간 상인이, 북경의 예부에는 조선어통사(朝鮮語通詞)가 있었다.

당안을 중심으로 한 청대 공적 표류기록의 형식적 특징을 살펴보자. 청대 가장 중요한 공문서의 양식이라고 할 수 있는 주접(奏摺)을 예로 살펴보면, 보통 주접은 올리는 사람과 사유, 내용, 처리방식, 처리결과, 관련 부처에 알린 내용 등으로 형식화되었다. 만약 황제가 주접의 내용에 대해 의견이 있으면 붉은 글씨로 지시를 덧붙였는데, 이를 '주비(硃批)'

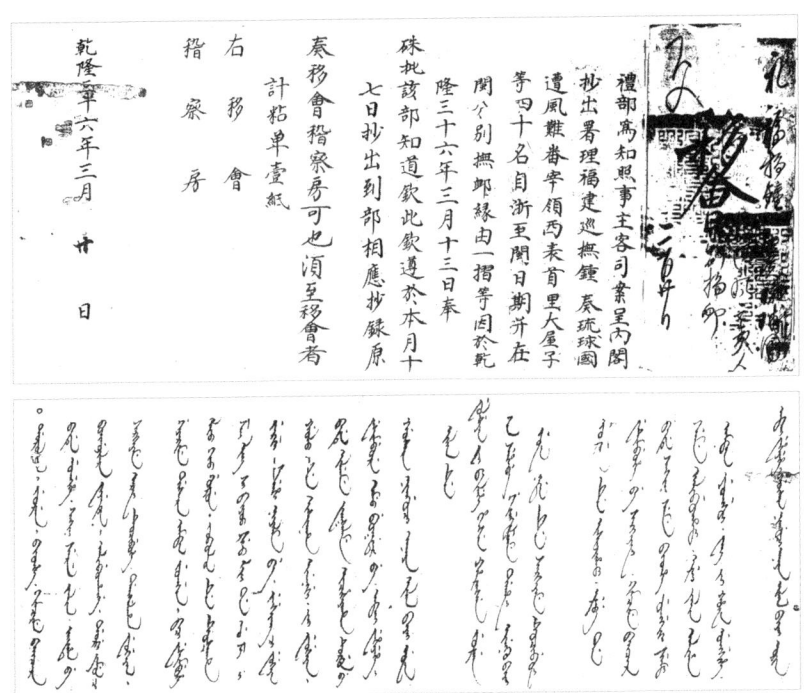

당안(檔案) 건륭 36년 3월 20일 청과 유구 관계에 관한 조서이다.

라고 한다. 주접은 황제에게 곧바로 보고되었기 때문에 간단하게 요점만 기술되었으나, 제본은 내각이나 군기처의 처리를 거친 후에 올라갔기 때문에 대개 내용이 길고 장황했다. 그만큼 조사의 경과, 구조의 내용 등 관련 기록들이 상세하게 나타나 있는 장점이 있다. 이런 기록은 단편적이며 관청의 입장에서 서술되었다는 한계가 있지만, 내용이 체계적이고 완전성이 높아서 다른 국가 자료와 상호보완적으로 사용하면 해당 표류 사건의 전모를 구성할 수 있을 것이다.

공적 표류기록을 살펴보면 시대가 지날수록 중국 중심의 해상 네트워크가 확장되어 가는 모습을 확인할 수 있다. 『이십사사(二十四史)』 정

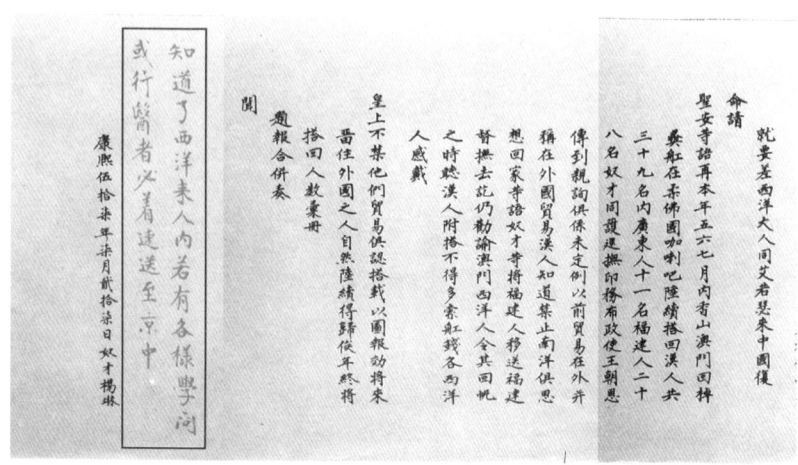

주접(奏摺)
강희 57년 양광총독 양림이 13행에 관하여 올린 상소에 대한 주접이다. 주접은 황제의 글이 빨간색(표시한 곳)으로 쓰였기 때문에 붙여진 이름이다.

사와 실록에는 상부에 보고된 표착 기사가 단편적으로 기재되어 있다. 국가별로 표류 기사를 살펴보면, 중국과 가까운 한국과 일본은 고대부터 조공·무역·어업의 이유로 중국으로 표류한 빈도가 높았다. 그 외 당대(唐代)에는 천축국(天竺國)[인도], 파사국(波斯國)[페르시아], 송대(宋代)에는 삼불제국(三佛齊國)[수마트라 팔렘방 지역], 점성국(占城國)[참파(Campa), 베트남] 등의 선박이 무역활동을 하다가 난파된 기록이 보인다. 명·청대에는 점성국, 섬라국(暹羅國)[시암(Siam), 태국], 안남국, 여송국, 소록국(蘇祿國)[술루제도(Sulu Islands)], 조왜국(爪哇國)[자바섬 서부] 등의 표류 사실이 확인된다.

이들 국가는 중국에 입공(入貢) 혹은 귀국하다가 해상에서 난파되는 예도 있고, 타국이나 외딴 섬에 표착하여 행방불명되거나 표착지의 주민에게 구류되어 중국 조정에 도움을 요청하는 때도 많았다. 항해 목적은 대체로 조공과 무역이 가장 많았고 어선의 표류도 상당수 보였으며, 고대에는 종교인의 구법(求法) 활동이 추가되기도 했다.

근대에 들어서서도 조선과 중국 양국은 전통적인 국교 관계 속에서 해난구조 시에 합작을 통해 우호적으로 처리했다. 특히 해난 및 표류선에 대해서는 자금 지원 및 구조의 의무를 다했다. 1882년, 조선과 중국은 '조청상민수륙무역장정(朝淸商民水陸貿易章程)'을 체결했다. 이 조약의 결과 양국의 전통적인 국교 관계는 변화했고 해난구조에도 쌍방은 피차 해난 표류선의 구조 비용을 부담하지 않기로 규정했다. 이처럼 동아시아 해역 질서 연구의 중요한 성과의 하나로 받아들여지고 있는 표해 연구는 표류인의 송환이나 해난구조사업이 임시방편이나 즉흥적인 방법이 아니라 하나의 '시스템'으로 정착됐음을 보여주고 있다.

2부

동아시아 표해록

한국 표해록

전통시대, 개인의 이국(異國) 체험은 극히 제한적이었다. 바다는 국가의 통제대상이었기 때문에 일반인에게 쉽게 접근할 수 없는 영역이었다. 심리적으로도 사람이 통제할 수 없는 사고가 발생하는 공포의 대상이자, 알지 못하는 초월적 힘이 내포된 신비의 대상이기도 했다. 이러한 상황에서 '표해'가 발생하면, 국가 통제 영역을 벗어나 새로운 문화를 경험할 수 있는 예외적 현상이 되었다.

한국에는 표해를 기록한 선석(典籍)이 나수 현전하는데, 그 시작은 고대로 소급된다. 특히, 중국과 비교했을 때 기록의 수량에서는 적지 모르지만, 풍부한 서사(敍事)의 측면에서는 결코 뒤지지 않는다. 그중 조선시대의 표해기록은 공적 기록과 사적 기록, 모두 적지 않아 오랫동안 동아시아 연구자에게 좋은 토대가 되었다.

이 글에서는 비교 분석이 가능한 표본자료가 많이 남아 있는 조선시대의 표해록을 다루며, 항해술과 조선(造船) 기술의 변화는 물론이요, 사회 여러 방면에서 변화하는 1876년 강화도조약까지를 시기로 설정했다. 다만, 향후 심화 연구를 기대하며 표해록의 대략을 소개하고자 한다.

한국 표해록 전사(前史)

사람이 바다로 나아간 이후 표해는 언제, 어디서나 발생했다. 세계적으로 사랑받는 『걸리버 여행기(Gulliver's Travels)』,[1] 『로빈슨 크루소(Robinson Crusoe)』,[2] 『오디세이아(Odyssey)』도 표류를 배경으로 한다. 한국의 탈해 이사금(脫解尼師今) 신화, 연오랑(延烏郎)·세오녀(細烏女)의 전설도 표류와 관련 있다. 이처럼 표해는 늘 역사에서 함께했다. 우리나라에서 표해를 다룬 기록의 시작은 삼국시대까지 거슬러 올라간다.

현전하는 고대 문헌에 보이는 표해는 주로 공무(公務)와 관련된 일로 출항했다가 바람을 만나 발생한 경우가 많았다. 중국으로 가는 도중 사신(使臣)이 표해하거나 군함이 떠내려오기도 했다.

---

1   Lemuel Gulliver, *Travels into Several Remote Nations of the World. In Four Parts*(1726). 이 소설의 원저자 조나단 스위프트는 당시 정치에 대한 비판과 풍자에 위험을 느끼고 걸리버라는 가짜 작가를 내세웠다. 첫 출간본의 출판사 이름은 전해지지 않는다.
2   Daniel Defoe, *The Life and Strange Surprizing Adventures of Robinson Crusoe, Of York, Mariner: Who lived Eight and Twenty Years, all alone in an un-inhabited Island on the Coast of America, near the Mouth of the Great River of Oroonoque; Having been cast on Shore by Shipwreck, wherein all the Men perished but himself. With An Account how he was at last as strangely deliver'd by Pirates*(1719). 초판본은 윌리엄 테일러(W. Tayler)에 의해서 출판되었다.

백제(百濟) 근구수왕(近仇首王) 5년 봄 3월에 사신을 보내어 진(晉)에 조공했는데, 그 사신이 바다에서 모진 바람을 만나 이르지 못하고 되돌아왔다.[3]

고려(高麗) 공민왕 21년(1372)에 서장관(書狀官)으로 홍사범(洪師範)을 좇아 경사(京師)에 가서 촉(蜀)을 평정했음을 축하했다. 돌아오다가 바다 가운데 허산(許山)에 이르러 태풍을 만나 배가 부서져 표류했다가 암도(岩島)에 이르러 홍사범은 익사했으며 죽음을 면한 자는 겨우 10명에 2명이었다. 정몽주도 죽음에 이르렀다가 말다래를 베어 먹으며 살기를 30일이나 했다. 일이 알려지매 황제가 선박과 노를 갖추어 돌아가게 하면서 후하게 은휼(恩恤)을 베풀어 돌려보냈다.[4]

이 인용문은 『삼국사기』와 『고려사』에 기록된 표류이다. 고대부터 동아시아 국제정세의 중심은 중국이었다. 조공-책봉 관계로 맺어진 중국과 한국, 두 나라는 바다에서 발생하는 위험을 알면서도 죽음을 무릅쓰고 사신을 보낼 수밖에 없었다. 이 외에도 당시 동아시아 교역의 단면을 엿볼 수 있는 상인의 표해도 있다. 일본 승려 230명의 표해나 상인 70여 명의 표해를 통해 당시 국제 간 교역의 규모를 짐작할 수 있다.

한편, 고려에 이르면 표류민의 신분이 주로 사신이나 관인이었던 고대에 비해 상인·어민 등 표류민의 신분이 다양해진다. 이들을 통해 중국에 표착한 제주도 사람이 삼(蔘) 씨를 전한다거나, 현지에서 회전축 사

---

[3] 『삼국사기』 권24, 백제본기(百濟本紀) 제2, 근구수왕(近仇首王) 5년.
[4] 『고려사』, 열전(列傳) 30, 「정몽주(鄭夢周)」.

용법을 배우는 등 민간 교류의 모습을 살펴볼 수 있다.[5]

6월에 일본의 관선대사(官船大使) 여진(如眞) 등이 송(宋)에 들어가 법(法)을 구하려다가 바람에 표류하여 승속(僧俗) 230명은 개야소도(開也召島)에 표착하고, 265명은 군산도(群山島)·추자도(楸子島)의 두 섬에 도착했다. 대재부(大宰府) 소경전(少卿殿)의 보통 상선에 탄 78인이 송나라에서 본국으로 돌아가려 하다가 바람에 밀려 배를 잃고 소선(小船)으로 선주(宣州)의 가차도(加次島)에 표박하거늘 전라도 안찰사에게 명하여 양곡과 배를 주어 그 본국으로 호송하게 했다.[6]

표해는 외교전으로 확대되기도 했다. 백제 개로왕 때 10여 구의 시신과 의복, 기물, 안장과 굴레 등이 바다로 떠내려왔는데, 백제는 이를 고구려의 공격 때문에 침몰당한 중국 사신의 배에서 나온 것으로 생각, 중국이 고구려를 정벌하도록 부추기기도 했다.[7] 이 외에도 표류를 소재로 한 소설이나 야담(野談)에서는 거인이 사는 곳이나 여인들만 사는 곳에 표착하기도 하며, 표류 중 바다나 섬에서 보물을 습득하여 큰 부를 이루는 모습이 묘사되어 있는데, 이 또한 동아시아에서 전반적으로 포착되며 이는 당시 사람들에 내재했던 바다에 대한 공포와 알지 못하는 이국에의 호기심 및 욕망의 산물로 이해될 수 있다.

---

5   김영원 외, 『항해와 표류의 역사』(솔, 2003), p.51.
6   『고려사』, 세가(世家) 25, 원종(元宗) 4년 6월.
7   김영원 외, 『항해와 표류의 역사』(솔, 2003), p.47.

조선시대의 표해록

표해록은 저자에 따라 두 가지 유형으로 분류할 수 있다. 하나는 표류 당사자가 기록을 남기는 경우이고, 하나는 다른 사람이 표류 당사자의 이야기를 전해 듣고 대필(代筆)하는 경우이다. 〈표 1〉은 조선 시대 대표적인 표해록을 정리한 것이다.

표류 당사자가 기록을 남기는 경우는 표해 당사자와 작성자가 일치하며 대부분 식자(識字)층이다. 최부의 『표해록』, 장한철의 『표해록』, 최두찬의 『승사록』, 이지항의 『표주록』 등이 있다. 표류 당사자의 이야기를 전해 듣고 대필하는 경우는 표해 당사자와 작성자가 불일치하는 경우로, 주로 비(非)식자층의 표류를 지식인이 듣고 대신 서술한 것이다. 정약전이 문순득의 표류를 듣고 기록한 「표해시말」이 대표적이며, 이방익의 경험을 박지원이 기록한 「서이방익사」도 이 유형에 속한다.

표해록이 공적 기록보다 내용이 풍부하다는 공통점이 있으나, 표류 당사자의 이야기를 전해 듣고 대필하는 경우 당사자의 관심이 전부 반영되었다고 할 수는 없다. 이는 표해 당사자가 아닌 이상 전달하고자 하는 바를 온전히 전달하기에도 힘들 뿐더러, 대필자의 관심이 표해 당사자의 관심과 정확히 일치하지 않기 때문이다. 예를 들어보자.

탐라인(耽羅人) 출신인 김광현(金光顯) 등 일곱 사람이 무자년 9월 7일에 고기를 잡으러 배를 타고 추자도(楸子島)로 향했다가 10일에 큰 바람을 만나 바다 파도 가운데서 마치 키로 까불듯 흔들리며 출몰하여 위험한 괴로움을 모두 맛보았다. 그러다가 무릇 9일 만에 비로소 남해 보타산(普陀山)에 닿아 정해현(定海縣)에 머무르다가 8일 만에 다시 배를 타

〈표 1〉 조선시대의 대표적 표해록

자료명	작성자	표류민	출발지/표착지
『패관잡기』「류큐풍토기」	어숙권	박손	한국/일본
『표류기』	하멜	하멜	네덜란드/한국
『곡운집』「법성전」	김수증	법성(승려)	한국/일본
『탐라문견록』	정운경		한국/안남국 외
『지영록』	이익태		네덜란드/한국 외 다수
『해외문견록』	송정규		한국/일본 외 다수
『표주록』	이지항	이지항	한국/일본
『표해록』	장한철	장한철	한국/베트남
『연암집』「서이방익사」	박지원	이방익	한국/일본
『유암총서』「표해시말」	정약전	문순득	한국/일본 – 필리핀 – 마카오 – 중국
『주영편』	정동유		네덜란드/한국 외
『오주연문장전산고』「대마도통신변증설」	이규경	이종덕	한국/일본
『일본표해록』	풍계현정	풍계현정	한국/일본
『표해록』	양지회	양지회	한국/중국
『승사록』	최두찬	최두찬	한국/중국
『심전고』「탐라표해록」	박사호	김광현	한국/중국
『연원직지』「제주인표인문답기」	김경선	제주인 33인	한국/일본

고, 진해(鎭海), 영파(寧波), 자활(慈豁), 여요(餘姚), 상우(上虞), 산음(山陰), 소산(蕭山)을 거쳐 전당(錢塘)에 이르러 47일 동안 머무르다가, 다시 배를 타고 석문(石門), 가흥(嘉興), 오강(吳江), 오현(吳縣), 무석(無錫), 상주(常州), 단양(丹陽), 단도(丹徒), 양주(楊州), 고우(高郵), 보응(寶應), 회안(淮安), 청강(淸江)을 거쳐 12월 16일에 육지에 내렸는데, 무릇 수로로 2,970리이다. 17일에 다시 육로로 산동(山東), 도원(桃源), 홍화(洪花), 난산(蘭山), 이가장(李家莊), 판성(板城), 몽음(蒙陰), 신태(新泰), 태안(泰安), 제하(濟河), 우성(禹城), 평원(平原), 덕주(德州), 경주(景州), 교하(交河), 하간(河間), 신웅(新雄), 탁주(涿州), 양현(良縣)을 거쳐 7일에 황성(皇城)에 도착했는데, 무릇 육로로 2,000리였다.

표류민의 말은 이러했다. "9일 동안 바다 가운데서 출몰할 제, 풍랑이 몇 천 리나 되는지 알 수 없었으며, 긴 고래, 큰 고기에게 배를 삼킬 재난을 당할 뻔한 것이 여러 번이었으며, 수륙으로 지나온 길이 합하여 5,000리, 그 사이의 산천, 누대(樓臺), 인물, 요속(謠俗) 등은 무식하여 적지 못했으니 이것이 유감이다. 다만, 그 큰 것만을 뽑아서 말한다면, 보타산은 바다 가운데의 명산으로 절이 정묘하고 아름다우며, 화초가 번화하여 선경이라 이를 만하고, 전당(錢塘)의 경치는 천하에 다시 없으니 지금 보는 북경도 전당에 비교가 안 된다. 호수가 거울 같고, 24교(橋)가 각각 무지개[虹霓]를 만들어 비단 돛이 그림 같은 배가 그 가운데를 드나든다. 채각(彩閣), 단루(丹樓)들이 1층, 2층, 3층, 4층, 5층에 이르는 것들이 호수 위에 즐비하다. 겨울의 따뜻하기가 봄 같고 꽃과 나무들이 섞이어 비치며, 그 고장에 사는 사람들은 모두 쌀밥에 생선국, 비단옷에 구슬 패물을 차고 있다. 조선에서 표류해온 사람이라는 것을 듣고, 모두 다투어 끌고 집으로 돌아가 각각 술과 음식을 차려 노고를 위문하고 노

〈천하도(天下圖)〉
18세기 이후 민간에 널리 유포되었던 원형의 세계지도이다. 아시아에서 한국에서만 발견되어 조선인의 고유한 세계관을 반영하고 있는 지도라 평가된다. 중국 중심의 세계관을 표현한 관념도로, 현실과 상상이 뒤섞인 모습이 특징이다.

자를 후하게 주며, 혹은 풍악을 베푼 누각에서 취하기도 하고, 혹은 주기(珠璣)가 늘어진 저자에서 놀기도 했다. 이렇게 하기를 47일 동안이나 했는데, 연기 낀 버들과 그림 같은 다리, 바람에 흔들리는 주렴과 푸른 휘장, 이런 것이 몇만 호나 되는지 알 수 없었다. 그 의식의 풍족함, 풍속의 돈후함, 풍경의 아름다움이 천하의 낙원이었다." 내가 나그네 몸으로 등불 밑에서 그 겪은 바를 듣고, 그의 말을 모아 「표해록」을 지었다.[8]

이 인용문은 1828년 연행에 참여했던 사은겸동지정사(謝恩兼冬至正使) 홍기섭(洪起燮)의 막비(幕裨)로 연경에 다녀온 박사호의 연행 기록 『심전고』에 실린 「탐라표해록」의 전문이다. 내용을 보면 『실록』 등의 관찬 기록보다 풍부하지만, 표해의 자초지종을 모두 파악하기에는 부족한 점이 있다. 이는 앞서 설명했듯이 표해 당사자와 작성자가 일치하지 않기에 발생하는 문제라고 할 수 있다. 이처럼 표해 당사자와 작성자가 다른 경우 표해 당사자의 생각과 감정이 모두 대변하지 못하는 한계가 발생하기도 한다.

또한 비식자층의 표류는 이야기의 큰 줄기가 위기와 생존에 맞춰져 있다. 정약전이 쓴 「표해시말」을 살펴보면, 류큐와 여송국, 그리고 중국을 거치는 과정에서 위기의 순간이 아주 적나라하게 묘사되어 있으며 그때마다 문순득이 느꼈던 감정의 기복이 드러나 있다. 또한, 문순득은 마카오(Macau, 澳門)에서 다양한 서양 문물을 접할 수 있었는데, 새로운 문물에 대하여 편견 없는 모습을 보여주고 있다. 이러한 부분들은 식자층이 성리학적 지식을 통해 타문화를 이해했던 것과는 상반되는 모습이다.

가장 온전하게 표해 경험이 반영되는 경우는 식자층이 표해 당사자가 되어 기록을 남기는 경우이다. 이러한 유형은 조선 지식인들의 성리

---

8 박사호, 『심전고』, 「탐라표해록」.

학적 의식과 중화(中華)사상이 드러난다는 것이 또 하나의 특징이다. 예를 들어, 『표해록』의 저자 최부는 국가의 관직을 역임하던 관리였으며, 성리학자 김종직(金宗直)의 학통을 추종하는 문인이었다. 최부는 중국에 표착한 이후 중국의 관원, 지식인들과 접촉하며 자신의 학문을 바탕으로 중국의 지식인들과 교우를 맺어나간다. 이 과정에서 그는 성리학적 전통과 어긋나는 중국의 모습에 가차없는 비판을 가한다. 북경에서 중국 황제를 알현하는 과정에서 의복 문제를 둘러싼 논쟁은 성리학자로서의 모습이 극명히 드러나는 순간이다. 이를 통하여 볼 때, 최부에게 표류는 위기를 극복하고 무사히 생환하게 되는 과정이 아니라 문인으로서 배웠던 학문적 지식을 통해 이세계(異世界)를 바라볼 수 있는 체험이었다고 할 수 있다.

지금까지 한국 표해록의 특징을 조선시대를 중심으로 살펴보았다. 이어서 한국의 대표적 표해록을 소개한다.

승려의 일본 표류 이야기 – 김수증, 「법성전」[9]

유람(遊覽)을 좋아했던 김수증은 1665년 희령산(戱靈山)에서 만난 승려 법성(法性)으로부터 일본에 표해한 이야기를 전해 듣는다. 김수증은 김상헌(金尙憲)의 장손(長孫)이자 당시 노론(老論)의 영수인 김수항(金壽恒)의

---

9 이 글에서 사용한 「법성전」은 한국고전번역원, 『한국문집총간』 25, 『곡운집』 영인본을 저본으로 했다.

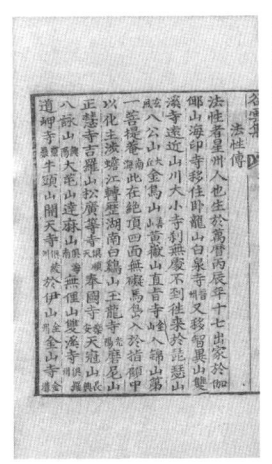
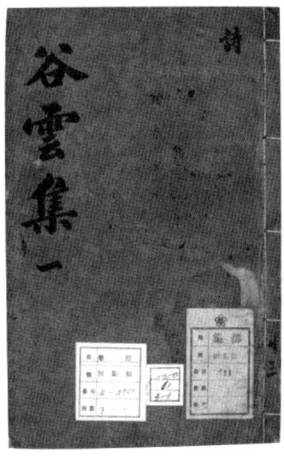

김수증의 『곡운집』에 실린
「법성전」

형이었으나, 동생과 달리 정치보다는 산수에 묻혀 살기를 좋아했다.[10] 시작과 유람을 좋아했던 김수증에게 법성의 이야기는 흥미로운 소재였기에 들은 것의 대략을 기억하여 「법성전」을 짓고 자신의 문집에 수록했다. 이런 성품을 반영하듯 그의 문집 『곡운집』에는 시(詩)와 유산기(遊山記)가 주를 이룬다.

『곡운집』은 현재 서울대학교 규장각한국학연구원, 국립중앙도서관 등에서 소장 중이다. 여기에서 사용한 『한국문집총간』에 수록된 『곡운집』 영인본은 1711년 간행된 6권 3책의 규장각한국학연구원 목판본을 저본으로 한 것이다.

「법성전」은 1665년 희령산에서 만난 승려 법성에게 들은 표해를 기

---

10 김수증과 『곡운집』에 대해서는 김성애, 「『谷雲集』 해제」, 『한국문집총간』 25(민족문화추진회, 1994); 이경구, 「谷雲 金壽增의 은거 생활과 문예활동」, 『한국학보』 116집 (일지사, 2004)을 참조했다.

록한 것으로 『곡운집』 권6, 잡문(雜文)에 실려 있다. 법성은 성주(星州) 사람으로 1616년에 태어났다. 17세에 가야산(伽倻山) 해인사(海印寺)에서 출가했고, 진주(晉州)에 있는 와룡산(臥龍山) 백천사(白泉寺)로 옮겼다. 이후 지리산(智異山) 쌍계사(雙溪寺)에서 거주하며 가보지 않은 사찰이 없을 정도로 전국 곳곳을 유람했다.[11]

이외에 법성에 대한 별다른 정보는 찾아볼 수 없으나, 김수증의 기록으로 그의 일본 표해는 비교적 상세히 알 수 있다. 다만, 김수증 본인이 경험한 것이 아니며, 이 외에 법성의 표류에 대한 다른 기록을 찾아볼 수 없기에 진위는 확신할 수 없다. 그런데도 풍계현정의 『일본표해록』과 함께 조선시대 승려의 표해록으로 의미가 있다.

법성의 일본 표해 여정

1654년 봄, 법성은 쌍계사에 십육나한상(十六羅漢象)을 조성하게 되어 이를 위한 옥석(玉石)을 구하러 경주로 떠났다. 경주에서 십육나한상을 깎아 조성한 그는 십육나한상을 싣고 1654년 경주에서 출발했다. 그의 귀국은 경주에서 출발하여 남해로 들어가 섬진강을 거쳐 쌍계사에 도착하는 여정이었다.[12]

5월 부산에 도착했는데, 갑자기 만난 폭풍으로 배에 탑승한 26명이 표해하여 죽을 고비를 견디고 일본에 표착했다. 법성의 주요 표해 여정

---

11 김수증, 『곡운집』 권6, 「법성전」, "法性者 星州人也 生於萬曆丙辰 年十七 出家於伽倻山 海印寺 移住臥龍山白泉寺 晉州 又移智異山雙溪寺 遠近山川 大小寺刹 無處不到."
12 김수증, 『곡운집』 권6, 「법성전」, "甲午春 往天台山 慶州 斲得玉石 刻成十六羅漢 將舟 于由斯江 轉于南洋 達于蟾江 以至于雙溪."

〈표 2〉 법성의 표류 여정

날짜	주요 여정	주요 활동
1654년 봄	경주 출발	
5월	부산 근해 도착	표해
17일 후	흑룡해(黑龍海) 목미도(木米島) 도착	
21일 후	가리도(加里島) 도착	
16일 후	혈도(穴島) 도착	3일간 체류
28일 후	위도(渭島)와 비슷한 섬에 도착	15일 체류
8월 12일	일본 근해(近海) 봉화대(烽火臺)가 보이는 곳에 도착	배에서 생활
얼마 후		일본 관인의 명령으로 배에서 내려 이동함
10여 일 후	일본 중원(中原) 지역에 도착	
1개월 후	일본 왜경(倭京)[도쿄(東京)]에 도착	9일간 체류 후 다시 배가 표착한 곳으로 돌아옴
24개월 후	24개월간 체류하다 상선으로 귀향	
1656년 8월	3개월간 항해하여 한국 부산 도착	조사를 받고 귀가

은 〈표 2〉와 같다. 출발과 도착 날짜가 기록되어 있지 않아 일정의 정확한 날짜를 확인할 수 없다.

「법성전」의 내용

십육나한상을 실은 배는 법성을 포함한 26명이 탑승, 경주에서 출발했다. 5월 부산에 도착한 이들은 갑작스러운 남풍(南風)으로 표해한다. 울릉도를 지나 17일을 밤낮으로 바다를 떠돌다 도착한 곳은 흑룡해 목

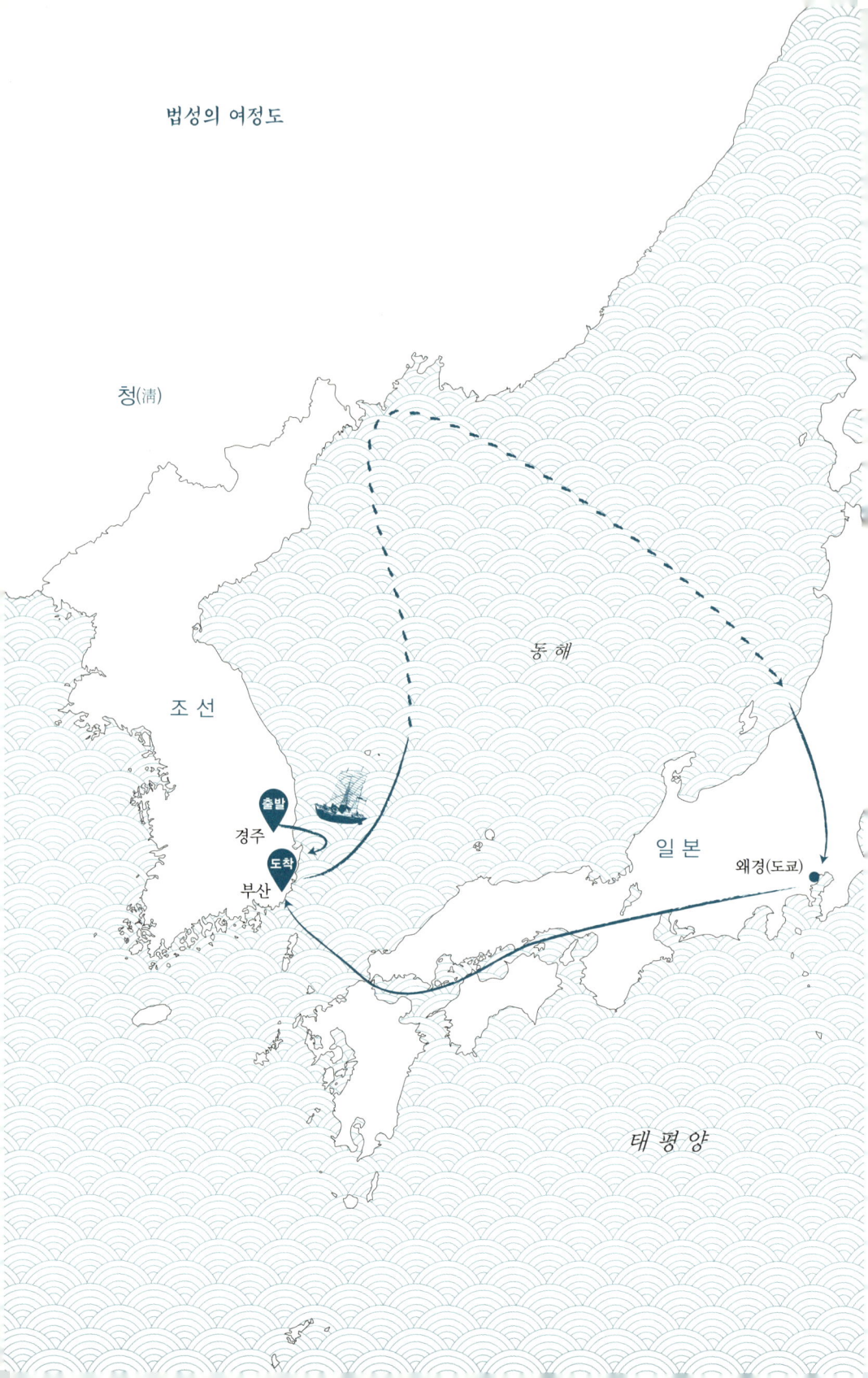

미도[13]였다. 이곳에서 법성은 호인(胡人)의 배를 만나 오랑캐 10여 명에게 죽임을 당할 위기에 처하지만, 애걸하여 겨우 죽음을 면한다.[14]

12일을 더 흘러간 법성 일행은 석산(石山)으로 둘러싸인 가리도에 도착하여 어디 출신인지 알지 못하는 두 척의 배를 만난다. 배에 타고 있는 사람은 3승포로 짠 옷을 입고 도끼를 차고 있었으며 노략질을 하려고 했지만 아무도 해치지 않았다고 했다.[15]

또다시 북풍(北風)을 만난 법성 일행이 16일이 지나서 도착한 곳은 혈도였다. 그곳에서 다시 배를 만났는데 체격이 크며 아무런 옷도 입지 않고 새끼줄을 꼬아 은밀한 곳만을 가린 사람을 만났다고 했다. 이들은 쇠몽둥이로 법성 일행을 협박했고, 법성은 나한상을 보여주며 애걸하여 또 한 번 죽음의 고비를 넘긴다.[16]

이후 한 달여를 표해하여 위도와 유사한 섬에 도착했고, 그곳에서

---

13 김수증, 『곡운집』 권6, 「법성전」, "五月 行到釜山 猝遇南風 漂過蔚陵島外 過東海又過北海 晝夜行十七日 泊于黑龍海木米島 遇胡人船二隻 胡人十餘持弓矢刀劍 將欲殺害 僅以乞免 又十二日 轉過水宗而行 九日到加里島 石山巉岛 遇二船 船各有三人而不知何國人 服三升衣 頭無所著 各佩長柄大斧 又欲侵掠 遂給米石 其人還入島中而去 又遇北風 經十六日 到穴島 遇二船 船各有三人 其人長大 倍於我國人 遍身黑毛鬅髵 有似氂犬 不冠不衣 結繩掩其陰 面目極其凶獰 一邊佩鐵椎 一邊佩鐵鏧 將有殺害之色 示以佛像哀乞 其人嗰啾 指其口腹 似有求食之意 遂將舟中米一石投之 其人手握米斛 如持拳石 環坐啖米各一斗許 乘舟東向而去 遂留其島三日 採薪汲水而載 又經二十八日 到如渭島 留十五日 又遇北風 行九日."

14 김수증, 『곡운집』 권6, 「법성전」, "泊于黑龍海木米島 遇胡人船二隻 胡人十餘持弓矢刀劍 將欲殺害 僅以乞免."

15 김수증, 『곡운집』 권6, 「법성전」, "又十二日 轉過水宗而行 九日到加里島 石山巉岛 遇二船 船各有三人而不知何國人 服三升衣 頭無所著 各佩長柄大斧 又欲侵掠 遂給米石 其人還入島中而去."

16 김수증, 『곡운집』 권6, 「법성전」, "到穴島 遇二船 船各有三人 其人長大 倍於我國人 遍身黑毛鬅髵 有似氂犬 不冠不衣 結繩掩其陰 面目極其凶獰 一邊佩鐵椎 一邊佩鐵鏧 將有殺害之色 示以佛像哀乞 其人嗰啾."

15일을 머물다 다시 떠난 길에서 북풍을 만나 9일을 더 흘러 8월 12일경 일본 근해 봉화대가 있는 곳에 도달했다.[17] 이곳의 왜인(倭人)에게 고려의 승려라고 대답한 법성은 지극한 환대를 받았다. 수개월을 이들이 가져다주는 식량으로 생활했다.[18]

법성은 육로로 이동하여 왜경에 도착했는데, 당시를 참작할 때 일본 도쿄였을 것이라 짐작된다. 이곳에서도 법성은 후한 대접을 받았고 염불에 필요한 불구(佛具)를 비롯한 비단, 촛대, 향로, 후추 등 많은 물건을 하사받았다.[19]

왜경에서 9일간 체류한 후 법성이 다시 배가 있는 곳으로 돌아왔을 때, 왜인들은 바다 위에 불사(佛舍) 3칸을 만들어 불상을 안치해 놓은 후였다. 법성의 말에 의하면 불상을 안치한 이후로 왜승(倭僧)과 마을 주민들이 매일 이곳으로 와 불공을 올렸다고 한다.[20] 배로 돌아온 법성 일행은 즉시 귀향하려 했으나 날씨도 좋지 않았을 뿐만 아니라 왜인들의 만

---

17 김수증, 『곡운집』 권6, 「법성전」, "又經二十八日 到如渭島 留十五日 又遇北風 行九日 八月旬二 到日本達里海烽臺下."
18 김수증, 『곡운집』 권6, 「법성전」, "遙聞放砲三聲 此卽鎭堡軍兵候望之地也 漸近其島 有倭船三十六隻 急來圍船 問是何船 答以高麗僧人 造佛載舟 漂風而來云 則有一官人來點 具錄舟中人物而去 所乘船則下碇於浦上 倭船圍住不去 而日給糧資 過數月後."
19 김수증, 『곡운집』 권6, 「법성전」, "又行一月餘 至倭京入倭宮 宮闕極奢麗 庭鋪蟹甲 使行拜禮 仍賜坐 問以來由 取見勸善文 饋以食物一大盤 盤中所列 皆灑金屑 而糖麪之外 皆不知其名品 出置於別舍 給以供佛之具 紅段二匹 綠段十五匹 三升布十匹 燭臺十六雙 香爐十六坐 佛器十六坐 白檀百斤 胡椒五石 砂糖百斤 麪五百斤 米十石 留九日."
20 김수증, 『곡운집』 권6, 「법성전」, "還到船泊處 倭人已作佛舍三間於海上 安其佛像 倭僧日來禮佛 村人亦相踵 施以土物 久而成積 胡椒二十五斛 蘇木五百筒 錦段二十五匹 木綿五十匹 米十五石 砂糖八百斤 麪五百櫃."

류가 있어 2년을 체류한 후 귀향했다.[21]

「법성전」에는 잘 알 수 없는 지명이 많이 등장하고 있다. 이는 법성이 지명을 잘 알지 못할 수도 있으나, 가지 않은 산사가 없다고 했던 말로 미루어볼 때 지리적 지식이 없었던 것 같지는 않다. 일례로 법성은 일본 근해에 도착한 즉시 그곳이 일본임을 알았고 표류 도중 만난 사람을 호인과 왜인, 잘 알지 못하는 나라의 출신으로 구분할 정도로 이국에 대한 정보를 사전에 가지고 있었던 것으로 추측된다. 그렇다면 법성이 말한 지명은 당시 그곳을 부르던 명칭이었을 가능성이 있다. 이 문제는 비슷한 시기, 비슷한 경로로 표착한 사례와 비교하면 해결할 수 있을 것이며, 이 과정을 거쳐야 법성의 표류 노정(路程)이 확연히 드러날 수 있을 것이다.

불교 영험서사와 민간 불교 교류의 가능성

법성은 표해 과정에서 여러 번 죽을 고비를 넘겼다. 한 번은 흑룡해 근처에서 만난 호인에게 죽을 뻔했고, 또 한 번은 어디 사람인지 알지 못하는 이들에게 죽음을 위협받다가 불상을 보여주며 애걸하여 죽음을 면했다.

> 또 북풍을 만난 시 16일이 시났습니다. 헐도에 도칙했는데 베 두 척을 만났습니다. 배에는 각 세 사람이 타고 있었는데 그 사람들은 장대하여

---

21 김수증, 『곡운집』 권6, 「법성전」, "卽欲回舟 緣風勢不利 且爲倭所挽 留二十四箇月 卽欲回舟 緣風勢不利 且爲倭所挽 留二十四箇月 借商倭發船 經三月到泊釜山 是丙申八月也."

개암사 응진전 십육나한상 전라북도 유형문화재 제179호, 조선시대(17세기)

우리나라 사람의 두 배나 되었습니다. 온몸은 검은 털로 뒤덮여 헝클어진 모양이 개의 꼬리와 닮았습니다. 관(冠)을 쓰지 않고 옷도 입지 않고 은밀한 부분을 새끼줄로 가리고 있었고 낯면이 극히 흉악했습니다. 한 무리는 쇠로 된 몽둥이를 차고 있었고 한 무리는 쇠로 된 끌 같은 것을 가지고 있는데 장차 죽일 듯한 기색이었습니다. 불상을 보여주며 애걸하자 그 사람들은 떠들었습니다.[22]

---

22 김수증, 『곡운집』 권6, 「법성전」, "又遇北風 經十六日 到穴島 遇二船 船各有三人 其人長大 倍於我國人 遍身黑毛鬖髿 有似犛犬 不冠不衣 結繩掩其陰 面目極其凶獰 一邊佩鐵椎 一邊佩鐵鑿 將有殺害之色 示以佛像哀乞 其人喎啾."

이 글은 혈도에서 만난 사람에게 위협을 받았을 때 불상을 보여줌으로써 죽음을 모면하려 했던 순간을 서술하고 있다. 우리는 여기서 표해록에 담긴 불교 영험서사의 계승을 파악할 수 있다.

조선시대 승려 법성은 죽음의 위기에서 십육나한상을 보여줌으로써 상황을 타개하려 한다. 십육나한은 석가모니불의 부탁으로 미륵불이 도래할 때까지 정법(正法)을 지키고 중생을 도와주는 보살이다. 즉 법성은 자신에게 닥친 위기를 십육나한상에 의지하여 벗어나려고 하는 것으로 있는 초기 표류담에서 관세음의 암송으로 표류에서 생환한 이들의 이야기와 연결되는 것이다.

한편, 일본에 도착한 법성은 일본인에게 극진한 환대를 받는다. 당시 일본은 불교를 중시하는 나라였기에 승려 출신인 법성을 지극히 대접했던 것이었다. 법성은 구호 물품 이외에 예불에 필요한 불기(佛器)를 받았다. 그뿐만이 아니라 일본인들은 법성이 왜경으로 이동하는 동안, 불사를 만들어 나한상을 안치해두었으며 이후로도 그곳으로 와 토산물을 바치며 예불을 올렸다. 법성이 귀향에 나서려 할 때, 현지인이 만류한 이유도 법성이 승려였기 때문일 것이다.

법성은 이곳에서 2년간 머물다 조선으로 돌아왔다.「법성전」에는 이 기간에 법성의 활동에 관해서는 서술되어 있지는 않지만, 법성이 개인적으로 조선의 불교를 일본에 전해줬을 가능성은 충분하다. 1607~1811년까지 막부(幕府)의 초청으로 일본으로 갔던 조선통신사(朝鮮通信使)는 일본 내에서 엄청난 호응을 불러일으켰다. 사행에 참여한 이들의 글씨를 얻으려 일본 백성도 줄지어 서 있었다. 표해하여 일본에 표착한 조선의 지식인들이 일본 현지 사람과 교류하며 시를 주고받고, 조선의 문화를 전수했다는 것 또한 주지의 사실이다. 이런 측면에서 법성이 일본에 머문 2년간 조선의 불교를 전수하고, 불교를 매개로 그들과 교류했을 가능성을 제기할 수 있다. 법성의 표류가 한일관계사에 있어 어떤 시사점을 지니는지는 추후 연구를 기대한다.

시골 선비의 중국 강남 견문록 – 양지회,『표해록』[23]

1818년 전라도 나주(羅州)에 살던 선비 양지회는 제주도의 기근을 진휼하고 돌아오던 중 바다에서 풍랑을 만나 표해했다. 표류한 지 16일 만에 어선에 의해 구출된 양지회는 중국 영파(寧波)에 표착하고, 여러 지역을 거쳐 연경(燕京)으로 옮겨진 후 같은 해 11월에 집으로 귀환한다. 이후

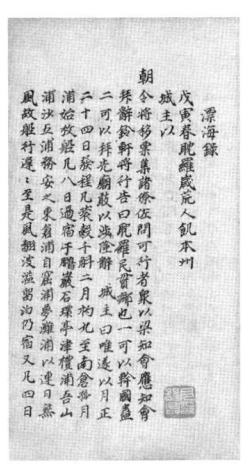

양지회, 『표해록』
한국학중앙연구원 소장

양지회는 이때의 경험을 담아 『표해록』을 저술했다. 『표해록』의 저자 양지회에 대해서는 현재까지 별다른 기록이 발견되지 않았다. 다만 『표해록』을 통해 본관이 제주(濟州)이며, 나주 지방 사족(士族)으로 나주 향청(鄕廳)의 향리(鄕吏)였음을 확인할 수 있을 뿐이다.

양지회의 『표해록』은 현재 유일본으로 한국학중앙연구원에 소장되어 있다. 1책 38장의 한문본으로 1821년 최시순(崔時淳)이 쓴 서문과 본문으로 구성되어 있다. "1820년 금성에 사는 양군으로부터 『표해록』을 얻었다."라는 최시순의 말을 통해 양지회가 집으로 돌아온 지 2년 만에

---

23 여기서 사용한 원문은 한국학중앙연구원 도서관 소장 마이크로필름과 저본으로 박진성, 「신자료 양지회(梁知會)의 『표해록(漂海錄)』 연구」, 『어문연구』 44권 2호(한국어문교육연구회, 2016); 「양지회 『표해록』의 서술적 특징 연구 — 『승사록』과의 비교를 중심으로」, 『정신문화연구』 40권 제1호(정신문화연구원, 2017)의 원문을 비교하여 작성했다.

자신의 경험을 책으로 만들어냈음을 알 수 있다.

이 표해록은 최두찬의 『강해승사록(江海乘槎錄)』(이하 『승사록』)과 상호보완적 관계로 더욱 가치가 있다. 양지회와 최두찬은 본래 동행은 아니다. 최두찬은 장인이 제주도에 부임한 것을 계기로 제주에 방문하고 돌아가는 여정에서 양지회와 같은 배에 탑승하여 함께 표해했다.

두 책의 내용은 전반적으로 유사하지만, 최두찬이 쓴 『승사록』이 당시 표착지에서 만났던 중국 문인과의 필담을 통한 교류에 맞춰서 저술되었다면, 양지회의 기록은 표류 여정을 더욱 세밀히 기록한 차이가 있다.

양지회의 표류 여정

양지회의 『표해록』은 제주의 기근을 해결하라는 왕명(王命)을 받아 제주로 향하는 1818년 1월 24일의 기록으로 시작한다. 소임을 다한 양지회는 같은 해 4월 제주에서 귀로(歸路)에 오르나 바다에서 폭풍을 만나 표해한다. 4월 25일 중국 어선을 만나 극적으로 구조된 다음 날 절강성(浙江省) 영파(寧波)에 도착, 조사를 받는다. 이후 항주(杭州)와 소주(蘇州)를 거쳐 7월 23일 연경[북경] 조선관(朝鮮館)에 도착, 8월 16일 연경에서 출발하여 9월 압록강을 건너 5개월여 만에 조선 땅을 밟았다. 양지회의 주요 표해 여정을 정리하면 〈표 3〉과 같다.

『표해록』의 내용

양지회의 『표해록』은 중국 강남 지역의 의복과 풍습뿐만 아니라 불교 성지인 보타산에 대한 정경이 묘사되어 있으며, 청(淸)에 대한 조선 선비의 인식 또한 드러난다. 또한 『승사록』과 비교할 때, 당시의 표해 상황

〈표 3〉 양지회의 표류 여정

날짜	주요 여정
1818년 4월 8일	표해 시작
4월 26일	중국 절강성 영파
5월 14일	절강성 회계현(會稽縣)
5월 17일	홍주(洪州)
5월 18일	황주(黃州)
5월 19일	풍성(豊城)
5월 21일	항주
6월 6일	소주
6월 12일	곡부(曲阜)
7월 23일	연경 조선관
8월 16일	연경 출발
9월 17일	한국 의주(義州)
11월 13일	나주

이 매우 생생히 묘사되어 있다.

제주의 기근을 진휼하라는 왕명을 받은 양지회는 나주에서 제주로 출발한다. 제주로 향하는 여정에서 높은 파도로 어려움을 겪기도 하고, 좌초된 제주 상선(商船)을 구히기도 히는 등 우여곡절을 겪는다.

제주에 도착한 양지회는 진휼 활동을 펼치고 4월 8일 공물선(貢物船)에 탑승, 귀향에 오르지만, 기상 악화로 표해한다. 귀국 때의 항해는 제주로 향할 때보다 극심했다. 표류 중 물 문제로 제주도인과 갈등을 겪으며 살해 위협을 당하고, 함께 표류한 50여 명 중 아이 둘이 사망하는 사건도 발생한다.

양지회의 여정도

중국 보타산 관음사 김보배 제공

양지회 일행은 4월 25일 극적으로 중국 어선에 의해 구조되어 절강성 영파에 도착했다. 이후 양지회는 보타산 관음사(觀音寺, 현재 普濟禪寺)를 구경하고 현지 문인들과 교류한다.

조선으로 귀향을 위해 5월 8일 송별식을 올린 후 출발, 5월 21일에는 항주에 도착했다. 이곳에서 앞서 표해한 조선인 8명과 함께 다시 귀로에 나서 7월 27일 연경에 도착했고, 제주도 출신 표류민 12명과 합류한다. 8월 16일 다시 출발하여 9월 17일 의주에 도착했다. 모든 여정을 끝내고 양지회가 집에 도착한 때는 11월 13일이었다.

폭풍을 만나 표해하게 된 양지회는 인간의 힘으로 제어할 수 없는 자연과 바다 앞에서 끊임없는 공포를 느꼈고, 그 속에서 일어나는 사람 사이의 갈등을 상세하고 구체적으로 묘사해 놓았다. 예를 들어 물이 부족한 상황에서 갈증에 시달린 사람들이 돛대의 이슬을 핥아먹고, 배고픔으로 두 명의 아이가 죽는 상황을 통해 표해의 고통을 간접적으로 느낄 수 있다. 함께 표해한 사람 간의 갈등이 시작-발전-고조-해결의 순서로 서술되는 등 표해록이 지닌 매력이 잘 드러난다. 우리는 자연이 주는 시련을 인간의 지혜와 용기로 극복해가는 장면을 통해 재미와 감동을 느끼게 된다. 그 시련과 극복의 과정을 묘사하는 데에서 표해서사가 지닌 문학적 가치를 찾을 수 있는 것이다.[24]

19세기 조선 향촌 선비의 사명감과 대청인식

양지회의『표해록』은 글을 아는 사족(士族)이 표해 당사자가 되어 자신의 경험을 직접 서술한 표해록으로 그 특징이 잘 드러나 있다. 조선 시대 지식인은 대부분 성리학을 학습하며 일상생활까지 성리학에 입각한 태도를 견지하고 있었다. 이에 따라 그들은 사회 지도자로서의 명분과 사명감을 느끼고 있었다.

양지회가 제주로 향하게 된 것도 '어려움에 빠진 제주도를 구호한다.'라는 사명감으로 스스로 일을 맡은 것이었다. 그는 뜻하지 않게 일어난 표해에서 발생한 갈등과 고난을 해결하는 역할을 자처했으며 죽음 앞에서도 나라의 관리로서의 사명감을 잃지 않았다.

아, 내 한 몸은 수명이 짧아도 기한이 있고 응당 천명에 달려있는데, 다만 하나의 부평초처럼 바다의 팔방을 떠돌며 고향과 떨어져 위로는 선영(先塋)에 몸을 묻지 못할까 걱정이며 아래로는 아내와 자식을 보지 못

---

24 조교익,「고전문학과 바다」,『해양문학을 찾아서』(집문당, 1994), 65쪽.

할까 걱정이라 장과 폐가 꼬인다. 점점 이러한 생각에 미치니 잠을 자려 해도 잠을 자지 못하고, 잊어버리려 해도 잊을 수가 없다. … 다만 이번 행차가 사사로운 이유가 아니고 실로 국가의 일에 참여한 것이라 스스로 위안으로 삼을 수 있는 것이 단지 이것뿐이다.[25]

죽음을 온몸으로 느끼면서도 양지회는 국가의 일로 인해 겪는 고통이기에 위안이 된다고 고백했다. 이러한 사명감은 양지회뿐만이 아닌 한국의 표해록 중 지식인층이 저술한 표해록에서 쉽게 찾아볼 수 있다. 최부의 『표해록』에서도 드러나듯 죽음의 위기, 사람과의 갈등 속에서 최부를 지탱하는 것은 사명감과 명분이었다.[26] 조선의 지식인으로서의 모습은 중국의 문물을 보고 느낀 감회를 서술하는 과정에서 발현된 소중화(小中華)의식에서도 드러난다.

아, 바다를 본 자가 물에 대해 말하기가 어렵다고 했는데 지금 연경(燕京)을 보니 중국의 성대함과 사해(四海)의 부유함을 알 수 있다. 그러나 수레와 복식에 위아래의 구별이 없고, 풍속은 거친 기운이 있으며, 말이 서로 다르고 음식의 종류도 다르다. 무릇 중국이라는 곳은 요[唐]·순[虞]·삼대(三代)와 한(漢)·당(唐)·송(宋)·명(明)이 서로 문물을 전해왔는데 선왕은 이미 멀어지고, 성교가 행해지지 않으니 예악(禮樂)과 전장(典章)

---

25 양지회, 『표해록』, "嗚呼 吾人一身 壽短有期 當付天命 而但一萍浮海八口 隔鄕 上而恐不能埋身先隴 下 而恐不能對面妻孥 腸回肺曲 次次念及 欲睡未睡 將忘不忘 … 但是行也 非以私故 而實幹國蠱 則旣自慰者 只此已而."
26 최부 지음, 서인범·주성지 옮김, 『표해록』(한길사, 2005) 참조.

〈청명상하도(清明上河圖)〉
1736년 북송의 장택단(張擇端)이 당시 수도였던 개봉의 청명절(清明節) 행락 인파를 화권(畫卷) 형식으로 그린 데서 비롯한 화제(畫題)이다. 청의 궁정화가 진매(陳枚)를 비롯한 4명이 함께 제작했

다. 각 시대별 방본(仿本)의 장점을 한데 집성하고 명·청대의 특별한 풍속을 더했다. 고운 채색과 치밀한 필치의 회화작품이다.

이 방탕해져 징험할 것이 없으니 진실로 가장 근심스러운 곳이다.[27]

양지회는 중국 연경을 바라보며 성대함을 인정하면서도 성인의 도가 사라졌기 때문에 풍속이 방탕해졌다고 서술했다. 양지회가 보기에 중화(中華)는 요·순 임금을 시작으로 이민족 왕조를 제외하고 한족 왕족을 거쳐 왔지만, 명의 멸망으로 사라진 것이다. 이는 문명의 소유자인 명의 멸망으로 중화는 조선이 보존하고 있다는 조선 소중화의식에서 비롯하여 오랑캐의 나라인 청(淸)의 문명을 인정하지 않는 것이다.

청이 한국의 역사에 등장한 후 대청(對淸) 인식은 거칠게나마 16세기 대명의리(對明義理)→17세기 북벌(北伐)→18세기 북학(北學)으로 대표됐다. 그러나 학계에서는 지속해서 북벌과 북학이 소수 집단에 나타나는 인식이며, 19세기에도 여전히 소중화의식이 주요 사조(思潮)로 자리 잡고 있었다는 연구가 진행되었다. 이런 흐름 속에서 지금의 우리는 19세기를 살아간 향촌 지식인의 표해록에 담긴 소중화의식을 다시 확인할 수 있다.

한편, 『표해록』에는 중국 강남 지방의 문화와 풍속에 대해서도 생생히 기술되어 있다. 19세기 중국 강남 지방은 풍부한 자원을 바탕으로 화려한 문화를 이룬 중국의 대표 도시였다. 성대한 강남의 모습은 궁벽한 시골에 살았던 양지회에게 놀라움의 대상이었다.

---

27 양지회, 『표해록』, "嗚呼 觀於海者難於水 而今觀燕京 可以知中國之大 四海之富矣 然而 車服無上下之別 風俗有勁悍之氣 言語異制 飲食殊品 夫中國也者 唐虞三代 漢唐宋明相傳 之遺物也 先王已遠 聖敎不行 禮樂典章蕩然無徵 誠一於悒處也."

천 개의 문과 만 개의 출입구를 차례로 밀며 여니 또 하나의 구리로 만든 큰 기둥이 있었다. 그 크기는 몇 둘레가 되었다. 기둥 위에는 한 칸의 공중누각이 달려 있었는데 아마도 그 모양이 한 무제 때의 승로반(承露盤)을 모방한 것 같았고 높이 공중에 달려있어 손을 뻗어도 잡을 수 없었다. 부유한 상인과 큰 장사치들이 좌우로 좌판을 벌였는데 기이한 완물(玩物)로 수놓은 비단이 사람의 눈과 마음을 놀라게 했다.[28]

이 글은 보타산의 관음사에 대한 인상을 기록한 것이다. 이 외에도 『표해록』에는 강남 지역을 보고 난 이후 정경을 묘사한 글이 다수 존재한다. 또한, 강남 지역 사람의 복식을 관찰하여 설명하며 조선 복식과 비교하기도 하고 생활풍속에 대한 묘사도 빼놓지 않았다. 그러나 중국 문인들과의 교유에 관해서는 최두찬의 『승사록』에 중국의 문인과 주고받은 시문 100여 건이 넘게 담긴 것과 비교할 때 상당히 소략한 편이다. 이것이 앞서 설명한 양지회의 중화의식과 연관되는지는 좀 더 면밀한 관찰이 필요하다.

지금까지 양지회의 『표해록』을 살펴보았다. 이 자료는 같은 표해를 경험한 최두찬의 『승사록』과 비교했을 때 표해 과정과 그 속에서 일어난 갈등 및 극복이 더욱 잘 나타났다는 점에서 표해록으로서 의미를 찾을 수 있다. 또한, 양지회의 『표해록』은 사족 계층이 서술한 표해록의 특징을 고스란히 드러나고 있다. 『표해록』에는 당시 중국 강남 지방과

---

28 양지회, 『표해록』, "千門萬戶 次第排開 又有一大銅柱 其大數圍, 柱上搆一間飛樓, 疑是模得乎漢武承露盤制度 而高揭雲衢 仰莫攀附 富商大賈列廛左右 奇玩錦繡 駭人心目."

북경의 성대한 문화와 풍속에 대한 사실적 묘사와 함께 저변에 깔린 조선 지식인의 중화의식을 엿볼 수 있었다. 그뿐만 아니라 표해록의 가장 극적인 부분이라 할 수 있는, 고난의 극복과 인간과의 갈등 및 해결 과정 또한 구체적으로 묘사된 것과 동시에 양지회가 지닌 사족으로서의 사명감과 의리도 찾아볼 수 있다.

기타 표해록

중국으로의 표류

최부, 『표해록』

[출발] 전라도 나주 → [표착] 중국 절강성 우두외양

『금남표해록(錦南漂海錄)』이라고도 한다. 1488년 추쇄경차관(推刷敬差官)으로 제주에서 근무 중이던 최부(崔溥)가 부친의 부고를 받고 나주(羅州)로 귀향하던 중 전라도 신안군 초란도(草蘭島)에서 강한 북풍을 만나 중국 절강성(浙江省) 우두외양에 표착했다.

북경을 거쳐 귀국한 최부는 왕명(王命)으로 그간의 표해 과정을 작성했다. 현전하는 표해록 중 가장 오래된 것으로 국내에는 목판 인본(印本) 3권 2책의 한문본과 3권 3책의 국역 필사본이 있다. 최부의 『표해록』에는 고난과 위기를 이겨내는 모습, 표착지에서의 풍습 묘사 등 다양한 이야기가 수록되어 있다.

또 중국의 기후·풍속·도로·산천 등 폭넓은 영역을 자세히 소개하고 있으며, 북경에서 압록강(鴨綠江)을 건너 의주(義州)를 경유, 한양(漢陽)[서

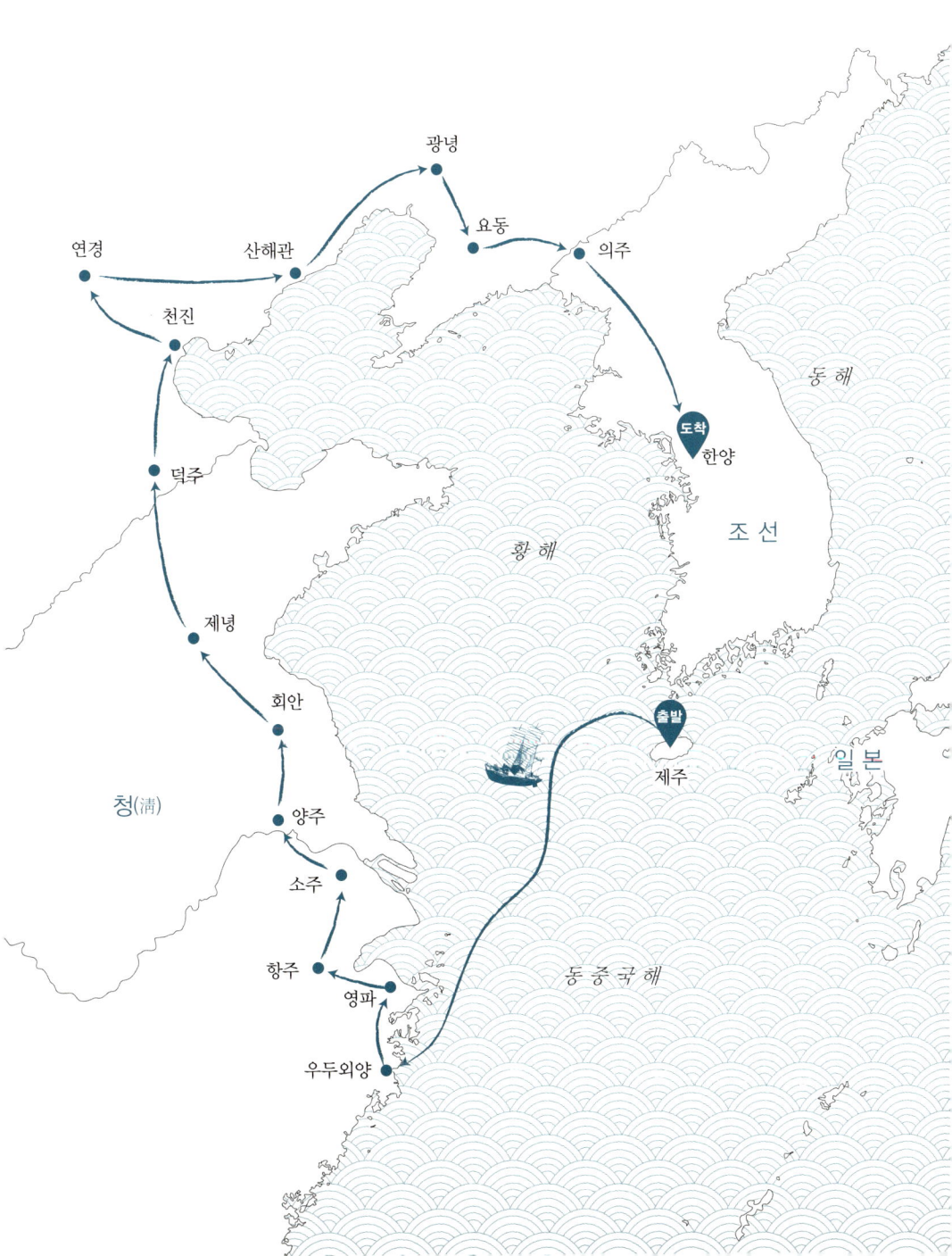

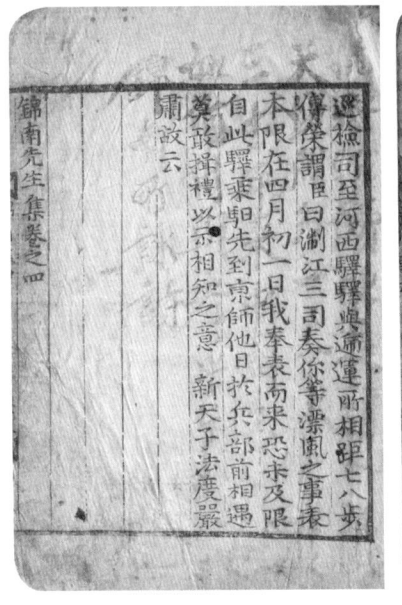 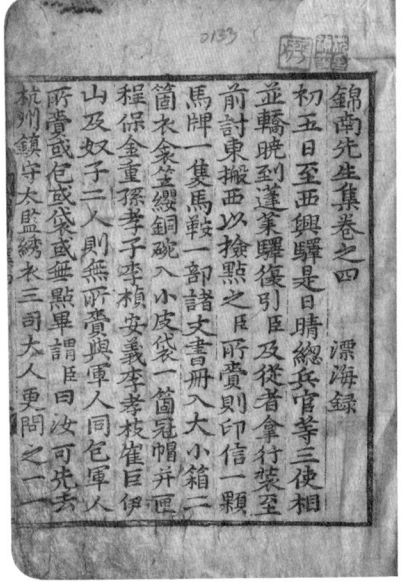

최부,「금남집」권4 『표해록』 전남대학교 도서관 소장

울]으로 돌아오기까지의 육로가 설명되어 있다. 특히, 최부는 중국에서 수차(水車) 제작법과 이용법을 배웠는데, 훗날 연산군(燕山君)의 명으로 수차를 만들어 충청도 지방의 가뭄을 해결하는 데 도움을 주기도 했다.

최부는 배가 중국에 표착할 때까지 냉정함과 이성을 잃지 않았으며, 때로는 뱃사람을 달래고, 때로는 엄정하게 다스리며 슬기롭게 대처했다. 뱃사람과 군인들이 배가 좌초할 위기에 처하자 귀신에게 제사를 지내야 한다고 주장하며, 궂은 날씨에 배를 띄운 최부를 원망하자 다음과 같은 주장을 펼친다.

천지는 사사로움이 없으며,
귀신은 은밀히 움직여서 선한 사람에게 복을 주고
악한 사람에게 화를 내리니 오로지 공정할 뿐이다.
사람 중에 악한 자가 있어 거짓으로 섬겨서
복을 구한다면, 그것으로 복되다고 할 수 있겠는가?
사람 중에 선한 자가 있어서 사설(邪說)에 미혹되지 않아
귀신에게 제사 지내지 않는다고 하여
그것이 화가 될 수 있겠는가?
일찍이 말하기를 천지귀신에게 음식으로써 아첨을 한다고
화복을 내리겠는가? 절대로 이런 이치는 없다.
하물며 제사를 지내는 데에도 항상 등급이 정해져 있다.
사(士)와 서인(庶人)이 산천에 제사를 지낸 것은
예(禮)가 아니고,
예에 해당되지 않는 제사를 지내는 것은 곧 음사(陰祀)다.
음사로써 복을 얻은 자를 나는 아직 보지 못했다.

〈고소번화도(姑蘇繁華圖)〉
청나라 건륭제가 1751년 남쪽 지방을 순방한 뒤에 서양(徐揚)에게 소주의 번화함을 그려보라고 하여

너희 제주사람들은 귀신을 아주 좋아하여
산택천수(山澤川藪)에 모두 신사(神祠)를 만들었다.
광양당에서는 아침저녁으로 공경히 제사를 지내는
지극함을 보여 그것으로 바다를 건널 때,
표류하고 침몰하는 우환이 없도록 한다.
그러나 오늘 어떤 배가 표류하고
내일 어떤 배가 침몰하여,
표류하고 침몰하는 배가 서로 끊이지 않으니,
과연 신에게 영험함이 있다고 하겠는가?
제사로 복을 받을 수 있겠는가?
더구나 지금 나와 같은 배를 탄 사람들 가운데
제사하지 않은 사람은 오로지 나뿐이다.
너희 군인들은 모두 성심껏 제사를 지내고 왔다.

그린 그림이다. 긴 화폭에 소주의 번화한 모습과 중국 강남을 24년에 걸쳐 그린 대표적 세밀화이다.

신이 만약 영험하다면,
어찌 나 한사람이 제사하지 않은 까닭으로
너희 40여 명이 제사 지낸 정성을 폐하려 하겠느냐?
이 배의 표류는
오로지 급하게 서둘러 항해 준비를 하지 못 하고
바람을 기다리지 않았기 때문이다.
도리어 제사를 폐했다고 나를 탓하니
그 또한 미혹됨이 아니냐?
_ 최부, 『표해록』, 윤1월 14일

『표해록』에는 표류한 상황에서도 사명감과 지조를 잃지 않는 조선 지식인의 면모가 잘 드러나 있다. 최부는 중국 황제를 만나게 되었을 당시, 상중(喪中)이었기 때문에 상복(喪服)을 입고 있었다. 그런데 중국 관리가 황제를 만나기 위해서는 길복(吉服)을 입어야 한다고 요구했다. 최부는 중국 관리에게 굴하지 않고, 충(忠)과 효(孝) 중에 무엇이 우선되는지를 두고 논쟁을 벌인다. 또 그는 중국의 관리와 역사적 사건에 대해 논하면서 고구려의 강성함을 대변하며 자국사에 대한 애긍심을 드러내고, 중국 고전에 대한 해박한 지식을 뽐내기도 한다.

이처럼 『표해록』은 중국 문명에 압도당하기보다 이국을 관찰하는 지식인의 표상을 살필 수 있다는 점에서 더욱 빛을 발한다.

최두찬, 『승사록』

[출발] 제주도 → [표착] 중국 절강성 영파

『강해승사록』, 『강해산인승사록(江海散人乘槎錄)』이라고도 한다. 1818년 4월 제주에서 배를 타고 전라도 나주로 오던 최두찬을 포함한 남녀 50여 인이 일행이 표해하여 중국 절강성 영파에 표착, 성경(盛京)[선양(瀋陽)], 봉황성을 거쳐 귀국했다.

최두찬은 표착지에서 뛰어난 글재주로 칭송받으며 여러 사람과 필담(筆談)을 나누고 창수(唱酬)했다. 『승사록』에는 최두찬이 본 중국의 의복·가색(稼穡)·분묘(墳墓)·주거(舟車) 등에 대한 내용과 중국의 문인들과 창수한 시가 함께 기록되어 있다. 활력이 넘치고 물산이 풍부한 강남 지방과 달리 땅이 척박하고 백성의 곤궁한 삶으로 묘사되는 하북(河北) 지방을 간접적으로나마 비교할 수 있는 것도 이 작품의 묘미이다. 또한 최두찬이 직접 체험한 중국의 음주문화나 배에서 행하는 기우풍속도 엿볼 수 있다.

술 한 잔을 돌리고 나면 안주가 이내 나오고,
막 수저를 놓으면 이를 물리고는

최두찬, 『승사록』 한국학중앙연구원 소장

또 다시 다른 안주가 나왔다.

다 마시고 나자 안주 그릇이 30개였다.

대개 중국의 풍속에서는 술을 마실 때

손님과 주인이 함께 책상에 앉는데

큰 접시에 어육을 가득 담아 그릇을 함께 해서 먹는다.

오직 밥그릇만은 따로 두는데

대개 중간 크기의 주발이다.

밥을 다 먹으면 또 한 주발을 올리는데

잘 먹는 사람은 혹 3~4주발까지 먹기도 한다.

또 각각 술잔을 따로 해서 마시는데

잔의 크기가 사발의 3분의 1에 미치지 않는데도

잔을 다 비우지 아니하고 조금씩 입술을 축이듯이 해서

서너 번 들고 나서야 다 마시니,

마시기를 좋아하지 않는 자라 하더라도

또한 한 잔은 마실 수 있다.

_ 최두찬, 『승사록』 권2, 5월 14일

박지원, 『연암집』, 「서이방익사」

[출발] 제주도 → [표착] 대만해협 팽호도

1796년 제주 조천읍 북촌리 출신 전(前) 충장장(忠壯將) 이방익 등 8명이 서울로 올라오기 위해 바다를 건너다가 중국 복건성 팽호도(澎湖島)[대만(Taiwan, 臺灣) 팽호(澎湖)]에 표해한 이야기이다. 이방익은 대만·중국 하문·절강·강남·산동(山東)·북경·요양(遼陽)·의주를 지나 이듬해 윤6월 20일에 한양에 도착했다. 이듬해 이들이 서울로 돌아온 뒤 정조의 명을 받아 박지원이 저술했다.

박지원이 저술한 「서이방익사」에는 이방익이 보고 들은 중국 및 대만 지역의 풍속과 지리에 대해 상세히 묘사되어 있으며, 표해 여정도 자세히 기술되어 있다. 박지원이 쓴 저작 이외에도 같은 이야기를 담은 국문 「표해가(漂海歌)」가 있으며, 『홍재전서(弘齋全書)』와 『정조실록(正祖實錄)』에도 대략이 기술되어 있다.

방익이 아뢰기를,

"배가 바람에 휘날려 혹은 동서로 혹은 남북으로

표류하기를 열엿새 동안이나 했습니다.

일본에 가까워지는 듯하더니

갑자기 방향을 바꾸어 중국으로 향했습니다.

양식이 떨어져서 먹지 못한 것이 여러 날이었는데,

문득 큰 물고기가 배 안으로 뛰어들어

여덟 사람이 함께 산 채로 씹어 먹었습니다.

먹을 물이 다 떨어졌는데 하늘이 또 큰 비를 내려주어

모두들 두 손을 모아 받아 마시고 갈증을 풀었습니다.

배가 처음 해안에 닿았을 때는

정신이 어지러워 인사불성이 되었사온데,

어떤 사람이 멀리 서서 이를 엿보고 있더니

이윽고 무리를 지어 배에 올라

배 안에 있는 의복 따위들을 모두 챙기고

각자 한 사람씩 업고 나섰습니다.

이렇게 30여 리를 가니 마을이 나왔는데

30여 호쯤 되었고 중앙에는 공청(公廳)이 있어

'곤덕배천당(坤德配天堂)'이라는 편액이 걸려있었습니다.

그들이 미음을 만들어주어 마시고 화로를 가져다

옷을 말려주곤 하여 겨우 정신을 차려서는

지필(紙筆)을 청하여 글자를 써서 묻고서야

비로소 그곳이 중국의 복건성(福建省) 소속인

팽호도(澎湖島) 지방임을 알게 되었습니다."

했습니다.

_ 박지원, 『연암집』, 「서이방익사」

일본으로의 표류

이지항, 『표주록』

[출발] 부산 동래 → [표착] 일본 홋카이도(北海道)

1696년 부산 동래에 살던 이지항 등 8명이 4월 13일 강원도 원주(原州)로 가기 위해 출항했다가 일본 홋카이도로 표해한 경험을 쓴 일기체의 기록이다.

이지항은 출항한 지 16일째 되는 날 홋카이도 서해안에 표착하여 아이누(アイヌ, áinu)[29]족에게 음식을 얻어먹으며 지내다, 일본 마쓰다(松田) – 에도(江戶) – 오사카 – 쓰시마를 거쳐 이듬해 3월 귀환했다.

표해 여정을 상세히 적었으며, 일본에서 나눈 필담(筆談)도 기록되어 있다. 또한, 고난 속에서 일행을 안정시키고 고난을 이겨내기 위한 해결책을 제시하는 등 사회 지도층으로서 사족의 모습이 잘 묘사되었다.

성 밖에 이르자,
봉행 왜 10여 인이 하인들을 많이 거느리고
좌우에 두 줄로 행렬(行列)을 지었는데,
모두 화려한 옷을 입고, 칼을 차고 창을 들고 있었다.
그들은 서로 맞이하여 읍하며 계속 호위하여
부중의 공사(公舍)에 이르렀다.

---

29 에미시(蝦夷) 또는 에비스(えびす) 또는 에조(蝦夷, えぞ)라 한다. 일본 혼슈(本州)의 간토(関東), 도호쿠(東北) 지역과 홋카이도에 살던 민족으로, 일본인들에게 이민족으로 인식되었다.

그곳에는 잔치 자리를 풍성하게 차려 놓고,

호위하고 왔던 봉행 등이 영접해서

동편의 자리에 따로 앉혔고

저네들은 서편 자리에 앉았다.

그리고 다른 사람들은 밖의 대청에 자리 잡게 했다.

그들은 김백선을 불러 말을 전하기를,

"태수(太守)께서 술자리를 베풀어

위로해주는 것입니다." 했다.

또 글 한 장을 전했는데,

그 글을 열어 보니,

"이번 행차에서 당신 등은 무엇 하려고 배를 타셨으며,

어디에 닿으려던 것이

바다 속으로 표류하게 되었던 것입니까?

며칠간 표류하다가 우리의 경내(境內)에

도착하게 되었습니까?

해상(海上)에서 일본의 상선(商船)을 만났었습니까?

조선(朝鮮)에서 발선(發船)한 것은

어느 달 어느 날이었습니까?

또 해상에서 표류했던 날수는 얼마나 되었습니끼?"

이와 같이 자세히 물었다.

또, "이선달(李先達)·김첨지(金僉知)의 두 자(字)가

붙은 분들은, 어느 곳에 사는 분이며,

성명(姓名)·관명(官名)과 그리고,

관품의 고하(高下)는 어떠합니까?" 했다.

거듭 묻기를,

"조선국에서는 불법(佛法)을 믿습니까?

신(神)에게 제사를 지냅니까?

유도(儒道)를 존중합니까?

또 예수교 사람이 포교하고 있습니까?

또, 하이족(族)들이 당신들에게

불법적(不法的)인 짓을 한 일이 있었습니까?

그리고, 이 나그네 길에서 요구할 것이 있으시면

말씀해도 좋습니다." 했다.

― 이지항,『표주록』, 27일

장한철,『표해록』

[출발] 제주도 → [표착] 류큐(일본 오키나와)

1771년, 장한철이 자신의 표해 경험을 담아 지은 표해록이다. 장한철은 제주도 애월 출신으로 1770년 12월 25일 과거에 응시하기 위해 제주도를 출발했다가 바람을 만나 3일 뒤 류큐의 무인도에 표착했다. 표해 도중 왜구를 만나 값진 물건을 빼앗기고, 안남국에서 일본으로 가는 상선에게 구조되었는데, 안남국 사람에게 제주도 사람임이 밝혀져 죽을 고비를 넘기고 중국인의 도움으로 바다 한가운데에서 풀려난다.

1월 6일 흑산도(黑山島)에 이르렀으나 다시 표해하여 청산도(靑山島)에 도착했다. 청산도에 상륙하는 도중 21명이 죽고 8명이 살아남았다. 장한철은 꿈에서 본 여인을 청산도에서 우연히 만나 운우지정을 나누고, 13일 다시 출항하여 15일 강진에 도착했다. 일행 중 7명은 제주도로 돌아가고 장한철은 2월 3일 서울에 도착, 과거에 응시했으나 낙방하고 3월

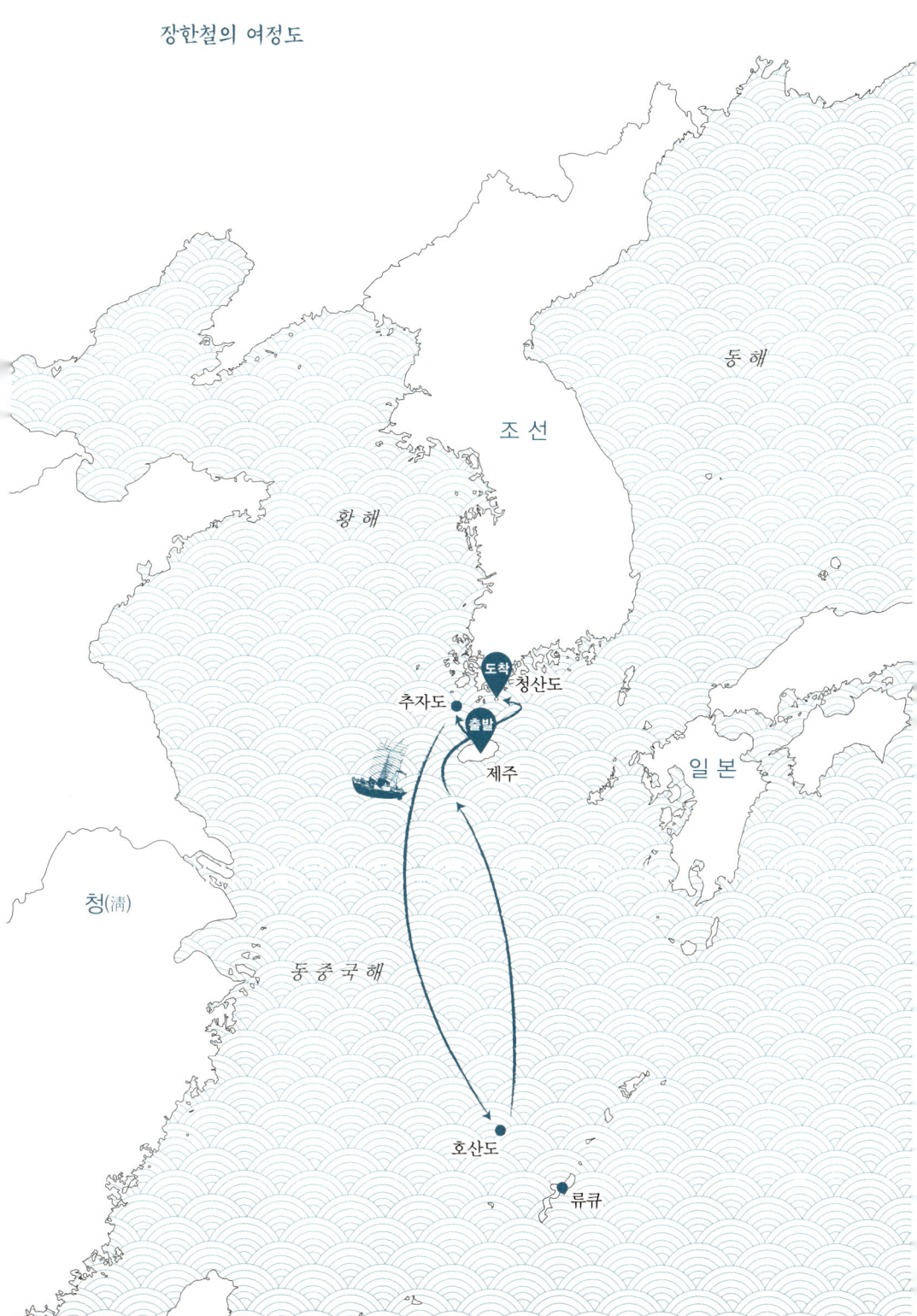

3일 서울을 떠나 5월에 귀향했다.

이 작품은 야담으로 전이되어 『기리총화(綺里叢話)』와 『청구야담(靑邱野談)』에도 수록되어 있다. 현재 학계에 보고된 표해기(漂海記) 가운데에서는 가장 문학성이 높은 해양문학 자료로 평가받고 있다.

밤이 되니 바다와 하늘이 맑게 개고,
하늘에는 은하가 씻은 듯이 걸려 있다.
남쪽 하늘을 바라보니 큰 별이 눈에 띈다.
신령한 꼬리는 바다를 쏘는 듯하고
상서로운 빛은 하늘에 가득하다.
나는 뭇사람들을 보고,
'너희들은 이별을 아느냐 모르느냐.
이는 곧 남극노인성(南極老人星)이라 하는 별이지.'
서일은 조금 문식이 있는 사람이라 오히려 믿지 않으며,
'중국의 형악(衡嶽)과 조선의 한라산을 오른 연후에야
비로소 노인성을 볼 수 있는 거지,
어찌 이 바다 위에서 그 별을 볼 수 있습니까?' 한다.
나는 이 말에 대해서,
'그대의 미혹함이 몹시 심하구려.
형산은 중국의 남악이 되고,
한라산은 조선의 남해에 있지 않소.
형산이나 한라산에서 이 별이 보이는 까닭은
그 산들이 극남에 있기 때문에 그런 것이지,
산이 홀로 이 세상에서 높다고 해서는 아니오.'

...

또 지남철을 손에 들고 그 별을 보니,

별은 정방(丁方)의 하늘에 있다.

이는 한라산에서 보는 바와 그 방향이 같다.

이로 미루어 보아 배는 지금 한라산의 정남(正南)에 있으며,

따라서 류큐의 지경에 가까이 와 있음을 가히 알겠다.

_ 장한철, 『표해록』

풍계현정, 『일본표해록』

[출발] 경주 → [표착] 일본 오시마

『일본표해록』은 승려 풍계현정이 1817년 일본으로 표해한 경험을 담은 표해록이다. 전라남도 해남군에 소재한 대둔사(大芚寺)에 모시기 위해 경주에서 불상을 조각하여 대둔사로 향하던 풍계현정은 11월 25일 부산 동래 앞바다에서 표해하여 일본 오시마(大島)에 표착한다.

풍계현정 일행은 1818년 1월 2일 일본 나가사키(長崎)로 송치되었고, 4월 14일 나가사키를 떠나 일본 쓰시마로 향했다. 5월 4일 쓰시마에 도착한 이들 일행은 6월 18일 배를 띄워 부산 왜관으로 향했다. 그러나 불행하게도 동풍에 밀려 진해(鎭海)에 닿았고, 다시 배를 타고 이동하여 6월 27일에야 동래에 도착했다.

동래에서 조사를 받고 7월 5일 동래를 출발한 이들은 마침내 7월 14일 해남에 도착하여 15일 대둔사에 들어갔고, 한 달 뒤 천불상(千佛像)을 천불전에 봉안했다. 험난한 과정을 기억하기 위해 천불상의 어깨 뒤쪽에 '일(日)' 자를 새겼다고 하는데, 현재 불상에는 가사를 두르고 있어 확인할 수 없다.

이곳[長崎]에는 조선관 당인관 아란관이 있었다.
조선관은 조선의 표류민이 머물러 있었고,
당인관은 중국 상선의 장사치들이 머물러 있었으며,
아란관은 아란국의 사람들이 와서
수자리하는 곳이었다.
표류한 승려와 속인 27명은
모두 여덟 곳의 조선관에 보내졌다.
본관의 고직은 대마도 사람으로서
전례에 따라 와서 머물렀고,
대마도 관인 1명, 통사(通事) 2명, 훈도 2명이 와서
함께 거주했다.
이들은 우리나라 사람이 간혹
표류하여 오는 경우가 있었기 때문에
항상 명령을 대기하고 있는 자들이었다.

_ 풍계현정, 『일본표해록』

기타 지역으로의 표류

정약전, 「표해시말」

[출발] 전남 신안 → [표착] 류큐 → 여송

우이도(현 전남 신안군)에 살던 문순득은 홍어와 같은 특산품을 사들여 영산강 내륙을 오가며 팔던 사람이었다. 1801년 12월 문순득 등 6명이 배를 타고 바다로 나섰다가 풍랑을 만나 표해했다.

　문순득이 처음 표착한 곳은 류큐였다. 이후 이들은 중국으로 이

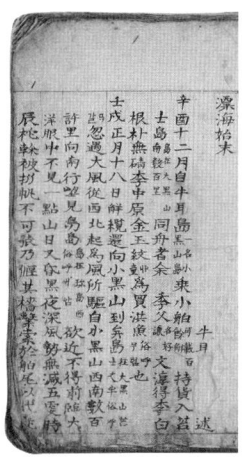

정약전,
『유암총서』의 「표해시말」
해양문화재연구소 소장

동하는 과정에서 다시 큰 바람에 휩쓸려 여송국 서남마기(西南馬宜, Salomague)에 표착했다. 필리핀에서 다시 마카오(澳門, Macao)로 이동했고, 육로로 북경을 거쳐 조선으로 돌아온 1805년 1월 8일까지 3년 2개월이 소요되었다.

문순득이 집으로 귀향했을 때, 우이도에는 정약전이 유배되어 와 있었다. 정약전은 당시 천주교를 믿는다는 이유로 유배되었다. 문순득은 그에게 자신의 표해 이야기를 들려주었고, 정약전이 내용을 정리하여 「표해시말」을 저술했다.

「표해시말」은 문순득의 표해 경위와 귀환까지의 과정, 표착한 지역의 풍토기, 조선어·류큐어·필리핀어를 비교한 112개의 단어가 수록되었다. 정약전이 집필한 「표해시말」은 현재까지 발견되지 않았지만, 『유암총서(柳菴叢書)』에 원문이 필사되어 현전한다. 『유암총서』는 정약전의 동생인 정약용(丁若鏞)의 제자 이강회(李綱會)가 우이도에 머물면서 집필한 문집이다.

2부 동아시아 표해록

문순득의 여정도

다른 나라는 우리나라와 달라

중국·안남·여송의 사람들이 서로 같이 살며,

짝을 지어 장사를 하는 것이 한 나라나 다름이 없다.

하물며 안남과 오문은 서로 그리 멀지 않고,

함께 배를 타고 함께 장사를 하니 이상한 일이 아니다.

_ 정약전, 「표해시말」

표해록사 찬집서

이익태, 『지영록』

1694년 7월 제주 목사(牧使)에 부임한 이익태가 2여 년의 재임 동안 업무와 제주 관련 역사를 기록한 문집으로 제주에 표착한 13건의 표해가 기록되어 있다. 이익태는 제주목사 일을 하며 제주도의 상황과 폐단을 알게 되었다. 이로 인해 여러 책을 참고하여 제주도의 실상을 기록해 제주도의 폐단이 바뀌기를 기대했다.

『지영록』은 제주도 지방의 지명과 문화, 풍습뿐만 아니라 표해기록을 모은 찬집서로서 조선시대 표해에 관한 연구 자료가 되어주고 있다. 또한 여기에는 조선인 역관이 표류민을 조사하는 과정에서 있었던 필담뿐만 아니라 다양한 언어직·비(非)인이적 활동이 담겨 있어 당시의 의사소통에 관해 확인할 수 있는 중요한 자료이다.

이 책에 실린 표해기록은 〈표 4〉와 같다. 원문 순서에 따라 그대로 기입했다.

〈표 4〉 이익태의 『지영록』에 실린 표해기록

항목명	표류민	표류시기	출발지	표착지
「표한인기(漂漢人記)」	묘진실 등	1652년	중국 소주(蘇州)	제주도
「서양국표인기 (西洋國漂人記)」	서양인 하멜	1653년	네덜란드	제주도
현종(顯宗) 정미(丁未) 오월(五月) 이십사일(二十四日)	임인관 등 95명	1667년	중국 복주(福州)	제주도
경술(庚戌) 오월(五月) 이십오일(二十五日)	중국 상인 65명	1670년	중국 광동성, 중국 복건성, 중국 절강성	제주도
정묘(丁卯) 이월(二月) 이십삼일(二十三日)	고여상 등 70명	1687년	중국 소주	제주도
무진(戊辰) 육월(六月) 이십구일(二十九日)	유풍 등 63명	1688년	중국 광동성	제주도
무진(戊辰) 팔월(八月) 십오일(十五日)	양자원 등 75명	1688년	중국 절강성	제주도
김대황(김태황) 「표해일록(金大璜漂海日錄)」	김대황(김태황)· 고상영 등 24명	1687년	한국 제주도	안남국
진건, 주한원 등 문답 (陳乾朱漢源等問答)	주한원 등	1689년	김대황을 데려온 절강성 출신 주한원 등과의 대화 * 『숙종실록』, 숙종 15년 2월 13일에도 기록이 있다.	
「남경표청인기 (南京漂清人記)」	중국인 45명	1690년	중국 남경	제주도
「남경청인설자천 등칭이진사기 (南京清人薛子千 等稱以陳謝記)」	진곤 등	1691년	중국 복건성	제주도
계유(癸酉) 십이월(十二月) 초십일(初十日)	정건순 등	1693년	중국 강남	제주도

항목명	표류민	표류시기	출발지	표착지
「표왜인기(漂倭人記)」	일본인	1682년	일본 쓰시마	제주도
계유(癸酉) 칠월(七月) 이십육일(二十六日)	일본인	1693년	일본	제주도

송정규, 『해외문견록』

『해외문견록』은 송정규가 제주목사 시절 1706년에 저술한 것이다. 일본 천리대학교(天理大學校)에 소장되어 있으며 한국 국립중앙도서관 소장본은 천리대학교 소장본의 복사본이다. 이 책에 소장된 표해기록은 대부분『지영록』, 『주영편』에 실린 것과 중복된다. 가장 긴 분량은 최부『표해록』의 발췌본이다.

『해외문견록』은 16개의 목차로 이루어져 있는데, 이 중 표해와 관련된 기록은 〈표 5〉와 같다. 원문 순서에 따라 기입했다.

정운경, 『탐라문견록』

제주목사로 부임한 부친[정필녕(鄭必寧)]을 따라 제주도에 온 정운경이 제주 사람과 대화하며 그들의 표해를 적은 기록이다. 정운경은 제주도에서 아무런 일도 없이 지내다가 제주도민과 제주도의 문화를 관찰하여 기록으로 남기고자 했다. 그러던 중 제주의 백성 중 표해를 경험한 자가 많다는 사실을 알게 되어 한 사람, 한 사람 만나며 들은 내용을 기록했다. 기록별로 분량은 다르지만, 표류날짜, 지점, 송환과정 등이 비교적 자세히 기록되었다.

표해기록을 모은 다른 작품들과 겹치는 것도 있고『탐라문견록』에만 담겨 있는 이야기도 있다. 『탐라문견록』에 담긴 표해록은 총 14건으로

〈표 5〉 송정규의 『해외문견록』에 실린 표해기록

항목명	표류민	표류시기	출발지	표착지
「별도초왜(別刀剿倭)」	중국인과 류큐인	1611년	일본 오키나와	제주도
「류큐사자(琉球使者)」	류큐인	1612년	일본 오키나와	제주도
「서양표만(西洋漂蠻)」	하멜	1653년	네덜란드	제주도
「순치이후표상문답(順治以後漂商問答)」	1652~1670년 중국 상인의 한국 제주도 표착	1652년	중국 소주	제주도
「기안남표환인사(記安南漂還人事)」	한국인 김대황·고상영 등	1688년	제주도	안남국
「산동표상(山東漂商)」	중국 산동성 출신 중국인	1706년	중국 산동성	제주도
「기일본표환인어(記日本漂還人語)」	한국인 이계민 등	1706년	일본 나가사키	제주도
「기류큐표환인어(記琉球漂還人語)」	한국인 김려휘 등	1663년	일본 오키나와	
「최금남표해록절략(崔錦南漂海錄節略)」	최부 등	1448년	최부의 『표해록』 요약	
「관리표해(官吏漂海)」			역대 관원의 신분으로 표류한 인물 정리	

※ 「별도초왜」에 기록된 사건은 당시 제주목사였던 이기빈(李箕賓)이 왜선을 나포하여 선원을 살해한 사건으로 일명 '류큐 왕자 살해 사건'으로 알려졌다. 관련 기사가 『광해군일기』, 4년 2월 10일, 5년 1월 8일, 10년 8월 22일 등에 보인다. 특히 『광해군일기』, 14년 5월 10일을 보면 "류큐가 제주를 침범하여 원수를 갚고자 한다는 소문은 극히 흉하여 어찌하면 답변을 잘할 것인지 모르겠노라." 고 언급할 정도로 큰 문제로 확대된 것을 알 수 있다.

제주도민의 해외 표류가 13건(베트남 1건, 대만 2건, 일본 9건, 류큐 1건)이고, 국내 표해가 1건이다.

『탐라문견록』은 표해사나 한일교류사의 측면에서 소중한 정보를 제공할 뿐 아니라, 제주 문화사 연구에도 도움이 되는 기록이다. 이 글에서는 『탐라문견록』 원문을 확인하지 못하여 『탐라문견록 – 바다 밖의 넓은 세상』(휴머니스트, 2008)을 참고하여 〈표 6〉을 작성했다.

김대황(김태황)·고상영 일행의 표류
[출발] 제주도 → [표착] 안남국

앞에서 살펴본 세 권의 표해록과 찬집서에 실린 김대황·고상영 일행의 표해를 소개한다. 김대황·고상영 일행의 표류는 『탐라문견록』뿐만 아니라 실록에도 기록되어 있다.

1687년 9월 3일 김대황 일행은 서울에 올릴 말을 싣고 항해에 나섰으나 배를 띄우자마자 폭풍에 휩쓸려 31일을 표해했다. 그들이 안남국에 표착한 것은 10월 4일이었다. 이곳에서 이들은 왜구로 오인받기도 하며 갖은 고생을 했지만 끝내 조선 사람임을 증명하고 중국 상선에 탑승, 조선으로 생환했다.

이들의 표해가 흥미로운 이유 중 하나는 당시 제주에 대한 동아시아의 인식을 살펴볼 수 있기 때문이다. 김대황·고상영 일행은 당시 이국에서 제주를 '바깥 고려'라고 부르며, 그들이 이방인을 살해하고 재물을 빼앗는다고 생각하고 있다고 판단했다. 이 판단에 따라 이들은 자신들은 제주도 사람이 아니라, 전라도 사람이라고 속이게 된다. 이러한 모습 당시 제주에 대한 인식을 유추할 수 있다는 점에서 가치를 지닌다.

이 외에도 4개월 간 체류했던 베트남의 가축, 식량, 기후, 옷차림 등을 세밀하게 묘사했다. 귀환과정에서 이들은 일본인 상선을 통하고자 했으나 실패하고, 중국 복건성 상인을 통해 돌아오게 되는데 이때 송환 조건으로 이들에게 쌀 600석을 주는 모습도 주목된다.

〈표 6〉 정운경의 『탐라문견록』에 실린 표해기록

항목명	표류민	표류시기	출발지	표착지
조천관 주민 고상영(高尙英)의 안남국 표해록	고상영·김대황 등	1687년	제주도	안남국 [베트남]
윤도성(尹道成)의 대만표해록 송완(宋完)의 대만표해록	윤도성·송완 등	1729년	제주도	대만
관노 우빈(友彬)의 일본 취방도 표해록	우빈 등	1679년	제주도	일본 취방도 (翠芳島)
강두추(姜斗樞), 고수경(高守慶)의 일본 옥구도 표해록	강두추·고수경 등	1698년	제주도	일본 옥구도 (屋鳩島) [야쿠시마] (屋久島)]
이건춘(李建春)의 대마도 표해록	이건춘 등	1724년	제주도	일본 쓰시마
이기득(李己得)의 일본 오도 표해록	이기득 등	1723년	제주도	일본 고토 (五島)
김시위(金時位)의 일본 오도 표해록	김시위 등	1723년	제주도	일본 고토
김일남(金日男), 부차웅(夫次雄)의 류큐국 표해록	김일남·부차웅 등	1726년	제주도	류큐
관노 산해(山海)의 일본 양구도 표해록	산해 등	1704년	제주도	일본 양구도 (梁九島)
대정현 관리의 일본 옥구도 표해록	대정현 관리	1701년	제주도	일본 옥구도
고완(高完)의 일본 오도 표해록	고완 등	1701년	제주도	일본 고토
원구혁(元九赫)의 일본 신공포 표류	원구혁 등	1720년	제주도	일본 치쿠젠 (筑前)
관노 만적(万迪)의 가라도 표해록	만적 등	1730년	제주도	한국 가라도 (加羅都)

"이곳은 어디이고, 귀국은 어떤 나라인가?"

물을 길어준 자에게 전하여 보여주자,

그들 역시 글로 써서 대답해 왔다.

"여기는 안남국이다. 그대들은 어디에 살고,

어떻게 여기까지 왔는가."

우리는 서로 약속한 대로 대답했다.

그러고 나서 살려달라고 간절히 빌었다.

안남 사람 두세 명이 우리 배에 올라와서

배 위의 물건과 거동을 두루 살펴보더니,

마침내 닻줄을 안남국 배에 묶게 하고 갔다.

_ 정운경, 『탐라문견록』

서양 선박의 조선 표류

현재 전하는 표해기록은 중국·일본으로 표착하거나, 중국·일본에서 표착한 경우가 대부분이며 서양으로의 표류나 서양인의 조선 표착은 이따금 포착된다. 당시 이들과 의사소통이 자유롭지 않았기 때문에 관련 내용은 풍부하지는 않지만, 향후 연구를 위해 관련 기록을 발췌하여 목록으로 제시하면 〈표 7〉, 〈표 8〉과 같다. 공적 기록의 경우 『비변사등록(備邊司謄錄)』과 『조선왕조실록』에서 발췌했다.

공충감사(公忠監司) 홍희근(洪羲瑾)이

장계에서 이르기를,

"6월 25일 어느 나라 배인지 이상한 모양의

삼범죽선(三帆竹船) 1척이 홍주(洪州)의

〈표 7〉 사적 기록

자료	표류민	표류시기	출발지	표착지
『지영록』	하멜 등	1653년	네덜란드	제주도
『주영편』	-	1797년	네덜란드	부산
『주영편』	-	1801년	필리핀 출신 마카오인	제주도

〈표 8〉 공적 기록

자료	표류민	표류시기	출발지	표착지
『비변사등록』 정조 21년 10월 4일	네덜란드인	1797년	네덜란드	부산
『조선왕조실록』 순조 16년 7월 19일	영국인	1816년	-	마량진 갈곶
『비변사등록』 순조 7년 8월 10일	마카오인	1807년	마카오	제주도
『비변사등록』 순조 9년 9월 6일	마카오인	1809년	마카오	제주도
『조선왕조실록』 순조 32년 7월 21일	영국인	1832년	-	홍주 고대도
『비변사등록』 헌종 13년 7월 10일, 8월 11일	프랑스인	1847년	프랑스	제주도
『헌종실록』 헌종 13년 7월 10일, 8월 11일				
『비변사등록』 철종 7년 7월 19일	프랑스인	1856년	프랑스	전라도 홍주
『비변사등록』 고종 3년 2월 18일	영국인	1866년	영국	충청도
『고종실록』 3년 2월 18일				

자료	표류민	표류시기	출발지	표착지
『비변사등록』 고종 3년 2월 25일	미국인	1866년	미국	경상도
『고종실록』 3년 2월 25일				
『비변사등록』 고종 3년 7월 15일	영국, 미국, 덴마크인	1866년	영국	황해도
『고종실록』 3년 7월 15일, 18일, 27일, 11월 5일				
『고종실록』 고종 8년 6월 26일	포르투갈 상선	1871년	포르투갈	백령도

* 의사소통이 되지 않아 표류민의 국적이 불분명한 「문정별단」은 작성하지 않았다.

고대도(古代島) 뒷 바다에 와서 정박했는데,
영길리국(英吉利國)[영국(England)]의 배라고 말하기 때문에 지방관인
홍주 목사(洪州牧使) 이민회(李敏會)와 수군 우후(水軍虞候)
김형수(金瑩綏)로 하여금 달려가서
문정(問情)하게 했더니, 말이 통하지 않아
서자(書字)로 문답했는데,
국명은 영길리국(英吉利國) 또는
대영국(大英國)이라고 부르고, 난돈(蘭墩)[런던(London)]과
흔도사단(忻都斯担)[힌두스탄, 인도의 옛 이름]이란 곳에 사는데
영길리국 · 애란국(愛蘭國)[아일랜드(Ireland)] ·
사객란국(斯客蘭國)[스코틀랜드(Scotland)]이 합쳐져
한 나라를 이루었기 때문에 대영국이라 칭하고, 국왕의

성은 위씨(威氏)이며, 지방(地方)은 중국(中國)과 같이
넓은데 난돈의 지방은 75리(里)이고 국중에는
산이 많고 물은 적으나 오곡(五穀)이 모두 있다고
했고, 변계(邊界)는 곤련(昆連)에 가까운데
곧 운남성(雲南省)에서 발원(發源)하는 한줄기
하류(河流)가 영국의 한 지방을 거쳐 대해(大海)로
들어간다고 했습니다. 북경(北京)까지의 거리는
수로(水路)로 7만 리이고 육로(陸路)로는 4만 리이며,
조선(朝鮮)까지는 수로로 7만 리인데
법란치(法蘭治)[프랑스(France)]·
아사라(我斯羅)[러시아(Russia)]·여송(呂宋)을 지나고
지리아(地理亞)[시리아(Syria)] 등의 나라를 넘어서야 비로소
도착할 수 있다고 했습니다.
또 선재(船材)는 이목(栜木)을 썼고 배의 형체는
외[瓜]를 쪼개 놓은 것같이 생겼으며,
머리와 꼬리 부분은 뾰족한데
길이는 30파(把)이고 넓이는 6파이며
삼(杉)나무 폭을 붙인 대목은 쇠못으로 박았고,
상층(上層)과 중층(中層)은
큰 것이 10칸[間]이고 작은 것이 20칸이었으며,
선수(船首)와 선미(船尾)에는 각각 건영귀(乾靈龜)를 설치했고,
배 안에는 흑백의 염소[羔]를 키우며
오리와 닭의 홰[塒]를 설치하고
돼지우리도 갖추고 있었으며,

선수와 선미에는 각색의 기(旗)를 꽂고

작위(爵位)가 있는 자의 문전에 있는 한 사람은

갑옷 모양의 옷을 입고 칼을 차고

종일토록 꼿꼿이 서서 출입하는 사람을 제지했으며,

급수선(汲水船) 4척을 항상 좌우에 매달아 놓고

필요할 때에는 물에 띄워 놓았습니다.

전(前)·중(中)·후(後)의 범죽(帆竹)은

각각 3층을 이루고 있고

흰 삼승범(三升帆)도 3층으로 나누어져 있었으며,

사용하는 그릇은 화기(畵器)이고

동이[樽]와 병(甁)은 유리였으며

숟가락은 은(銀)으로 만들었고,

배 안에 실은 병기(兵器)는 환도(環刀) 30자루,

총 35자루, 창 24자루, 대화포(大火砲) 8좌(座)이었습니다.

또 배에 타고 있는 사람은 총 67인이었는데,

선주(船主)는 4품(品) 자작(子爵) 호하미(胡夏米)이고,

6품 거인(擧人)은 수생갑리(隨生甲利) 출해리사(出海李士)이며,

제1과장(第一夥長)은 파록(波菉)이고,

제2과장은 심손(心遜)이고,

제3과장은 약한(若翰)이고,

화사(畵士)는 제문(弟文)이며,

사자(寫字)는 노도고(老濤高)이고,

시종자(侍從者)는 미사필도로(米士必都盧)이며,

과계(夥計)는 벽다라마(辟多羅馬)·행림이(行林爾)·

임홍파(林紅把)·가파지(加巴地)이고,

수수(水手)는 가타(嘉他)·랍니(拉尼)·야만(耶熳)·

주한(周翰)·명하(明夏) 및 마흥(馬興) 6인이며,

진주(陳舟)에 10인, 손해(遜海)에 20인이고,

주자(廚子)는 모의(慕義)와 무리(無理)이며,

지범(止帆)은 오장만(吳長萬)이요,

근반(跟班)은 시오(施五)·시만(施慢)·시난(施難)·

시환(施環)·시섬(施譫)·시니(施尼)·시팔(施八)이었습니다.

용모(容貌)는 더러는 분(粉)을 발라 놓는 것처럼 희기도 하고

더러는 먹물을 들인 것처럼 검기도 했으며,

혹자는 머리를 박박 깎기도 했고

혹자는 백회(百會) 이전까지는 깎고

정상(頂上)에서 조그만 머리카락 한 가닥을

따서 드리운 자도 있었으며,

입고 있는 의복은 혹은 양포(洋布)를

혹은 성성전(猩猩氈)을 혹은 3승(升)의

각색 비단을 입고 있었는데

윗도리는 혹 두루마기 같은 것을 입기도 했으며

혹 소매가 좁은 모양을 입기도 하고

혹 붉은 비단으로 띠를 두르기도 하고,

적삼은 단령(團領)을 우임(右衽) 하고

옷섶이 맞닿은 여러 곳에 금단추(金團錘)를 달았으며

소매는 좁기도 하고 넓기도 했는데

작위(爵位)가 있는 사람이 입는 문단(紋緞)은

빛깔이 선명했습니다.

머리에 쓴 것은 호하미(胡夏米)는

푸른 비단으로 족두리처럼 만들었는데

앞쪽은 흑각(黑角)으로 장식했고,

그 외의 사람은 붉은 전(氈)이나 흑삼승(黑三升)으로

더러는 감투 모양으로

더러는 두엄달이(頭掩達伊) 모양으로 만들었고

혹 풀[草]로 전골냄비 모양으로 엮기도 했습니다.

버선[襪子]은 흰 비단으로 만들기도 하고

백삼승(白三升)으로 만들기도 했으나

등에 꿰맨 흔적이 없었고,

신[鞋]은 검은 가죽으로 만들었는데

모양은 발막(發莫)과 같았습니다.

배에 실은 물품은 파리기(玻璃器) 5백 개, 초(硝) 1천 담(担),

화석(火石) 20담, 화포(花布) 50필,

도자(刀子) 1백 개, 전자(剪子) 1백 개, 납촉(蠟燭) 20담,

등대(燈臺) 30개, 등롱(燈籠) 40개,

뉴(鈕) 1만여 개, 요도(腰刀) 60개인데,

아울러서 값으로 따지면

은화(銀貨) 8만 냥(兩)이라 했습니다.

나라의 풍속은 대대로 야소교(耶蘇敎)를 신봉해 왔으며,

중국과의 교역은 유래(由來)가 2백 년이나 되었는데

청국(淸國)과 크기가 같고 권세가 비등했으므로
조공(朝貢)도 바치지 않았고
그 나라에서 북경에 가도
계하(階下)에서 머리를 조아리지 않는다 했으며,
대청 황제(大淸皇帝)는 먼 나라 사람을
너그럽게 대해주려 했으나
요사이는 관리들이 황제의 뜻을 잘 받들지 않으므로
황은(皇恩)이 외국인에게는 미치지 못하고 있으며
또 외국 상인은 관리의 횡포로 인하여
많이 어려움을 당하고 있다고 했습니다.

교역하고 있는 나라는 우라파국(友羅巴國)[유럽]·
법란서국(法蘭西國)·아임민랍국(阿壬民拉國)·
자이마미국(者耳馬尾國)·대여송국(大呂宋國)·
파이도사국(波耳都斯國)·아비리가국(亞非利加國)[아프리카]·
식력국(寔力國)·영정도국(伶仃都國)·대청국(大淸國)이며,
교린(交隣)하는 나라는 아라사국(我羅斯國)·
법란치국(法蘭治國)·하란국(荷蘭國)[네덜란드]·
피려시국(波呂斯國)이리 하고,
영국(英國)의 지방은 구라파(歐羅巴)[유럽]에 있는데
사람을 귀히 여기고 있으며,
지방이 또 아미리가(亞未利加)[아메리카]에 있는데
그 역시 크고 좋은 땅이고,
또 서흔경(西忻慶)에도 있어 섬들이 많으며,

아비리가(亞非利加)의 극남단(極南端)에 있는
호망(好望)[희망봉]의 갑(甲)은 수위(垂圍)의 속지(屬地)이고,
또 태평양의 남쪽 바다에도
영국에 소속된 허다한 미개(未開)한 지방이 있으며,
그 끝은 아서아주(亞西亞州)에 있는데 섬들이 많고,
또 흔도사단(忻都斯担)·고위(古圍) 각 지방도
모두 영국의 판도(版圖)에 들어왔다고 했습니다.
최근에 중국에서 영국으로 소속된 미개한 지방으로는
익능부(檍能埠)·마지반부(馬地班埠)·
마랍가부(馬拉加埠)·선가파부두(先嘉陂埠頭)라 했습니다.

그들은 '금년 2월 20일 서남풍을 만나
이곳에 와서 국왕의 명으로
문서와 예물을 귀국의 천세 계하(千歲階下)에 올리고
비답이 내리기를 기다리기로 했으며
공무역(公貿易)을 체결하여
양포(洋布)·대니(大呢)·우모초(羽毛綃)·
유리기(琉璃器)·시진표(時辰表) 등의 물건으로
귀국의 금·은·동과 대황(大黃) 등의
약재(藥材)를 사고 싶다.'고 했는데,
이른바 바칠 예물은 대니(大呢) 홍색 1필,
청색 1필, 흑색 1필, 포도색 1필과
우모(羽毛) 홍색 1필, 청색 1필, 포도색 1필,
종려색(棕櫚色) 1필, 황색 1필, 양포(洋布) 14필,

천리경(千里鏡) 2개, 유리기 6건(件), 화금뉴(花金紐) 6배(排)와

본국의 도리서(道理書) 26종이라 했습니다.

또 7월 12일에 모양이 이상한 작은 배 한 척이

서산(瑞山)의 간월도(看月島) 앞 바다로부터

태안(泰安)의 주사창리(舟師倉里) 앞 포구(浦口)에 와서

이 마을 백성들을 향하여 지껄이듯 말을 하면서

물가에 책자(冊子)를 던지고는

바로 배를 돌려 가버렸는데,

던진 책자는 도합 4권 중에서

2권은 갑(匣)까지 합하여 각각 7장이고

또 한 권은 갑까지 합하여 12장이었으며

또 한 권은 갑도 없이 겨우 4장뿐이었다 하기에,

고대도(古代島)의 문정관(問情官)이 이 일로 저들 배에 다시 물으니,

답하기를, '금월 12일 묘시(卯時)에

종선(從船)을 타고 북쪽으로 갔다가

바다 가운데에서 밤을 새우고

13일 미명(未明)에 돌아왔는데

같이 간 사람은 7인이고

책지 4권을 주었으니

받은 사람의 이름을 알지 못한다.'고 했습니다.

또 저들이 식량·반찬·채소·닭·돼지 등의

물목 단자(物目單子) 한 장을 써서 내면서 요청했기 때문에,

소 2두, 돼지 4구(口), 닭 80척(隻), 절인 물고기 4담(担),

갖가지 채소 20근(斤), 생강(生薑) 20근, 파부리 20근,
마늘뿌리 20근, 고추 10근, 백지(白紙) 50권, 곡물 4담(担),
맥면(麥麵) 1담, 밀당(蜜糖) 50근, 술 1백 근, 입담배 50근을
들여보내 주었습니다.
저들이 주문(奏文) 1봉(封)과 예물 3봉을
전상(轉上)하기를 간청했으나
굳이 물리치고 받지 아니하니,
저들이 마침내 물가에 던져버리고
또 작은 책자 3권과
예물의 물명 도록(物名都錄) 2건(件)을 주었다고 하기에,
서울에서 내려온 별정 역관(別定譯官) 오계순(吳繼淳)이
달려가서 문정(問情)했는데,
그의 수본(手本)에 의하면
문서와 예물을 저들이 끝내 되돌려 받지 않으려 하여
여러 날을 서로 실랑이를 하다가
17일 유시(酉時)에 이르러
조수(潮水)가 물러가기 시작하자 저들이 일제히 떠들면서
우리 배와 매 놓은 밧줄을 잘라 버린 뒤에
닻을 올리고 돛을 달고 서남쪽을 향하여
곧장 가버려 황급히 쫓아갔으나
저들 배는 빠르고 우리 배는 느리어
추급(追及)하지 못하고
문서와 예물은 결국 돌려줄 수 없었다고 했습니다." 했다.

_ 『순조실록』 권32, 순조 32년 7월 21일

중국 표해록

중국은 일찍부터 중화(中華)사상을 내세우며 아시아의 맹주로서 선진 문명의 선도자를 자처했다. 고대에 이미 중국을 중심으로 주변 국가인 한국과 일본은 물론, 동남아시아와 서남아시아까지 폭넓은 교류의 장이 형성되었고, 이들을 연결해주는 해양 네트워크 또한 비약적으로 발전했다. 이에 따라 중국의 옛 전적(典籍)에는 표류, 난파(難破)와 같은 해난(海難) 사건과 이에 수반한 이국적이고도 신비로운 문화 체험이 다수 기록되어 있다.

이 글은 중국 표해록의 특징을 추출하는 데 목표를 두었다. 조사 범위는 시기적으로 가장 많은 자료가 남아 있는 명·청시대를 중심으로 서구 문호 개방이 본격화되어 중국 세계에 큰 변화가 생겨나는 제1차 아편전쟁 이전까지로 설정했다.

중국에서는 한국의 여러 『표해록(漂海錄)』이나 일본의 『달단표류기(韃

粗漂流記)』로 대표되는 사적 표류기 형태의 기록물이 극히 드물다. 현재 확인된 자료 중에는 1688년 베트남으로 표류한 반정규(潘鼎珪)의 『안남기유(安南紀遊)』, 1823년 일본 표류 사건을 기록한 정광조(鄭光祖)의 『일반록잡술(一班錄雜術)』 중 「육국마두(六國馬頭)」,[30] 「표박이역(漂泊異域)」, 1835년 베트남으로의 표류를 기록한 채정란(蔡廷蘭)의 『해남잡저(海南雜著)』가 대표적이다. 명대 자료인 진간(陳侃)의 『사유구록(使琉球錄)』에도 사행 도중 일어났던 해난(海難)이 기술되어 있다.

중국 표류기록 중 중국 정부의 기록이나 주변 각국의 기록에는 중국 선박이 외국에서 표착한 사건은 상당히 많았으나, 이들이 중국으로 귀국한 후 남긴 기록은 현재까지 많이 발견되지 않았다. 이에 대하여 중국 해양사의 권위자 류쉬펑(劉序楓)은 다음과 같이 분석하고 있다.

- 명말청초의 '출항 금지' 시기 동안에 개인이 임의로 출항하는 것을 금했고, 만약 민간인이 바다로 나갔다가 조난을 당해 구조가 되더라도 귀국할 수가 없었다. 밀입국한다 하더라도 글로 그간의 경위를 적어서 남기기가 어려웠으며, 출간은 더더욱 생각할 수 없었다.
- 명·청 조정의 경우 해외로 표류한 본국 조난자들에 대해 위법적으로 밀수를 했는지, 임의로 출항하거나 무역을 했는지 또는 해적과 결탁한 것이 아닌지, 나라 치안을 해치는 범죄행위가 없었는지를 중요시했으며, 표류한 지역의 풍토 문화 등에 대해서는 전혀 관심이 없었다.
- 무엇보다 중요한 이유는 중국 자신의 대국으로서의 심리였다. 천하가

---

30 육국은 류큐의 음역으로, 제목은 '류큐항구'로 번역할 수 있다.

태평하고 만국이 찾아오던 시기에, 대외무역을 단지 '먼 곳의 사람들을 위로하는' 수단으로 보았고, 외국 조난자에 대해서는 후한 정으로 구휼했다. 또한, 본국으로 돌아간 후 천자의 인자함을 강조했으며, 외국의 상황과 소식에 대해서는 소홀했다.

- 대륙 국가인 중국의 문인들은 바다를 접할 기회가 비교적 적었고, 전통적으로 바다를 두려워하는 심리가 있었기 때문에 부득이한 경우에나 배를 타고 바다를 건넜다. 채정란, 반정규는 연해 지역에 거주하면서 자주 배를 타고 대만 팽호 등 지역을 왕래했기 때문에 바다에 대한 두려움이 없었고 풍랑으로 조난을 한 후에도 여전히 표류한 지역의 다른 풍속을 기록할 수가 있었다. 하지만 이런 경우는 매우 소수의 특이한 사례에 속했다.

- 일반적으로 상인, 어민, 선원들은 글을 쓸 줄 몰라서 거의 대다수가 구두로 전해졌지만, 과대포장되거나, 상상이 가미되기 쉬워서 표류기록의 본질과 동떨어졌다. 따라서 사실적인 조난기록을 보존하기가 어려웠다.

- 19세기 말엽 중국 국내 상황이 어지럽고 복잡해지기 시작하면서 지방 관청이나 민간의 개인 문서기록이 전쟁으로 소실되는 바람에 보존되지 못했다.[31]

---

31 劉序楓, 「중국 표해록의 현황과 특징」, 『동아시아의 표해록과 표류의 문화사』(국립해양문화재 연구소·목포대학교 도서문화연구원, 2012년도 국제학술대회 자료집), pp.71-72.

중국 표해록 전사(前史)

항해 과정에서 재난을 당하여 해류를 따라 이리저리 흘러다니는 일을 '표류(漂流)'라고 하며, 물체나 사람 등이 표류한 끝에 육지에 닿는 일을 '표착(漂着)'이라고 한다. 하지만 기록에서 '표류(漂流)'[32]라는 용어가 해난 사고의 하나로서 직접 사용된 사례는 드물다. 오히려 기록에서는 구풍(颶風),[33] 풍표(風漂),[34] 풍표(風飄),[35] 우풍(遇風),[36] 조풍(遭風),[37] 해풍표주

---

32 『원사(元史)』 권210, 외이(外夷) 3, 「유구전(瑠求傳)」, "凡西岸漁舟到彭湖已下 遇颶風發作 漂流落漈 回者百一 瑠求 在外夷最小而險者也 漢唐以來 史所不載 近代諸蕃市舶 不聞至其國."; 『태평광기(太平廣記)』 권481, 만이(蠻夷) 2, 「신라(新羅)」, "又天寶初 使贊善大夫魏曜使新羅 策立幼主 曜年老 深憚之 有客曾到新羅 因訪其行路 客日 永徽中 新羅日本皆通好 遣使兼報之 使人既達新羅 將赴日本國 海中遇風 波濤大起 數十日不止 隨波漂流 不知所屆 忽風止波靜 至海岸邊."

33 『태평광기(太平廣記)』 권25, 신선(神仙) 25, 「원유이공(元柳二公)」, "元和初 有元徹柳實者 居於衡山 二公俱有從父為官浙右 李庶人連累 各竄於驩 愛州 二公共結行李而往省焉 至於廉州合浦縣 登舟而欲越海 將抵交阯 艤舟於合浦岸 夜有村人饗神 簫鼓喧嘩 舟人與二公僕吏齊往看焉 夜將午 俄颶風欻起 斷纜漂舟 入于大海 莫知所適."

34 『송사(宋史)』 권489, 외국(外國) 5, 「점성국전(占城國傳)」, "天禧二年 其王尸嘿排摩慄遣使羅皮帝加以象牙七十二株犀角八十六株玳瑁千片乳香五十斤丁香花八十斤荳蔲六十五斤沉香百斤箋香二百斤別箋一劑六十八斤茴香百斤檳榔千五百斤來貢 羅皮帝加言國人詣廣州 或風漂船至石塘 即累歲不達矣."

35 『태평광기』 권457, 사(蛇) 2, 「장기사(張騎士)」, "一人遽走至船所 縋上船 未及開 白毛之士走來牽纜 船人人各執弓刀斫射之 累揮數刀 然後見釋 離岸一里許 岸上已有數十頭 戟手大呼 因又隨風飄帆五六日 遙見海島 泊舟問人 云是清遠縣界 屬南海."

36 『남사(南史)』 권32, 「장융전(張融傳)」, "浮海至交州 於海中遇風 終無懼色 方詠日 乾魚自可還其本鄉 肉脯復何為者哉 又作海賦 文辭詭激 獨與衆異."

37 『송사(宋史)』 권255, 「일본국전(日本國傳)」, "咸平五年 建州海賈周世昌遭風飄至日本 凡七年得還 其與國人滕木吉至 上皆召見之 世昌以其國人唱和詩來上 詞甚雕刻膚淺無所取 詢其風俗 云婦人皆被髮 一衣用二三縑 又陳所記州名年號 上令滕木吉以所持木弓矢挽射 矢不能遠 詰其故 國中不習戰鬥 賜木吉時裝錢遣還."

(海風漂舟),^38 우악풍(遇惡風),^39 우랑(遇浪), 거랑수지(巨浪隨至)^40 등과 같이 강한 바람을 만나거나 파도 등과 같은 상황으로 해난사고의 원인을 제시하면서 표류하게 된 원인을 설명한다.

당시 표류하게 된 주요 원인은 기후로 인한 해상 조건의 변화였다. 또한 '괴선(壞船)'^41 등과 같이 배의 난파와 관련된 표류 상황 서술이 앞의 원인과 함께 제시되기도 한다. 살아남아 표착한 상황과 관련된 표현으로는 표박(漂泊),^42 표지(飄至),^43 침부표지(沉浮漂至),^44 표도(漂到)^45 등과 같이 어

---

38 『속자치통감장편(續資治通鑑長編)』 권90, 「진종(眞宗)」 48, 천희(天禧) 원년 11월, "癸亥 高麗王詢遣御史刑部侍郎徐訥率女真首領梅詢奉表來獻方物 又賀封建壽春郡王 初 郭元之還 詢即遣使人謝道海風漂舟回 及是乃至."

39 『입당구법순례행기(入唐求法巡禮行記)』 권1, 개성(開成) 사년(四年) 8일, "八日 新羅人王請來相看 是本國弘仁十年 流著出州國之唐人張覺濟等同船之人也 問漂流之由 申云 為交易諸物 離此過海 忽遇惡風 南流三月 流著出州國 其張覺濟兄弟二人 臨將發時 同共逃留出州 從北出州 就北海而發 得好風 十五箇日流著長門國云云."

40 『이견지(夷堅志)』, 을지(乙志), 권4, 「조사조(趙士藻)」, "是晚海中火光如電掣 舟人大懼 急入一浦中 巨浪隨至 須臾舟已溺 藻立近舷外 虞候挾之登腳船 取佩刀斷繼 僅得至岸 入一寺中."

41 『속자치통감장편』 권47, 진종(眞宗) 5, 함평(咸平) 3년 10월, "時明州又言高麗國民池達等八人 以海風壞船 漂至鄞縣 詔付登州給贍糧 俟便遣歸其國."

42 『전당문(全唐文)』 권355, 소흔(蕭昕), 「당은청광록대부영남오부절도경략채방처치등사섭어사중승사자김어대전중감남강현개국백(唐銀青光祿大夫嶺南五府節度經略採訪處置等使攝御史中丞賜紫金魚袋殿中監南康縣開國伯)」, "公嘗與季弟同泛滄溟 舳艫餘艦 凡數百輩 忽驚飆震發 駭浪山運 當呀呷之時 謂泊沒同盡 為猿為鶴 曷可保焉 而中肯返風 漂泊孤嶼 遲明相視 各在津亭."

43 『태평광기』 권353, 귀(鬼) 38, 「청주객(青州客)」, "朱梁時 青州有賈客泛海遇風 飄至一處 遠望有山川城郭 海師曰 自頃遭風者 未嘗至此 吾聞鬼國在是 得非此耶."

44 『이견지』, 지보(志補) 권21, 「귀국모(鬼國母)」, "建康巨商楊二郎 本以牙儈起家 數販南海往來十餘年 累貲千萬 淳熙中 遇盜於鯨波 一行盡遭害 楊偶先墮水 得免 逢一木抱之 沉浮漂至一島. 捨而登岸."

45 『남제서(南齊書)』 권58, 남이(南夷), 「부남국전(扶南國傳)」, "又曰 臣前遣使齎雜物行廣州貨易 天竺道人釋那伽仙於廣州因附臣舶欲來扶南 海中風漂到林邑 國王奪臣貨易 并那伽仙

느 장소에 '도착하다', '이르다', '정박하다'라는 단어가 자주 사용된다.

바다를 항해하는 사람은 누구나 재난을 당하여 표류할 수 있었으므로 표류인의 신분은 조정의 관리부터 민간의 어부까지 다양할 수밖에 없다. 고대 특히 당(唐)까지는 사서에서 표류기록이 많지 않아 그 신분 구성은 명확히 파악하기 어렵지만 사서 이외에 문집이나 소설, 기담(奇談) 부류의 표류록에서 그 신분 구성을 유추해 볼 수 있다. 앞서 제시한 기록들에서도 표류인의 신분은 사신(使臣),[46] 관리(官吏),[47] 상인(商人),[48] 승려,[49] 일반 백성 등이 있다.

전영섭의 연구[50]에 따르면 표류인의 신분이 시기에 따라 변화를 보인다는 점이 주목할 만하다. 그는 "중국인의 표류는 12세기 초반에 집중되어 있고 표착한 국가는 거의 고려에 한정되어 있으며 신분은 사신이 대부분이고 송상(宋商)을 포함한 일반인은 적다. 10~13세기 동아시아 교역권에서 발생한 표류인의 신분은 사신·상인·승려·군인·가노·어부 등

私財."
46 『태평광기』 권481, 만이(蠻夷) 2, 「신라(新羅)」.
47 『함순임안지(咸淳臨安志)』 권73, 사사(祠祀) 3, 「순제성비묘(順濟聖妃廟)」; 『태평광기(太平廣記)』 권25, 신선(神仙) 25, 「원류이공(元柳二公)」; 『태평광기(太平廣記)』 권146, 정수(定數) 1, 「최원종(崔元綜)」, "崔元綜 則天朝為宰相 … 果得罪 流於南海之南 經數年 血痢百日 至困而不死 會赦得歸 乘船渡海 遇浪漂沒 同船人並死. 崔公獨抱一板 隨波上下 漂泊至一海渚 入叢葦中 板上一長釘 刺脊上 深入數寸 其釘板壓之 在泥水中 晝夜忍痛呻吟而已 忽遇一船人來此渚中 聞其呻吟 哀而救之 扶引上船 與踏血拔釘 良久乃活."
48 『태평광기』 권353, 귀(鬼) 38, 「청주객(青州客)」; 『이견지(夷堅志)』, 지보(志補) 권21, 「귀국모(鬼國母)」; 『송사(宋史)』 권284, 「삼불제국전(三佛齊國傳)」.
49 『남제서』 권58, 남이(南夷), 「부남국전(扶南國傳)」.
50 전영섭, 「10~13세기 漂流民 送還體制를 통해 본 동아시아 교통권의 구조와 특성」, 『石堂論叢』 50(동아대학교 석당학술원, 2011) 참조.

다양했지만 이 표류인의 신분 구성은 12세기 중후반을 경계로 사신에서 상인으로 그 중심이 이동되었다. 이러한 표류인 신분의 중심이동은 결국 이 시기 동아시아의 대외교역시스템이 호시(互市)체제에서 시박사(市舶司)체제로의 전환을 그대로 반영하고 있다."고 했다. 전영섭의 연구는 주로 역사적 사건이 기록된 사서를 중심으로 했기 때문에 표류인의 신분이 사행에서 상인으로 그 중심이 변화했다는 결론에 이른 것으로 생각된다.

바다에서 표류하다가 육지에 표착한 표류인들은 낯선 세계에 대한 정보를 남겨두기도 했다. 그 정보는 표착지의 환경, 표착지 주민의 생활 모습과 언어 등을 기록했다. 예를 들어 『남사(南史)』에는 여국(女國)의 생활 모습에 대한 정보가 전한다.

> 부상국의 동쪽 천여 리에는 여국이 있는데 용모가 단정하며 피부색이 매우 깨끗하여 희고 몸에 털이 있으며 머리가 길어서 땅에 끌린다. 2~3월이 되면 다투어 물에 들어가 임신하고 예닐곱 달이면 아이를 낳는다. … 양(梁) 천감(天監) 6년 어떤 진안(晉安) 사람이 바다를 건너다가 태풍을 만나 표류하여 한 섬에 도착했는데 언덕을 올라가 보니 사람들이 살고 있었다. 여자들은 생긴 것이 중국과 같았지만, 말을 알아들을 수 없었고 남자들은 머리는 개의 모양을 하고 있었고 그 목소리가 마치 개 짖는 소리와 같았나. 음식에는 팥이 있었으며 그 의복은 포와 같나. 흙을 쌓아 담장을 만드는데 그 형태가 둥글었고 그 출입문은 구멍과 같았다.[51]

---

51 『남사』 권79, 이맥(夷貊) 하(下), 동이(東夷), 「부상국전(扶桑國傳)」, "慧深又云 扶桑東千餘里有女國 容貌端正 色甚潔白 身體有毛 髮長委地 至二三月競入水則任娠 六七月產子 女人胸前無乳 項後生毛 根白 毛中有汁以乳子 百日能行 三四年則成人矣 見人驚避 偏畏丈夫

⟨대명구변만국인적로정전도(大明九邊万国人跡路程全図)⟩
마테오 리치의 ⟨곤여만국전도⟩와 대명식(大明式) ⟨천하도⟩를 절충하여 작성한 세계지도의 전형적인 예이다. 중국을 중앙에 광대하게 그리고, 주위의 매우 협소한 땅에 여러 외국을 그려 중화사상을 단적으로 드러냈다. 도면 곳곳에 역사적 주기(注記)가 있으며 장문의 만국대전도설(萬國大全圖說)이 있다.

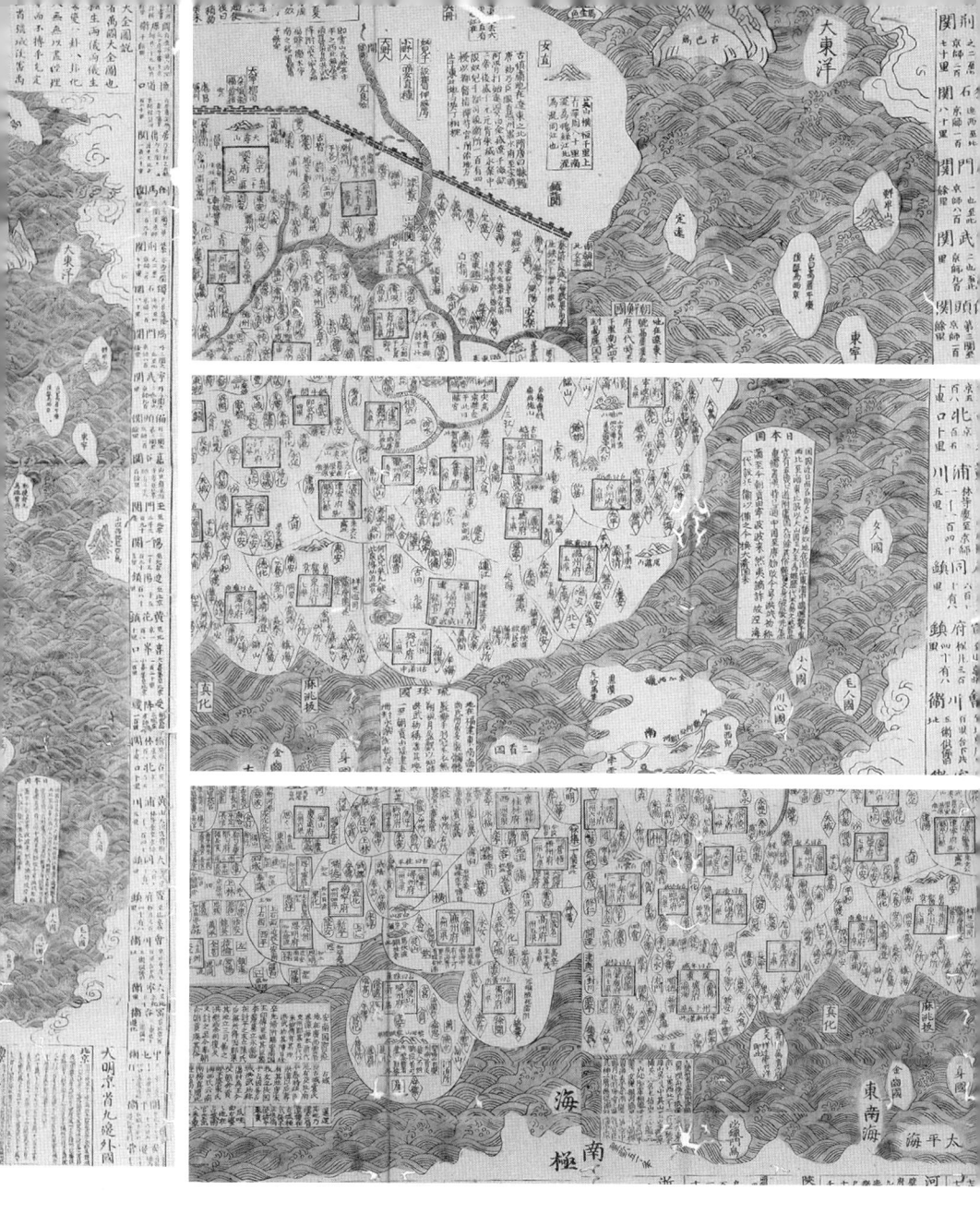

여국이 실존하던 곳이었는지 지금의 어디에 해당하는지는 알 수 없다. 하지만 이 기록에서 낯선 세계에 표착한 사람들이 그 세계를 어떻게 바라보고 표현했는지는 알 수 있다. 『송사(宋史)』에서도 일본의 풍속에 대하여 다음과 같이 설명하고 있다.

1002년 건주(建州)[복건의 옛 이름]의 해상(海商) 주세창(周世昌)이 폭풍을 만나 일본에 표류했다가 7년 만에 그 나라 사람 등목길(滕木吉)과 함께 되돌아와서 진종이 함께 불러 만나보았다. 주세창은 그 나라 사람과 창화(唱和)한 시를 바쳤는데 구절에 많은 조탁(彫琢)이 있으되 천박하여 취할 것이 없었다. [일본의] 풍속을 물으니 '부인들은 모두 머리를 풀어 늘어뜨리고 옷 한 벌에 비단 2~3필을 쓴다.'[52]

주세창이 일본에 표착하여 그곳에 살면서 보고 배운 일본의 문장 실력과 풍속 등을 황제에게 아뢰었다. 민간의 상인에 불과한 주세창이 황제를 알현할 수 있었던 것은 당시 일본의 상황을 전달할 수 있었기 때문으로 생각된다. 이렇듯 표류인은 낯선 세계에 표착했고, 그곳의 자연환경과 풍습을 본국으로 돌아와서 황제에게 아뢰거나 기록으로 남겼던 것

食鹹草如禽獸 鹹草葉似邪蒿 而氣香味鹹 梁天監六年 有晉安人度海 為風所飄至一島 登岸有人居止 女則如中國 而言語不可曉 男則人身而狗頭 其聲如吠 其食有小豆 其衣如布 築土為牆 其形圓 其戶如寶云."
52 『송사』권255, 「일본국전(日本國傳)」, "咸平五年 建州海賈周世昌遭風飄至日本 凡七年得還 其與國人滕木吉至 上皆召見之 世昌以其國人唱和詩來上 詞甚雕刻膚淺無所取 詢其風俗云婦人皆被髮 一衣用二三縑 又陳所記州名年號 上令滕木吉以所持木弓矢挽射 矢不能遠 詰其故 國中不習戰鬥 賜木吉時裝錢遣還."

으로 보인다. 즉 표류기록은 다른 세계에 대해 알 수 있는 창구 기능을 했던 것이다. 이어서, 중국의 대표적 표해록을 소개하고자 한다.

대만 선비의 베트남 견문록 – 채정란, 『해남잡저』

『해남잡저』는 1835년 향시(鄕試)에 응시하러 왔다가 복건성 팽호도로 귀향하던 중 태풍을 만나 안남국에 표류한 채정란의 기록이다. 채정란은 1835년 10월~1836년 5월까지의 표류 경험을 정리하여 1837년 『해남잡저』를 출간했다.

채정란의 자는 향조(香祖), 호는 욱원(郁圓)으로 복건성 팽호도 사람이다. 어릴 때부터 영민하여 1813년에 제자원(弟子員)이 되었다. 후에 복건 흥천영도(興泉永道) 주개(周凱)를 스승으로 모셨다. 1837년에 거인(舉人)에 합격하여 숭문서원(崇文書院)의 강석(講席)이 되었다. 1844년 다시 진사(進士)에 합격하여 지현(知縣)에 임용되었다. 1849년 강서성(江西省) 협강풍성지현(峽江豊盛知縣)으로 재직했으며 1852년 단련(團練)을 평정하는 공을 세워 순무기령(巡撫耆齡)이 그를 남읍영리동지(南昌水利同知)로 승진시켰다. 1859년 병으로 사망했다.[53]

재성란의 표류 경험을 담은 『해남집지』는 상·히 두 권으로 되어 있으며 상권은 2편의 서(序)와 본문 그리고 2편의 발(跋)로 구성되었다. 본

---

53 劉序楓,「中國現存的漂海記錄及其特徵」,『島嶼文化』 Vol.40(목포대학교 도서문화연구소, 2012), pp.67 – 70; 于向東,「《海南雜著》的作者與版本」(東南亞研究, 2007);『팽호청지(澎湖廳志)』 권7, 인물(人物),「채정란(蔡廷蘭)」.

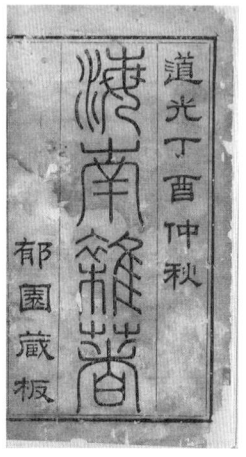

『해남잡저』(1837)
국립대만도서관 소장

문은 다시 3부로 나뉘는데 태풍을 만나 베트남에 닿기까지의 열흘 동안을 기록한 「창명기험(滄溟紀險)」, 베트남의 생활과 돌아오기까지의 여정을 일기로 서술한 「염황기정(炎荒紀程)」, 그리고 베트남의 전장(典章), 복물(服物), 풍토(風土), 인정(人情)에 대해 상세하게 기록한 「월남기략(越南紀略)」이다.

중국의 전국고적보사등기기본수거고(全國考籍普查登記基本數據庫)를 검색한 결과 현재 『해남잡저』 초판은 6곳에 소장되어 있다. 중국 국가도서관, 수도(首都)도서관, 남개(南開)대학도서관, 소주(蘇州)대학도서관, 복건성(福建省)도서관, 중경(重慶)도서관에 보관되어 있으며, 모두 1837년 초판본으로 확인된다. 『해남잡저』 주요 판본 및 번역본은 〈표 9〉와 같다.[54]

---

54 于向東, 「《海南雜著》的作者與版本」, 『東南亞研究』 4期(2007), pp. 94-96.

〈표 9〉『해남잡저』 주요 판본 및 번역본

분류	초판 1쇄본	2판 1쇄본	러시아어 번역본	프랑스어 번역본	일어 번역본	베트남어 번역본
제목	海南雜著	海南雜著	안남에 관한 한 중국인의 기록(Zapishi Kitaitsa of Anaame)	중국 편지의 여행(VOGYAGE D'UN LETTRE CHINOIS)	滄溟紀險·炎荒紀程	海南雜著
간행 연도	1837	1837	1877	1878	1993	2006
간행 연차	0	0	+41	+42	+156	+169
출처			『동방논문집』 1권	『여정과 여행집(RECUEIL DTTINERAIRES ET DE VOYAGES)』	『史苑』 54권 1호	『蔡廷蘭及其海南雜著』
역자/ 편자			에울람피오 에 이바노프 Eulampius E. Ivanoff	엘 레제 L. Leger	고토 긴베이 後藤均平	吳德壽, 黃文樓

채정란의 표해 여정

채정란은 1835년 복건에서 열린 향시에 응시하고 하문(廈門)을 건너 팽호도로 귀향하던 중 바다에서 태풍을 만나 표류하여 안남에 표착했다. 안남에 5개월간 체류하고 육로로 중국을 거쳐 귀향하기까지 약 7개월간의 여정이었다. 채정란의 주요 표해 여정은 〈표 10〉과 같다.

〈표 10〉 채정란의 표류 여정

날짜	주요 여정	주요 활동
1835년 10월 2일	출항	하문에서 팽호로 돌아가던 중 표류
10월 13~16일	안남국 표착	베트남 관리들을 만나 상황을 설명 통역과 함께 배에서 내려 관아에 가 신고함
10월 17일	광의성(廣義省)[꽝응아이성] 도착	화물 조사를 당하고 광의성에 도착하여 고위 관리를 만남
10월 19일	광의성성(廣義省城)에서 체류	관아에 알림
10월 26일		현지 고위 관리와 만남
11월 5일		안남국 국왕의 교지가 내려옴 구호 물품을 받음
11월 10일		육로로 귀환할 것을 간청함
12월 19일		귀환 허락을 받음
12월 21일	출발	관공서에서 나와 송별해줌
12월 30일	부춘성(富春城) 도착	제석(除夕) 행사를 보고 가족 생각에 눈물을 흘림
1836년 1월 7~11일	광치성(廣治省)[꽝찌성] 도착	부당 관리와 이별, 비바람이 계속됨
1836년 1월 13일	광평성(廣平省)[꽝빈성] 도착	포정관과 연회를 열고 시를 주고받음 15일대보름 축제에 울적함
1월 19일	횡산령(橫山嶺)에 도착	북으로 가는 요충지라 수차례 조사
1월 20일	하정성(河靜省)[하띤성]	광동인 왕칠(王七) 집에 머뭄
1월 22일	예안성(乂安省)	가는 길이 습기가 많아 고생했음
1월 26일	청화성(清華省)[타인호아성]	총독관을 만나고, 도움을 받음 시로 서로 환담
1월 29일~ 2월 5일	영평성성(寧平省城)[닌빈성성]	돌산과 계곡이 많아 험함. 경치가 뛰어나 옛사람이 시를 많이 지었다 함

날짜	주요 여정	주요 활동
2월 6~11일	하내성(河內城)[하노이성]	포정관, 고위 관리와 교유, 동향들이 전별연을 열어줌
2월 11~16일	북녕성(北寧省)[박닌성]	순무관을 만나 차를 받음 시 문답을 함 귀문관(鬼門關)을 지나며 관련 전설을 들음
2월 17~29일	량산성성(諒山省城)	작은 산이 많은 독특한 풍경을 만남 출관 날짜를 기다리는 동안 시 연회와 유람을 종종 함
3월 5일	유애〈由隘〉	중국 입국
3월 6일	광서성(廣西省) 영명주(寧明州)	10일 태평성부에 도착
3월 11~21일	광성성(廣西省) 남녕부(南寧府)	횡주성(橫州城)을 거쳐 복파장군 묘 참배, 밤에 귀현성(貴縣城)에서 1박
3월 22일	광서성(廣西省)	순주부성(潯州府城)을 지나가는 길이 매우 험하여 고생
3월 24~26일	광서성(廣西省) 등현성(藤縣城) 덕경주성(德慶州城)	광서성에서 광동성 경계에 들어옴
3월 27~28일	광서성(廣西省) 조경부(肇慶府城)	배를 타고 이동 망부산을 봄
3월 29일~4월 12일	광동성(廣東省) 오양성(五羊城)	오양성에 얽힌 전설을 듣고 관음산에 올라 경치를 감상함 이후 배로 이동
4월 13~20일	광동성, 복건성	삼하패(三河壩) - 대포(大埔)를 거쳐 장주부성(漳州府城)에 도착
4월 20일	하문 도착	스승 주개를 뵙고 표류 경험을 기록하라는 권유를 들음
5월 8일	복건성 팽호도 출발	모친을 만나 인사를 함

『해남잡저』의 내용

채정란은 1835년 가을 복건성으로 향시에 응시하러 왔다가 집으로 돌아가던 중 태풍을 만나 표류했다. 그가 안남국 광의성에 표착한 날짜는 10월 11일이었다. 안남국 관리의 도움으로 구조되어 이듬해 육로로 복건으로 돌아왔다. 원래 안남국에 표류한 사람은 안남에 온 중국 선박 중 문무관이 있으면 관청의 배가 호위하는 가운데 중국으로 돌려보내졌는데, 채정란은 어머니를 이유로 급히 귀국해야 한다고 주장하여 육로로 돌아가게 된 것이다.

고향으로 돌아온 후 채정란이 안남에서 보고 들은 것을 일기 형식으로 기록하여 만든 책이『해남잡저』이다. 이 책은 드물게 전해지는 중국 민간 표류기 가운데 하나이며, 표류 과정과 귀국 과정, 안남국 관리와 교류, 안남국 현지의 풍속과 현지에서 주고받은 글이 기재되어 있는 귀중한 자료이다.[55]

기타 표해록

반정규,『안남기유』

[출발] 대만 → [표착] 안남국

반정규의 안남국 표류기록이다. 반정규의 자는 자등(子登)이며, 복건(福建) 사람이다. 대만에서 성장했으며 시문에 능했다. 1688년 반정규는 광

---

55 于向東,「《海南雜著》的作者與版本」『東南亞研究』4期(2007), pp.67-69.

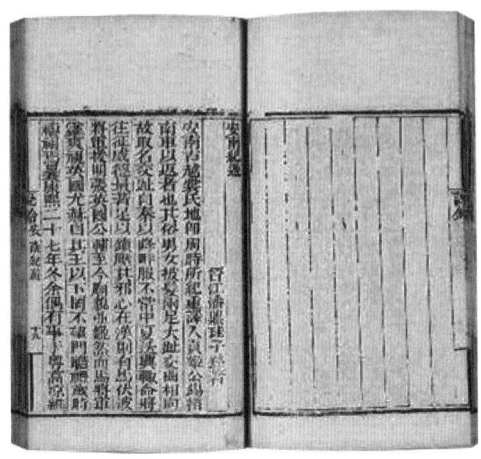

반정규, 『안남기유』
대만국립중앙도서관 소장

동(廣東)으로 오는 길에 풍랑을 만나 안남에 이르게 되었다. 반정규는 만녕항(萬寧州) 항구에서 현지 배를 사서 화봉서(華封嶼) – 헌내항(暫內港)으로 거쳐 수도인 하내(河內)로 들어왔다가 중국으로 귀환했다. 귀국 후 『안남기유』를 저술했다.

『안남기유』는 강희 27년 겨울 우연히 베트남에 표류한 경험을 적은 약 2천 자의 표해록이다. 이 글은 베트남의 역사를 기술하면서 시작하여 표해를 하게 된 경위, 과정, 지리와 환경, 풍속, 베트남 언어, 군사, 행정, 도시와 시장, 토산품, 국경 등을 적었다. 짧은 분량에 비해 상당히 많은 주제를 다루고 있는 셈인데, 내용에 일정한 흐름은 없고 저자가 중요하다고 생각하는 주제를 오가며 나열한 것이 특징이다.

17세기의 표해록인 『안남기유』와 19세기 표해록인 『해남잡저』를 비교하면 여러 흥미로운 통시적 비교가 가능하다. 예를 들어 표류민의 구조와 송환방식이 19세기 들어서면 거의 정착되어 있음을 확인할 수 있다. 전자가 표류하여 귀환하기까지 베트남 관의 도움이나 공식적인 심문 절차를 받은 기록이 없는 반면, 후자는 구조, 심문, 구휼, 송환에 이르는 전 과정이 일정한 행정체계에 따라 진행되었음을 명확히 기록하고 있다. 또한 17세기 이미 '천조가(天朝街)'라는 길거리 시장이 존재했음을 볼 때 베트남 민간 상업의 흥성을 확인할 수 있다.

『안남기유』는 한국과 중국의 공시적 비교가 가능하다는 점에서도 중요한 사료이다. 1687년 제주도에서 안남으로 표류한 경험을 적은 김대황(혹은 김태황)의 『지영록』과의 비교도 흥미로운데, 반정규와 달리 김대황은 관청의 보호를 받고 안남 국왕의 허가를 받아 돌아온 여정을 기록하고 있다. 마찬가지로 풍속, 행정, 특산물, 군사, 행정을 자세히 기록했으나, 표류, 구조와 귀환의 우여곡절을 섬세하게 기록하여 훨씬 더 문학적인 상상력을 자극하고 있다.

정광조, 『일반록잡술』, 「표박이역」

[출발] 중국 강소성 → [표착] 일본

정광조는 강소성 사람이다. 정광조의 『일반록잡술』 권1에 수록된 「표박이역」은 정광조가 관찰한 고향 인근 사람의 표해와 이국의 견문을 기록한 것이다. 1822년 초고가 완성되어 1839년에 출간되었다가 여러 차례 보완되었다.

『일반록잡술』, 「표바이여」에는 표류 경험이 총 세 건 기록되어 있다. 장용화(張用和)가 가경(嘉慶) 2년(1798년) 항리(恒利)호를 타고 표류했던 기록, 도광 3년(1823년) 원태호를 타고 류큐에 표류했던 기록, 그리고 호포(滸浦)의 대씨(戴氏)가 류큐로 표류했던 기록이다.

항리호의 표류는 "바다로 떠내려가 종적을 감췄다. 같은 날 풍랑을 만났다."라고 간략하게 적은 것이 전부이다. 반면, 원태호 표류는 가장

徐孝女

女名貞橫塘墅徐義方女也義方重然諾敦古誼一方稱長者有子二日裕日昆女四長適高次與四均適錢三郞孝女也女自劼純孝不願離父母膝下矢志不嫁裕昆皆女也使專心習業女以晨昏定省爲己事且奉長齋爲父母祈福女弟也意堅姑聽之嘉慶十八年九月女唐氏病危女私禱於家人未有知之者及道光二年時疫大作義方亦染病女侍湯藥衣不解帶疾危女默誓願以身代旣而勢益危醫者束手女號慟呼天潛入厨下以刀斷左手小指一節有牛痛絶於地適族兄某見之恐病者聞不敢聲張使家人扶入臥室如其志以所

一斑錄雜述一

瞰指煎湯進義方病立瘳遠近親鄰無不驚歎謂女之孝感如是時六月二日也越兩載女母忽於一日欲歸省其弟葵心問以何事女母不言旣至唐家郞以猝病死鄕里亦共稱異豈死生有命非皆可以孝感者與抑使其母病於家孝女又必如前情迫鬼神將不得不曲佑之與女於道光十一年二月二十六日歿于三十有六次年義方亦歿旋於六月女母舅唐君葵心爲請於學憲給孝娥北宮區領奬之余居張墅去橫塘僅三里義方亦素相識爲迹其事如此

漂泊異域

白茆海口在張墅東十里有張用和者其家素以泛海爲業每至

十六

關山東山海關東牛莊等處生理嘉慶二年有船號恆利者漂夫無踪同日遭颶又有湾浦北往張墅戴家一船船戶王漂入琉球那霸港國主詢知是中土難民周恤倘至酒米肉食胥從厚梳帆舵楫並修整其費幾及千金越一歲有半始得回家國主已爲奏聞朝廷體恤小邦著以所費抵已後貢費蠢懷柔之道矣後於道光三年九月張氏又有一船號源泰已至山東萊陽銷貨又置豆餅羊皮水梨等貨而返遭颶倒拖太半籃凡滸舟遭颶必備大竹籃之難灯有大鐵錨上沉水長籃穩漁舟遇颶必備大竹籃包於船底彷船舟頼以緩急遂五日夜至一處入港寂無居人及人內見烟從山下出登岸探之異言異服者聚而觀意殊不惡旋有知事者至其赤足同衆而衣服有別意者亦異始猶中土守港口

一斑錄雜述一

之干把總也舟人以筆寫高麗琉球呂宋等號與認彼皆揺手及寫日本乃首肯因寫我中土郡縣地名示之頃之有通事者至畧能通語稱吾人爲小唐人令將船再行而入至一大鎭名夾喇浦停泊云此地去王都八站已奏問矣國王居尊位凡事肯決於大將軍泊處彼令人看守不使吾人登岸若登岸彼人必倚行調護舟中一切已鈇藉得周濟其米色少黑卻可食其餘雜需看守者代爲置辦彼日記有用帳一册紙類高麗橫釘字彷中土書寫不能識船中豆餅在洋稍存者僅牛水梨羊皮彼人愛之多爲取用越日其王諭到令資助所乏然原梳已矵帆無可施又奏計給乃引吾人上山擇油松一本酌船大小用三尺圍者擡

十七

길고 상세하게 기록했다. 장용화는 1823년 자신이 소유한 원태호(源泰號)를 타고 산동(山東)에서 교역하고 과일과 콩 등을 사서 귀환하던 중 바람을 만나 표류했다. 표착지의 주민과 말은 통하지 않았지만, 필담을 통해 일본임을 확인했다. 이후 구호 물품을 받고 배를 수리한 후 일본 나가사키(長崎)로 이송되었다. 장용화는 일본 나가사키에서 청과 무역을 하는 상인에게 은 200냥을 빌려 생활용품을 구매했다. 일본인의 이송하에 출항하여 류큐를 거쳐 산동을 지나 1824년 5월 고향으로 돌아왔다.

원태호 류큐 표류기는 표류한 경위, 통역사가 와서 통역을 한 일, 일본 국왕에게 보고를 한 과정, 돈을 빌려 류큐와 산동을 거쳐 귀국한 일, 19세기 일본의 의식주, 동·식물과 특산품, 경제 활동, 지리, 자연 환경에 대한 묘사 등을 포함하고 있다. 재미있는 점은 표착 직후 고려, 류큐, 여송 등의 글씨를 써 보였는데, 일본이라고 대답했다는 기록이다. 이 질문을 통해 뱃사람들은 표류를 당하면 흔히 고려, 류큐, 여송 등까지 표류하는 경험담을 이미 인지하고 있으며, 대답에서 일본이 류큐를 본국과 다른 국가로 인식하고 있음을 알 수 있다.

마지막으로 호포(滸浦)의 대씨(戴氏)가 류큐로 표류했던 기록에는 국왕이 구휼하여 술과 쌀과 육식으로 대접하고, 배를 수리하여 약 천금에 달하는 수리비용을 지불해주었고, 약 1년 반의 시간이 지나 돌아왔다고 기록하고 있다.

『일반록잡술』에는 표해록은 아니나 「육국마두(六國馬頭)」라는 짧은 글이 실려 있는데, 1820년대 중국인들의 해외 지리나 언어 관련 정보를 알 수 있다. 가령, 오늘날 유구(琉球)로 알려진 류큐를 '육국'으로 음역하여 쓰기도 했음을 알 수 있다. 또한 안남, 샴, 고려, 마카오 등의 국명과 지명이 나오는 것을 볼 때, 적어도 저자를 포함한 중국 지식인들이 중국

이외 국가에 대한 정보를 갖고 있었던 사실에 대한 증거가 된다. 마지막으로 '마두'가 물과 뭍이 만나는 곳이며 오늘날까지 그 이름이 바뀌지 않았다고 적혀 있다. 마두는 오늘날 중국어로 마터우(碼頭)가 부두 혹은 선창이란 뜻인데, 이미 19세기 초반 쓰이던 용어임을 알 수 있다.

일본 표해록

이 글에서는 에도막부의 표해기록을 중심으로 연구를 진행했다. 시기적으로는 일본 사회에 큰 변화가 찾아오는 메이지유신(明治維新, 1868년)을 기점으로 했다.

일본 표류민이 귀국할 수 있었던 이유는 무엇보다 표류민 송환체제가 확립되어 있었기 때문이다. 중국 상선이 표류민을 태우고 오면 막부는 송환 비용에 충당할 수 있는 다량의 쌀을 주었다. 중국 상선은 이 쌀 때문에 일본 표류민 송환에 적극적이었다고 볼 수도 있다. 또한 러시아·영국·미국 등은 일본과의 통교·통상 교섭을 위하여 표류민 송환을 이용했다. 이에 비해 송환체제가 확립되지 않은 곳으로 표류할 경우 표류민은 표착지에서 죽거나, 탈출하기 위해 고난을 겪어야 했다. 일본의 표류기록에는 필리핀, 미국, 무인도로의 표착 과정에서 일부 표류민이 현지 주민에 의해 죽게 되었던 기록도 남아 있다. 이는 일본의 국제 관계

가 표류민 송환의 네트워크로서도 기능한 모습을 보여준다.[56]

이른바 국가 차원의 구조를 별론으로 하면, 표류민이 살아서 돌아올 수 있었던 원인은 표류민 자신의 강한 귀국 의지와, 표착지 또는 구조에 나선 사람들의 선의(善意)에 따른 것이라고 할 수 있다. 다음에서는 이 시기 일본의 대표적 표해록을 소개한다.

명·청 교체기 에치젠 상인의 표류기 – 『달단표류기』[57]

『달단표류기』는 1664년 일본 에치젠에서 출항하여 마쓰마에를 항해하던 배가 표해하여 달단(韃靼)[58]에 표착한 이야기를 담고 있다.

에치젠 상인의 표해는 에도의 봉행소에서 작성되어 '에치첸국의 달

---

56 이훈, 「근세 동아시아의 표해인 송환 체제와 국제 관계」, 김영원 외 지음, 『항해와 표류의 역사』(솔, 2003), p.299.
57 『달단표류기』 서지사항은 松本智也, 「표해록에 보이는 에도시대 일본 민중의 조선에 대한 인식」, 고려대학교 석사학위논문(2014); 岩波書店 刊, 『國書總目錄』(岩波書店, 1977); 園田一龜, 『韃靼漂流記の研究』(滿鐵鐵道總局庶務課, 1939)를 참고했다. 인용문은 아시아문화연구소에서 진행한 '2017년 아시아 표해서사 심화연구'의 『달단표류기』 번역문을 사용했다.
58 현재 러시아 영내의 헤이룽장(黑龍江) 하류의 양안(兩岸)과 우수리강(烏蘇里江)의 동안(東岸) 지역에 해당한다. 이 시기의 달단은 타타르족을 가리키는 용어였다. 명 태조 주원장에게 패해 초원으로 돌아간 북원(北原)을 가리키기도 하며 청으로 국호를 정하기 전 청을 '달단'이라고 부르며 무시하기도 했다. 『심전고』에 의하면 명대부터 달단이라 칭했다고 한다.(『심전고』 권2, 유관잡록(留館雜錄), 「몽고관기(蒙古館記)」) 이 글의 시대적 배경은 명과 청이 교체되어 북경으로 입성하는 시기이다. 『달단표류기』는 동아시아에서 중요한 시기였던 명·청 교체기를 담고 있는 기록이기에 그 의미가 크다. 따라서 이 글에서는 시대적·상황적 특징을 반영하기 위해 '달단'이라는 용어를 그대로 사용한다.

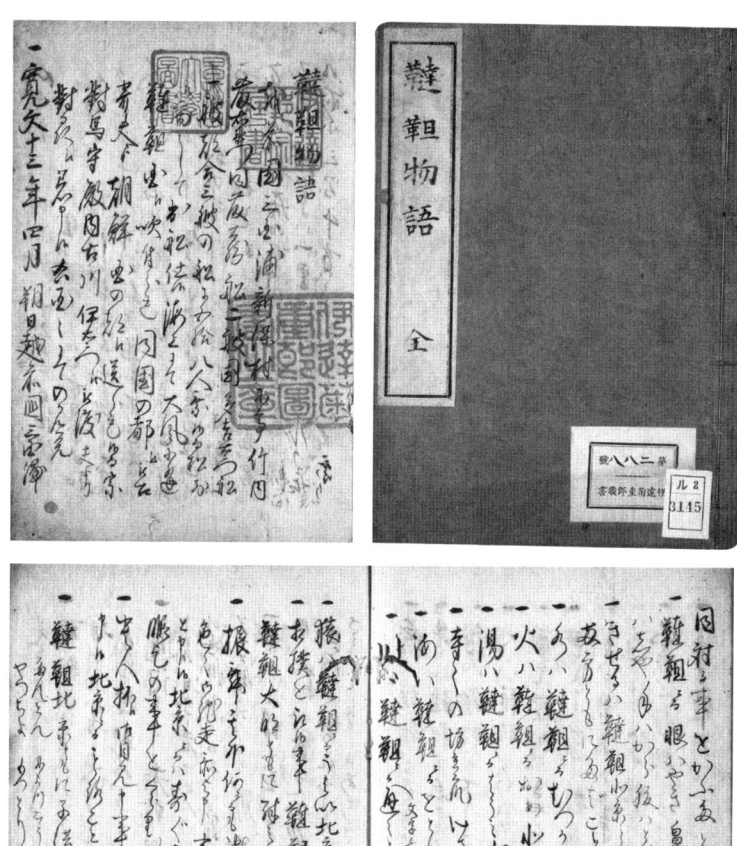

달단표류기(韃靼物語) 와세다대학교 도서관 소장

단으로의 표류 구상서(越前國之韃靼へ漂流ノ口上書)'[59]라 이름 붙여졌다. 후대 출간한 사람에 의해 『조선물어(朝鮮物語)』·『이국물어(異國物語)』·『달단표박각서(韃靼漂迫覺書)』·『달단표착물어(韃靼漂着物語)』·『북단물어(北韃物語)』 등 다양한 이름으로 현전한다.

『달단표류기』라는 이름이 확인되는 가장 이른 기록은 1646년 곤도 모로시게(近藤守重)의 『변요분계도고(邊要分界圖考)』이다. 일본 고서 소장처가 기록되어 있는 『국서총목록(國書總目錄)』에서 찾아보면, 출간연도가 불확실한 것을 제외하고, 1898년에 출간된 『속제국문고표류기담전집(續帝國文庫漂流奇談全集)』에 수록된 판본이 가장 빠른 것으로 확인된다.

『달단표류기』는 여러 명칭의 이본이 존재하기는 하지만 내용적으로는 대부분 유사하다. 이 표해록은 다음과 같이 7개의 부분으로 나눌 수 있다.

서(序)

표류 경위

달단의 왕족·법률·북경까지의 모습

북경의 문화

달단어·중국어·일본어 비교

잡일하던 소년에 대한 이야기

발(跋)

---

59 구상서는 토론의 기록 등을 적어서 상대국에 수교(手交)하는 외교문서를 이른다.

서에는 "에치젠 지방 미쿠니우라(三國浦) 신포(新保村)의 다케우치 도우에몬(竹內藤右衛門)과 그의 아들 도조(藤蔵)가 배 두 척, 또 구니타 헤이에몬(国田兵右衛門)이 배 한 척, 이상 배 세 척에 58명이 승선하여 마쓰마에로 장사를 위해 출범했다가 해상에서 대풍을 만나 달단에 표착했다.

서문에는 "달단국의 수도로 불려가 여기에서 중국의 북경으로 송환, 그 후에 조선의 수도로 호송되었고 쓰시마 태수 후루카와 이에몬(古川伊右衛門)에게 인도되어 그 후 쓰시마에 도착했습니다."라고 기록되어 있다. 발에는 "이상의 내용은 달단에서 귀국한 15명 중 구니다 헤이에몬, 우노 요사부로(宇野與三郞) 라는 자가 에치젠에서 에도로 왔을 때 수차례 상세히 조사를 받아 진술한 여러 사항이다."라고 기록의 경위를 알려주면서 끝이 난다.

다케우치 일행의 표해 여정

1644년 4월 1일, 일본 상인 58명이 교역을 위해 3척의 배에 나눠 타고 미쿠니우라를 출발했다. 이들의 목적지는 홋카이도(北海島)의 마츠마에였으나 풍랑을 만나 달단에 표착한다. 이들이 출발해서부터 에치젠으로 귀환하기까지의 주요 여정을 정리하면 〈표 11〉과 같다.

『달단표류기』의 내용

1644년 4월 58인이 탑승한 상선(商船)이 에치젠을 출발하여 마쓰마에를 향했다. 그러나 갑작스러운 기상 악화로 큰 바람을 만나 표해하여 달단에 표착한다. 달단에 표착한 이들은 표착한 곳의 주민에게 약탈을 당하거나 사망하기도 한다. 이 과정에서 살아남은 사람은 포로로 강제 노동을 하며 온갖 고초를 겪다 성경에 연행된 후 중국 연경으로 옮겨가 환대

〈표 11〉 다케우치 일행의 표류 여정

날짜	주요 여정	주요 활동
1644년 4월 1일	출항	
5월 1일	사도가(佐渡)에 도착	풍랑을 만나 표해
6월 1일	동해 북부 무인도에 표착	
6월 15일	달단에 표착, 체류	일본으로 귀향 중 풍랑을 만남
6월 17일		43명 사망, 15명은 포로가 됨
7월 20일	중국 성경(盛京)[선양(瀋陽)]으로 호송	
11월 5일	중국 연경 도착	
1645년 5월 5일	중국 연경 체류	청에 일본 귀국을 간청
11월 1일		청에서 조선에 칙유 전달
11월 11일		조선을 경유하는 과정으로 귀국 시작
12월 28일	한양 도착	
1646년 1월 7일	부산 출발	
1월 28일	부산 동래 도착	후루카와 이에몬(古川伊右衛門)에게 인도
3월 15일	쓰시마 출발	
3월 17일	쓰시마 와니우라(鰐浦) 도착	
3월 22일	이즈하라(嚴原)에 도착	대접을 받음
6월 16일	오사카 도착	에치젠 귀환

를 받는다.

 이들이 성경에 도착할 무렵은 청이 명을 물리치고 북경에 천도하던 때였다. 『달단표류기』에 이 사건에 대해 명확히 서술되어 있지 않지만, 달단의 왕족을 소개하면서 "중국과의 전쟁에서 많은 공을 세웠다."라고

다케우치 일행의 여정도

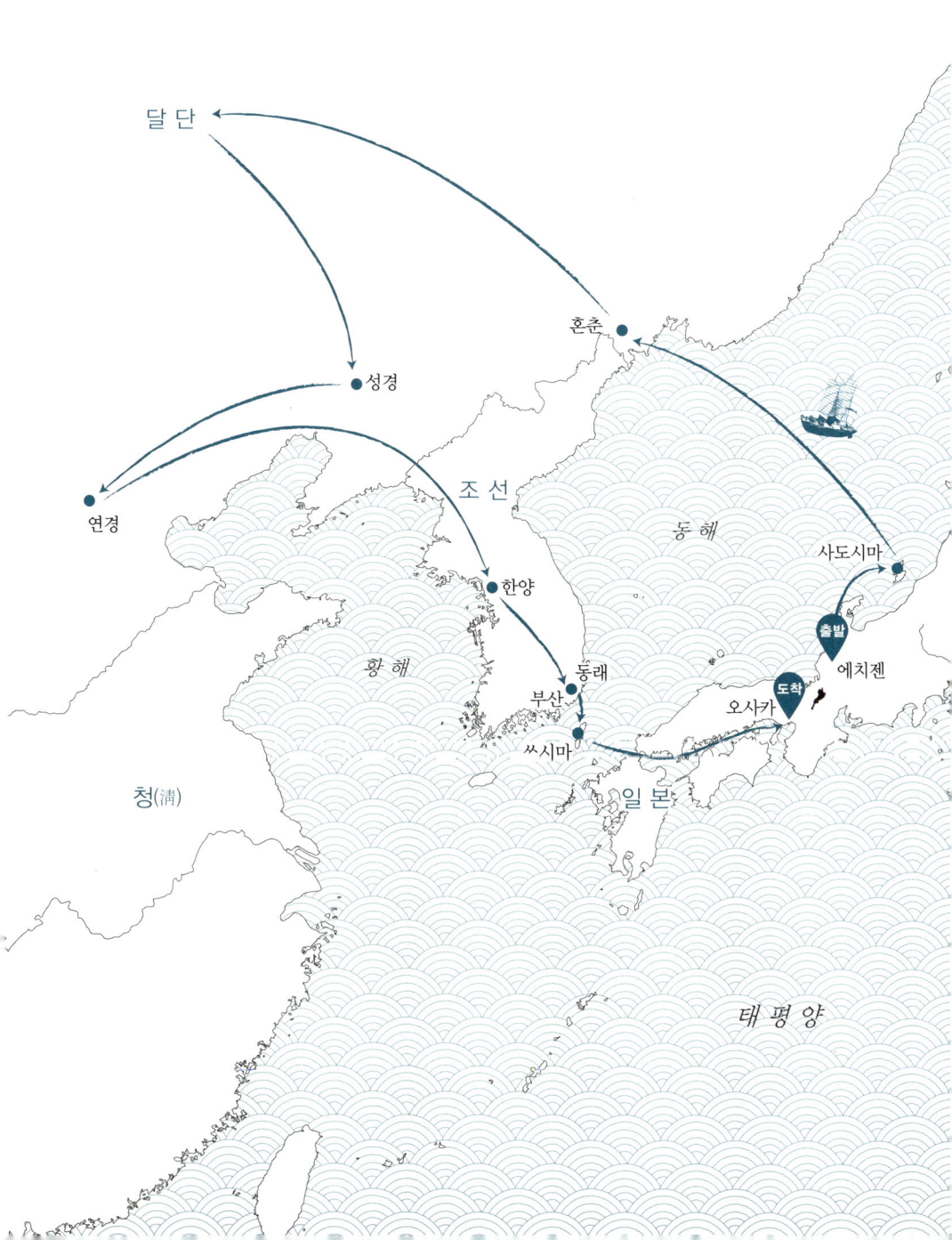

하거나 "중국에 국난(國亂)이 있어 쌀값이 많이 올랐다."라는 내용이 있어 대략을 확인할 수 있다.

이 외에도 "상하 모두 머리를 깎고 머리 꼭대기에 1촌 4방(方)(약 3cm)만큼 머리카락을 남겨두고 길게 길러서 세 가닥으로 땋았으며" 또는 "말이 자유자재여서 좀처럼 명령할 필요도 없습니다."라는 묘사나 일본의 성과 비슷하지만 일본보다 허술하다는 등 달단에 대해서 비교적 상세히 구술했다.

청과 조선에 대한 설명은 달단에 비하면 소략하다. 대신 두 나라에서 받은 환대(歡待)에 대해서 상세히 기술되어 있다.

① 청나라의 북경에서 관청으로 불려간 후에 집을 내어주었습니다. 저희가 바란 대로 내부의 건축·수리 등을 분부해주었습니다. 인부 3명을 보내주었고 일본인 한 명당 하루에 흰쌀 23되, 돼지고기 대저울로 1근, 밀가루와 메밀가루, 차와 술, 하얗고 커다란 새 2마리, 이 새는 일본에서 오리라고 부르는 새인 듯합니다. 장작은 태우는 즉시 주고 생선·채소·된장·소금·쌀을 하루마다 내려주었습니다. 의류는 비단·잠옷·이불·목면·모자·속옷·신발·덧신까지 하사해주었습니다.

② 조선의 수도에서 대접해준 것은 다음과 같습니다. 3척에서 5~6척 정도 크기의 밥상을 한 사람 앞에 두 상씩 차려주었습니다. 한 상에는 여러 가지 반찬을 수북하게 담아주고 조화를 세워놨으며, 송어회와 그 외 생선류, 조류 등은 통째로 차려놓았습니다. 그 외에 소고기, 양고기, 갖가지 어패류를 수북하게 주어서 한 상에 60~70종류나 되는 듯했습니다. 또 다른 상에는 떡과 만두 외에 차에 곁들여 먹는 과자 종

류를 훌륭한 솜씨로 쌓아놓았습니다. 이것도 60~70종류는 되는 듯했습니다. 이 두 상을 놓은 후에 술을 내오고 여러 번 다시 채워서 마지막 잔을 마신 후에 상을 물렸습니다. 그 뒤에 또 상을 내왔습니다. 이것은 밥과 국을 차린 상으로 3척 4방(가로세로 90cm) 정도의 크기였습니다. 생선과 새 요리가 여러 가지 있었습니다. 국은 다섯 종류, 반찬의 수는 두 상에 50~60가지나 되었다고 생각됩니다. 이처럼 수도에서 대접을 해주었습니다. 수도를 나와서 만난 다른 태수들의 대접도 당연히 경중은 있었으나 대체로 같았습니다. 그밖에 한 사람 한 사람 극진히 대접해주었고, 실로 정성스럽게 살펴주었습니다.

『달단표류기』는 조사서의 형태로 되어 있다. 다만 문답이 아닌 답변으로만 이루어져 있는데, 이 답변에 앞서 질문이 있었다는 것을 쉽게 유추할 수 있다. 에도막부에서 이러한 질문이 있었던 것은 동아시아 사이에 체결되었던 표류민 송환체제에 대한 내용을 확인하기 위한 의도를 내포하고 있을 것이다. 당시 동아시아 삼국은 표류민이 발생할 경우 구조에 정성을 다하기로 약속이 되어 있었다. 그렇기에 그렇지 않을 경우 외교적 문제로 비화될 수 있었고, 이런 점에서 막부에서 이들이 어떤 대접을 받았는지 확인이 필요했던 것이다.

연경을 거쳐 표류한 지 약 4개월 만에 조신 부산 왜관에 도착한 이들은 1646년 1월 28일 쓰시마 관리 후루카와 이에몬에게 인도되어 그해 3월 쓰시마에 도착한다. 송환체제 절차에 따라 쓰시마에서 조사를 받고 오사카를 지나, 이들이 에치젠으로 귀환한 것은 같은 해 6월 16일 이었다.

그런데 흥미롭게도 같은 해 7월, 구니다 헤우에몬과 우노 요사부로 2명은 다시 에도[도쿄]의 봉행소에 출두했다. 에도 봉행소에서 진행된

조사는 8월 13일에 종결되었고, 봉행소는 이들의 구술을 정리하여 '에치젠에서 달단으로의 표류에 관한 구상서(越前國之韃靼へ漂流ノ口上書)'를 작성했다.

17세기 동아시아 정세와 『달단표류기』

『달단표류기』는 표해 경위를 조사·심문한 것을 기록한 것이기에 형식면에서 단순하다. 앞서 살펴본 한국의 공적 기록물과 유사하며, 표류인이 겪은 고난의 과정이나 돌아왔을 때의 감동 등 표해 당사자의 감정과 심리가 묘사되어 있지 않고, 항해의 출발→표해→귀환으로 연결되는 서사성도 약한 편이다. 그러나 『달단표류기』에 담긴 역사적 가치는 매우 크다. 이들이 표해한 1644~1646년이라는 시기는 명과 청이 교체되는 변화의 시대였다. 이 일이 당시 동아시아에 미친 영향은 굳이 설명할 필요가 없을 것이다.

이 시기는 조선과 일본의 관계에 있어서도 매우 중요하다. 이보다 앞선 시기 조선과 일본의 관계는 불안정했다. 조선에서는 1609년 체결된 기유약조에 따라 문인(文引)을 소유하지 않는 경우 적왜(賊倭)로 간주했다. 그러나 정묘호란 이후 조선에서 일본과의 관계에 있어서도 안정을 추구하는 정책을 펴면서 양국 간의 불안정했던 관계도 변화하기 시작했다.

한편, 일본의 에도막부는 쇄국정책을 기반으로 외부로부터 일본으로의 유입구를 나가사키로 고정했다. 대외관계는 나가사키를 포함한 사츠마, 쓰시마, 마츠마에 4개의 창구에서 전담했고, 이 중 조선과의 관계는 쓰시마가 주도했다. 이에 따라 조선에서 건너오는 표류민은 나가사키로 들어와 경위조사를 받고 쓰시마를 거쳐 고향으로 돌아갈 수 있었다.

이러한 상황의 염두에 두고 볼 때, 에치젠 표해민의 송환 과정은 이

례성(異例性)을 지닌다. 이들이 부산의 왜관을 통해 쓰시마에서 조사를 받았다는 사실은 특별하다고 할 게 없으나, 이후 이들을 에도로 불러 후속조사를 실시한 과정은 눈여겨 볼 만하다. 즉, 귀향한 자들을 다시 에도로 불러 표해 경위를 조사한 것은, 당시 막부에서 이들을 통해 중국과 조선의 정치적 상황에 대한 정보를 파악하기 위한 의도를 가지고 있었음을 짐작할 수 있는 것이다.

에치젠 상인의 표해가 동아시아에 있어 어느 정도 중요했는지는 한국 내 기록에도 이들의 이야기가 남아 있는 데에서 드러난다. 다음은 『인조실록(仁祖實錄)』의 내용이다.

> 북병사(北兵使) 성하종(成夏宗)이 치계(馳啓)했다.
> 야춘(也春)에 거주하는 호인(胡人) 득춘이 경흥 부사(慶興府使) 김여수(金汝水)에게 와서 말하기를 '소을고(所乙古) 등 호인 1백여 명이 바닷가에 도착하니, 왜선 3척이 바람에 떠밀려 그곳에 와 있었는데, 말은 비록 서로 통하지 않지만, 그들이 주관하는 것은 오로지 삼(蔘)을 캐기 위한 것이었음을 알았다. 그래서 소을고 등이 삼이 있는 곳을 거짓으로 가리켜 주는 체하면서 60여 명을 유인하여 죽이고 15명을 사로잡았으며, 그 배 1척을 불태워버렸는데, 사로잡은 왜인 및 약간의 총·칼 등 물품을 장차 심양으로 보내려 한다.'고 했다 합니다.[60]

민간인의 외부 교류가 금지되어 있던 전통시기 이국에 대한 관심을

---

60 『인조실록』 권45, 인조 22년(1644년) 7월 9일.

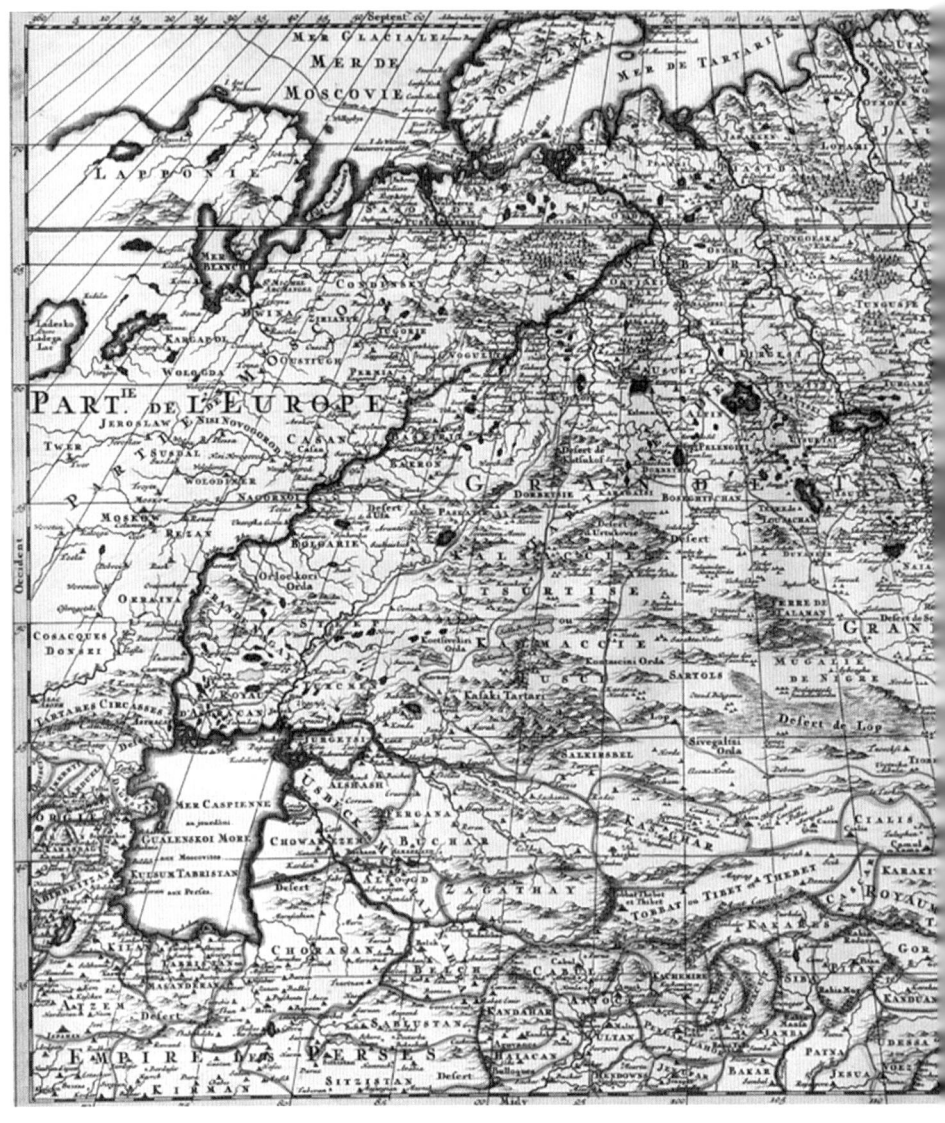

〈신대달단지도〉

빗젠(Nicolaas Witsen, 1641~1717)은 네덜란드의 정치가, 지도제작자 겸 해양소설가이다. 당대 최고의 동아시아와 러시아 전문가였던 그는 1690년에 시베리아 지도, 1692년에는 「북동달단지(Noord en Oost Tartarye)」를 편찬하고, 이를 보완하여 〈신대달단지도〉를 제작했다. 지도에는 동해 해역을 불어로 동해 또는 일본해로 표기했다.

해소할 수 있는 기회는 거의 없었다. 더구나 당시 에도막부는 쇄국정책을 추구했기 때문에 일본인은 외부 세계에 대한 더욱 강렬한 호기심을 가지고 있었을 것이다. 그래서인지 『달단표류기』에는 일본 표류민의 시선으로 바라본 달단이 청과 조선에 비해 자세히 기록되어 있다.[61]

『달단표류기』의 특이점은 이들의 일본 송환 과정에서 발견된다. 이들이 조선에 의해 송환되었다는 것도 특이하지만, 정해진 규정에서 추가되어 에도에서 조사를 받았다는 점에서도 특징이 있다. 이것은 당시 명·청이 교체되는 동아시아 정세가 배경이 되어, 막부에서 에치젠 상인을 통해 동아시아 정세와 이국에 대한 정보를 얻고자 하는 의도가 깔려있었다고 할 수 있을 것이다.

일본 성리학자의 중국 표류민과의 대화 – 이토 란덴, 『유방필어』

1780년 무역을 위해 항해에 나선 중국 상선이 아와노(安房)에 표착했다. 당시 이토 란덴(1734~1809)이 중국 표류민과 필담(筆談)하며 이들의 표류 여정을 기록, 아와노에서 만난 사람과의 필담이라는 뜻으로 『유방필어(遊房筆語)』를 저술했다. 『유방필어』는 외국인의 표류 과정을 표착지 지식인이 기록하여 남긴 점에서 『고려풍속기』와 유사하다. 『고려풍속기』는 중국 절강에 표착한 조선인들의 이야기를 듣고 조선의 민속과 풍토를 소개한 글이다.

61　孟曉旭, 『漂流事件與淸代中日關係』(中國社會科學院近代史硏究所, 2010), p.46.

『유방필어』의 저자 이토 란덴은 오규 소라이(荻生徂徠)의 학문을 계승한 유학자이다. 한학(漢學)과 시문(詩文)에 뛰어났으며『란덴선생문집(藍田先生文集)』,『서유기행(西遊記行)』등을 저술했다.『유방필어』는 여러 판본이 간행되었다. 현재 일본 국립공문서관(國立公文書館)·일본국립도서관(日本國立圖書館)·도시샤대학(同志社大) 및 와세다대학(早稻田大學) 등에 소장 중이며 한국 한국학중앙연구원에도 소장되어 있다.『해표이문(海表異聞)』과 같은 해외 문견록(聞見錄)을 모아놓은 책에도 수록되어 간행되었다.『유방필어』는 34장 1책으로 1780년 가을 8월에 쓴 자서(自序)가 있다.

중국 상인의 표해 여정

아와노에 표착한 중국 선박 원순호(元順號)는 1779년 11월 5일 중국 남경(南京)에서 출발했다. 무역을 하는 상선 원순호는 나가사키를 향하고 있었는데 바다에서 태풍을 만나 7개월간 표류하다 이듬해인 1780년 5월 2일에 표착했다.『유방필어』는 원순호의 선원이 일본에 표착한 이후의 일을 중심으로 기술되어 있기 때문에 이들의 표해 여정을 자세히 알 수는 없고 그 대략만 확인이 가능하다.

> 청나라 남경시 선박이 겨울 11월 5일, 바다에 배를 띄어 우리나라 서쪽 바다 나가사키로 향했다. 항해 도중 큰 바람을 만나 바다에서 7개월간 표류하고 우연히 우리나라 산 동쪽 아와노주 치쿠라에 도착하여 그 지역 사람들의 구조로 육지에 올라왔다. 이때가 1780년 경자년 여름 5월 12일이었다. 치쿠라는 오오카(大岡)와 효고(兵庫), 코베츠유(侯別邑), 코츠

토(忽戶) 뒷편에 위치한다.[62]

『유방필어』의 내용

다양한 지역 출신의 선원으로 구성된 원순호는 설탕·약재·서적·그림을 싣고 1779년 중국 남경을 출발했다. 선주 심경첨((沈敬瞻)은 42세로 중국 소주(蘇州) 출신이었고, 부선주 방서원(方西園)[63]은 중국 신안(新安)[혜주(惠州)] 출신이었다.

일반 선원 78명 중 복건 출신이 67명으로 대다수를 이뤘고, 나머지는 절강과 강소 출신이었다. 이러한 선원 구성은 당시 중국의 북방지역민은 지역의 열악한 환경으로 인해 농업보다는 바다와 관련된 일로 생활하고 있었음을 보여준다.

한편, 일본에서 유학을 공부한 이토 란덴은 외국인과의 접촉이 제한된 상황에서 다른 나라의 문화와 문물에 대한 호기심을 가지고 있었다. 그는 마침 청의 사람이 표해했다는 이야기를 듣자 '천년에 한 번 만날 수 있는 기회'라 여기고 그들을 찾아갔다.[64] 그는 원순호의 선주, 심경첨을

---

62 『유방필어(遊房筆語)』, "淸南京舶客冬十一月五日 浮海來吾西海長崎 中路値大颶風 泊大洋中七閱月 偶至于吾山東安房州千倉濱 土人救而獲登岸 是爲吾安永九年庚 子夏五月二日 千倉濱在大岡兵庫侯別邑忽戶村后."
63 방서원(方西園, 1736~?)은 청대 화가로 안휘(安徽) 휘주(徽州, 옛 신안) 출신으로 수묵화로 이름났다. 이때의 표류를 통해 일본에 화기(畫技)를 전파했다.
64 『유방필어』, "國家興 皇華之使不聘于上國 游方之路 絕蹤于禹服 則一葦之所航 彼我霄壤 參商弗啻 纔有瓊浦互市地 一二有司外 不許接華客 矧自東都至於瓊浦 四千里而遙 又奚立客舍門外 而望其狀貌 聞其聲咳只能得久矣哉…雖語言不達 代舌以筆 班荊莫逆爲驩終日… 又向余合掌羅拜至效 邦音云先生先生 眞千載一遇 雖則商賈 而華夏之人 豈可與朝鮮琉球同年而道也哉."

만나 다음과 같이 말했다.

저는 어릴 때부터 귀국의 성인의 도를 배웠으며, 성정(性情) 또한 귀국의 책을 읽기 좋아한 이래로 지금 반백에 이르렀습니다. 그렇기 때문에 이곳에 여러 현인이 표박했다는 소문을 듣고 소매를 걷고 일어나 1~2명의 친구와 수백 리를 멀다하지 않고 작은 배를 타고 왔습니다. 지금 70~80명 중에 반드시 문아(文雅)를 갖추고 학문이 그대와 같은 자가 반드시 있을 것입니다. 운 좋게 소개해주신다면 곧바로 만나서 가르침을 받고 싶습니다. 만일 제가 바라는 대로 된다면 그 기쁨은 감히 바랄 수 있는 바가 아닙니다.[65]

이토 란덴이 가장 먼저 보게 된 것은 표류민이 타고 온 원순호와 원순호 선원의 복장이었다. 그의 기록에 따르면 선원은 모두 검은색의 더러운 옷을 입고 있었는데, 그 옷에는 하얀색 둥근 구멍 하나와 하얀색으로 된 네모 세 개가 달려 있었다.

원순호의 길이는 30여 간, 중창은 너비가 10간이고, 돛대는 높이가 8장 2척이었다. 배꼬리에 벌집 같은 다락은 검정색으로 칠해져 있으며 너비는 8간이었다. 다락 좌우에 각각 세 개의 창구가 있었고 모두 하얀색이었으며 볼록하게 밖으로 튀어나온 부분은 자주색이있으며 '해약인

---

65 『유방필어』, "不佞自童丱學貴邦聖人之道 性又好讀貴邦之書 以至斑白 以故聞諸賢泊至於此 投袂而起 一二親知 不遠數百里 泛舟而來 今七十八名中 必有儒雅大學如公 幸爲紹介 便就而受教 苟獲如所云 則何喜如之 非所感望也."

란(海若安瀾)'이라고 쓴 편액이 달려 있었다.[66] 하이루오(海若)는 중국의 신화적 인물로 고대 바다의 신이다. 하이루오가 편안하고 잠잠하길 기원하는 뜻에서 안란(安瀾)을 붙여 쓴 것이다.

그러나 불행히도 이토 란덴의 중국인을 향한 동경과 호기심은 해결되지 못했다. 원순호에 탑승한 자는 모두 상인이기 때문에 란덴과 함께 이야기할 수 있는 지식을 소유한 자가 없었다. 란덴은 표류민 중 한 사람에게 시를 지어주고 창수를 원했으나 그는 창수하지 못한다며 거절했다.[67] 더구나 란덴은 표류민과 만난 다음 날, 관리에게서 표류민과 접촉하지 말라는 경고를 받고 이들을 만나려 관리를 매수하기도 했지만 결국 만나지 못했다.

아와노 미나미아사이무라(南朝夷村)의 임시거처에서 2개월 동안 체류하던 표류민은 나가사키로 이동, 정박해 있던 중국 무역선을 타고 귀환했다. 이들이 나가사키로 이동하는 과정에서 표류민 한 명이 병사(病死)했다. 그의 시체는 7월 24일에 만복사(萬福寺)에 매장되고 묘비가 세워졌으며, 지금까지도 그 묘비가 남아 있다고 한다.[68]

---

66 『유방필어』, "觀其舶 舶距水際三十許步 而在水中 船身長三十間 中艙廣十間 檣柱高八丈二尺云 船首又施一檣 船尾蚪樓 方八間高常云 蓋皆黑塗 樓左右各設三艬 艬歌白塗 凸而外出 上有朱棚 其柱楣梁桁亦皆塗朱 扁 曰海若安瀾云 然以其在三十步外且斜視之扁樣字形不復可諦 船腹黑塗 飾 以白圓眼一 白方眼三 船脚入水處 又皆白塗."
67 『유방필어』, "鄭誇示諸飄人 後把筆書 天臻 '陽春高調 我下才 乍敢得作和."
68 허경진, 최영하, 「청나라 무역선의 일본 표류와 『유방필어(遊房筆語)』 – 1780년 원순호가 일본 치쿠라(千倉) 해역에 표류한 사건을 중심으로 – 」, 『아시아문화연구』 26(가천대학교 아시아문화연구소, 2012), p.424.

청 문물의 전파와 수용[69]

원순호에는 목록이 확인되지 않은 서적이 적재되어 있었다. 『유방필어』에 이와 관련된 이야기가 서술되어 있지는 않지만 선주 심경첨을 통해 동아시아 서적 교류의 단면을 추적할 수 있다. 심경첨은 중국 12대 거상 중 한 사람이다. 그는 표류하기 이전에도 여러 차례 나가사키에 무역을 다녀온 적이 있었으며, 나가사키에서 발급하는 신패(信牌)를 소지하고 있었다. 당시 유명한 장서가(藏書家)였던 사이키(佐伯) 번주(藩主) 모리다카스에(毛利高標)는 많은 책을 사들였다. 이 책은 사이키문고(佐伯文庫)에 보관되어 지금까지 전해지고 있는데, 이 문고에는 심경첨을 통해 입수한 책 49점이 확인된다.

특히 이 목록에서 주목되는 것은 『어약원방(御藥院方)』이다. 『어약원방』은 원나라에서 만든 의약서이다. 사이키문고에 보관중인 것은 조선에서 원나라 판본을 입수하여 활자로 찍어낸 조선 활자본으로 모리가 입수하여 1798년 센가요시히사(千賀芳久) 출판사에서 인쇄한 것이었다. 이때 모리는 인쇄된 『어약원방』 몇 부를 청나라 상인 심경첨에게 선물하라고 했다.

1798년 센가요시히사에서 출판한 『어약원방(御藥院方)』을 저본(底本)으로 하여 1983년에 중국의고출사(中醫古籍出版社)에서 영인본(影印本)을 출판했는데, 이 저본은 심경첨이 일본으로부터 입수한 것일 가능성이 높다는 의견이 제시되고 있다. 원나라 때 만들어진 중국 의약서가 조선

---

[69] 이 부분은 허경진, 최영하, 「청나라 무역선의 일본 표류와 『유방필어(遊房筆語)』 - 1780년 원순호가 일본 치쿠라(千倉) 해역에 표류한 사건을 중심으로 - 」, 『아시아문화연구』 26(가천대학교 아시아문화연구소, 2012), pp.428 - 433을 참조했다.

에 전해졌고, 조선에서 일본으로, 일본에서 다시 중국에 전해졌다는 사실은 한중일 동아시아 삼국 서적 유통의 실체를 여실히 보여준다.[70]

한편, 원순호의 부선주 방서원은 수묵화로 유명한 화가이다. 일본에 체류하는 동안 자신의 표해 체험을 그림으로 기록했다. 특히 후지산에 특별한 관심을 가졌던 듯, 각기 다른 각도에서 관찰한 후지산을 그려 〈부사도(富士圖)〉를 남겼다.

이로부터 10년 뒤인 1790년에 일본의 유명한 화가 다니 분초(谷文晁, 1763~1841)는 방서원이 남긴 그림에 감명을 받고, 방서원이 일본에 체류하는 동안 그린 여러 폭의 그림을 모사(模寫)하여 〈표객기상도(漂客奇賞圖)〉라는 이름으로 출간했다. 당시에 〈표객기상도〉는 굉장한 인기를 끌었으며, 그 후로 다시 간행되기도 했다.[71] 다니 분초의 노력으로 방서원의 이름은 〈표객기상도〉의 간행과 함께 일본에서 널리 알려지게 되었으며, 방서원의 청신하고 담백한 화풍은 일본의 화가들에게 영향을 미쳤다.[72]

고대부터 전근대 시기 한국과 일본에서 중국의 서적과 그림은 누구나가 갖고 싶어하는 동경의 대상이었다. 이는 문화적 의미로서의 중화

---

70 허경진, 최영하, 「청나라 무역선의 일본 표류와 『유방필어(遊房筆語)』 - 1780년 원순호가 일본 치쿠라(千倉) 해역에 표류한 사건을 중심으로 - 」, 『아시아문화연구』 26(가천대학교 아시아문화연구소, 2012), p.429.
71 허경진, 최영하, 「청나라 무역선의 일본 표류와 『유방필어(遊房筆語)』 - 1780년 원순호가 일본 치쿠라(千倉) 해역에 표류한 사건을 중심으로 - 」, 『아시아문화연구』 26(가천대학교 아시아문화연구소, 2012), pp.431-432.
72 허경진, 최영하, 「청나라 무역선의 일본 표류와 『유방필어(遊房筆語)』 - 1780년 원순호가 일본 치쿠라(千倉) 해역에 표류한 사건을 중심으로 - 」, 『아시아문화연구』 26(가천대학교 아시아문화연구소, 2012), p.432.

주의에서 비롯했다고 할 수 있다. 중국과 한국 그리고 일본은 정식적인 사행, 그리고 비공식적인 표류를 통해 서로의 문화를 나누고 수용할 수 있었다. 그리고 각 나라에 수용된 이국의 문화는 그 나라의 실상에 맞게 변용되어 발전했다. 다시 말하면 서적과 회화에 대한 수요나 평가가 모두 문인들의 예술 안목과 학문 수준에 따라 이루어졌던 당시 문화적 실상에 비추어볼 때, 서적문화와 회화문화의 영향은 떼어서 논할 수 없는 항목이다. 한 차례의 표류가 쇄국이라는 특수한 체제 속에서 타국의 서적 유통과 회화문화에 동시에 영향을 미칠 수 있었다는 자체만으로도 경이롭지 않을 수 없다.[73]

사쓰마번사의 조선 표해 – 야스다 요시카타, 『조선표류일기』[74]

1817년 6월14일 에라부지마(永良部島)의 관리로 근무하던 야스다 요시카타는 공무를 끝내고 사쓰마로 돌아가기 위해 히다카(日高), 가와카미(川上)와 함께 에라부지마를 출발했다. 그러나 다음 날 기상 악화로 표해되어 7월 3일 한국 충청도 비인(庇仁)에 표착했고, 이듬해 1월 귀환에 올라 3월 나가사키에 도착한 이들은 조사를 받고 귀향했다. 야스다는 표착지

---

73 허경진, 최영하, 「청나라 무역선의 일본 표류와 『유방필어(遊房筆語)』 – 1780년 원순호가 일본 치쿠라(千倉) 해역에 표류한 사건을 중심으로 – 」, 『아시아문화연구』 26(가천대학교 아시아문화연구소, 2012), p.433.
74 '2017년 아시아문화연구소 아시아 스토리 심화연구'의 정성일, 「일본 사쓰마 번사(薩摩藩士)의 조선표류일기(朝鮮漂流日記)와 쓰시마번(對馬藩)의 조사 기록」을 참조했다.

에서 일기를 통해 기록한 표해 경험과 조선 문인과의 필담을 『조선표류일기』로 정리했다.

야스다 요시카타에 대해서는 현재까지도 명확하게 밝혀진 바가 없다. 그가 저술한 사쓰마번사의 표해 일기인 『조선표류일기』는 모두 7권으로 구성되었다. 그 내용은 다음과 같다.

「조선표류일기」 일(壹): 1819년 6월 14일부터 7월 5일까지
    [작성은 1819년 12월 16일 부산포에서]
「조선표류일기」 이(貳): 1819년 7월 6일부터 9일까지
    [작성은 1819년 12월 28일 부산포에서]
「조선표류일기」 삼(參): 1819년 7월 10일부터 16일까지
「조선표류일기」 사(四): 1819년 7월 17일부터 24일까지
「조선표류일기」 오(伍): 1819년 7월 25일부터 26일까지
「조선표류일기」 육(陸): 1819년 7월 27일부터 8월 7일까지
「조선표류일기」 칠(質): 1819년 8월 8일부터 1820년 1월 7일까지

야스다는 표착지에서 쓴 일기나 필담 기록을 본국으로 돌아온 후 정리했다. 그 후 오사카에서 다카기 모토아쓰(高木元敦)가 필사한 것이 『조선표류일기』로 현존한다. 단 이것은 '전편'으로 '후편'의 소재는 불명하다. 일본 고베대학(神戶大學) 부속도서관 디지털아카이브 스미다문고(住田文庫)에서 원본을 확인할 수 있다.

〈표 12〉 야스다 요시카타의 표류 여정

날짜	주요 여정	주요 활동
1819년 6월 14일	일본 에라부지마에서 출항	
6월 23~25일		풍랑을 만나 표해
7월 3일	충청도 비인 표착, 체류	조선 관인 이동형(李東馨), 김시기(金始基), 윤영규(尹永圭)의 조사
7월 9일		일본 귀환을 간원함
7월 12일		통역관이 도착
7월 16일		조선의 선박으로 송환할 것이 결정됨
7월 24일		귀국 준비, 출항
8월 2~5일	고군산 출항~옥구현 도착	팔금도 출항
8월 10~23일	순천 도착	
8월 25~27일	옥포(玉浦)에서 체류	
8월 30일	다대포(多大浦) 도착, 체류	
9월 30일	우암포(牛巖浦) 도착	
1820년 1월 14일	부산 출발, 일본 사스나(佐須奈) 도착	쓰시마번의 배를 타고 우암포 출발
1월 27일	후추(府中) 도착	
3월 중순	나가사키 도착	

야스다 요시카타의 표해 여정

야스다 요시카타는 에라부지마에서의 공무를 끝내고 귀향길에 올랐다. 아마미오시마(奄美大島)를 향한 배가 경유지인 사쓰마 야마카와(山川) 항구를 향해 항해하던 중 기상이 악화되어 표류했다. 15일이 넘는 표해 끝에 이들이 표착한 곳은 조선 충청도의 비인이었다. 이들의 주요 표해 여정을 정리하면 〈표 12〉와 같다.

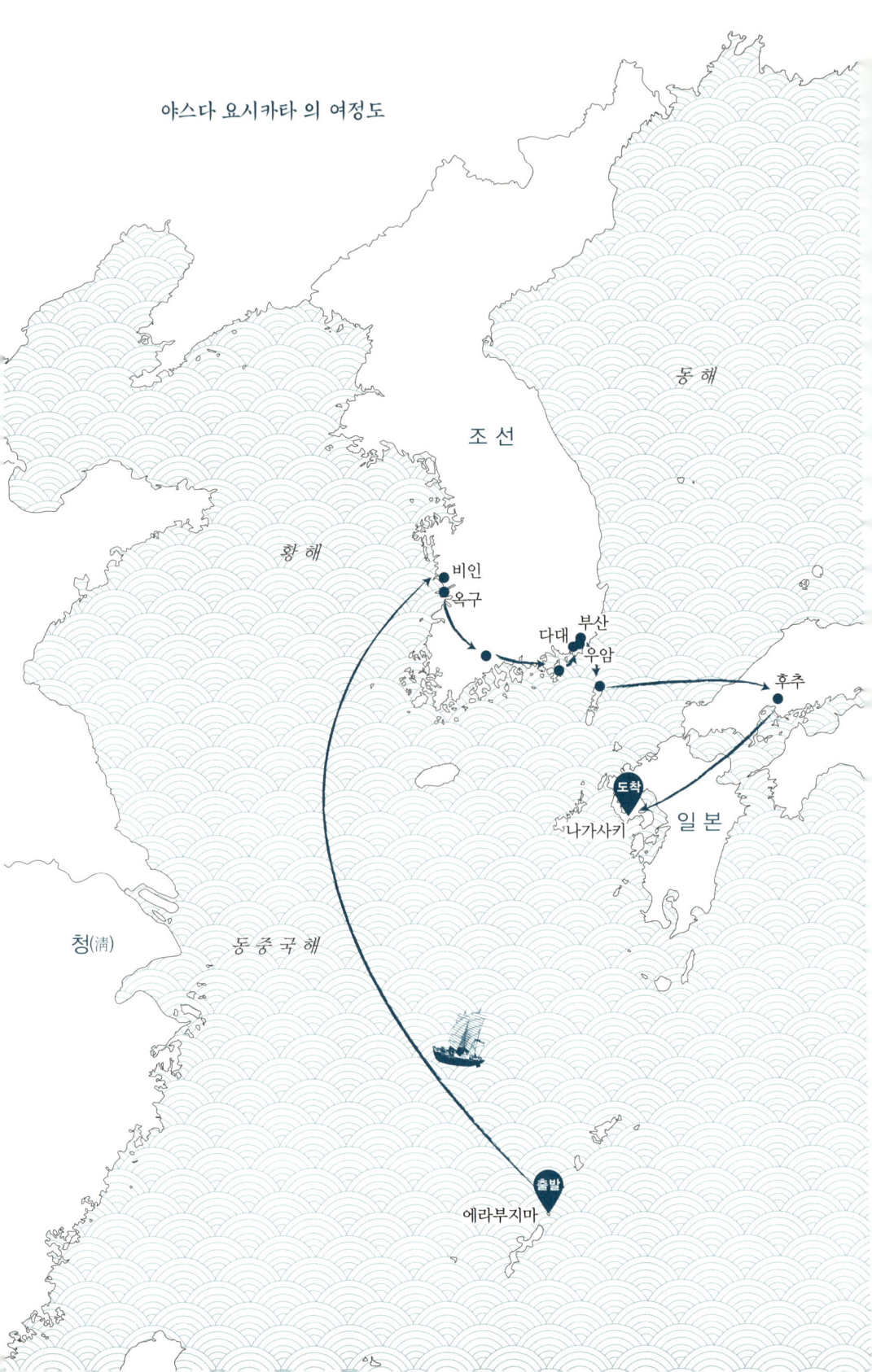

『조선표류일기』의 내용

1817년 6월 14일 공무를 끝낸 야스다 요시카타는 히다카, 가와카미와 함께 귀향길에 오른다. 그러나 다음 날 아침에 기상 악화로 표해되어 한국 충청도 비인에 표착한다. 이들은 표착지에서 사람들의 모습을 보고 즉시 그곳이 조선임을 확신했다.

> 선박은 이미 우리 선박 옆에 있었으며 타고 있던 사람들은 모두 흰 옷을 입어 그 얼굴을 보면 말할 것도 없이 조선인임을 알았다. 우리 사쓰마번에는 조선 사람의 자손이 살고 있다. 즉 도요토미 히데요시가 조선에 출병했을 때 우리 선조가 한국인 몇 명을 잡아왔는데 그들은 나에시로가와(苗代川) 마을에 살았다. 오늘날 아직도 복장이나 머리모양을 바꾸지 않는다.[75]

선행 연구를 통해 사쓰마 니에시로가와에 임진왜란 때 포로로 데려온 조선인 마을이 형성되어 그 후로 조선의 풍속을 유지하며 생활[76]했음이 확인되었으며, 비공식적이긴 하지만 빈번한 교류가 있었음이 밝혀졌다.[77] 이를 염두에 두고 볼 때, 야스다는 조선에 표착하기 전부터 조선

---

75 이 글에서 사용한 『조선표류일기』 번역문은 정성일, 「조엄(趙曮)과 일본 표류 제주인을 통한 제주 지역의 고구마 전래」, 『조선통신사연구』 Vol.23(조선통신사학회, 2017)을 참고했다.
76 일본의 사쓰마 도자기를 탄생시킨 심수관이 대표적이다.
77 이들은 전라도 – 제주 – 고토 – 사쓰마 서부 – 아마미오시마[奄美大島] – 류큐를 잇는 '서쪽 길'을 통해 독자적인 교류가 이루어지고 있었다. 김경옥, 「18~19세기 서남해 도서지역 漂到民의 추이」, 『해로와 포구』(경인문화사, 2010); 정성일, 『전라도와 일본 – 조선시대 해난사고 분석』(경인문화사, 2013).

에 대한 지식을 토대로 자신들의 표착지를 바로 확인할 수 있었고 별다른 거부감 없이 조선인들과 교류할 수 있었다.

그러나 이런 분위기 속에서도 신분 간의 차이는 확연이 존재했다. 조선의 관인과 글로 이야기를 나눌 수 있었던 야스다는 표착 이후에도 큰 불편함을 느끼지 못했지만 하급 선원들은 그렇지 않았다. 이들은 다대포에 체류하고 있을 때 일본인 관리가 온다는 이야기를 전해 듣고 "드디어 말이 통하는 사람이 온다."라며 기뻐하는 모습을 보였다.

이들은 표착지에서 지방관인(官人), 왜학역관(倭學譯官)과 교류하며 서로 필담을 주고받으며 생활했다. 송환체제에 따라 구호물품을 지급받고 체류하다 7월 26일 표착지에서 떠났다. 한국의 서천, 고군산도, 순천, 옥포를 경유하여 거제도에 도착했고 9월 30일 우암포에 도착하여 이듬해까지 체류하다 1월 14일 한국 부산을 출발, 3월 중순 나가사키에 도착하여 조사를 받았다.

류큐인 신분 위장의 함의

『조선표류일기』에는 이들이 동행한 류큐인을 위장하는 모습이 담겨 있어 눈길을 끈다. 이들은 류큐인 선원을 일본인으로 위장했다. 머리모양과 수염을 일본식을 바꿨으며 이름도 바꿔 보고했다.

우리 배 안에 류큐인, 즉 에라부지마(永良部島)인이 여섯 명 있다. 이름은 다기나(田儀名), 지로킨(次郞金), 야마(也麻), 나카자토(中里), 마자(麻坐), 미노사토(簑里)라고 한다. 처음에 한국 선박이 왔을 때 여섯 명을 배 안에 숨겼다. 조선인이 이미 배에 올라탔고 여섯 명을 숨긴지 시간이 지나, 기침도 재채기도 하지 못하고, 엎드려 움직이지 못하고, 구부린 채

펴지 못하고, 앞에 물이 있어 다른 사람들이 물을 마시는 것을 듣고 목이 말라하는 모습은 힘든 것 같다. 조선인을 모두 내리게 하게 위하여 목욕 때문이라고 핑계를 글로 써 관리에 보이며 '선박 안이 좁아 편히 앉을 곳이 없으며, 물이 없을 때 당신 덕분에 물을 많이 받았습니다. 따라서 목욕을 하려하니, 잠시 당신들이 배 밖에 나갈 것을 희망합니다.'라고 했다. 그러자 관리가 지휘하던 한국인이 다 내렸다. 그리고 우리는 선박 창문을 닫아 류큐인 다기나·야마·마자를 내려 그들의 머리 모양을 바꾸고, 원래 류큐 소년인 지로킨을 일본 소년처럼 머리 모양을 바꾸었다. 나가자토·미노사토는 아직 뱃바닥에 있어 수염을 깎고 머리 모양을 바꾸었다. 조선인이 틈에서 이것을 엿보니 가신과 선원에게 명령하여 창가를 두드려서 금지시켰다. 류큐인 여섯 명에게 비녀를 꽂아 깊숙이 숨겼다. 우리도 수염을 깎자 조선인이 엿보니 다시 금지시켰다.

이들이 류큐인의 신분을 숨긴 이유는 무엇일까. 여기에는 당시 동아시아 국제 정세 속 류큐의 정치적 입장이 숨겨져 있다.

류큐는 중국을 중심으로 하는 조공-책봉체제에 편입되어 있었다. 그런데 1609년 시마즈번(島津) 침공으로 일본의 속국이 되면서 중국과 일본, 양국에 속하는 기이한 상황에 놓이게 되었다. 이때만 해도 류큐는 안으로는 에도막부의 체제를 따르면서도, 대외적으로는 별다른 변화가 없는 듯 중국에 일본과의 관계를 은폐할 수 있었다.

그러나 1684년 이후 청이 남명(南明)을 복속하고, 대만을 근거지로 하는 정성공(鄭成功) 일파의 항복을 받은 후 새로운 문제가 대두되었다. 이 시기 해금정책이 변화하며 중국 복건(福建)과 중국 광동(廣東) 연해에서 출항과 무역이 공인되었다. 또한 나가사키를 거쳐 쓰시마를 경유하

『조선표류일기』 표지 및 본문 고베대학교 도서관 소장

던 송환체제도 복건을 경유하도록 변경되었다.

　이에 따라 이전까지는 민간인의 해외 출항이 금지되어 있었기 때문에 공식적인 교류를 통해서만 중국과 교류했고 자신들의 의지대로 일본의 관계를 숨길 수가 있지만, 이젠 평범한 사람들까지 해외 출항이 가능해지면서 자신들의 정보를 숨기는 일이 난관이 봉착한 것이다. 이런 상황에서 발생한 표해는 대외관계에서 민감한 상황이 될 여지를 내포하고 있었다.

　류큐는 청과 일본 양쪽에 속한 체제하에서 어느 쪽하고도 문제를 만들려 하지 않았다. 때문에 대외적으로는 일본과의 관계를 지속적으로 숨기려 했고, 대내적으로는 에도막부의 체제를 따르면서 류큐의 문화를 일본화하는 방향으로 나아갔다. 이러한 정책은 여러 면에서 도서 사회 전체에 스며들어 류큐인의 자기인식이 되었다고 할 수 있다.

　정리하면, 류큐는 이국인이 류큐에 표착한 경우 중국 복건으로 보냄으로써 청과의 관계를 유지했다. 류큐인이 다른 나라에 표착한 경우, 그들은 자신들의 신분을 숨기는 선택을 함으로써 국가에서 지정한 체제에 순응했던 것이다. 이는 '종속적 이중 조공국'으로서의 곤란하고 복잡한 역할에 기인하는 것으로, 민간인의 접촉을 최대한 막아 '양속'체제를 유지하려는 외교적 의도에 따른 것임을 알 수 있다.[78]

　『조선표류일기』는 19세기에 발생한 사쓰마번사의 조선 표해를 담은 표해록이다. 이 기록은 앞서 소개한 『달단표해록』과 달리 조사기록이 아니기 때문에 표류민의 감정과 심리묘사가 풍부하며 항해의 시작→표

78　정하미, 「류큐왕국의 '일본 은폐' 정책과 표류민 송환」, 『日本近代學硏究』 Vol.49(한국일본근대학회, 2015), pp.222-223.

해→귀환으로 이어지는 과정의 서사 또한 비교적 풍부하다.

또한, 일본인과 조선인의 교류, 조선의 접대 과정, 일본인의 조선에 대한 인식 등 여행기로서 표해서사의 가치를 한껏 느낄 수 있다. 그뿐만 아니라 일기의 저자인 야스다 요시카타는 사쓰마의 무사로 스스로 한문 실력의 부족함을 걱정했는데, 당시 무사의 한문 실력을 유추할 수 있다는 점에서도 이 기록의 의미를 찾을 수 있다.[79]

이 외에 『조선표류일기』가 주목되는 또 하나의 이유는 통속적인 표류민 송환체제 속에 숨겨진 당시 류큐의 정치적 상황을 엿볼 수 있기 때문이다. 조선에 표해한 에치젠 상인들은 류큐인 선원의 신분을 속이는 선택을 취함으로써 별다른 대외 문제를 일으키지 않고 일본으로 송환할 수 있었다. 이 시기 중국과 일본, 양국에 속한 나라로서 류큐가 취한 외교적 자세는 현재 국제관계에서도 생각할 만한 지점을 지닌다.

기타 표해록

『미장자이국표류물어(尾張者異國漂流物語)』
[출발] 미장국 → [표착] 필리핀 바탄

이 기록은 미상국(尾張國)[아이치(愛知)] 출신 15명이 항해 도중 바다에서 표해하여 필리핀 바탄(Batan)에 표착한 이야기를 담고있다. 바탄에서는

---

79 정성일, 「조엄(趙曮)과 일본 표류 제주인을 통한 제주 지역의 고구마 전래」, 『조선통신사연구』 Vol.23(조선통신사학회, 2017), p.57.

표류민을 본국으로 송환해주던 절차가 따로 마련되어 있지 않았기 때문에 바탄의 원주민들은 화물을 약탈하고 이들을 노예로 사역했다. 그러던 중에 두 명이 연로하여 사망하기도 했다. 이후 표류민은 바탄섬 원주민이 금속류를 중요시함을 알고 금속류 거래를 조건으로 일본 귀국을 위한 배를 요청했다. 배를 건조하던 중에 선원 1명이 사망했고, 다른 1명은 귀국 의사를 포기했다. 도중에 사망한 3명과 귀국을 포기한 1명을 제외한 나머지 선원 11명은 1670년 4월 15일에 일본행 배에 올라 중국을 경유하여 일본에 도착했다.

『아란타선도좌표착일건사통(阿蘭陀船稻佐漂着一件四通)』

[출발] ? → [표착] 고토 이나자 미이라쿠무라 앞바다

1772년 고토(五嶋) 이나자(稻佐) 미이라쿠무라(三井樂村) 앞바다에 표해한 네덜란드 선박 1척을 조사한 후 10월 12일에 보고한 기록이다. 고토의 관리(年番)와 통사(通詞)들이 각기 선박의 길이, 폭, 무게 등을 조사해서 작성한 문서 1통, 조사 참여자의 구상서(口上書) 1통이 수록되어 있으며, 표제에는 4통이라고 기록되어 있지만 나머지 2통은 조각난 기록 6장으로 이루어져 있어서 구분이 어렵다. 표해 선박에는 승무원이나 화물은 없고, 선박에 실려 있던 닻, 돛대 등 선박 운항과 관련된 장비 목록이 첨부되어 있다.

안영원년임진년홍모선오도삼정악촌표착일건
(安永元壬辰年紅毛船五島三井樂村漂着一件)

1772년 7월 19일 고토 미이라쿠무라 앞바다에 표류한 네덜란드 선박

1척을 조사한 기록으로 상기 문서의 부속 문서로 보인다. 에도막부 때 네덜란드는 대개 오란다(阿蘭陀)라고 불렸지만 홍모인(紅毛人)으로 쓰기도 했으며, 널리 서양인을 가리키기는 말로 사용하기도 했다. 포르투갈인·스페인인은 남만인(南蠻人)이라고 불렀다.

이 기록에는 표해 선박의 조사에 참가한 고토의 관리(年番)와 통사(通詞)들이 각기 작성한 문서 4통이 수록되어 있다. 선박에는 승무원이 없어서 버린 선박으로 추정된다는 취지의 기록과, 살아 있는 개 1마리, 죽은 소 6마리 등의 화물 목록이 첨부되어 있다. 선박에 실려 있던 닻, 돛대, 깃발 등 선박 운항과 관련된 장비 목록도 있는데, 특히 키와 돛, 돛대는 항목을 따로 마련하여 상세히 기록하고, 조사에 참여한 네덜란드어 통사(阿蘭陀通詞), 소통사(小通詞), 견습통사(稽古通詞)의 명단이 적혀 있다.

『안남국표류물어(安南國漂流物語)』

[출발] 히타치국 → [표착] 안남국

1765년 히타치국(常陸國)[이바라키(茨城)]에서 미곡을 운반하는 히메미야마루(姬宮丸)에 6명이 탑승했다. 이들은 미곡 운반을 위하여 출항했으나 조시(銚子)에서 표해하여 1개월 후 안남국에 표착하게 되었다. 역소에서 심문을 당했으나 말이 통하지 않아 근방 사람의 도움을 받아 돈을 빌렸다. 체제 중에 일본어가 가능한 인물이 나타나 역소와 교섭했으나 건넨 돈을 가지고 도망갔다. 그 후 중국 남경(南京) 사번선(四番船)의 일본어 가능자에게 도움을 받아 다른 일본 표류민과 합류하여 귀환했다.

『노서아국선도래기(魯西亞國舩渡來記)』

[출발] 육오국 → [표착] 알류산열도 고도

이 자료의 표류민은 일본에서 최초로 세계 일주를 한 일본인이라고 알려져 있다. 1793년 11월 27일 츠다오(津太夫), 타쥬로(太十郎), 사헤이(左平), 이치고로(市五郎), 긴자브로(銀三郎) 등 16명이 육오국(陸奧國)[후쿠시마(福島)]에서 와카미야마루(若宮丸)을 타고 센다이(仙台藩)의 어용(御用) 쌀 2,332표(俵) 및 목재를 운송하기 위하여 에도(江戶)[도쿄(東京)]로 가려고 했다.

도중에 시오야자키(塩屋崎) 앞바다에서 악풍을 만나 배의 키가 부서졌고 표해하게 되어 1794년 5월 10일에 당시 러시아 제국이 실효지배를 하고 있던 알류산열도(Aleutian Islands)의 고도(孤島)에 표착했다. 선원들이 거룻배로 섬에 상륙하자 본선의 선체는 파도에 부서져서 형체를 알아볼 수 없게 되었다. 이후, 오호츠크(Okhotsk, Охотск), 야쿠츠크(Yakutsk, Якутск)를 거쳐 이르쿠츠크(Irkutsk, Иркутск)에 도착하여 8년을 체류하고 다시 페름(Perm, Пермь), 상트페테르부르크(Sankt Peterburg, Санкт-Петербург), 잉글랜드(England), 대서양(大西洋, Atlantic Ocean), 남아프리카(South Africa), 태평양(太平洋, Pacific Ocean), 하와이(State of Hawaii)를 거쳐 1804년 7월에 캄차카(Kamchatka)에 도착했다가 나가사키로 이동했고, 1805년에 귀향이 허락되었다. 선원 16명 중 2명은 병사했고, 3명은 러시아에 잔류했으며, 4명만이 귀국했다.

『북사문략(北槎聞略)』

[출발] 이세국 → [표착] 알류산 열도 암치트카

『북사문략』에는 신쇼오마루(神昌丸)의 암치트카 표류기록이 남겨져 있다. 에도막부 시기 네덜란드 의술을 배운 의사 가쓰라가와 호슈(桂川甫周)가 다이코쿠야 고다유(大黒屋光太夫)에게 들은 내용을 기록한 것으로 1794년 저술했다. 본문 11권에 1권의 부록으로 구성되어 있다.

표해 내용은 다음과 같다. 이세국(伊勢國)[미에(三重)]에서 1782년 12월 17명의 선원을 태운 신쇼오마루가 출발했다. 이 배는 스루가 앞바다(駿河沖)에서 약 8개월간 표해한 끝에 1명이 사망하고 16명이 알류샨열도의 암치트카(Amchitka)에 표착했다. 이들은 표착지에서도 혹독한 겨울 날씨 때문에 동료를 잃고 4년 만에 러시아 상인의 도움을 받아 캄차카로 향한다. 이듬해 캄차카를 출발해 오호츠크-야쿠츠크를 경유, 1789년 이르쿠츠크에 도착한다.

일본 귀국을 허락받기 위해 상트페테르부르크로 향한 신쇼오마루호 선원 일행은 당시 러시아의 황제였던 예카테리나2세(Yekaterina Ⅱ Alekseyevna)의 허락을 받아 파견 사절 아담 라쿠스만(Adam Laxman)과 함께 귀국에 올라 1792년 9월 귀환한다.

모리야마 테이지로(森山貞次郎), 〈청국표류도(淸國漂流圖)〉
[출발] 오키나와 나하 → [표착] 양쯔강 하구

〈청국표류도〉는 나하(那覇)에서 사쓰마로 향하던 교역선이 양쯔강 하구 부근에 표착해 돌아온 여정을 기록한 것으로, 생환한 상인들이 화가와 필자를 섭외해 이들의 구술을 채록하고 삽화를 그린 3축의 두루마리이다. 전문 화가의 삽화로 표류 당시의 모습을 생생하게 확인할 수 있으며, 당시 강남의 모습을 시각적으로 확인할 수 있다. 중국에서도 이렇게 상세히 강남의 모습을 살펴볼 수 있는 자료가 드물어 향후 연구가 주목되는 자료이다.

모리야마 테이지로, 〈청국표류도〉

중국에는 중국 도시의 풍부한 물자와 활력이 넘치는 풍경을 담은 그림들이 현존한다. 중국 요녕성박물관이 소장하고 있는 중국 1급 문화재인 〈고소번화도(姑蘇繁華圖)〉와 대만국립고궁박물관이 소장하고 있는 〈청명상하도(淸明上河圖)〉가 대표적이다. 강소성(江蘇省) 소주(蘇州)의 모습을 담고 있는 〈청명상하도〉는 북송부터 유래된 화제(畫題)로 중국 명나라 때 구영(仇英, 1494~1552)이 비단에 채색한 작품이 대표적이며, 〈고소번화도〉는 청나라 1759년 서양(徐揚, 1712~1779)이 종이에 채색한 작품으로 번화한 강남의 모습이 매우 세밀하게 표현되어 있다.

또한 귀국길에 들른 조선에서 관찰한 조선인의 모습도 담겨 있어 우리나라 문화사에 시사하는 바가 크다. 『조선표류일기』의 그림과 견주어도 손색이 없을 만큼 〈청국표류도〉의 사실적 묘사가 특징적이다.

『신력환마단표류구서(神力丸馬丹漂流口書)』

[출발] 비전국 → [표류] 필리핀 바탄

1830년 미곡 운반을 위하여 비전국(備前國)[효고(兵庫)]의 선박 신리키마루(神力丸)의 선원 마모루(淸兵衛), 사이지로(才次郎), 가쓰노스케(勝之助) 등 19명이 탑승했다. 이들은 비전국[효고]을 출발하여 도쿄로 향했는데 와카야마(和歌山) 시오미사키(潮岬)에서 태풍을 만나 조난당하여 필리핀 북단 무인도에 도착해 해저암(海底岩)과 충돌하여 파선되고 5명이 죽어 14명만 상륙하게 되었다.

그 후 일행은 현지 도민의 손에 이끌려 이웃 섬인 필리핀 바탄으로 건너가서 현지의 따스한 대우를 받았다. 이후 루손(Luzon)으로 이동하여 루손섬의 스페인 총독부를 알현했다. 스페인 총독과 그의 부인도 친절을 베풀었다.

루손섬에서는 중국계 역인에게 대우받아 생활물자를 충분히 공급받았다. 이윽고 외교루트를 통해 일본 귀국을 위해 중국 마카오(Macao, 澳門)를 지나 내륙 수로를 통해 사포에 도착했다. 떠나기 전 중국 당국자의 성대한 연회를 받고 나가사키로 귀국했다.

『해외이문(海外異聞)』

[출발] 셋쓰국 → [표착] 이누보

셋쓰국(攝津國)[현 오사카(大阪) 북부와 고베(神戶) 일부를 포함한 효고 남동부 일대]의 선박 에이주마루(榮壽丸)에 선원 젠스케(善助), 야이치(弥市), 하츠타로(初太郎), 타키치(太吉), 이노스케(伊之助), 기사부로(儀三郎), 소스케(惣助), 시치타로우(七太郎), 만조우(萬蔵), 요조우(要蔵), 간쇼오(岩松), 칸지로(勘次郎), 산페이(三平) 등이 탑승하여 오슈(奧州)를 가려다가 이누보(犬吠)에서 표해하게 되었다. 이들은 스페인 선박 엔사요호에 의하여 구조되었으나 각자 다른 행보를 걷게 되었다. 젠스케, 야이치, 하츠타로, 타키치, 이노스케, 기사부로, 소스케 등 7명은 멕시코(Mexico) 캘리포니아(California) 반도에 상륙한 후 산루카스(San Lucas)에서 산호세(San Hose)로 이동했다.

- 젠스케는 마사틀란(Mazatlan) 등지에서 떠돌다가 하츠타로와 함께 중국 광동(廣東)으로 보내져 1843년 나가사키(長崎)로 돌아왔다.
- 야이치는 1844년 마카오→홍콩(Hong Kong, 香港)→중국 주산(舟山島)→중국 영파(寧波)→중국 작포(乍浦)로 보내졌다.
- 타키치, 이노스케, 기사부로 3명은 필리핀 마닐라(Manila)행 독일 선으로 마사틀란을 출항, 마카오에 도착해 중국 사포로 가던 도중 중국 영

파에서 호오주마루(宝順丸) 호의 표류민 이와키치(岩吉)와 만났다. 이중 기사부로는 귀국을 포기했고 타키치와 이노스케는 1844년 12월에 중국 작포에 도착했다. 1845년 6월 사포로 보내진 야이치, 타키치, 이노스케 3명은 청국 무역선을 타고 나가사키로 돌아왔다.
- 시치타로우와 만조우는 상륙한 후 마사틀란에 체류했다.
- 엔사요호에 남은 요조우, 간쇼오, 칸지로, 산페이 4명 중 산페이만 뇌취선(瀨取船)에 고용되어 마사틀란으로 왔다.

『북아묵리가인표류구서(北亞墨利加人漂流口書)』

[출발] ? → [표착] 고토 부근

1847년 7월 북아메리카인과 네덜란드인(阿蘭陀人), 포르투갈인 등 7명이 탄 선박이 고토 부근에 표해하다가 구조된 후, 표해 전말과 자신들의 종교를 서양어[橫文]로 기록해서 제출한 것을 다시 일본어로 번역한[和解] 진술서이다. 이런 경우 대개는 일본어 번역문에 서양어로 적은 원본을 첨부하여 보고하는 것이 보통인데 이 문서에는 일본어 번역문만 있다. 표류민들의 명단과 나이는 다음과 같다. 다만, 표류자의 이름은 가다카나로 적었는데, 정확한 알파벳 표기는 원문이 아니라서 알 수 없다.

요르그 숄츠(ウヨルグ　ショルツ, 24세), 선장[加比丹]

쟈우(ジャウ, 39세), 포르투갈 출생

벨(ベル, 27세)

하루손 헤루리(ハルソン ヘルリイ, 21세)

카나다 데피이(カナタ デフイ, 28세)

포스톤 헤토르(ポストン ヘートル, 24세), 네덜란드 출생

『표류기(漂流記)』

[출발] 하리마 → [표착] 태평양 미나미토리 부근

이 자료는 일본인 표류민이 서양에서 신문물을 경험하고 일본에 돌아오게 되는 독특한 사례라고 할 수 있다. 1851년 하리마(播州)[효고(兵庫)] 출신 13세인 겐조우(彦蔵)는 어머니를 여의자 의부(義父)의 배를 타고 출항하려다 도중에 지인의 배로 바꿔 타고 일본 도쿄로 향했다. 도쿄를 향하던 배는 기이(紀伊)반도에서 난파되어 태평양에서 표류되었다.

2개월 동안 표해된 끝에 1852년 1월에 미나미토리(南鳥島) 부근에서 미국의 상선(商船)인 오클란드호에 구조되었다. 그 후 구조해준 선원들과 샌프란시스코에서 체재하다가 미국 정부로부터 일본으로 귀환시켜 주겠다는 명령이 나와서 1852년 5월에 샌프란시스코를 출발하여 홍콩에 도착했다.

홍콩에서 동인도 함대장관 페리의 배인 세인트메리(Saint Mary)에 동승하여 일본으로 귀환하려 했지만 배가 오지 않았다. 이후 함께 표해한 선원 대다수는 청국선(淸國船)으로 나가사키를 경유하여 귀국하는 데에 성공했다.

그러나 겐조우는 우연히 다른 표류민을 만나 외국에 대한 소식을 접하고 외국을 직접 경험하고 싶다는 욕구에 사로잡혀 10월에 미국으로 되돌아간다. 샌프란시스코로 돌아간 후에 나시 뉴욕으로 가시 세관장 센더스의 도움으로 볼티모어에서 학교 교육을 받았다.

그리고 1858년 미일수호통상조약으로 일본이 개국한 일을 알게 되자 일본으로 귀국하고 싶어졌지만 크리스천이 되었기 때문에 미국인으로 귀화한 후에 귀국할 수밖에 없었다. 1859년 주일공사 해리스에 의해 가나가와현(神奈川縣) 영사관 통역으로 채용되어 나가사키, 가나가와로 귀국하게 되었다. 신문물에 대한 일본인 표류민의 갈망이 그를 미국에서 더 머무르게 했고 결국 귀국할 때는 미국인으로서 귀국하게 되었다.

『아주선무인도표해록(阿州船無人島漂流記)』

[출발] 아주국 → [표착] 오가사와라 제도의 무인도

이 기록에는 무인도에 표착한 표류민들이 스스로 생존해 나가는 과정을 담고 있다. 무인도에는 음식도 집도 도와줄 사람도 없기 때문에 표류민 스스로의 힘으로 무인도 밖으로 나갈 수밖에 없었다. 『아주선무인도표해록』의 내용은 다음과 같다.

도쿠시마(德島) 출신 7명이 밀감 운반을 위하여 미야자키(宮崎)에서 출발하여 도쿄를 향했다. 그러나 현 시즈오카(靜岡) 서쪽 도토미현(遠江縣) 앞바다에서 표해하여 오가사와라제도(小笠原諸島)의 무인도에 표착하게 되었다. 섬으로 상륙하는 과정에서 배가 파손되었고 인명 피해가 발생했고, 식량과 물이 고갈되어 거북이·물고기 등을 잡아 식량으로 삼으며 50여 일 동안 새 배를 건조하여 출항했다.

이와 같이 무인도에 표착하게 되면 섬에는 음식도, 섬을 탈출하게 도와줄 배도 없기 때문에 표류민이 알아서 충원해야만 했다. 그러므로 표류민은 거북이, 물고기, 조개, 해초, 게, 새 등을 잡아먹으며 끼니를 해결했고 가지고 있던 곡물 씨앗으로 농사를 짓기도 했다. 그리고 동굴과 같은 곳에서 거주하며 비를 피했다. 또한, 섬에서 탈출하기 위하여 배를 수리하거나 다시 건조하기도 했던 것이다.

대마도종가문서(對馬島宗家文書)

대마도종가문서는 한일관계사 연구에 중요한 사료로 한국의 국사편찬위원회, 일본 대마도역사민속자료관, 일본 국회도서관, 동경대학 사료편찬소에 분산 소장되어 있다. 이 중 국사편찬위원회 소장 자료는 조선총독부 조선사편수회 자료로, 1945년 이후 국사편찬위원회에서 소장하게 된 것이다.

주요 내용으로는 임진왜란 이후 국교를 회복한 1607년부터 1811년까지 12회 걸쳐 통신사를 파견했던 기간과 그 후 메이지 초기까지 총 260여 년 동안의 교류가 담겨 있다.[80]

하멜 제주도 표착 35주년을 맞이하여 국립제주박물관에서는 표해 관련 전시를 진행하며 국사편찬위원회에 소장된 종가문서 중 표류와 관련된 구상서, 서계, 기록을 소개했다. 대마도종가문서의 경우 옛 일본어로 쓰여 탈초와 번역에 상당한 능력이 요구되며 그에 상응하는 시간이 소요된다. 이는 추후의 연구를 기대하며 이 글에서는 앞서 국립제주박물관에서 소개한 자료를 정리하고자 한다.

일순표차사기록(壹巡漂差使記錄)

1720년 11월, 일본의 이키(壹岐) 와타라오시마(渡良大嶋)에 표착한 제주도민 15명의 송환에 대한 대마도의 기록이다. 대마번사 아비루 추냐(阿比留忠太)가 1720년 12월 호송사자로 임명된 때부터 시작하여 조선인 및 그들이 탔던 표선을 이끌고 대마도를 떠나 부산 왜관에 도착하여 송환 임

---

80 이 부분은 김영원 외, 『항해와 표류의 역사』(솔, 2003), pp.74 - 79를 참고했다.

무를 마치고 이듬해 10월, 다시 대마도로 돌아갈 때까지의 내용이 기록되어 있다.

초순표차사기록(初巡漂差使記錄)

1722년 12월, 일본 나가토(長門) 무카쓰쿠우라(向津具浦)에 표착한 강원도 강릉 표류민의 송환기록이다. 이들은 어업활동 중에 표해하여 일본의 송환절차에 따라 나가사키에서 쓰시마로 이송되었다. 대마번사 고쿠분 하치자에몬(國分八左衛門)이 호송사자로 임명되어 송환을 진행하고 대마도로 돌아간 후 제출한 복명서이다.

명화9 임진년 3월 전라도 제주 표민 기록(明和九壬辰年三月全羅道濟州漂民記錄)

1722년 일본 이키 야부키(藪木嶋)에 표착한 제주인의 송환에 대한 기록이다. 진상할 물품을 싣고 추자도에서 출선한 선박이 표해하여 일본에 표착했다. 대마번사 이토하치노조(伊藤八之丞)가 호송사자로 임명되어 1772년 2월 이들을 호송해왔다.

조선 표류민 구술서(朝鮮漂流民口述書)

1864년 일본 고토(五島) 오오타무라(太田村)에 표착한 전라도 진도 어민 11명에 대한 구상서이다. 이 문서에는 조선인들의 출항 지점, 시기, 탑승 인원, 목적, 표해 원인 등이 기록되어 있다. 구상서 말미에는 반드시 종교를 묻는 사항과 호패 소지 여부에 대한 사항이 기재되어 있는데, 크리스트교의 유입을 막으려 했던 에도막부의 정책을 엿볼 수 있는 대목이다.

조선 표류민 구술서(朝鮮漂流民口述書)

1867년 일본 고토 다카하마(高濱)에 표착한 전라도 남해 주민 18인에 대한 구상서이다. 1867년 미곡 조달을 위해 남해를 출발, 충청도를 향하던 배가 표해했다. 바다 위에서 영국 선박에 의해 구조된 배는 6일 만에 나가사키에 도착했고, 송환을 위해 대마도로 옮겨졌다. '조선 표류민 구술서'와 마찬가지로 호패 소지 여부에 관한 질문과 종교를 묻는 기록이 있다.

베트남 표해록

동남아시아는 사방이 바다로 열려 있는 지역이다. 라오스(Laos)를 제외한 동남아 모든 지역은 바다와 강을 중심에 두고 문명이 형성됐다.

동아시아의 표해를 연구하며 포착된 동남아시아 선박과 사람의 표착에 주목하여 동아시아에서 발견되는 유사한 표해기록이 동남아시아에서도 존재하는지를 확인하기 위해 동북아시아에서 표류한 기록이 남아 있는 베트남의 표해기록을 조사했다. 결론적으로 동남아시아에는 동아시아와 비교·분석할 수 있는 표해기록 자체가 미흡했다. 동남아시아에서 텍스트로 된 기록이 시작된 것은 13세기의 일로 시기적으로도 동아시아보다 현저히 뒤처졌으며 관련 기록도 많지 않았다. 이렇게 동아시아와 동남아시아는 시기와 내용이 다르므로 서로를 비교할 수 없었지만 앞으로의 연구를 위해 베트남 표해기록의 대략을 제공하고자 한다.

베트남의 표해에 관한 기록은 『화산이씨족보(花山李氏族譜)』, 『대남식

〈표 13〉 베트남에 남아 있는 표해기록

자료	표류민	출발지	목적지	표착지
『화산이씨족보 (花山李氏族譜)』	베트남 황자(皇子) 리 롱 뜨엉 등	베트남	-	황해도 옹진군
『대남식록전편 (大南寔錄前編)』 권10	-	베트남	파라셀제도 (Paracel)	중국 경주(瓊州)
『대남식록전편』 권10	여휘덕 등	중국	-	베트남
『Nhât Bản Kiến Văn Lục』	당 흐우 보이 등 5명	사이공 (Saigon)	후에 (Hue)	일본 나가사키 (長崎)
『阮朝硃本(Châu Bản Triều Nguyễn)』	응우옌 반 응으 등	베트남 다낭 (Danang)	필리핀	파라셀제도
『Châu Bản Triều Nguyễn』	중국 복건 출신 500명	-	-	베트남 다낭
『대남식록정편』	팜 반 비엔 등	베트남	파라셀제도	남중국해
『대남식록정편』	영국인 90명	-	-	빈딘(Bihn-Dihn)

록전편(大南寔錄前編)』 등에서 찾을 수 있다. 〈표 13〉은 베트남에 남아 있는 표해기록의 대략을 정리한 것이다.

참파국 사람의 표해

참파국인의 표류 시기는 5세기 말부터 시작하여 침피 왕국이 쇠락하기 시작하는 15세기까지 걸쳐 있다. 표해 지역은 참파 왕국과 중국 남부 사이의 바다 모처(某處), 석당(石塘), 분형국(湓亨國) 등지이다. 석당은 현재의 남중국해 지역에 해당하고, 분형국은 말레이반도의 빠항(Pahang)이다. 현재까지 참인의 표해 사례는 그다지 많이 발견되지 않았지만, 해상 왕국 참파의 참인들은 중국, 남중국해, 말레이반도 등지를 왕래하고 있었음을 알 수 있다. 특히 지금도 베트남을 포함한 동남아시아와 중국 사이에 영유권 분쟁이 벌어지고 있는 남중국해 지역에 참파인이 표해했을 때에는, 몇 년 동안이나 귀국하지 못하는 경우도 있었다.

특히, 1407년경 중국에 파견되었던 참파 사절단이 임무를 마치고 귀국하던 중에 태풍을 만나 분형국에 표해한 사건은 흥미롭다. 당시 섬라(暹羅)[태국(Thailand)]가 분형국을 위협하여 참파 사절단을 데려가서 억류하고 돌려보내지 않았다. 수마트라와 말라카에서 온 사신들도 명나라 조정에게 섬라의 침략에 고통받고 있다는 사실을 알렸는데, 참파 사절단의 억류 소식을 전해들은 영락제는 섬라를 책망하며 이 사절단을 귀환시키라고 요구했다. 표해로 발생한 동남아 국가들 간의 분쟁에 중국이 개입하고 있었음을 알 수 있다.

외국인의 참파국 표해

외국인의 참파국 표해 시기는 4세기 후반부터 시작하여 16세기 전반까지 걸쳐 있다. 참파에 표해한 외국인은 부남국(扶南國)[캄보디아], 중국 복건성, 섬라국, 베트남 등 출신이었다.

표류민의 계층은 승려, 조정의 사신, 상인 등으로 다양했다. 1171년에는 중국 복건성 출신 사람이 바다를 건너 중국 해남도(海南島)에 가던 중 태풍을 만나 배가 표해하여 참파에 도착했다. 당시 참파국과 진랍왕국(眞臘)[크메르왕국]은 모두 코끼리 부대를 주력으로 전투를 진행했지만 승부를 내지 못하고 있었다.

이때 표해한 중국 복건성 사람이 참파 왕에게 기마 전술과 궁술을 활용해야 한다고 조언했고, 이 조언을 받아들인 왕은 배를 마련해 복건성 사람을 해남도로 돌려보내면서 수십 필의 말을 수입하여 전쟁에서 비로소 승리했다는 일화가 전한다. 또한 앞서 언급한 1407년의 사건 때문에 섬라국에 대해 감정이 좋지 못했던 참파는 중국을 왕래하던 섬라국 사절단의 선박이 중간에 자국 항구에 기착(寄着)하거나 표해하는 경우에 이 선박을 억류하여 보복 조치를 취하는 경우도 있었다.

베트남 사람의 표해

표해 시기는 13세기 전반부터 19세기 전반까지 걸쳐 있다. 표해 지역은 중국, 한국, 일본 나가사키, 남중국해의 파라셀 제도 등지이다. 베트남인은 베트남 중북부에 위치한 참파국의 사람에 비해 남중국해 항해가 늦었던 것으로 보이지만, 17세기부터 파라셀제도 해역을 왕래하다가 표해하는 경우도 나타나기 시작한다. 또한 서구인과 함께 항해하던 베트남인의 표해도 사례도 발견된다.

외국인의 베트남 표해

외국인의 베트남 표해는 8세기부터 19세기 후반까지 걸쳐 있다. 베트남에 표해한 외국인은 일본, 섬라국, 믈라카(Malacca)[말레이시아(Malaysia)], 중국, 조선, 프랑스, 영국 등지 출신이었다. 표류민의 계층은 승려, 사신, 군인, 민간인, 관리 등이었다. 베트남과 주변 해역에서 발생한 표해 현상은 참파 왕국의 경우에 비해 보다 다양한 양상으로 전개되었다.

일본 출신의 표류민이 중국과 같은 제3국의 영향력을 통해 현지의 관직을 맡게 되는 경우도 있었지만, 중국에서 귀환하다 베트남에 표해한 말라카 사절단은 대부분 무자비하게 살해당하거나 얼굴에 입묵(入墨)을 당하며 노예로 전락하는 경우도 있었다.

한편, 중국 측의 요구로 표류민 송환 시스템이 17세기 후반부터 국제 관계에서 점차 제도화되어 가는 과정도 확인할 수 있다. 그래서 중국인 표해민 중에는 베트남 조정의 적극적인 지원을 받아 귀국한 사례도 있다. 그리고 서양인들의 아시아 여행이 활발해지자, 남중국해 해역에서 난파당하여 표해하는 서양 선박들의 수도 서서히 늘어나게 된 것 같다. 아울러, 조선인들의 베트남 표해 사례도 보인다. 최부는 1488년 제주도에서 출항했다가 표해하여 절강성에 정박했다가 베트남을 지나 중국 북부를 거쳐 돌아온 후 『표해록』을 남겼다. 이후의 사례로는 1680년대 호이안에 표류한 김대황(김태황)·고상영 일행의 경우를 들 수 있다. 1770년대 초반에 류큐에 표해한 장한철은 귀환하는 과정에서 일본으로 향하던 베트남 상선의 도움을 받기도 했다.

장등계, 『일본견문록』

1815년 베트남의 카이 라이의 지휘하에 자딘성 병사 5명이 사이공에서 후에로 이동하던 중 태풍을 만나 표류하면서 일본 야쿠시마섬에 표착했다가 나가사키를 통해 돌아오는 길의 견문을 기록한 표해록이다. 한자문화권에 속했던 베트남의 고문서를 보관하는 베트남 한놈연구원(漢喃研究員)에 소장되어 있으며 많은 양의 기록은 아니나 당대 일본의 풍토와 생활상을 상세히 설명하고 있다.

　베트남으로 생환한 병사들은 일본인의 다양한 삶에 관한 문견을 당시 장등계에게 알렸다. 그는 1828년 9월에 19세기 일본인의 관습 등에 대해 병사들이 진술한 바를 기록하고 내용을 덧붙여 『일본견문록』을 남겼다. 장등계(張登桂, Trương Đăng Quế)는 총리직을 지낸 정치인으로 시인이자 역사가로서 학문적 기량이 뛰어나 응우옌 왕조 티에우치(Thieu Tri, 1807~1847) 왕의 스승이 되기도 했다.

베트남인 표해 여정

『일본견문록(日本見聞錄, Nhật Bản Kiến Văn Lục)』에는 일자별로 간단하게 나가사키로 이르렀던 여정이 기술되어 있으며, 송환 과정에 대한 내용은 별도로 기술되어 있지 않다. 당 흐우 보이(Đặng Hữu Bôi, 鄧有杯) 외 5명은 1815년(嘉隆 14) 4월 나무 뗏목을 갈아타고 수로로 이동하던 중에 풍랑을 만나 바다로 표류하게 된다. 약 4개월을 표해하다 8월 중순에 이르러 일본 근방의 큰 섬에 도착해 주변 성부로 이동했다. 이들의 주요 표해 여정을 정리하면 〈표 14〉와 같다.

『일본견문록』 속 일본

여정과 관련한 내용은 적지만 이들이 일본에서 머물고 있을 동안 의식주를 비롯한 다양한 관제 등을 자세히 묘사해 당시 이 지역의 다양한 모습을 확인할 수 있다.

의복 겉옷은 남녀가 모두 동일하다. 옷은 매우 길고 양 소매는 트여 있으며 짧았다. 모두 꽃무늬가 있는 천을 주로 사용했으니 여러 폭이 겹쳐 있다. 칼로 잘라 끊은 부분은 볼 수 없다. 빨래할 때에는 풀고, 빨래한 후에 다시 폭을 합쳐 꿰매서 이전과 같게 한다. 허리는 끈으로 만들어진 허리띠로 묶고 하체에는 바지를 입고 속옷은 입지 않는다. 신발이 있으나 짚신은 없다. 신발이 있어도 버선을 만들어 발을 감싸고, 양쪽 엄지발가락 사이에 버선 꼭대기를 두고, 꿰매어 갈라지게 하고 편히 발을

〈표 14〉 베트남인 표해 여정

날짜	주요 여정	주요 내용
1815년 4월		수로로 이동하던 중 바다로 표류
5월 7일	모래섬 표착	우물이 있어 식수를 해결함
5월 8일		배를 타고 온 청나라 사람을 만났으나 언어가 달라 소통이 불가
5월 9일		청나라 사람에게 쌀[米]을 받음
6월 5일		뗏목을 엮어 바닷가로 나가 물고기를 채취해 먹음
8월 15일	일본 근방 섬 도착	3일 머무르다 중군점(中軍店)이라 부르는 곳으로 이동함
8월 16일	칠마진(七麻鎭) 도착	칠마진(七麻鎭)에서 20여 일을 머무르다 바다로 나아감
9월 11일	대관성(大官城) 도착	일본인들의 모습, 의복, 거주, 관제 등을 관찰함

감싸고 다닌다. 신은 대부분이 황소 가죽을 이용했고, 어떤 것은 풀로 만들었다.

음식 먹을거리는 해조류가 가장 많다. 바다에서 모여 나는 것으로 그 잎이 긴데 사탕수수를 닮았고, 매우 두툼하다. 일본인이 바다에 들어가 채취하여 햇빛에 말려 국을 만들어 먹는다. 혹 삶아서 젓갈로 담근다. 그 맛이 달고 시큼하여 좋다.

주거 거처하는 가옥은 대개 널빤지로 지었는데, 사이의 이음새는 짚으로 이은 것이 고르지 않은 형상이나, 방의 기둥은 모두 바르다. … 행상

(行商)과 좌상(坐商)이 모이는 곳은 자못 도회지라 칭할 수 있었다. 성 안에 있는 기와집에는 청나라 상인이 거주했고, 밖에는 병사들이 지키고 있었다.

이러한 정보들은 당시 일본과 베트남의 교류가 미진했던 당시 19세기 초 일본 민족지학을 연구할 수 있는 희귀하고 중요한 자료로 볼 수 있다.

3부

문학과 종교 문헌에 나타난 표해

표해서사

항해 중 뜻하지 않은 사고로 일어나는 표해는 신화와 전설, 소설 속에서 극적인 요소가 더해져 흥미진진한 사람과 문물의 교류 이야기로 전개된다. 이 글에서는 표해를 소재로 한 이야기류를 '표해서사'로 통칭하고, 한국과 중국의 대표적 신화, 전설, 민담, 설화, 소설 등을 소개하여 그 일단을 소개하고자 한다.[1]

---

[1] 표해를 다룬 문학작품은 아시아 전역에서 볼 수 있다. 김영원 외, 『항해와 표류의 역사』(솔, 2003), p.13.

한국

『삼국사기(三國史記)』 권1, 신라본기(新羅本紀)1, 「탈해이사금(脫解尼師今)」

탈해이사금【또는 토해(吐解)라고도 함.】이 왕위에 올랐다. 그때 나이는 62세였다. 성은 석(昔)씨이고 왕비는 아효부인(阿孝夫人)이었다.

탈해는 본래 다파나국(多婆那國)에서 태어났는데, 그 나라는 왜국(倭國)의 동북쪽 1천 리 되는 곳에 있다. 앞서 그 나라 왕이 여국왕(女國王)의 딸을 맞아들여 아내로 삼았는데, 임신한 지 7년이 되어 큰 알을 낳았다. 그 왕이 말하기를, "사람으로서 알을 낳은 것은 상서롭지 못하니 마땅히 버려야 한다."고 했다. 그 여자는 차마 그렇게 하지 못하고 비단으로 알을 싸서 보물과 함께 궤짝 속에 넣어 바다에 띄워 가는 대로 가게 맡겨 두었다.

처음에 금관국(金官國)의 바닷가에 이르렀으나 금관국 사람들이 그것을 괴이하게 여겨서 거두지 않았다. 다시 진한의 아진포(阿珍浦) 어구에 다다랐다. 이때는 시조 혁거세가 왕위에 오른 지 39년 되는 해이다. 그때 바닷가에 있던 할멈이 줄로 끌어 당겨서 해안에 매어놓고 궤짝을 열어 보니 작은 아기가 하나 있어 그 할멈이 거두어 길렀다. 장성하자 신장이 아홉 자나 되고 풍채가 빼어나고 환했으며 지식이 남보다 뛰어났다. 어떤 사람이 말했다. 이 아이의 성씨를 모르니, 처음에 궤짝이 왔을 때 까치 한 마리가 날아와 울면서 그것을 따랐으므로 마땅히 작(鵲)에서 조(鳥)를 생략하여 석(昔)으로써 성을 삼고, 또 궤짝에 넣어둔 것을 열고 나왔으므로 마땅히 탈해(脫解)라 해야 한다.

탈해는 처음에 고기잡이를 업(業)으로 하여 그 어머니를 봉양했는데, 한 번도 게으른 기색이 없었다. 어머니가 말하기를, "너는 보통 사람이 아니다. 골상(骨相)이 특이하니 마땅히 학문을 하여 공명을 세워라."고 했다. 이에 오로지 학문에만 힘써 지리(地理)까지도 겸하여 알았다. 양산 아래 호공(瓠公)의 집을 바라보고는 길지(吉地)라고 여겨 속임수를 써서 그곳을 빼앗아 살았는데, 그 땅은 후에 월성(月城)이 되었다.

남해왕 5년에 이르러 (왕이) 그가 어질다는 소문을 듣고 그의 딸을 그에게 시집보내고, 7년에는 등용하여 대보(大輔)로 삼아 정치의 일을 맡겼다. 유리왕이 장차 죽을 즈음에 다음과 같이 말했다. "선왕(先王)이 유언으로 말하기를, '내가 죽은 후에는 아들이나 사위를 논하지 말고 나이가 많고 또한 어진 사람으로 왕위를 잇게 하라!'고 하셨으므로 내가 먼저 왕위에 올랐다. 이제 마땅히 왕위를 (그에게) 물려주어야겠다."

『삼국유사(三國遺事)』

권1, 기이(紀異)1 제4, 「탈해왕(脫解王)」

탈해치질금(脫解齒叱今)은 남해왕(南解王) 때【고본(古本)에는 임인(壬寅)년이라고 했으나 이것은 잘못이다. 가까운 일이라면 노례왕(弩禮王)의 즉위 초년보다 뒤의 일일 것이니 양위(讓位)를 다투는 일이 없었을 것이다. 또 먼저의 일이라면 혁거세왕(赫居世王) 때의 일일 것이다. 그러니 이 일은 임인(壬寅)년이 아닌 것임을 알겠다.】가락국(駕洛國) 바다 가운데에 배 한 척이 와서 닿았다. 이것을 보고 그 나라 수로왕(首露王)이 백성들과 함께 북을 치고 법석이면서 그들을 맞아 머물게 하려고 했다. 그러나 그 배는 나는 듯이 계림(鷄林) 동쪽 하서지촌(下西知村)의 아진포(阿珍浦)로 달아났다.【지금도 상서지촌(上西知村)·하서지촌(下西知村)의 이름이 있다.】

이때 마침 포구에 한 늙은 할멈이 있어 이름을 아진의선(阿珍義先)이라고 했는데 이가 바로 혁거세왕의 고기잡이 할멈이었다. 그는 이 배를 바라보고 말했다. "이 바다 가운데에는 본래 바위가 없는데 무슨 까닭으로 까치들이 모여들어서 우는가."

배를 끌어당겨 찾아보니 까치들이 배 위에 모여들었다. 그 배 안에는 궤 하나가 있었다. 길이는 20척(尺)이오. 너비는 13척이나 된다. 그 배를 끌어다가 나무 숲 밑에 매어 두었다. 그러나 이것이 흉한 것인지 길한 것인지 몰라서 하늘을 향해 고했다. 이윽고 궤를 열어 보니 단정히 생긴 사내아이가 하나 있고 아울러 칠보(七寶)의 노비(奴婢)가 가득 차 있었다. 그들을 7일 동안 잘 대접했더니 사내아이는 그제야 말을 했다.

"나는 본래 용성국(龍城國) 사람이오.【정명국(正明國) 혹은 완하국(琓夏國)이라고도 한다. 완하(琓夏)는 또 화하국(花厦國)이라고도 하니, 용성(龍城)은 왜국(倭國) 동북쪽 1천 리 떨어진 곳에 있다.】우리나라에는 원래 28용왕(龍王)이 있어서 그들은 모두 사람의 태(胎)에서 났으며 나이 5~6세부터 왕위에 올라 만민(萬民)을 가르쳐 성명(性命)을 바르게 했소. 팔품(八品)의 성골(姓骨)이 있는데 그들은 고르는 일이 없이 모두 왕위에 올랐소. 그때 부왕 함달파(含達婆)가 적녀국(積女國)의 왕녀(王女)를 맞아 왕비로 삼았소. 오래 되어도 아들이 없자 기도를 드려 아들 낳기를 구하여 7년 만에 커다란 알(卵) 한 개를 낳았소. 이에 대왕은 모든 신하들을 모아 묻기를, '사람으로서 알을 낳았으니 고금(古今)에 없는 일이다. 이것은 아마 좋은 일이 아닐 것이다.' 하고, 궤를 만들어 나를 그 속에 넣고 칠보와 노비들을 함께 배 안에 실은 뒤 바다에 띄우면서 빌기를, '아무쪼록 인연 있는 곳에 닿아 나라를 세우고 한 길을 이루도록 해주시오.' 했소. 빌기를 마치자 갑자기 붉은 용이 나타나더니 배를 호위해서 지금 여기에 도착한 것이오."

말을 끝내자 그 아이는 지팡이를 끌고 두 종을 데리고 토함산(吐含山) 위로 올라가더니 돌집을 지어 7일 동안을 머무르면서 성(城)안에 살 만한 곳이 있는가 바라보았다. 산봉우리 하나가 마치 초사흘 달 모양으로 보이는데 오래 살 만한 곳 같았다. 이내 그곳을 찾아가니 바로 호공(瓠公)의 집이었다.

아이는 이에 속임수를 썼다. 몰래 숫돌과 숯을 그 집 곁에 묻어 놓고, 이튿날 아침에 문 앞에 가서 말했다. "이 집은 우리 조상들이 살던 집이오." 호공은 그렇지 않다 하여 서로 다투었다. 시비(是非)가 판결되지 않으므로 이들은 관청에 고발했다. 관청에서 묻기를, "무엇으로 네 집이라는 것을 증명할 수 있느냐" 하자, 어린이는 말했다. "우리 조상은 본래 대장장이이었소. 잠시 이웃 고을에 간 동안에 다른 사람이 빼앗아 살고 있는 터요. 그러니 그 집 땅을 파서 조사해 보면 알 수가 있을 것이오." 이 말에 따라 땅을 파니 과연 숫돌과 숯이 나왔다. 이리하여 그 집을 빼앗아 살게 되었다.

이때 남해왕은 그 어린이, 즉 탈해가 지혜가 있는 사람임을 알고 맏공주로 그의 아내를 삼게 하니 이가 아니부인(阿尼夫人)이다. 어느 날 토해(吐解)는 동악(東岳)에 올라갔다가 내려오는 길에 백의(白衣)를 시켜 물을 떠 오게 했다. 백의는 물을 떠 가지고 오다가 중로에서 먼저 마시고는 딜해에게 드리러 했다. 그러니 물그릇 한쪽이 입에 붙어서 떨어지지 않았다. 탈해가 꾸짖자 백의는 맹세했다. "이 뒤로는 가까운 곳이거나 먼 곳이거나 감히 먼저 마시지 않겠습니다." 그제야 물그릇이 입에서 떨어졌다. 이로부터 백의는 두려워하고 복종하여 감히 속이지 못했다. 지금 동악 속에 우물 하나가 있는데 세상에서 요내정(遙乃井)이라고 부르는 우물이 바로 이것이다.

노례왕(弩禮王)이 죽자 광호제(光虎帝) 중원(中元) 6년 정사(丁巳) 6월에 탈해는 왕위에 올랐다. 옛날에 남의 집을 내 집이라 하여 빼앗았다 해서 석씨(昔氏)라고 했다. 혹 또 까치로 해서 궤를 열게 되었기 때문에 까치(鵲)라는 글자에서 조(鳥) 자를 떼고 석씨(昔氏)로 성(姓)을 삼았다고도 한다. 또 궤를 열고 알을 벗기고 나왔다 해서 이름을 탈해로 했다고 한다.

그는 재위 23년 만인 건초(建初) 4년 기묘(己卯; 29)에 죽어서 소천구(疏川丘) 속에 장사지냈다. 그런데 뒤에 신(神)이 명령하기를, "조심해서 내 뼈를 묻으라"고 했다. 그 두골(頭骨)의 둘레는 석 자 두 치, 신골(身骨)의 길이는 아홉 자 일곱 치나 된다. 이[齒]는 서로 엉기어 하나가 된 듯도 하고 뼈마디는 연결되어 있었다. 이것은 이른바 천하에 짝이 없는 역사(力士)의 골격(骨格)이었다. 이것을 부수고 소상(塑像)을 만들어 대궐 안에 모셔 두었다. 그랬더니 신(神)이 또 말하기를, "내 뼈를 동악(東岳)에 안치해 두어라"했다. 그래서 거기에 봉안케 했던 것이었다. 어떤 사람은 말하기를, 탈해가 죽은 뒤 문호왕(文虎王) 때 조로(調露) 2년 경진 3월 15일 신유(辛酉) 밤 태종(太宗)의 꿈에, 몹시 사나운 모습을 한 노인이 나타나 말했다. "내가 탈해이다. 내 뼈를 소천구에서 파내다가 소상(塑像)을 만들어 토함산에 안치하도록 하라." 왕은 그 말을 좇았다고 한다. 그런 까닭에 지금까지 제사를 끊이지 않고 지내니 이를 동악신(東岳神)이라고 한다.

권1, 기이1, 「연오랑 세오녀(延烏郎·細烏女)」
제8대 아달라왕(阿達羅王)이 즉위한 4년 정유(丁酉)에 동해(東海) 바닷가에는 연오랑(延烏郎)과 세오녀(細烏女) 부부가 살고 있었다.
  어느 날 연오랑이 바다에 나가 해조(海藻)를 따고 있는데 갑자기 바위

하나【물고기 한 마리라고도 한다.】가 나타나더니 연오랑을 등에 업고 일본(日本)으로 가 버렸다. 이것을 본 나라 사람들은, "이는 범상한 사람이 아니다." 하고 세워서 왕을 삼았다.【「일본제기(日本帝紀)」를 상고해 보면 전후(前後)에 신라 사람으로 왕이 된 사람은 없다. 그러니 이는 변읍(邊邑)의 조그만 왕이고 참말 왕은 아닐 것이다.】

세오녀는 남편이 돌아오지 않는 것이 이상해서 바닷가에 나가서 찾아보니 남편이 벗어 놓은 신이 있었다. 바위 위에 올라갔더니 그 바위는 또한 세오녀를 업고 마치 연오랑 때와 같이 일본으로 갔다. 그 나라 사람들은 놀라고 이상히 여겨 왕에게 이 사실을 아뢰었다. 이리하여 부부가 서로 만나게 되어 그녀로 귀비(貴妃)를 삼았다.

이때 신라에서는 해와 달에 광채(光彩)가 없었다. 일자(日者)가 왕께 아뢰기를, "해와 달의 정기(精氣)가 우리나라에 내려 있었는데 이제 일본으로 가 버렸기 때문에 이러한 괴변이 생기는 것입니다." 했다. 왕이 사자(使者)를 보내서 두 사람을 찾으니 연오랑은 말한다. "내가 이 나라에 온 것은 하늘이 시킨 일인데 어찌 돌아갈 수가 있겠는가. 그러나 나의 비(妃)가 짠 고운 비단이 있으니 이것으로 하늘에 제사를 드리면 될 것이다." 이렇게 말하고 비단을 주니 사자가 돌아와서 사실을 보고하고 그의 말대로 하늘에 제사를 드렸다. 그런 뒤에 해와 달의 정기가 전과 같았다. 이에 그 비난을 임금의 창고에 간수하고 국보(國寶)로 삼으니 그 창고를 귀비고(貴妃庫)라 한다. 또 하늘에 제사지낸 곳을 영일현(迎日縣), 또는 도기야(都祈野)라 한다.

권3, 제4 탑상, 「황룡사장육(皇龍寺丈六)」

얼마 지나지 않아 바다 남쪽에 큰 배가 하곡현(河曲縣) 사포(絲浦)【지금 울주 곡포(谷浦)이다.】에 정박했다. 조사하여 보니 첩문이 있었는데 "서축(西竺)의 아육왕(阿育王)이 황철(黃鐵) 5만 7천 근과 황금 3만 푼【별전(別傳)에는 철 40만 7천 근, 금 천 냥이라고 하는데 잘못된 것인 듯하다. 혹은 3만 7천 근이라고 한다.】을 모아 장차 석가삼존상을 주조하려고 했으나 아직 이루지 못해 배에 실어 바다에 띄웠고 축원하여 '원컨대 인연이 있는 나라에 이르러 장육존용(丈六尊容)을 이루어라'라고 하고, 아울러 일불이보살상(一佛二菩薩像)의 모형도 실었다."

현의 관리가 장계를 갖추어 왕에게 아뢰니 사자를 시켜 그 현의 성 동쪽 시원하고 높은 곳을 골라 동축사(東竺寺)를 창건하고 그 삼존불을 맞아서 안치했다. 그 금과 철은 서울로 옮겨와서 대건(大建) 6년 갑오 3월 사중기에는 계사 10월 17일(573년)이라고 한다. 에 장육존상을 주성하여 한 번에 이루었다. 무게는 3만 5천 7근으로 황금 1만 1백 9십 8푼이 들어갔고, 두 보살에는 철 1만 2천근과 황금 1만 1백 3십 6푼이 들어갔다. 황룡사에 안치했다.

다음 해(575년)에 장육존상이 눈물을 흘렸는데 발꿈치까지 이르러 땅 1척을 적셨다. 대왕이 승하할 조짐이었다. 혹은 존상이 진평왕대에 이루어졌다고도 하는데 잘못이다.

별본(別本)에는 다음과 같이 실려 있다. 아육왕은 서축의 대향화국(大香華國)에서 부처가 돌아가신 뒤 100년 사이에 태어났다. 진신을 공양하지 못한 것을 한스러워하여 금과 철 약간 근을 모아 세 번 주성했으나 이루지 못했다. 그때 왕의 태자가 홀로 그 일에 참여하지 않자 왕이 사자를 보내 그를 꾸짖었다. 태자가 주청하기를 "혼자 힘으로는 이루지 못합니다. 일찍이 이루지 못할 것을 알았습니다."라고 했다. 왕이 그렇게 여겨 이에 배에 실어 바다에 띄웠다.

남염부제(南閻浮堤) 16대국(大國), 500중국(中國), 1만 소국(小國), 8만 취락을 두루 돌지 않은 곳이 없었지만 모두 주조하지 못했다. 마지막으로 신라국에 이르자 진흥왕이 그것을 문잉림(文仍林)에서 주조하여 불상을 완성하니 상호(相好)가 다 갖추어졌다. 아육은 이에 무우(無憂)라고 번역되었다.

후에 대덕 자장(慈藏)이 당으로 유학하여 오대산(五臺山)에 이르러 문수보살의 현신이 감응하여 비결을 주고 인하여 부탁하여 말하기를 "너희 나라의 황룡사는 곧 석가와 가섭불(迦葉佛)이 강연하던 땅으로 연좌석(宴坐石)이 아직 있다. 그러므로 천축의 무우왕(無憂王)이 황금 약간 근을 모아 바다에 띄워 1,300여 년을 지난 연후에 곧 너희 나라에 도착하여 이루어져 그 절에 안치되었다. 대개 위덕의 인연이 그렇게 만든 것이다."라고 했다. 별기(別記)에 수록된 것과는 같지 않다.

불상이 조성된 후에 동축사의 삼존 또한 옮겨와 절 안에 안치했다. 절의 기록에는 "진평왕 5년 갑진(584년)에 금당이 조성되었고, 선덕왕대 절의 첫 주지는 진골인 환희사(歡喜師)였고, 제2주지는 자장국통이고 그 다음은 국통 혜훈(惠訓), 그 다음은 상률사(廂律師)이다."라고 했다.

지금 병화가 이미 있어서 큰 불상과 두 보살상은 모두 녹이서 사라졌고 작은 석가상은 아직 남아 있다.

권3, 제4 탑상, 「민장사(敏藏寺)」
우금리(禺金里)의 가난한 여자 보개(寶開)에게 이름이 장춘(長春)이라고 하는 아들이 있었다. 바다의 장사꾼을 따라다녔는데 오랫동안 소식이 없었다. 그의 어머니가 민장사(敏藏寺)【이 절은 민장(敏藏) 각간(角干)이 [자신의] 집을 내놓아 절로 삼은 것이다.】관음보살 앞에 나아가서 7일 동안 지극히 기도 드렸더니 장춘이 갑자기 돌아왔다.

그 까닭을 물으니 [장춘이] 말하기를, "바다 가운데 회오리바람을 만나 선박이 부서져서 동료들은 모두 죽음을 면하지 못했습니다만, 저는 널판쪽을 타고 오(吳)나라 해변에 가서 닿았습니다. 오나라 사람들이 저를 데려가서 들에서 농사를 짓게 했습니다. [하루는] 고향마을에서 온 것 같은 이상한 스님이 와서 불쌍히 여기고 위로하며 저를 데리고 동행하는데, 앞에 깊은 도랑이 있어서 스님이 겨드랑이에 저를 끼고 뛰었습니다. 정신이 희미한 가운데 향음과 우는 소리가 들리므로 살펴보니 벌써 여기 와 있었습니다. 초저녁 때[哺時] 오나라를 떠났는데 여기에 이른 것은 겨우 술시(戌時) 초였습니다." 했다.

[그때는] 즉 천보(天寶) 4년 을유(乙酉) 4월 8일이었다. 경덕왕(景德王)은 이 소식을 듣고서 절에 밭을 주고 또 재물과 폐백을 바쳤다.

한치윤, 『해동역사』 권40, 교빙지(交聘志)8, 「표류(漂流)」

- 신라 사람이 바다에 표류하여서 귀국(鬼國)에 도착했는데, 귀국 사람들이 그들을 잡고서 말하기를, "너는 우리와 함께 겨[糠]를 3자[尺] 높이로 쌓겠는가, 아니면 너의 코를 1길[丈] 길이로 늘이겠는가?" 했다. 이에 그 사람이 겨를 쌓겠다고 했는데, 쌓지 못했다. 그러자 귀국 사람이 그의 코를 뽑아서 코끼리의 코와 같게 만들었다.
  — 『유양잡조(酉陽雜俎)』

- 능주 자사(陵州刺史) 주우(周遇)가 청사(青社)의 바다에서 민(閩)으로 돌아오다가 태풍을 만나 5일 동안 밤낮을 표류하여, 몇천 리나 떠내려갔

는지를 모른 채 모두 여섯 나라를 거쳤다. 첫 번째는 구국(狗國)으로, 같은 배에 탔던 신라(新羅)의 나그네가 말하기를, "이곳은 구국이다." 했다. 그곳에서 머뭇거리고 있노라니 과연 벌거벗은 사람이 개를 끌어안고 나오는 것이 보였는데, 배를 바라보고는 놀라서 달아났다. 또 유규국(流虯國)을 지났는데, 그 나라 사람들은 아주 작았으며, 모두 한결같이 마포(麻布)를 입고 있었고 예의가 있었다. 그들은 앞 다투어 음식물을 가지고 와서 쇠못과 맞바꾸기를 요구했다. 신라의 나그네 역시 그들의 말을 반쯤 알아들었는데, 그들이 신라의 나그네를 보내어 속히 지나가라고 하면서 말하기를, '우리나라에서는 표류해 온 중국 사람이 있을 경우 재앙이 있을까 염려한다.' 했다.

_ 『영표이록(嶺表異錄)』

- 등주(登州)에 사는 장사꾼인 마행여(馬行餘)가 바다를 돌아서 운산(崙山)으로 가려고 하다가 동려(桐廬)를 지날 때 마침 서풍이 불어서 신라국에 도착하게 되었다. 임금이 마행여가 중국에서 왔다는 말을 듣고는 빈례(賓禮)로 접대하면서 말하기를, "내가 비록 오랑캐의 나라에 살고 있지만 해마다 유학(儒學)을 익히는 자가 있어서 중국 조정에 천거했는데, 그들이 과거에 급제하고서 금의환향하면 내가 반드시 녹봉을 후하게 주었다. 이에 공자(孔子)의 도(道)가 오랑캐 땅과 중국 땅에 써졌나는 것을 일게 되있다." 하고는, 인히여 미행어와 더불어서 경적(經籍)에 대해 논하고자 했다. 이에 마행여가 자리를 피하면서 말하기를, "용렬하고 누추한 장사치가 몸은 비록 중국 땅에 오래 살았지만 농사짓는 법이나 배웠을 뿐 시서(詩書)의 뜻에 대해서는 알지 못합니다. 시서를 익히고 예율(禮律)을 밝히는 것은 사대부들이나 하는 일이지, 소인들이 하는 일이 아닙니다." 하고는, 끝내 사양하면서 배

를 타고 부상(扶桑) 땅을 떠나겠다고 말했다. 그러자 신라의 임금이 의아해하면서 말하기를, "나는 중국 사람들이 모두 다 학문을 잘할 것으로 생각했지, 학문을 모르는 속인(俗人)이 있을 줄은 생각지도 못했다." 했다. 마행여가 고향으로 돌아와서는 스스로 의식(衣食)만 탐하다가 우매해져서 학문의 도를 알지 못하여 외국 오랑캐에게 모욕당한 것을 부끄럽게 여겼다. 그런데 하물며 영철(英哲)들이겠는가.

_『운계우의(雲溪友議)』

- 가우(嘉祐) 연간에 곤산현(崑山縣) 상해(上海)에 돛대가 부러진 배 한 척이 바람에 표류하여 해안에 도착했다. 배 안에는 30여 인이 타고 있었는데 옷차림새가 당(唐)나라 사람 같았으며, 붉은 가죽의 각대(角帶)를 띠고 검은 베로 만든 짧은 저고리를 입고 있었다. 그들은 사람들을 보고는 모두 통곡했는데, 말을 알아들을 수가 없었다. 이에 시험 삼아 그들에게 글씨를 써 보게 했으나, 역시 읽을 수가 없었다. 길을 갈 때에는 서로 줄을 지어서 가 마치 기러기가 줄지어 가는 것 같았다.

한참 뒤에 그들이 글 하나를 내어 사람들에게 보여 주었는데, 바로 당나라 천수(天授) 연간에 둔라도수령 배융부위(屯羅島首領陪戎副尉)에 제수한 것이었다. 또 글 하나가 있었는데, 고려에 올리는 표문으로 역시 둔라도(屯羅島)라고 칭했으며, 모두 한자(漢字)로 썼으니, 대개 고려에 신하로 복속한 동이(東夷)였다. 배 안에는 여러 가지 곡식이 있었다. 그 가운데 오직 연밥만 한 삼씨[麻子]를 소주(蘇州) 사람들이 심었는데, 첫해에는 연밥만 하더니 다음 해에는 조금 작아졌고, 몇 년 뒤에는 중국의 삼씨만 해졌다.

그 당시에 찬선대부(贊善大夫) 한정언(韓正彦)이 곤산현 지사(崑山縣知事)로 있으면서 그 사람들을 불러다가 술과 음식을 내려 주었다. 다 먹고 나자 그들은 손으로 머리를 받들고 말이 땅에 엎드리는 듯한 자세를 취했는데, 마치 기뻐서 감사해하는 뜻 같았다. 한정언이 사람을 시켜서 배의 돛대를 고쳐 주게 했는데, 돛대를 예전대로 선목(船木)의 위에다가 꽂으니 움직일 수가 없었다. 이에 공인(工人)이 회전축(回轉軸)을 만들어서 일으키고 쓰러뜨리는 법을 가르쳐 주니, 그 사람들이 또 기뻐하면서 손으로 머리를 받들고는 말이 땅에 엎드리는 듯한 자세를 취했다.

_『몽계필담(夢溪筆談)』

- 삼가 살펴보건대 둔라(屯羅)는 지금의 탐라(耽羅)이다.

목만중(睦萬中), 「김복수전(金福壽傳)」

목만중의 문집 『여와집(餘窩集)』에 실린 설화이다. 목만중은 본관이 사천(泗川), 자는 유선(幼選)이다. 1759년 급제하여 여러 관직을 역임했다. 1801년 신유사옥 때, 대사간으로서 당시의 영의정 심환지(沈煥之)와 함께 남인시파(南人時派) 계열의 천주교도들에 대한 박해와 탄압을 주도했다.

「김복수전」은 목만중이 1793년에 지은 표해문학이다. 강준흠(姜俊欽)이 사헌부 장령으로 재직했을 당시, 제주도 출신 사대부로부터 김복수 이야기를 듣고서 기(記)를 썼는데, 목만중이 이를 다시 윤색한 것이다.

그 내용을 보면 인조~효종 연간 제주에 살던 김복수가 고기잡이배를 탔다가 표해하여 안남국에 표착했다. 혼자 살아남아 베트남에서 적응하며 살다 류큐에서 표류해 온 여인과 결혼하여 가정을 꾸린다. 베트남에 표착한 지 40여 년이 흐른 어느 날, 어머니가 돌아가시는 꿈을 꾼 후 베트남에서 상을 치르는데 이로 인해 행실과 의리가 고매한 인물로 알려지고 일본으로 가는 사신을 따라가게 된다. 일본에 도착한 김복수는 프랑스 선교사를 만나 성경을 사서 돌아가려는 베트남 사신을 꾸짖으며 천주교에 대해 비난한다. 일본 오사카에서 고향 사람을 만난 김복수는 고향에 대한 그리움을 이기지 못하고 혼자 고향으로 돌아온다. 고향에는 김복수가 표해하기 전 결혼했던 아내와 아들이 있었지만 김복수는 베트남의 처자식을 잊지 못하고 「오돌또기」 노래를 지어 부르며 슬픔과 그리움을 달래며 살아간다.

「김복수전」이 사실에 기초한 것인지에 대해서는 알 수 없지만 표류서사로서 문학성이 높은 작품으로 평가받고 있다. 그뿐만 아니라 현재 제주에서도 불리는 노래의 유래를 알 수 있다는 점, 당시 조선에서 천주교를 바라보는 인식이 투영되어 있다는 점에서 역사적으로도 가치가 높다.

이원명(李源命), 「낙소도포장획화(落小島砲匠獲貨)」

이 자료는 1869년 이원명(李源命)이 엮은 『동야휘집(東野彙輯)』에 실린 표해설화이다. 『동야휘집』은 『계서야담(溪西野談)』·『청구야담(靑邱野談)』과 함께 조선 후기 3대 야담집으로 손꼽히는 작품이다. 여기에는 여러 편의 표해설화가 전하는데 그중에는 장한철의 『표해록』을 소설화한 것도 있다. 가장 주목되는 작품은 표착지에서 구렁이를 죽이고 보물을 얻어 부를 이루게 된 박 포장(砲匠)의 이야기이다.

훈련도감에 소속된 박 포장이 중국 사신으로 뱃길을 가게 되었다. 어쩌다가 박 포장만 외딴 무인도에 표착하고 일행은 중국으로 떠나버린다. 섬에는 큰 구렁이가 있었는데 박 포장은 칼, 쇠, 철 등을 땅에 박아 구렁이를 잡는다. 죽은 구렁이의 내장을 다 꺼냈더니 옥, 황금, 보석 등 금은보화가 가득했다. 박 포장은 금은보화를 싸서 다시 온 일행과 함께 귀국했고, 돌아와서 구렁이 속에서 꺼낸 보물을 팔아 제일가는 부자가 된다는 줄거리이다.

이 설화는 빈천한 박 포장과 사행선 동승자의 부를 대립되게 묘사함으로써 빈부의 갈등이라는 문제를 제기하고 있다. 가난하지만 정직한 박 포장의 성격과 감정이 묘사되어 있다. 빈천한 자가 부를 이루는 내용의 소설로 경제관념이 발달해 가던 시대상과 연관, 주제성과 현실성을 지니고 있다고 할 것이다.

「식단구유랑표해(識丹邱劉郎漂海)」

편자 미상의 『해동야서(海東野書)』에 실린 표해설화이다. 강원도 고성 사람 유랑 일행 24인이 미역을 따러 바다에 갔다가 서북풍을 만나 표해하여 외딴섬에 표착한다. 21인은 죽고 3인만이 표착하여 현지 노인의 간호로 살아난다. 노인은 동해의 단구(丹邱) 출신으로 그도 표해하여 그곳에서 살고 있었는데 따져 보니 이번에 표해한 사람의 5대조쯤 되는 사람이었다. 그는 표착지에서 농사나 길쌈을 하지 않으며 다만 경액(瓊液)이라는 물을 마시며 살아가고 있었다. 유랑 일행은 해 뜨는 곳을 구경하다가 그곳의 하루가 인간 세상의 1년에 해당한다는 말을 듣고도, 가족의 그리움을 이기지 못하고 고향으로 돌아온다. 돌아와서 보니 세상이 바뀌고 이미 그들의 손자도 늙어 있었다. 돌아온 3인 중 두 사람은 평상시내로 먹다 곧 죽었으나 유랑은 경액 두병을 몰래 숨겨와 마시면서 200세가 넘도록 건강하게 살았다. 낯선 곳으로의 표류와 그곳에서 얻은 불로장생의 물을 가지고 와 200세가 넘도록 산다는 이야기는 외국에 대한 일반민들의 환상을 잘 드러내주고 있다.

중국

중국에서는 사적 표류기가 많이 발달하지는 않았으나 표류를 소재로 한 설화나 기담, 전설, 소설 등이 전해온다. 이런 문학작품 속 표류나 표해 이야기는 과장과 허구가 가미된 내용이 분명 있다. 가령, 『태평광기』에 보이는 이야기들에는 '거인'이나 '귀신', '새우들이 사는 장수국(長鬚國)', '거대한 물고기로 이루어진 섬' 등이 등장하기도 한다.

그러나 사실과 허구가 뚜렷이 구분되지 않고 당시 실상에 기반한 듯한 정보를 제공하는 경우도 있다. 예를 들어 『유양잡조(酉陽雜俎)』에는 701~702년, 한 선비가 신라에 사신을 가다가 풍랑을 만나 어떤 곳에 표착했는데, 그곳 사람들은 모두 수염이 길고 당과 쓰는 말이 통했고 집과 의복은 중국과 사뭇 달랐다고 설명했다. 또 『태평광기』와 『이견지』와 같은 문학 작품에 설화, 기담, 전설 등이 많이 수록되어 있으나 이 기록들을 통해 당시 해상을 왕래한 다양한 국적의 상인과 사신의 존재, 그들이 가지고 있던 상아, 마노, 신비한 구슬 등의 물품, 도교 및 주술과 불교 등의 종교 활동, 또한 산동 지역의 등주(登州)[산동성 봉래시], 청주(靑州)에서의 다양한 해상활동, 고대 중국인의 남해(南海)에 관한 인식 등도 확인할 수 있다.

중국에서 발견되는 독특한 해양문학 장르로 '섭해소설(涉海小說)'[2]이 있다. 섭해소설은 문학적이고 허구적 성격이 강하지만 한국의 『삼국유

---

2   섭해소설에 대해서는 王青, 「论海洋文化对中国古代小说创作的影响」, 『江海学刊』第2期 (南京师范大学文学院, 2014); 范涛, 「海洋文化与明代涉海小说的关系研究」, 暨南大学硕士学位论文(2011); 庄黄倩, 「清代涉海小说研究」, 暨南大学硕士学位论文(2015) 참조.

사』와 마찬가지로 어느 정도 역사성도 가미되어 있어 학문적으로 연구되고 있을 뿐만 아니라 다양한 문화콘텐츠의 개발에 응용되고 있다. 중국의 섭해소설은 여러 단계를 거치며 발달해왔다. 진(秦)대 이전의 섭해소설은 주로 신화(神話)가 서술되어 있다. 이후 당과 송, 원대에는 종교적 색채가 드러난 다큐멘터리적 모험담이 주를 이루게 되었고, 명과 청대에는 역사적 사실을 가미된 장편 소설이 많이 출간되었다. 섭해소설에서 바다는 부정적이며 공포의 대상이다. 그렇기에 바다로 나아간 인물들은 모두 신비하고 기이한 힘의 작용을 기원하고 있다.

다음에서는 중국의 표해서사를 『태평광기』와 『이견지』를 중심으로 발췌했다.

『태평광기』

『태평광기』는 중국 북송 초 태종 연간(976~984)에 이방(李昉)이 서현(徐鉉), 후몽(扈蒙) 등 12명과 함께 완성한 필기문학의 총집이다. 한대(漢代)부터 당대(唐代)에 이르는 소설, 필기(筆記), 야사(野史) 등의 전적에 기록되어 있는 고사들을 광범위하게 채록하여 총 500권으로 엮은 다음, 내용에 따라 다시 92대류(大類)로 나누고 150여 소류(小類)로 세분했으며 총 7,000여 조에 달하는 고사를 수록했다. 510권(해설서 10권 포함)으로 이루어진 실화문학의 최초의 집대성으로 가치가 있으며, 한국 설화 및 한국 문학에 많은 영향을 미쳤다.

500권에는 6,270편의 글이 담겨 있고, 이것은 주제 및 소재에 따라 92개의 대류로 나뉘어 있다. 92개 대류 중 신선(神仙), 도술(道術), 이인(異人), 이승(異僧), 호협(豪俠), 복서(卜筮), 몽(夢), 환술(幻術), 요괴(妖怪)

등 총 92개의 대류로 나누어져 있다.³

권286, 환술(幻術)3,「진무진(陳武振)」
당 진주 백성 진무진은 연해 지역의 대부호이다. 무소뿔[犀], 상아[象], 대모(玳瑁)를 쌓아 놓은 창고가 수백 개 있었는데, 이는 모두 서역 상선이 이곳에 표착했을 때 차지한 것이다. 연해 지역 사람들은 주술이 뛰어났는데, 세간에서는 이를 득모법(得牟法)이라고 했다. 대개 상선이 바닷길을 항해하다가 풍랑으로 표해하여 길을 잃고 진주 경내로 들어오곤 했다. 그때 진주 백성이 산으로 올라가 머리를 풀어헤치고 주문을 걸어 풍파를 일으키면 상선은 다른 곳으로 가지 못하고 반드시 주문을 건 사람이 있는 곳으로 떠밀려 와서 멈추었다.

권25, 신선(神仙)25,「원류이공(元柳二公)」
원화 연간 원철(元徹)과 유실(柳實)은 형산(衡山)에서 살았다. 두 사람의 백숙부들이 이서인(李庶人)의 일에 연루되어 도망을 가 염주(廉州) 합포현(合浦縣)에서 배를 타고 바다를 건너 교지(交阯)로 가려고 했다. 자정이 되어 갑자기 바다에서 회오리바람이 불어 배가 물위를 떠다니다가 큰 바다로 들어갔는데, 어디로 가는지 알 수 없었다. 배가 네댓 번 뒤집혀 침몰할 뻔했다. 그 뒤 한 섬에 도착했는데, 거기서 천왕존상(天王尊像)이 있었다. 이때 무지개다리가 펼쳐지면서 두 시녀가 나타나 이들을 따라

---

3   문화콘텐츠닷컴(http://www.culturecontent.com/content/contentView.do?search_div =CP_THE&search_div_id=CP_THE001&cp_code=cp0321&index_id=cp03210002& content_id=cp032100020001&search_left_menu=1).

『태평광기』

남명부인(南溟夫人)을 만났고, 그 뒤 무사히 돌아올 수 있었다.

권39, 신선(神仙)39, 「자심선인(慈心仙人)」

당 대종 광덕 2년(764) 임해현(臨海縣)의 도적 원조(袁晁)의 배가 풍랑을 만나 동쪽으로 수천 리를 떠돌다가 멀리서 산 하나를 발견해 표착했다. 산에는 오색빛의 성벽이 있었다. 그 안에는 황금과 보화가 있어 이들이 가져가려 하자, 자색 치마를 입은 부인이 와서 꾸짖었다. 도적들은 잘못을 빌고는 순풍을 구걸하니, 순식간에 바람이 일어나 며칠 뒤 임해현에 도착했으나 어울에 빠져 관군에게 맞아 죽었다.

권146, 정수(定數)1, 「최원종(崔元綜)」

최원종(崔元綜)은 측천무후시대의 재상인데, 당시 영사(令史) 해삼아(奚三兒)가 그에게 60일 내에 남해로 유배당하고 힘겹게 돌아와 다시 재상이 되겠지만, 종국엔 굶어죽을 것이라고 예언했다. 60일 지나 최원종이 남해로 유배 가다 사면령이 내려와 배를 타고 돌아가는데, 풍랑을 만나 배가 침몰하여 함께 탄 사람들은 다 죽었다. 최원종 혼자 널빤지 위에서 파도 따라 떠돌다가 어느 해안가의 갈대숲에 표착했다. 그런데 널빤지의 못에 찔려 진흙탕 속에서 밤낮으로 신음했는데, 어떤 뱃사람이 해안가에 왔다가 신음소리 듣고는 구해주었다. 뱃사람이 배에 태우고 치료해주어 다시 살아났다. 배 위에서 푸른 옷을 입은 관리를 봤는데, 재상을 지내던 당시의 영사였다. 이 후는 영사의 예언대로 죽었다.

권464, 수족(水族)1, 「남해대해(南海大蟹)」
파사국(波斯國) 사람이 이야기를 들려주었다. 그는 배타고 천축국(天竺國)에 6~7번이나 다녀왔는데, 마지막 항해 때 배가 표해하여 몇 천 리를 갔는지도 모르는 채 한 섬에 도착했다. 그 섬에 풀로 만든 옷을 입은 호인(胡人)이 있어 그 호인에게 물으니, 호인은 옛날에 수십 명과 함께 표해해서 파도에 쓸려 혼자 이곳에 도착해 근근이 살고 있었다고 했다. 사람들이 그 호인을 배에 태워 데려가려고 하자, 호인이 섬에 거거(車渠), 마노(瑪瑙), 파려(玻瓈) 등 보물이 셀 수 없이 많다고 했다. 뱃사람들이 물건 다 버리고 보석을 싣고 떠나는데, 호인이 산신(山神)이 오면 보물을 뺏겨 노할테니 빨리 출발하자 했다. 뒤이어 붉은 뱀이 쫓아왔으나 산신과 사이가 나빴던 게가 나타나 뱃사람들은 무사히 보물을 싣고 탈출할 수 있었다.

권466, 수족(水族)3, 「동해인(東海人)」
어떤 사람이 동해를 항해했는데, 풍랑을 만나 밤낮으로 표해했다. 한 외딴 섬에 도착해 음식을 만들고 있었는데, 섬이 물 속으로 가라앉으려 하여 배 안에 있던 사람들이 급히 닻줄을 잘랐고, 배는 다시 표해했다. 뒤돌아보니 섬은 거대한 물고기였고, 그 섬에서만 사람이 10명이 넘게 죽었다.

권481, 만이(蠻夷)2, 「신라(新羅)」
고종 영휘 연간 당 사신이 신라에 도착한 후 일본에 가려 했는데, 풍랑을 만나 수십 일 동안 파도가 크게 일어났다. 사신은 파도를 따라 표해하면서 어떤 해안가에 도착했다. 100여 명이 내려 해안가에 보이는 집으로 달려갔다. 그 집에서 거인들이 와서 당나라 사람들을 가두고 그중 살찐 50명을 골라 먹으며 잔치를 벌였다. 후원에 30명의 부인이 있었는데, 모두 풍랑에 표해하다가 잡혀온 사람들이었다. 부인들이 명주비단을 짊어지고 칼을 가지고 술에 취한 거인들을 죽인 뒤 당나라 사람들과 함께 해안가로 도망쳤다. 해안이 높고 날이 어두워 명주를 몸에 감고 내려가 배에 올랐다. 뒤돌아보니 거인 천 명이 고함을 치며 쫓아왔으나 다행히 모두 고향으로 돌아갔다.

권107, 보응(報應)6, 금강경(金剛經)6, 「강중척(康仲戚)」
강중척(康仲戚)은 당 원화 11년에 해동으로 갔다가 몇 년 동안 돌아오지 않았다. 그의 모친은 자식이라고는 강중척밖에 없었는데, 한 스님이 시주하러 왔다가 금강경을 염송하면 아들이 돌아올 것이라고 했다. 모친은 글을 몰라 다른 사람이 베낀 금강경을 집 기둥에 넣었는데, 아침저녁으로 예를 올렸다. 어느 날 벼락이 쳐 집 기둥이 뽑혔다. 한 달 뒤 아들이 비단 주머니에 큰 나무를 담아 집으로 돌아와 그동안의 일을 말했다. 그 일은 바다에서 풍랑을 만나 물에 빠졌는데, 갑자기 벼락이 치면서 이

나무가 떨어져 이 나무를 잡고 해안에 이르게 되었다고 했다. 그래서 모자는 항상 함께 금강경을 염송했다.

권70, 여선(女仙)15, 「장건장(張建章)」
유주행군사마(幽州行軍司馬) 장건장(張建章)은 독서를 좋아했는데, 일찍이 부수(府帥)의 명을 받고 발해(渤海)로 가게 되었다. 도중에 풍랑을 만나 배를 정박했더니 일엽편주를 탄 푸른 옷의 노복이 와서 큰 섬으로 초청했다. 그 섬에서 여선(女仙)을 만나 배불리 먹고, 노복의 안내로 고요한 바다를 지나 서쪽 뭍으로 돌아왔다. 이때 태종의 정요비(征遼碑)를 지나다가 물에 반이나 잠긴 것을 보고 비문을 한 글자도 빠뜨리지 않고 읽었다. 그의 학문이 깊어 계문(薊門) 사람들이 모두 태종의 업적에 대해 말할 수 있었다.

권103, 보응(報應)2, 금강경(金剛經)2, 「백인절(白仁晳)」
백인절(白仁晳)이 용삭 연간에 괵주주양현위(虢州朱陽尉)가 되어 요동(遼東)으로 쌀을 수송하게 되었는데, 바다에서 태풍을 만나 금강경을 300번 염송했다. 갑자기 한 인도 승려가 진경(眞經)을 염송해서 구해주러 왔다고 했다. 바람이 순식간에 평온해져서 80여 명이 모두 구제되었다.

권353, 귀(鬼)38, 「청주객(靑州客)」
주량(朱梁, 후량) 때 청주(靑州) 상인이 배를 타다가 폭풍을 만나 떠밀려 갔는데, 멀리 산천과 성곽이 보였다. 선장이 이전에도 폭풍을 만났지만 처음 와보는 곳이라고 하며 귀신이 사는 나라가 아닐까 하고 물었다. 배가 해안에 도착한 후 성에 올라가 보았으나 성 안 사람 모두 그 상인을 보지 못했다. 상인이 왕궁에 도착하니 마침 잔치가 벌어지고 있었는데, 잠시 후 왕이 병이 나서 무당을 불러 병을 살피게 했다. 무당이 산 사람이 와서 귀신을 핍박하니 음식과 거마(車馬)를 준비해 돌려보내라고 했다. 상인은 대접을 받고는 말을 타고 배로 돌아갔는데, 순풍을 만나 청주로 돌아갈 수 있었다.

권402, 보(寶)3, 「경촌주(徑寸珠)」

파사국(波斯國) 호인(胡人)이 부풍현(扶風縣)의 여관에 왔다가 주인집 문밖의 네모난 돌을 보고는 돈 2천 냥을 주고 사갔다. 호인은 돌을 쪼개 그 안의 1촌 정도 되는 구슬을 하나 꺼내 칼로 팔과 겨드랑이 사이를 갈라 그 구슬을 넣었다. 배를 타고 본국으로 돌아가던 중 10일 남짓 갔을 때 배가 갑자기 침몰하려고 했다. 뱃사공은 해신이 보물을 요구한다는 걸 알았지만 해신에게 줄 보물이 없었다. 뱃사공이 호인을 물에 빠뜨리려 하자 호인이 겨드랑이를 갈라 구슬을 꺼내니, 뱃사공이 그 구슬을 해신에게 주었다. 해신의 손은 크고 털이 많았다.

권93, 이승(異僧)7, 「선율사(宣律師)」

익주(益州)의 성도는 옛날에 큰 바다였는데, 가섭불(迦葉佛) 시대에 어떤 성도 사람이 서이하(西洱河)에서 만든 불상을 얻어서 돌아와 다보사(多寶寺)에 도착했을 때 해신(海神)이 배를 침몰시켰다. 처음에 불상을 가져오던 사람이 해신이 해안에 있는 것을 보고 해신을 산귀(山鬼)라고 오해해서 죽인 일이 있었다. 이에 해신이 노해서 배를 침몰시켰고, 배 안의 사람들과 불상이 모두 물에 빠졌다.

권402, 보(寶)3, 「죽병호(鬻餠胡)」

한 거인(擧人)이 도성에 있을 때 떡을 파는 호인(胡人)이 있었다. 호인이 병에 걸려 거인이 탕약을 가져다주었지만 곧 죽게 되었다. 그 호인은 본국에서 큰 부자였지만, 난리를 만나 이곳으로 도망 왔다. 고향 사람이 보물을 가지러 이곳에 오기로 약속했기 때문에 다른 곳에 가지 못하고 이곳에 머물렀는데, 이제 죽게 되었으니 보물이 필요 없어 그 거인에게 주었다. 거인의 왼팔을 잘라보니 탄환 만한 구슬이 있었는데, 3년 뒤 호상이 성에 왔다는 소식을 듣고 그들에게 구슬을 팔았다. 거인이 호인에게 그동안의 일을 이야기 해주자, 호인이 그 사람은 내 고향 사람이며, 이곳으로 올 때 폭풍우를 만나 여러 나라를 떠돌다가 5~6년이 지나서야 여기에 왔다고 했다. 그 구슬을 기름과 함께 끓여 그 기름을 몸에 바르면 바다 속에 들어가도 몸이 젖지 않는다고 했다.

권457, 사(蛇)2, 「장기사(張騎士)」

장기사(張騎士)는 어릴 적 영공(英公) 이적(李勣)을 따라 바다를 건너다가 10여 일간 풍랑을 만나 몇 만 리를 표해했다. 바람이 잠잠해졌을 때 뱀 같이 생긴 배만 한 괴물이 나타나 머리로 배를 끌고 갔다. 사람들은 염불하며 빨리 죽게 해달라고 빌었다. 한 산에 도착하니, 부서진 배가 산더미 같았다. 괴물들이 먹이를 두고 다투는 사이 도망쳐 또 표해했는데, 멀리 연기가 보이는 산에 표착했다. 그런데 그곳은 거인이 사는 곳이었고 먼저 내린 두 사람이 잡아 먹혀 남은 사람들이 거인과 싸우며 도망을 쳤다. 또 표해한 끝에 섬에 도착했는데, 사람이 있어 물어보니 남해 청원현(淸遠縣)이라고 했다.

『이견지』

중국 송대(宋代)의 홍매(洪邁)가 엮은 설화집(說話集)이다. 송초(宋初)부터 그가 살아있을 당시까지의 민간의 기이한 이야기를 채록한 것으로 모두 420권이었으나 분실되어 절반만 현전한다.

지보(志補), 권21, 「귀국모(鬼國母)」

건강(建康)의 거상(巨商) 양이랑(楊二郎)은 거간꾼으로 집안을 일으켰는데, 여러 차례 남해로 장사를 다닌 지 10여 년에 많은 재화를 쌓았다. 순희(淳熙) 연간에 넓은 바다에서 도적을 만나 일행이 모두 화를 당했는데, 양이랑은 우연히 먼저 물에 떨어져서 화를 면할 수 있었다. 나무 하나를 끌어안고 떠다니다가 한 섬에 이르렀다. 그 섬에서 가장 귀한 사람인 귀국모(鬼國母)가 여기 살기를 원하냐고 물었는데, 살아서 탈출할 방도가 없어 이 섬에서 살게 되었다. 어느 날 진선(眞仙)이 귀국모를 초대했는데, 양이랑도 간청하여 귀국모를 따라 밖으로 가게 되었다. 한 집에 도착하여 주인이 연회를 베풀었고, 귀국모는 양이랑에게 숨을 죽이고 움직이지 말라고 했다. 연회가 끝난 후 지폐를 태우자 점차 사람들의 곡소리가 들렸다. 알고 보니 자신의 장례였다. 그의 부인이 귀신인 줄 알고 따로 원하는 게 없냐고 하자, 양이랑이 자신이 도적을 만나 바다에 표류했고, 한 섬에서 살았음을 말했다. 귀국모가 밖에서 그를 불러 꾸짖었으나 그에게 접근할 수가 없었다. 양이랑은 의사를 불러 몸을 다스리니 수년 내에 본래 모습으로 돌아왔다.

을지(乙志), 권4,「조사조(趙士藻)」

조사조(趙士藻)는 광동(廣東) 동남쪽의 세관이었는데 파면당했다. 동료 관리 류영(劉令)과 그 손자 손자인 류위(劉尉)가 배를 사서 함께 임안(臨安)으로 떠나려 했다. 왕의 묘당 아래에서 방도를 구하고 있었는데, 배주인이 제물과 술로 해신에게 제를 올려야 한다고 했으나 조사조 등은 듣지 않았다. 그날 밤 꿈에 왕이 나타나 예가 없다며 꾸짖었다. 다음 날 세 사람은 묘당에 도착해 제를 올리고 사죄하고, 떠나도 좋은지 물으니, 점괘가 좋다고 나왔다. 그날 밤, 바다에서 번개가 쳐 급히 포구로 향했으나 큰 파도가 몰아쳐 배가 침몰했다. 조사조는 칼로 닻줄을 자르고는 겨우 해안에 떠내려 왔으나 처자식은 모두 빠져 죽었다.

을지(乙志), 권8,「장인국(長人國)」

명주(明州) 사람이 항해하다가 저녁 무렵 사방에 안개가 짙고 바람이 크게 불어 배가 어디로 가는지 몰랐다. 하늘이 점차 개이자 한 섬에 도착했는데, 두 사람이 먼저 도끼를 들고 해안에 올라 나무를 했다. 문득 큰 소리가 나 돌아보니 한 거인이 와서 두 사람을 잡아다 먹었다. 크게 놀라 달아나 겨우 배로 돌아왔으나 거인이 배를 잡고 놓아주지 않았다. 명주 사람은 칼로 손가락 세 개를 자르고서야 도망칠 수 있었다.

을지(乙志), 권8,「무봉선(無縫舩)」

명주(明州)에 도인이 있었는데 항상 길이 3척쯤 되는 큰 대나무 마디 하나를 가지고 다녔다. 스스로 본래 산동의 상인이라고 했는데, 일찍이 항해하다가 풍랑을 만나 표해하다가 한 섬에 이르렀고 거기서 비취색 영롱한 큰 대나무를 보고는 그 대나무를 가지고 배로 돌아오니 마침내 집으로 돌아올 수 있었다.

정지(丁志), 권3, 「해산이죽(海山異竹)」

온주(溫州)의 거상(巨商) 장원(張愿)은 대대로 바다무역 상인이었는데, 수천 리를 다녔다. 소흥 7년 풍랑을 만나 배가 5~6일 동안이나 표류하다가 어떤 산에 표착했다. 그 산에는 대나무가 구름같이 많았다. 해안에 올라 10개를 꺾었다. 백의를 입은 노옹이 와서 여기는 네가 머물 곳이 아니니 빨리 돌아가라고 했다. 뱃사람들이 공손히 인사하며 길을 잃어 물고기 밥이 될 뻔했다고 하자, 노옹은 동남쪽을 가리키며 고향으로 돌아갈 수 있다고 했다.

『속선전(續仙傳)』, 권상(卷上), 「사자연(謝自然)」

여도사(女道士) 사자연은 천태산(天台山) 도사 사마승정(司馬承禎)이 제자로 받아주지 않자 신선이 산다는 봉래산(蓬萊山)을 찾아 바다로 뛰어들었고, 물 위를 떠다니다가 신라의 무역선을 만나 동행했다. 바다는 까만색, 남색, 붉은색, 은백색 등으로 빛났다. 항해를 하다가 배가 유황처럼 색이 노란 해역으로 들어갔는데, 어느 날 해풍이 방향을 바꾸어 이름 모를 유황섬에 도착했다. 이 섬 위의 산의 모든 초목과 금수도 황금색이었다. 이 섬에서 유황을 싣고 다시 몇 달 동안 표류하나가 갑자기 돌풍을 만났는데, 이는 고래 때문이었다. 항해 끝에 다시 이름 모를 섬에 도착했는데, 꽃향기가 그득하고 기이한 새들이 많아 아름다웠다. 여기서 도사를 만났는데, 도사가 이곳이 봉래산이 아니라고 했다. 이에 사자연은 동풍을 타고 3일간 항해를 하자 태주(台州)에 도착했다. 이후 사자연은 다시 사마승정을 찾아 스승으로 모시고 도법(道法)을 전수받았다.

신앙과 표해 4

표해 과정에 보이는 종교적 요소

동아시아 종교문헌은 절대다수가 불경이나 불교 관련 서적이다. 항해술이나 선박제조술, 천문지리 관측술이 발달하지 않았던 시대, 배를 띄워야 했던 이들에게 바다는 커다란 두려움의 대상이었고, 이를 신앙의 힘이 기대어 극복하고자 했다. 불교가 전파되어 공인된 이후 구법(求法) 활동을 위해 항해를 떠났다가 표해하기도 했으며, 표해한 후 부처님의 힘을 통해 생환(生還)하는 등 동아시아의 표해기록에서는 불교와 관련된

---

4 이 내용은 아시아문화연구소 2017년 연구 결과물인 강희정, 「아시아 표해서사 연구: 구법승(求法僧) 기록을 중심으로」의 일부분을 발췌하여 수록했다.

영험서사를 빈번히 찾을 수 있다.

불교 영험서사는 동아시아 초기부터 나타난다. 불교의 동점(東漸)에 따라 중국의 육조(六朝)부터 당대(唐代), 한국 신라-고려, 일본 헤이안시대(平安時代)에 걸쳐 차례로 영험담이 등장했다. 한국의 경우를 보자.

> 우금리(禺金里)의 가난한 여자 보개(寶開)에게 이름이 장춘(長春)이라고 하는 아들이 있었다. 바다의 장사꾼을 따라다녔는데 오랫동안 소식이 없었다. 그의 어머니가 민장사(敏藏寺)【이 절은 민장(敏藏) 각간(角干)이 [자신의] 집을 내놓아 절로 삼은 것이다.】 관음보살 앞에 나아가서 7일 동안 지극히 기도드렸더니 장춘이 갑자기 돌아왔다.[5]

이 글은 『삼국유사』에 실린 장춘의 표해이다. 상선(商船)을 타고 항해하다 표해하여 소식이 없던 장춘이 어머니의 기도로 갑자기 집으로 귀환하게 된다. 이 내용을 보면 장춘의 표해와 표착 과정에서는 불력(佛力)이 개입되지 않으나, 귀환 과정에서는 신비에 가까운 불력이 개입되고 있다. 이는 불교 영험서사(靈驗敍事)를 잘 보여주는 것으로 동아시아 초기 표해록의 유력한 형태라고 할 수 있다.

표해에서 찾아볼 수 있는 불교 영험담은 정환국에 의해 주목되었다. 정환국의 선행 연구[6]에 따르면 표해록에서 찾을 수 있는 불교 영험서사

---

5 『삼국유사』 권3, 탑상 제4, 「민장사(敏藏寺)」.
6 일본의 경우 9세기에 편찬된 『일본영이기(日本靈異記)』에서 본격적으로 표류 속 불교 영험서사가 등장하고 있다. 불교 영험서사에 대해서는 정환국, 「불교 영험서사와 지괴」, 『민족문학사연구』 Vol.53(민족문학사학회, 2013); 정환국, 「동아시아 漂流敍事 序

는 육조(六朝)시대 지괴서사(志怪敍事)의 한 유형으로 자리하나, 일반 지괴류와는 남다른 성격을 가지고 있었다. 바로 '구원(救援)서사'라는 점이다. 민인이 절체절명의 위기에서 불력의 힘을 통해 구원받는다는 구조다. 이런 이야기는 불교의 민중 전파에 꼭 필요한 요소로 포교(布敎)적인 성격이 강했으며 이후 동아시아 전역으로 전파되었다.

『삼국유사』에 전하는 황룡사(皇龍寺) 장육상(丈六像) 설화도 이와 관련이 있다. 553년 신라 진흥왕은 용궁 남쪽에 대궐을 지으려 했다. 그런데 그곳에 황룡이 나타나 궁궐터를 절로 삼아 17년 만에 황룡사를 완성했다. 얼마 되지 않아 바다 남쪽에서 큰 배가 떠내려 와서 울주(蔚州) 곡포(谷浦)에 닿았다. 이 배를 조사하니 '인도 아육왕이 황철(黃鐵) 5만 7천 근과 황금 3만 푼을 모아서 석가의 불상 셋을 주조하려다가 이루지 못했다. 그래서 배에 실어 바다에 띄우니 인연 있는 국토에 가서 장육존상(丈六尊像)을 이루어 달라.'는 공문과 함께 한 명의 부처와 두 보살상의 모형이 실려 있었다. 이에 왕은 고을 동쪽에 동축사(東竺寺)를 세워 세 가지 불상을 모시고, 황금과 철을 수송하여 574년 장육존상을 주조, 황룡사에 모셨다. 이듬해 불상에서 눈물이 발꿈치까지 흘러내려 땅이 한 자나 젖었다고 하니 대왕이 떠날 것을 불상이 알려준 것[7]이라는 기록이 남아있다.

이처럼 초기의 불교 영험서사 내의 표류담은 주로 비현실적으로 처리되었다. 특히 표해한 이들의 생환 과정은 인간의 힘으로는 도저히 감

說」, 『大東文化研究』 Vol.100(성균관대학교 대동문화연구원, 2017) 참조.
7 『삼국유사』 권3, 탑상 제4, 「황룡사의 장육존상」.

당할 수 없는 기적, 그 자체였다. 합법칙적인 설명이 불가능한 바다에서의 표해와 생환은 역으로 불가(佛家)의 영험으로 설명될 수밖에 없지 않았나 싶다. 불가의 입장에서는 이런 표류 소재만큼 자가(自家)의 영험성을 설파하는 데 요긴한 것도 없었을 터다. 이런 이해관계가 초기 표류담을 만들어낸 조건이자 결과였다.[8] 중국의 예를 보자.

816년 강중척(康仲戚)은 해동(海東)으로 갔다가 행방불명이 되었다. 그의 어머니는 돌아오지 않는 자식을 걱정하고 있었는데 시주하러 온 스님이 금강경(金剛經)을 지니고 있으면 아들이 빨리 돌아올 것이라고 했다. 모친은 금강경을 집 기둥에 넣고 옻칠을 하여 아침저녁으로 예를 올렸다. 어느 날 벼락이 쳐 집 기둥이 뽑혔는데 한 달 뒤 아들이 비단 주머니에 큰 나무를 담아 집으로 돌아왔다. 아들은 어머니에게 바다에서 바람을 만나 배가 부서져 물에 빠졌는데 갑자기 벼락이 치면서 이 나무가 떨어져 이 나무를 잡고 떠다니다가 언덕에 오를 수 있었다고 말했다.[9]

이와 유사한 이야기는 『태평광기』에 빈번하게 나타난다. 661~663년 사이 백인절(白仁晢)은 괵주주양현위(虢州朱陽尉)가 되어 요동(遼東)으로

---

8 정환국, 「동아시아 표류서사(漂流敍事) 서설(序說) - 동아시아 해양문화의 단서(端緒)로서」, 『大東文化硏究』 Vol.100(성균관대학교 대동문화연구원, 2017), pp.315-317.
9 『태평광기(太平廣記)』 권107, 보응(報應)6, 금강경(金剛經), 「강중척(康仲戚)」, "康仲戚 唐元和十一年往海東 數歲不歸 其母唯一子 日久憶念 有僧乞食 母具語之 僧曰 但持金剛經 兒疾回矣 母不識字 令寫得經 乃鑿屋柱以陷之 加漆其上 晨暮敬禮 一夕 雷霆大震 拔此柱去 月餘 兒果還 以錦囊盛巨木以至家 入拜跪母 母問之 仲戚曰 海中遇風 舟破墜水 忽有雷震 投此木於波上 某因就浮之 得至岸 某命是其所與 敢不尊敬 母驚曰 必吾藏經之柱 即破柱得經 母子常同誦念."

쌀을 수송하게 되었는데 바다에서 태풍을 만났다. 이때 금강경을 300번 염송하자 갑자기 인도 승려가 진경(眞經)을 염송해서 구해주러 나타났다. 바람이 순식간에 평온해져서 80여 명이 모두 구제되었다.[10]

한편, 중국 승려들의 항해와 표류에 관한 기록은 다음의 문헌에서 찾을 수 있다.『고승전(高僧傳)』,『속고승전(續高僧傳)』,『송고승전(宋高僧傳)』,『법원주림(法苑珠林)』,『광홍명집(廣弘明集)』,『출삼장기집(出三藏記集)』,『경률이상(經律異相)』,『집신주삼보감통록(集神州三寶感通錄)』,『근본설일체유부비나야(根本說一切有部毘那也)』,『대당서역구법고승전(大唐西域求法高僧傳)』,『대자은사삼장법사전(大慈恩寺三藏法師傳)』,『불국기(佛國記)』,『대당서역기(大唐西域記)』등이다. 상기 문헌의 저술연대와 수록된 이야기들을 고려하면 이르면 4세기, 늦어도 11세기를 넘지 않는다.

이 기록들은 단순히 전해지는 이야기도 있고, 실화라는 주장도 있으나 사실상 본인의 체험담은 아니다. 대부분의 경우 구전이나 소문으로 전해지는 이야기들을 모은 편집본에 실린 기록들이다. 그러므로 여기 수록된 이야기들은 상기 문헌의 저작 연대와 반드시 일치하지 않으며 대부분 그보다 시대가 앞서 있다. 전해지는 이야기를 모아서 편집한 편집저작이지만 그렇다고 해서 허구이거나 민담, 전설은 아닌 경우가 많다. 구체적인 지역과 사람들의 이름이 명확한 경우가 대부분이다. 반면 비유담이나 설화의 성격이 분명한 경우도 실려 있다.

그러나 이 가운데 표해와 관련이 있는 부분은 지극히 일부였으며 그

---

10 『태평광기(太平廣記)』권103, 보응(報應)2, 금강경(金剛經)2,「백인철(白仁晳)」, "唐白仁晳 龍朔中為虢州朱陽尉 差運米遼東 過海遇風 四望昏黑 仁晳憂懼 急念金剛經 得三百遍 忽如夢寐 見一梵僧 謂曰 汝念眞經 故來救汝 須臾風定 八十餘人俱濟."

나마 바다에 표류했다거나 '풍랑을 만나 몇 일 고생하다가 낯선 곳에 이르렀다.'라는 지극히 단순하고 상투적인 내용에 불과했다. 두 사람이 같이 배를 탔는데 한 사람은 표류했다고 쓰고, 다른 사람은 표류했다는 말이 빠져 있기도 했다(『대당서역구법고승전』). 또 석가모니의 말씀이나 설법 내용을 극도로 축약해서 전달하는 중에 표해가 나오기도 했으며 사람 이름을 달리하여 같은 내용의 글이 여러 가지 버전으로 여러 곳에 실려 있는 것을 확인할 수 있었다.

불교 관계 문헌인 탓에 대부분의 이야기가 관세음보살을 부르고 기도를 해서 표류에서 벗어날 수 있었다는 종교적인 내용이거나 영험담이 들어 있었고, 인간이 고통의 바다에서 표류하면서 진리를 보지 못한다는 비유적인 이야기도 있었지만 설법을 위한 비유로서의 표류 이야기가 상당히 많은 곳에서 발견되는 것은 사실이다. 불교와 관련된 문헌 중에는 신비주의적인 신이를 강조하는 내용으로 종교적인 신앙심을 불러일으키려는 의도가 포함되어 있었고, 불교적인 교훈을 주려는 내용도 있었다. 구법승과 관련해 등장하는 표해기록은 〈표 1〉과 같다.

중국의 고대 표류기에 나타나는 도교와 복합된 주술적 형태의 해양신앙도 주목할 만하다. 송(宋)·원(元)을 거쳐 명(明)·청(清)의 표류기에는 항해하는 사람의 수호신(守護神)인 마조(媽祖) 신앙이 포착된다. 마조는 표류와 같은 해난사고가 많은 복건(福建)이나 광동(廣東)에서 많이 믿어졌다.

특히 진간(陳侃)의 『사유구록(使琉球錄)』, 「부록」에 마조에 대한 제례의식이 상세하게 기록되어 있다는 점이 눈에 띈다. 중국과 류큐와의 관계는 명대 이후 긴밀해져 류큐의 중국 입조(入朝) 사례도 빈번했다. 이를 통해 볼 때 류큐에 존재했던 마조 신앙은 중국 사신에 의해 전파되었을

중국 복건성 미주도 마조상 김보배 제공

〈표 1〉 구법승과 관련해 등장하는 표해기록

사료명	저자	시기	내용
『법원주림』	도세	西秦	관세음보살을 일심으로 부르며 기도하자 구원을 받음
『고승전』	혜교	서진	배가 표해하여 이른 섬에서 돌로 만든 사람을 만나 참회하고 서울로 돌아감
『근본설일체유부비나야』 2, 47권			표해하던 상인들에게 해를 끼치던 나찰녀와 살다가 현실을 깨닫고 천마를 통해 구원받음
『근본설일체유부비나야파승사(破僧事)』 2권			절벽에서 떨어진 석가모니의 전생, 물에 떠내려가다 사람들의 눈에 띄어 왕이 됨
『근본설일체유부비나야피혁사(皮革事)』 하권			물에 빠진 여인, 필추는 석가의 가르침 때문에 구하지 않고 떠남
『대당대자은사삼장법사전』 4권	혜립, 언종	당	사자왕의 아들이 아버지를 죽이자 왕이 추방시킴. 표해하다 승가라국에 닿음
『대당서역기』 11권	현장	당	연로한 아버지를 대신해 가업을 이은 승가라(僧伽羅), 보물을 캐던 중 표해해 보주에 닿도
『대승본생심지관경』			바다에 풍랑이 일자 보살이 구호의 손길을 드리움. 각각 보물을 얻어 안락함을 얻음
『대당서역구법고승전』	의정	당	화물을 많이 실은 상선이 격랑에 휩싸여 표해하다가 가라앉음. 작은 배에 옮겨 타는 것을 양보하고 스스로 배에 남아 가라앉음

가능성이 있다. 마조 신앙을 믿는 지역에서는 그곳으로 건너간 화교(華僑)에 의해 전파되었을 가능성을 주목하지만, 중국 조정의 의도적인 전파도 충분히 고려해 볼 수 있다.

천왕존상(天王尊像)이나 선인(仙人)의 등장과 같이 도교적 존재의 도움으로 해난에서 벗어나는 구조의 이야기도 있다. 당대 원철(元徹)과 유실

(柳實)이 죄에 연루되어 염주(廉州) 합포(合浦)에서 배를 타고 바다를 건너 교지(交阯)로 가려고 했다. 자정이 되어 갑자기 바다에서 회오리바람이 불어 배가 물 위를 떠다니다가 큰 바다로 들어갔는데 배가 네댓 번 뒤집혀 침몰할 뻔했다. 그 뒤 천왕존상(天王尊像)이 있는 어떤 섬에 도착했다. 그곳에서 남명부인(南溟夫人)을 만났고 부인의 안내로 무사히 돌아올 수 있었다고 한다.[11]

이들 사례는 항해 도중 재난을 만나고 불경을 암송하거나 불상으로 인해 해난에서 벗어나 구출되는 구조의 서사구조를 나타낸다. 지금도 해난사고는 사람의 힘으로 해결하기 어려운 일이지만 고대 사람들에게는 더욱 어려웠을 것이다. 이때 사람들은 신에게 빌거나 불교와 도교 등 종교의 힘을 빌려 이 재난에서 벗어나려 했다. 이와 같은 서사는 앞서 살펴본 한국의 표해기록과 유사점을 지닌다. 즉 종교적 영험(靈驗)서사가 동아시아에서 통용되는 예를 보여주는 것이다.

---

11 『태평광기(太平廣記)』권25, 신선(神仙)25, 「원유이공(元柳二公)」, "元和初 有元徹柳實者 居於衡山 二公俱有從父為官浙右 李庶人連累 各竄於驩 愛州 二公共結行李而往省焉 至於 廉州合浦縣 登舟而欲越海 將抵交阯 艤舟於合浦岸 夜有村人饗神 簫鈸喧嘩 舟人與二公僕 吏齊往看焉 夜將午 俄颶風欻起 斷纜漂舟 入于大海 莫知所適 …."

4부

동아시아 표해록 연구 논문

해남잡저 연구
대만 표류민이 바라본 베트남

안재연

서론

중국은 명·청에 걸쳐 엄격한 해금령과 천계령 조치를 시행했다. 17세기 초반까지도 불안정했던 중국 정세는 1683년 대만 평정 후 이듬해 천계령을 철회하면서 해금이 완화되자 민간상선의 자유무역과 연해해운이 발달하게 된다.[1] 자연 각종 해난사고, 예를 들어 해상 화재, 좌초, 해적, 타국에서의 구류, 표류 등이 폭발적으로 늘었고, 사국을 포함, 조선, 일본, 류큐(琉球)[오키나와], 베트남, 필리핀, 심지어 해외에서 온 이들 관련

---

[1] 조세현, 『천하의 바다에서 국가의 바다로: 해양의 시각으로 본 근대 중국의 형성』(일조각, 2016), p.39.

해난사고를 각종 공적·사적 기록을 통해 확인할 수 있다.

중국의 해난사고 관련 기록의 가장 큰 특징은 당안(檔案)으로 대표되는 공적 기록과 사적 기록의 압도적인 수량 차라 할 수 있다. 중국 정부 기관 공문서인 당안은 명·청조에만 약 2,000여 만 건이 남아 있고, 그 중 해난과 관련된 당안은 내각당안(內閣檔案), 궁중당안(宮中檔案) 및 군기처당안(軍機處檔案)이 있다. 공적 조사서의 양식은 대개 일정하여, 보고자, 표류민들의 국적과 수, 신분, 항해 목적, 표류의 경위, 처리방식 및 그 결과 등으로 이루어졌다. 중국 해양사의 권위자 류쉬펑(劉序楓)은 약 36종의 당안 사료 중 외국인들이 중국에 표착한 2,938건을 국가별로 분석, 정리한 바 있다.[2] 한편, 1644년부터 1862년 조선, 류큐, 일본 등 해외 공문서에 남아 있는 중국인 표착 사례도 520여 건 내외로 뚜렷하게 증가했다.[3] 청조 예부가 1684년 해금령 해제 반포 이후, 주변 조공국(조선, 일본, 류큐)에 자문을 발포하여, 외국에 표류한 중국인 표류민을 구조하여 송환해줄 것을 요청했던 경우를 보아도 그 수가 적지 않았음을 알 수 있다.[4]

---

2   劉序楓 編, 『淸代檔案中的海難史料目錄(涉外篇)』, 「序文」(中央研究院人文社會科學研究中心, 亞太區域研究專題中心, 2004) 참조.

3   劉序楓, 「東亞海域의 漂流事件과 僞裝漂流 問題」, 『한국학논집』 45집(한양대학교 한국학연구소, 2009), p.131. 한편 『문정별단(問情別單)』에 의하면, 조선 후기 전라도 서남해역에 표착한 이국인 중 조선에 표착한 중국인이 총 82건 중 60건(71%)을 차지할 정도로 많았다. 중국 표류민들은 17세기 명·청 교체기에는 일본 나가사키 등지로 무역을 위해 오가다 표류하였고, 18~19세기는 주로 강남(江南), 산동(山東), 복건(福建), 광동(廣東) 그리고 해협을 끼고 대만(臺灣)까지 자국 내 연안 지역을 오가다 사고를 당했다고 진술하였는데, 그 수 역시 증가세를 보였다. 김경옥, 『섬과 바다의 사회사』 (민속원, 2016), pp.112-114.

4   『歷代寶案』 1(臺灣大學影印本, 1972), pp.226-227; 劉序楓, 「청대 중국의 외국인 표류

한편, 표해의 경험을 적은 민간 기록은 표류담, 전설이나 소설, 개인 문집, 필기(筆記) 등에서 찾아볼 수 있다. 류쉬펑은 중국 민간 표해록 중 볼 만한 것을 세 개로 압축하면서,[5] 중국 민간 표해록의 수가 적은 이유로 명말청초의 '출항금지' 시기 동안에 개인이 임의로 출항하는 것을 금했고, 만약 민간인이 바다로 나갔다가 조난을 당해 구조가 되더라도 귀국할 수 없었다는 점, 설혹 밀입국한다 하더라도 글로 그간의 경위를 적어서 남기기가 어려웠던 점, 대국으로서의 심리가 작용해 외국의 문물에 무심한 점, 대륙 문인들이 바다를 두려워 한 점, 주로 표해를 했던 상인, 어민 등이 문맹이었던 점, 기록의 소실 등을 그 이유로 꼽았다.[6]

표해록이 "바다에 삶을 기댄 주체의 기록이 아니"며, "일회적 견문록으로의 성격"[7]이 강하여 이야기인 표류담에 비해 가치가 떨어진다는 시

민의 구조와 환송에 대하여: 조선인과 일본인 사례를 중심으로」, 『동북아역사논총』 Vol.28(동북아역사재단, 2010), p.133 재인용.

[5] 류쉬펑은 『해남잡저』와 더불어 1688년 베트남으로 표류한 반정규(潘鼎珪, ?~?)의 『안남기유(安南紀遊)』, 1823년 일본 표류사건을 기록한 정광조(鄭光祖, 1776~?)의 『성세일반록 잡술·표박이역(醒世一斑錄 雜述·漂泊異域)』을 중국에 현존하는 민간 표류기록 중 가장 볼 만한 것으로 꼽았다. 반정규는 1688년 겨울 대만에서 광동으로 향하던 중 안남 만녕주(萬寧州) 강평항(江平港)에 표류하게 되었다. 이후 헌내항(軒內港)과 승룡(昇龍, 하노이)을 거쳐 중국으로 돌아온 여정을 기록했다. 정광조의 『표박이역』은 지역의 문인이 구술한 내용을 듣고 적은 기록이다. 강남 소주부 묘항(茆港)의 큰 선박 선주인 장용화(張用和)가 자신의 상선 원태호(源泰號)로 산동에 갔다가 돌아오는 길에 일본 사쓰마(薩摩)에 표류했다가 나가사키와 류큐를 거쳐 귀국한 일을 적었다. 劉序楓, 「중국 표해록의 현황과 특징」, 『동아시아의 표해록과 표류의 문화사』(국립해양문화재 연구소·목포대학교 도서문화연구원, 2012), pp.62-66 참조.

[6] 劉序楓, 「중국 표해록의 현황과 특징」, 『동아시아의 표해록과 표류의 문화사』(국립해양문화재 연구소·목포대학교 도서문화연구원, 2012), pp.71-72.

[7] 정환국, 「동아시아 漂流序詞 序說 - 동아시아 해양문화의 端緒로서」, 『大東文化硏究』 Vol.100(성균관대학교 대동문화연구원, 2017), pp.298-299.

각도 있다. 또한 공적 기록에 비해 표류민의 과장, 허위, 혹은 주관적 관점 등으로 인해 신뢰성이 떨어지는 측면도 있다. 그러나 민간 표해록은 공적 기록이 갖는 형식이나 분량의 한계에서 벗어나 표해의 과정이나 표착지에 대한 생생한 묘사를 통해 표류담에 뒤지지 않은 문학적 상상력의 원천으로 작용해 왔다. 또한 일회적이라는 제한이 있으되 표착할 당시의 민간 풍습에 관한 기록은 물론 지리와 생업, 군사, 행정, 정치, 역사 등에 대한 기록도 담고 있어 해양을 통한 문화 교류와 민속학적 사료로도 가치가 매우 높다. 또한 출발지와 표착지를 비교하는 공시적 관점은 물론, 시차를 두고 방문한 동일한 표착지의 상이점을 살펴보는 통시적 관점에서도 유용한 자료를 제공한다.

본 논문은 19세기 중국 민간 표해록, 『해남잡저(海南雜著)』 저자, 판본, 줄거리 등을 간략히 소개하고, 내용 분석을 통하여 표해록의 의미와 문화적 가치에 주목하고자 한다.

『해남잡저』 저자와 판본

중국 민간 표해록 중 『해남잡저』는 길이, 내용과 정보의 풍부함, 사건의 진실성 등에 있어서 단연 타의추종을 불허한다. 저자 채정란(蔡廷蘭, 1801~1859)은 자(字)가 중장(仲章), 호(號)가 향조(香祖)이다. 채정란의 삶에 대해서는 기록이 많지 않으나 최근 연구와 번역이 활발하여 주요한 삶의 궤적을 그리는 데 무리가 없다. 그는 대만 팽호(澎湖) 사람으로 1813년 제자원(弟子員)이 되었다. 복건성(福建省)의 주개(周凱)를 스승으로 삼았고, 1837년 거인(擧人)[8]에 합격하여 숭문서원(崇文書院)의 강석(講席)[9]이 되었다. 1844년 진사(進士)에 합격하여 지현(知縣)[10]에 임명되었으며 그 후 여러 곳에서 지현과 동지(同知)[11]로 일했다. 1859년 병으로 사망했다.[12]

채정란은 1835년(도광 15년) 가을 복건성으로 향시에 응하러 왔다가 금문(金門)에서 제사를 지내고 팽호로 돌아가던 중 태풍을 만나 안남(安南)[베트남] 광의성(廣義省)에 표착했다. 베트남 관민의 도움으로 육로를 통해 중국을 거쳐 다시 고향 팽호로 돌아오기까지 약 7개월이 걸렸으며, 베트남에 머무른 기간만 5개월이었다. 그는 1835년부터 10월부터 1836년 5월까지 일어났던 표류와 귀국의 경험을 정리하여 1837년(도광 17년) 가을에 출간했다. 베트남으로 표류를 했던 시기로부터 약 2년 뒤의 일로, 약 2만여 자로 된 초판 1쇄가 나온 뒤 곧 2쇄가 나오고, 재판도 2쇄를 찍을 만큼 당시에도 큰 인기를 끈 것으로 보인다. 총 4개의 다른 인쇄본과 필사본이 중국, 대만, 일본, 베트남 등에 전해지고 있다. 초판은 현재 북경국가도서관(北京國圖書館) 북해분관(北海分館)에 보관되어 있는데, 이 초판 1쇄의 체제는 다음과 같다.

1. 표지
2. 속표지

8　과거에 합격한 자, 혹은 과거 시험의 이름이다.
9　경전을 강의하던 고승, 유학자들이 앉던 자리, 혹은 학자의 존칭이다.
10　명·청시대에 지현은 해당 지역의 정식 장관으로서 정칠품에 해당하는 관리였기 때문에 속칭 '칠품지마관(七品芝麻官)'이라고도 불렸다.
11　명·청시대의 관명으로 지부의 보좌직으로 정오품에 해당하는 관리이다.
12　陳益源,「從金門漂流到越南的蔡廷蘭」,『閩南與越南』(樂學書局, 2015), pp.31 - 38 참조.

3. 주개(周凱)의 서(序)

4. 유홍고(劉鴻翺)의 서(序)

5. 오백신(吳伯新), 장역암(蔣懌菴), 허음평(許蔭坪), 장택춘(蔣澤春)의 제사(題詞)

6. 본문 –「창명기험(滄溟記險)」,「염황기정(炎荒記程)」,「월남기략(越南記略)」

7. 웅일본(熊一本)의 발(跋)

8. 가용장(柯龍章)의 발(跋)

    초판 1쇄 뒤에 나오는 판본들은 내용에 더함과 뺌이 있고, 글자체나 판면이 다른 점 등 차이를 보인다. 〈그림 1〉은 주요 판본과 번역본의 표지와 첫 페이지이다. 주요 판본들과 특징을 정리하면 〈표 1〉과 같다.

    『대만문헌총간』에 포함된『해남잡저』는 상대적으로 널리 대중들에게 알려졌으나, 빠진 것이나 오류가 많다.『해남잡저』의 명성은 해외에

---

13 판본과 번역본, 이미지는 陳益源,「從金門漂流到越南的蔡廷蘭」,『閩南與越南』(樂學書局, 2015), pp.73 – 127 참조.

14 1877년에는 북경의 러시아정교회 선교사인 Eulampius(E. Ivanoff)가『안남에 관한 한 중국인의 기록(Zapishi Kitaitsa of Anaame)』이라는 제목으로 번역하여 러시아어로 된『동방논문집』1권에 게재했다. 천이위안에 따르면, 비록 서발(序跋)과 제사(題詞) 등이 없으나 러시아어로 번역된 최초의 사례라 할 수 있다. 이듬해에는 엘 레제(L. Leger, 1843~1923)가 이 러시아어본을 프랑스어로 중역했다. 레제는 1874~1885년 파리동방언어학교 러시아어 교사였다. 동방언어학교 총서인 제1집 제7책『여정과 여행집(RECUEIL DTTINERAIRES ET DE VOYAGES)』에는 총 6편의 문장이 속해 있는데, 두 번째 순서에「중국 편지의 여행(VOGYAGE D'UN LETTRE CHINOIS)」가 실려 있다. 이 책은 1878년 이 르루(E. Leroux)출판사에서 출간되었고 1974년 네덜란드에서 중인되었다. 일어 번역본은 비교적 최근에 번역되었고, 아직 완역본이 없다는 점이 특징이다. 1992~1993년에 걸쳐 일본 릿교대학교(立教大學校) 사학회가 주간하는『사원(史苑)』제54권 제1호「동양사 특집호」에 일부가 게재되었다. 역자는 고토 긴베이(後藤均平)로「창명기험」,「염황기정」두 편의 해제와 번역문을 실었다. 현대 베트남어는 베트남의 한놈연구원(漢喃研究院)에 의해 2004년 출간되었다.

〈그림 1〉『해남잡저』각종 판본과 번역본[13]

초판 1쇄본 표지   초판 2쇄본 속표지

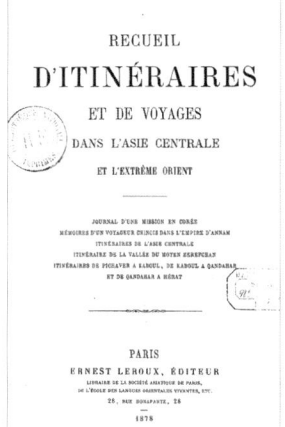

재판 1쇄본 표지와 첫 페이지   불어 번역본 첫 페이지

도 전해져, 약 40년 뒤 러시아어로 번역된 이후 불어, 일어, 베트남어 등으로 번역되었다.[14]

〈표 1〉 주요 판본의 특징

판본	특징
초판 2쇄본	• 초판 속표지의 왼쪽 칸의 "시는 하권에 있으니, 속편을 기다릴 것 [詩在下卷俟續篇]"을 삭제하고 "욱원이 집에서 제작, 소장한 판본[郁園藏板]"을 새김 • 욱원(郁園)은 채정란의 호. 채정란 개인 집에서 판각한 본으로 추정 • 표지와 주개 서(序) 앞 반쪽만 남아 있음
재판 1쇄본	• 북경국가도서관 북해분관에 소장 • 속표지에서 오른쪽 칸에 "도광 정유년 중추[道光丁酉中秋]" 중간 칸에 제목 "해남잡저(海南雜著)" 왼쪽 칸에 "욱원이 집에서 제작, 소장한 판본[郁園藏板]" • 초판 1쇄본과 동일한 체제, 글자체가 거친 모양에서 섬세하게 바뀜 • 본문 글자가 의미를 바뀌지 않는 범위 내에서 소소하게 바뀐 경우가 있음
재판 2쇄본	• 대북국가도서관 대만분관을 비롯하여 총 2권이 대만에 보존되어 있음 • 속표지가 없음. 인쇄 시기를 알 수 없음 • 본문 일부 망실
베트남 필사본	• 베트남의 한남연구원도서관(漢喃硏究院圖書館)에 소장 • 초판 1쇄본을 저본으로 하여 필사 • 제사가 없음
기타 인쇄본	• 대만은행경제연구실에서 출간한 『대만문헌총간(臺灣文獻叢刊)』 42종에 포함된 인쇄본(1959년). 이 인쇄본은 바이지(白吉)1의 변언(弁言) 추가 오백신 제사(題詞)와 가용장(柯龍章) 발(跋)이 없음 • 일본 동양문고 소장본. 이외 다른 필사본 최소 3~4종

구성

『해남잡저』는 상, 하 두 권으로 되어 있고, 상권은 다시 총 세 편으로 구성되었다. '큰 바다에서의 조난을 기록함'이란 뜻의 「창명기험(滄溟紀險)」은 대만에서 베트남까지의 표류와 구조 과정을 적었고, '덥고 습한 남방에서의 여정 기록'이란 뜻의 「염황기정(炎荒紀程)」은 일기체 형식으로 날짜별로 귀로와 그 과정 등을 적었다. 마지막 '베트남에 관한 짧은 기록'이란 뜻의 「월남기략(越南紀略)」은 베트남의 역사, 정치, 문물, 환경, 의례, 풍속 등을 적었으며 귀환 과정에서 만난 베트남의 관원과 화교들과의 교유 등을 적었다. 하권은 이를 요약한 시문을 포함한다고 하는데, 아쉽게도 그 내용을 현존하는 판본에서 확인할 수 없다.[15]

채정란이 베트남 광의부(廣義府)[꽝응아이]를 출발하여 고향에 당도하기까지는 약 118일 걸렸다.[16] 1835년 10월 13~16일 사이 베트남 광의성에 도착하여, 26일 귀환의 여정을 시작한다. 12월 30일 부춘(富春)에 도착하여 제야를 보내고, 여행을 계속하여 2월 초, 하노이에 당도한다. 베트남-중 국경선을 넘어선 것은 3월 5일자로 기록되어 있다. 광서-광동-복건을 거쳐, 팽호로 돌아왔다.

「창명기험」은 도광 을미년 10월 2일 금문에서 팽호로 돌아가는 배편을 타기 전의 기록에서부터 시작한다. 당시 금문에 조부가 생존해 있었는데, 스승인 주개, 지인들과 어울렸던 일을 첫머리에 적었다. 10월 2일 아침 승선했는데 당일 오후부터 비바람이 불기 시작하여 밤 12시가 되자 큰 태풍을 맞이하게 된다. 폭우와 태풍, 파도에 배가 휩쓸리며 돛대도 잘리고, 동승한 선주, 선원들, 동생과 함께 제사를 지내기도 하고, 울기도 하면서 큰 혼란을 겪게 된다. 날짜가 어떻게 지나는지도 모르는 암

---

15 채정란이 초판 1쇄본에 적은 문장 "시는 하권에 있으니, 속편을 기다릴 것(詩在下卷俟續篇)"이 2쇄본에서는 없어지고, 재판 1, 2쇄본에서는 확인할 수 없어 채정란이 하권을 저술하였으나 망실되었는지, 저술하지 않은 것인지 불명확하다.
16 채정란의 귀환 여정은 高啓進, 陳益源, 陳英俊 共著, 『澎湖進士蔡廷蘭與海南雜著』(澎湖縣文化局, 2005), p.13, 林淑慧, 「旅遊, 記憶與論述 - 蔡庭蘭《海南雜著》的 跨界之旅」, 『漢學研究』第26券 第4期(漢學研究中心, 2008), pp.241-242에 정리되어 있다.

흑과도 같은 시간이 지나자 태풍이 가라앉고, 배가 베트남에 도착한 사실을 알게 되었다. 베트남 관리가 와서 먹을 것을 주고 위로하였으며, 채정란은 하늘의 도움에 감사함을 느끼며 글을 맺는다. 세 편 중 가장 짧은 분량이다.

「염황기정」은 1835년 10월 13일 베트남에 도착한 때부터 이듬해 5월 8일 마침내 고향 팽호섬에 도착하기까지의 여정을 일별로 기록, 정리했다. 세 편의 본문 중 가장 많은 분량을 차지하고 있으며, 약 118일 여정 동안 만난 이들, 송환 절차와 사건들, 여정 중 목도한 풍경과 민속 등을 세세히 기록했다. 베트남 관리들이 표류된 배가 있다는 신고를 받고 나와서 처음 심문하는 장면, 왕의 교지가 내려 선물과 식량을 받은 일, 보통은 해로로 다시 돌아가지만, 고향의 노모를 염려하여 육로로의 귀환을 간청한 일, 다음 달 21일 드디어 중국으로의 귀환 시작, 1836년 베트남에서 새 해와 대보름을 맞이한 소회, 3월 5일 드디어 중국 땅을 다시 밟았을 때의 기쁨, 4월 22일 스승 주개 선생을 다시 만나서 이 일을 기록하라는 권유를 들은 일, 5월 2일 고향으로 가는 배를 타고 8일 어머니를 다시 뵙고 눈물을 쏟은 일이 적혀 있다. 세 편 가운데 가장 길다.

「월남기략」은 베트남의 역사, 행정, 정치제도, 문물과 풍속, 신화와 전설, 자연환경과 생업 등 매우 방대하다. 베트남의 위치에서부터 시작하여, 역사를 시기적으로 정리했다. 뒤를 이어 궁정의 풍습과 예절, 행정 체계와 관직 소개, 과거 제도, 생태와 대표적 동물인 코끼리, 공작 등의 묘사와 소개, 결혼 의식, 일상과 풍습, 농작물과 산물, 32개의 성과 지리적 특성을 기록했다.

『해남잡저』의 의의

사적 기록의 경우 실제로 표류나 표착 등의 사건이 발생했고, 이를 사실대로 적었는가의 진실 여부가 논란의 대상이 되어왔는데, 채정란의 표해록 『해남잡저』는 베트남과 중국의 정부에서도 기록한 공적 자료가 남아 있어 그 가치가 매우 높다. 우선 「염황기정」 11월 5일자에 다음과 같은 내용이 기록되어 있다.

> 11월 초닷새, 고관이 왕의 교지가 내려왔다고 전했다. 급히 관아로 가서 어지(硃批)를 받으니, 붉은 글씨로 쓴 어지에 다음과 같이 적혀 있었다. "이 사람은 명문 문장가 출신으로, 불행히도 태풍을 만나 배가 완전히 부서져 몹시 가련한 처지가 되었다. 해당 성은 돈과 쌀을 주는 것 외에 성은을 더하여 상으로 돈 50관과, 쌀 20되를 더 내려 자금으로 삼아 생활을 도모하게 하라. 이로써 짐이 험난한 상황에 처해 살아남은 것을 치하하는 뜻을 보이라. 다른 뱃사람들도 사람 수대로 매울 쌀 1되를 하사하라." 급히 글로 감사를 표하고, 성의 창고에서 물자를 넉넉히 받았다. 이로 인해 고관들이 한층 더 예를 표하고, 한가할 때면 함께 필담으로 이야기를 나누었다.[17]

채정란의 해난사고는 베트남과 중국 정부 기록에도 남아 있다. 우선

---

17 『해남잡저』는 陳益源, 『蔡廷蘭及其『海南雜著』』(里仁書局, 2006)을 저본으로 했다. 蔡廷蘭, 『해남잡저·염황기정』.

베트남 응우옌 왕조(阮朝)의 국사관이 편찬한 『성종실록(聖宗實錄)』 밍망 16년(明命 16年, 곧 1835년) 동십월(冬十月) 강목하에 간략하게 기술되어 있고, 중국 자료도 비슷한 내용을 기록하고 있다. 공적인 기록들은 『해남잡저』의 사료로서의 가치를 한층 더한다.

청 복건성의 상선 한 척이, 상대만부(商臺灣府)로 가던 중 풍랑을 만나 광의양분(廣義洋分)에 표착했다. 성의 신하가 풍랑으로 조난을 당할 경우의 선례에 따라, 돈과 쌀을 주었다. 배 안에 늠생 채정향(蔡庭香)이 타고 있어서, 특별히 은혜롭게 돈 50꾸러미, 쌀 20되를 내리노라. 편의를 보아 본국으로 돌아가게 했다.[18]

베트남 사료에 따르면 베트남에 표착한 중국 선박은 청대에만 30건 이상이며 대부분 광동의 선박이라고 한다.[19] 그러나 저간의 사정을 기록한 것은 거의 없으며 1688년 베트남으로 표류한 반정규(潘鼎珪, ?~?)의 『안남기유(安南紀遊)』와 『해남잡저』가 제일 유명하다. 반정규[20]는 강

---

18 채정향은 채정란이다. 이는 밍망제의 어머니, 許名蘭의 이름을 피하기 위해 채정란의 이름, 정란과 자, 향조를 조합하여 적은 것이다. 陳益源, 『蔡廷蘭及其 『海南雜著』』(里仁書局, 2006), p.7. 이 글은 『대남실록(大南寔錄)』 정편 제2기 권160(正編 第2紀, 券160)에 기록되어 있다. 林淑慧, 「旅遊, 記憶與論述 - 蔡庭蘭 『海南雜著』的 跨界之旅」, 『漢學研究』 第26券 第4期(漢學硏究中心, 2008), p.224에서 재인용.
19 湯熙勇, 「遭難與海外歷險經驗 - 以蔡庭蘭漂流越南爲中心」, 『人文及社會科學集刊』第21券 第3期(중앙연구원 인문사회과학연구센터, 2009), p.479.
20 반정규(潘鼎珪, ?~?)는 호가 자등(子登), 복건 진강(晉江) 사람이다. 강희 연간 대만에서 성장했으며 명민하여 고시에 능했다. 후에 취안저우(泉州)로 호적을 옮겼으며, 80여세에 세상을 뜰 때까지 시문 20여 권을 남겼다. 일로 인해 광동 양강을 오가다 베트남에 표류한 것으로 보인다. "자주 안남을 방문하였고, 안남기유를 남겼다."고

희 27년(1688년) 겨울 대만에서 광동으로 향하던 중 베트남 만녕주 강평항〈萬寧州 江平港〉에 표류하게 되었다. 이후 헌내항〈軒內港〉과 승룡(昇龍)을 거쳐 중국으로 돌아온 여정을 기록했다.『안남기유』는 약 2,000자의 글로『해남잡저』에 비하면 분량이 보잘것없으나, 당시 베트남의 풍속과 지리를 상세히 적어 베트남사의 중요한 자료로 활용되고 있다. 무엇보다 약 150년 뒤 출간한『해남잡저』와의 시차를 고려해 볼 때, 청조 초기의 베트남–중국 관계를 조망하는 데도 상당히 도움이 된다. 다음에서는『해남잡저』를『안남기유』와 비교하여 그 의미를 분석할 것이다. 다만, 두 표해록 모두 번역본이 출간되지 않은 상태라 초보적 분석을 시도했음을 미리 밝힌다.

『해남잡저』분석

베트남은 1627~1672년까지 지속된 찐–응우옌 분쟁, 즉 남북전쟁이 막을 내린 상태로, 향후 약 100여 년간 지속될 평화와 번영기의 초엽이었다. 반정규가 베트남에 표착한 1688년은 응우옌 정권이 정치와 군사의 안정을 바탕으로 한 상업과 행정이 기틀을 잡아 가던 안정기였다. 한편, 『해남잡저』의 배경은 19세기로 당시 베트남은 응우옌 왕조(1802~1945년) 시기였다. 응우옌 왕조는 민중봉기로 세워진 떠우선 왕조를 물리쳤으나,

---

기록되어 있다. 清·乾隆,『泉州府志·卷55·文苑·国朝文苑2·潘鼎珪』. http://qzhnet.dnscn.cn/qzh69.htm(2018.11.1 접속).

1862년 프랑스 침략, 1882년 프랑스령 인도차이나령 수립 등으로 외세에 시달리다 1945년 베트남 제국 설립으로 막을 내린다. 채정란이 방문한 1835년은 프랑스 제국주의 세력이 본격적으로 침략의 야욕을 펼치기 전으로, 상대적 안정기라 할 수 있다.[21]

그런데 150년간의 시차에도 불구하고 두 표해록은 중화중심주의적 세계관, 유교 사상을 공통분모로 한다. 『안남기유』는 다음과 같은 문단으로 시작한다.

안남은 옛 월상씨(越裳氏)의 땅이다. 즉 주(周)대에 통역을 거듭하여 들어와 조공하니 희공(姬公)이 지남거(指南車)[22]를 주어 돌려보냈다고 기록된 곳이다. … 진(秦) 이래 배반과 복종이 일정치 않았다. 중국에서 왕조가 교체되면 명을 내려 정벌하고자 하였으니, 그 위덕이 매우 두드러지고 그 사심(邪心)을 진압하기에 족했다. 한(漢)대에는 복파장군(伏波將軍)[23]

21　유인선, 『새로 쓴 베트남의 역사』(이산, 2016), pp.181 - 265. 15세기 이래 베트남은 레왕조, 후기 레왕조를 거치며 유교 이념을 수용하는 한편 베트남만의 전통문화를 일군 문화적 번성기를 누렸다. 잠시 막왕조와의 분쟁도 있었으나, 찐씨 가문과 응우옌씨 가문이 힘을 합쳐 막 왕조를 패망시켰다. 특히 남부에 자리 잡은 응우옌씨 가문은 북측 찐씨 가문과의 경쟁 속에서 군사제도와 유교제도를 정비하는 한편 남부에 참파 왕국을 점령하여 영토를 크게 확장했다. 또한 남명의 멸망과 삼번의 난이 실패로 돌아가자 중국 유민들이 베트남으로 귀속하여 경제적·군사적으로 기틀을 잡았다.
22　옛날 중국 수레의 하나. 수레 위에 신선의 목상(木像)을 얹고, 그 손가락이 달리는 방향과 관계없이 늘 남쪽을 가리키게 만들어 '지남거'라는 명칭을 얻었다. '지남차'라고도 한다.
23　고대 장군 명칭 중 하나로서, 파도를 정복한 것처럼(伏波) 공적과 성취가 뛰어난 이에게 하사했다. 장군 직제 중 대장군이 제일 높으며, 이외에 강노(强弩)장군, 발호(拔胡)장군처럼 주요 공적에서 이름을 따와 장군직을 하사하기도 했다. 복파장군으로는 마

마원(馬援)이 있었다. 명(明) 영국공(英國公)[24] 장보(張輔)는 오늘날까지 그 묘의 모습이 우뚝하다. 그러나 마원장군의 신묘함은 영국공보다 더 빛난다. 그 왕 이하 망문첨례(望門瞻禮)하지 않는 이가 없으며 때마다 사당에 기도를 드린다.[25]

"배반과 복종"에서 단적으로 드러나듯 반정균는 중화질서에서 입각하여 설명한다. 이는 곳곳에서 "복파장군에 의해 참정(讖定)될 때", "지금은 나라를 찬탈하여 정씨가 나라를 다스린다."[26] 등에서도 잘 드러난다. 복파장군 마원과 명 영국공 장보에 대한 설명도 그러하다. 두 장군 모두 각각 한과 명대에 베트남을 정복하여 실질적 지배를 이끌었다. 기원전 111년 중국 한 무제가 남월을 정복하자, 후한(23~220년) 초기, 베트남 쯩 자매는 민중 봉기를 일으켜 한 군대가 연전연패를 당하는 궁지에 몰렸다. 이에 한 광무제가 41년 복파장군 마원을 파견했다. 마원의 정벌은 이듬해 쯩 자매 처형과 잔여 세력과의 교전을 끝으로 성공적으로 마무리되어 중국 교주(交州)에 베트남이 복속되었다. 중국의 입장에서는 마원이 개선장군이겠으나, 베트남에서는 쯩 자매가 애국 영웅이다. 그렇다면 반정균가 마원을 영국공보다 높이 평가한 이유는 무엇일까. 아마도 마원 정벌 이후 43년부터 544년까지 약 500여 년간 중국이 베트남

원이 제일 유명하다.
24 국공은 북주에 처음 세워진 황실 작위이다. 수(隋)대에 공신을 국공으로 봉하기 시작했으며, 역사상 영국공은 그리 많지 않다. 당의 이할(李勣), 명의 장보가 유명하다.
25 潘鼎珪, 『新編 叢書集成·97』(新文豊出版公社, 1985), p.1.
26 潘鼎珪, 『新編 叢書集成·97』(新文豊出版公社, 1985), p.2.

지배를 했기 때문으로 추측된다. 영국공 장보의 경우 실질적 중국의 지배는 후 레 왕조가 들어서기 전까지 고작 20여 년간 지속될 뿐이었다.

마찬가지로 채정란은 「월남기략」에서 훨씬 상세하게 월남의 역사를 고대부터 청대까지 중국 왕조의 역사를 중심으로 기술하는데, 마찬가지로 곳곳에 '반란', '찬탈', '침범', '평정' 등의 단어가 자주 등장한다. 도입부를 보면 다음과 같다.

> 한 무제가 남월(南越)을 평정하고 교지군(交趾郡)을 설치했다. 광무(光武) 시대에는 여자인 쯩짝(徵側), 쯩니(徵貳) 자매가 반란을 일으켰고, 마원이 토벌하여 평정하였으며, 동주(銅柱)를 세워 경계를 표시했다. 당 대에 이르러 안남(安南)으로 명칭을 바꾸고 도호해정군 절도사를 설치했다. 모두 중국에 예속된 땅이다. 후에 자주 반란을 일으켜, 그 땅을 버리고 조공을 바치게 했다.[27]

중국 조대나 연호에 따른 통사적 시간 구분은 "타자의 시각에서 베트남 역사 발전 맥락을 서술하고 있음"을 명백히 보여준다.[28]

이럴진대 양자 공히 중국의 풍습과 문자의 사용에 대해서는 매우 후한 평가를 하고, 베트남 풍속에 대해서는 "한족 중심의 문화의식"[29]에 근

---

27 蔡廷蘭, 『해남잡저·월남기략』.
28 林淑慧, 「旅遊, 記憶與論述 - 蔡庭蘭《海南雜著》的 跨界之旅」, 『漢學研究』 第26券 第4期 (2008), p.233.
29 林淑慧, 「旅遊, 記憶與論述 - 蔡庭蘭《海南雜著》的 跨界之旅」, 『漢學研究』 第26券 第4期, p.238.

거하여 평가하고 있다. 가령, 채정란은 다음과 같이 적고 있다.

> 현재의 국왕은 중국을 공경하게 모시고, 치국의 체제를 매우 잘 알며, 또한 서사에 능통하고【자신이 제작한 시문집을 반포했다.】유교를 숭상하며 【대관들을 모두 과거로 등용했다.】효심으로 어머니를 모시고.…의복은 비록 이전 시대 제도를 따랐지만 법도는 모두 중국의 것을 답습했다.【예를 들면, 학교와 선비, 서문(글과 책), 율례는 중국과 다르지 않다.】일찍이 다음과 같이 말했다. "중국을 존경하여 마땅히 신하의 도리를 다하여, 다른 오랑캐가 우리에 미치지 못한다." 현 상황을 보면, 잘못됨 없이 공헌만 한다. 중국 선비가 태풍을 만나 그곳에 도달하니, 모두 예로써 대해 주었다.[30]

"또한 일찍이 베트남의 민정을 자세히 살펴보았는데 비록 한나라 후손이 많다 하여도, 잡스럽고 야만스런 오랜 습관을 답습하고, 궤변에 경박하고 인색한지라, 가까이하기가 매우 어렵다."[31]고 비난했다. 반정규도 "우리 중하(中夏)를 존중하여 천조(天朝)라 불렀다."[32]거나 베트남 풍속을 오랑캐(彝)[33]의 그것으로 폄하하는 데서도 잘 드러난다."그 풍속은 교활하고 음험하며, 어리석다. 이기기를 좋아하고 재물을 탐한다. 여자들

---

30 蔡廷蘭, 『해남잡저·월남기략』.
31 蔡廷蘭, 『해남잡저·월남기략』.
32 潘鼎珪, 『新編 叢書集成·97』(新文豊出版公社, 1985), p.2.
33 '彝'는 '夷'의 이체자로, 만주족이 다스리던 청나라로 인하여 오랑캐를 뜻할 때 대신 쓴 것으로 보인다.

은 아부를 좋아한다. 염치와 구별의 풍속이 없다."³⁴라고 주관적인 평가를 했다.

다른 공통점은 베트남 여성에 대한 묘사를 포함한다는 점이다. 약 이천자로 된 『안남기유』는 짧은 글 속에 베트남 역사, 지리, 표류하게 된 경위와 귀로, 군사, 행정, 문화, 풍속, 경제, 특산물 등을 골고루 소개하였으나, 그 분량이나 깊이는 제한적이다. 그런데 유독 베트남 여성의 풍습과 일상에 대해 상당히 관심을 보이며 자세히 기록한 점이 두드러진다. 왕부(王府)에 도착해서 발견한 풍광을 다음과 같이 반정규는 묘사하고 있다.

> 호시(互市)³⁵에는 모두 여자였다. 관리의 부인도 꺼리지 않았다.… 부대의 편성은 옛 전부법(田賦法)에 의지한다. 그러므로 그 풍속은 딸을 낳으면 아들을 낳으면 걱정한다. 남자는 남에게 장가들고, 여자는 남을 데려와 결혼한다. 여자가 남자를 데려와 결혼할 때 재산이 많은 남자가 아니면 천대하여 버리고도 꺼리지 않는다. 간혹 중국인(中土人)이 그 딸을 데려와 결혼하는데, 남자를 낳으면 기다렸다가 데려가고 여자를 낳으면 머물러 있고 돌아가지 않는다. 여자가 남자보다 귀해서일 것이다.³⁶

한편 채정란은 「염황기정」이나 「월남기략」에서 주로 베트남의 풍속, 문화와 사회 등을 묘사하고 있는데 그 역시 "부인이 나가서 장사를 하는

---

34 潘鼎珪, 『新編 叢書集成·97』(新文豊出版公社, 1985), p.3.
35 두 나라 변경 혹은 항구에서 외국인과 교역을 하는 곳이다.
36 潘鼎珪, 『新編 叢書集成·97』(新文豊出版公社, 1985), p.2.

데, 치마는 입지 않고 연지를 바르지 않는다."라거나 "기방은 없다."[37]처럼 관련 문화를 간략히 기술한다. 그런데 중국과 사뭇 다른 결혼, 제사, 경제 등에 대해서는 자세히 적었다.

> 남녀의 결혼에 있어 빙금(聘金)[신랑이 신부 집에게 주는 돈]은 정해진 금액이 없다.【적은 경우는 겨우 10여 관도 있다.】때가 되면 사위가 중매인과 함께 신부 집에 와서 신부를 데려간다.【신부는 신랑을 따라가는데 가마나 말을 사용하지 않는다.】두 집의 수행인은 모두 부녀자이고 채색 등불이나 음악은 없다. 만약 신부가 신랑을 버릴 경우 빙금을 돌려주고 돌아온다. 여자가 중국인을 신랑으로 맞이하면 중국인을 아저씨라 부른다. 풍속의 예를 보면 여자도 균일하게 재산을 분배받는다. 조상을 제사 지낼 때 반드시 장인 장모도 겸해서 제사를 지낸다.[38]

반정규와 채정란 모두 유교를 숭상하는 한족 남성 엘리트였기에 중국의 남성가부장제와 다른 여성의 생활, 권리, 풍습이 인상적일 수도 있었을 것이다. 여성이 버젓이 장사를 하여 내외가 없고, 이혼의 권리가 있으며, 동일한 유산 분배나 조상 제사에서 처가 제사를 지내는 평등한 모습을 분명 독특한 이국의 풍광으로 묘사했으니 말이다. 그러나, 베트남 가속제노나 풍습, 세사 등을 단기간 표면적으로 이해히였을 뿐 깊이 있는 이해는 어려운 실정이었으며, "중원문화의 각도"[39]에서 바라보

37　蔡廷蘭, 『해남잡저·월남기략』.
38　蔡廷蘭, 『해남잡저·월남기략』.
39　黃美玲, 「意料之外的〈異域〉之旅 － 觀《神海紀遊》與《海南雜著》的旅遊視野」, 『高醫通識教

기 때문에 이를 선진적이거나 배워야 할 가치로 생각했다고는 보기 어렵다. 채정란의 글 전체에서 여성에 관한 묘사는 분량이 그다지 많지 않다. 그 이유는 우선 『해남잡저』의 양 자체가 매우 방대하거니와, 베트남에 머무는 기간 중 저자가 주로 베트남 남성 고위 관료나 지식인들, 중국 화교 남성들과 교유하였기 때문에 상대적으로 여성과 접촉하거나 관찰할 기회는 적었기 때문이다.

그렇다면 이 두 표해록의 차이는 무엇일까. 표류 시기를 기준으로 1688년의 『안남기유』와 1835년의 『해남잡저』는 약 150여 년간의 시차가 있는데 이 사이에 중국의 외국인 표류민에 대한 구조제도가 공식화되었다.[40] 중국은 강희, 옹정, 건륭 연간에 걸쳐 전례를 따르며 외국 표류민을 송환하다, 그 사례가 빈번하게 되자 건륭 2년 공식적으로 황제의 유지를 내렸고, 이것이 곧 난민 처리의 규범이 된다. 이 제도는 "멀리서 온 사람을 위로한다."는 중화제국의 왕도사상에 근거하여, 조공국과 비조공국을 가리지 않고 일시동인(一視同仁)하며 무휼(撫恤)하는 원칙을 표명하였으며 이후 조례나 회칙을 통해 구체적 제도(지급하는 의식, 은전, 생활용품의 종류와 양, 구조 순서, 국적과 표착지에 따른 송환 루트 등) 등을 체계화했다. 황제의 유지는 다음과 같다.

짐은 다음과 같이 생각한다. 연해지방에는 외국 선박이 풍랑을 만나 표

育學報』第3期(高雄醫學大學通識教育中心出版, 2008), pp.169-170.
[40] 이미 근세 일본, 중국, 조선, 류큐 사이에는 풍랑이나 사고로 표착한 외국인 송환제도가 시행되고 있었다. 근세 동아시아의 표류민 송환제도에 대해서는 아라노 야스노리(荒野泰田), 「近世の日本漂流民送還體制と東アジア」, 『歷史評論』 400(1983).

류하다 중국 경내로 들어온 일이 늘 있어 왔다. 짐은 천지만물이 모두 나와 평등하며, 내외를 차별하지 않는 마음을 품고 있다. 외국의 백성이 중화(中華)로 표류해 들어왔다면, 그들을 어찌 의지할 곳 없이 유랑하는 백성이 되도록 하겠는가? 이 이후로 이처럼 풍랑을 만나 표류하는 선박이나 사람이 있다면 착해독무(著該督撫)는 관련된 관리들을 인솔하여 그들을 특별히 잘 위무해줄 것이며, 비축해 놓은 공은(工銀)으로 의복과 식량을 제공하고 선박을 수리해주고, 화물을 조사한 후 돌려주고, 본국으로 송환해 줌으로써 원지(遠地)의 백서들을 잘 어루만져주고자 하는 짐의 지극한 뜻을 보이도록 하라. 이를 오래동안 본보기로 드러내고자 한다.[41]

그런데, 베트남의 경우 알려진 사료가 많지 않아 실제로 어떤 외국인 송환제도를 실시하고 있었는지 파악하기 어렵다. 『안남기유』만 보더라도, 표착 후 관에 의한 구조나 송환 방법에 관해서 거의 언급이 없다. 강희 27년 겨울, 우연히 월남 지방의 고량(高凉)에 일이 있어 지나가다 풍랑을 만나 표류하게 되었다고만 적고 있으며, 귀로 또한 만녕주(萬寧州)에서 시작하여 헌내(軒內), 수도 승룡(昇龍)을 거쳐 돌아오는 내용을 적었을 뿐이다. 또한 표착 직후 관원이 심문을 했다거나, 공적인 절차를 통해 귀환했다거나, 바다로 혹은 육로로 귀횐했다기나 하는 정확한 기록이 없다. 따라서 표해의 사실을 기록한 몇 줄을 제외하고 읽으면 이국의

---

41 『淸高宗實錄』 券52, 乾隆二十閏九月庚午條, 劉序楓編, 『淸代檔案中的海難史料目錄. 涉外篇』, 「서문」, p.6 재인용.

풍광과 문호를 적은 여느 유람기와 크게 다르지 않을 정도이다.

반면, 채정란의「염황기정」을 보면 이미 19세기 후반 즈음 베트남 표류민 송환 절차가 상당히 체계화되었음을 알 수 있다. 1835년 10월 13일 표착된 배가 있다는 신고를 받자 관리들이 나와 심문을 하였으며, 15일 채정란이 통역과 함께 육지로 내려 관공서에 신고를 했다. 다음날 베트남 관청에서 나와 아편처럼 금지된 물건을 실었는지 화물 검사를 실시하고, 배의 크기를 재고 세금을 매겼다. 19일 관리들이 상급 관청에 고할 때 채정란이 왕에게 표류의 정황을 보고한 글을 올렸으며, 11월 5일 왕의 교지가 내려 선물과 쌀과 상금을 하사받았다. 보통은 해로로 다시 돌아가지만, 고향의 노모를 염려하여 육로로의 귀환을 간청하자 19일 비준서가 내려왔다. 도달하는 주요 성(城)마다 주요 관원과 사대부가 나와서 맞이하여주었고 이듬해 3월 5일 중국에 다시 발을 내딛을 때까지 공식 문서를 통해 무사 귀환과 그에 따른 예우를 보장받았다. 약 150년간의 시차를 둔 두 표해록은 18세기 베트남의 외국인 송환체제가 어떠한지를 보여주는 주요한 사료라 할 수 있다.

약 2,000자의『안남기유』와 약 10배에 해당하는『해남잡저』의 분량의 차이를 베트남의 머무른 기간의 차이로 바로 설명하기는 곤란하다. 채정란과 달리 반정규는 1688년 겨울 베트남에 표착하였을 때, 머무른 기간이나 중국에 돌아오는 데 걸린 시일을 적지 않았기 때문이다. 그러나, 기간을 차치하고라도 두 사람이 모두 대만 출생으로서 표해록을 남긴 사실은 매우 의미심장하다. 반정규는 대만에서 성장했고, 후에 천주(泉州)로 호적을 옮겼다. 뭍에 사는 이와 달리 배를 타고 나가야만 외부 문물과 사람을 접할 수 있는 섬사람들은 바다에 대한 두려움이 적고 개방적인 태도로 새로운 풍광과 문물에 매료되었을 수도 있다. 더욱이 이런 지리적 조건이 문맹이 태반인 어민, 상인과 다르지 않았기 때문에, 지식인도 배를 타는 기회가 많았으며, 따라서 자신의 경험을 기록하는 것이 가능했다. 류쉬펑 역시 중국의 공적 기록보다 사적 기록이 적은 이유 여섯 가운데 문인들의 바다에 대한 두려움을 꼽은 바 있다.

『해남잡저』와 『안남기유』의 상기한 유사점과 차이점을 살펴보았으나, 이런 표해록의 의미는 결국 무엇일까. 대부분 여행기가 그렇듯, 여행자는 예기치 않은 풍광과 문화를 접하게 된다. 마찬가지로 표해록의 두 저자 역시, 이민족의 생활습관, 문화, 자연환경, 행정과 군사체계, 특산물과 신화 전설에 이르기까지 본인이 목도한 사실을 기록에 남겼다. 특정한 주제에 묶이지 않는 다양한 이야기를 엮어내는 것은 결국 베트남(인) 이야기를 하는 화자 채정란과 반정규의 시선이다.[42] 이 두 저자의 시선은 중화와 오랑캐, 선과 악, 교화와 야만의 대립 구도에 기반하고 있으며, 이는 단순히 이국 풍광과 타문화에 대한 호기심을 넘어서 있다. 이 두 표해록이 베트남을 끊임없이 타자화하는 서사를 통해 중국 주체의 정체성을 재확인시키며 구성해 가는 과정과 어떻게 연관이 있는지는 좀 더 세밀한 연구가 필요하다 하겠다.[43]

---

42 심혜영, 「로버트 모리슨(Robert Morrison)의 중국인을 바라보는 시선과 신앙정체성 – *The Chinese Repository*(1822~1834)를 중심으로」, 『중국현대문학』 Vol.76(한국중국현대문학학회, 2016), p.146 참조.
43 김경미, 「17세기 초 이방·이방인의 서사, 조완벽전」, 『고전 서사문학에 나타난 이방인』(보고사, 2013), pp.99–105.

결론

이상에서 『해남잡저』를 간략하게 살펴보았으나, 이 텍스트는 19세기 베트남과 중국이라는 맥락에서 보아야 한다. 당시 베트남은 응우옌 왕조의 밍망제(明命帝)가 다스리고 있었다. 그런데 밍망제는 선대 왕이었던 쟈롱제(嘉隆帝)와 달리 강력한 숭유정책과 친중정책을 폈다. 쟈롱제가 과거제나 행정문서에 민족어 쯔놈을 허용했던 것과 달리, 밍망제는 한자만을 사용하게 했고, 중국문화에 심취했다.[44] 채정란이 베트남에서 받았던 환대와 편의는 이런 맥락에서 가능한 일이었다.

동시에 채정란이 베트남에 머무른 5개월간 직접 목도한 사실을 기록한 것은 사실이나, 그가 언어장벽으로 말미암아 매우 제한된 정보 취득과 소통 경로를 갖고 있었다는 점도 중요하다. 그와 한자로 필담을 나누던 베트남의 고관과 지식인이 평민들과는 상당히 다른 물적, 정신적 기반을 갖고 있었으리라 추측하는 것은 어렵지 않다. 그의 또 다른 소통 경로였던 '유우자(有遇子)' - 베트남 화교들은 이민자로서 현지인과의 다리 역할을 하였으나, 그들 역시 베트남인들과 다른 세계관과 문화에서 해석한 정보를 채정란에게 전달했을 가능성 역시 높다 하겠다.

---

44 유인선, 『새로 쓴 베트남의 역사』(이산, 2016), pp.246 - 264.

중국 절강 내 한국 표류민의 유적과 기록에 대한 고찰

박현규

서론

바다는 가변성이 매우 높기 때문에 뜻밖의 사건이 자주 일어난다. 해상 표류 사건은 통상 죽음으로 가는 불행한 결과를 초래하지만, 더러 요행히 육지에 닿아 생환하는 천운을 얻기도 한다. 특히 외국 땅으로 표착하면 예기치도 않게 색다른 세상을 체험하는 기회를 얻는다. 예전 해외여행이 통제되는 시대에 외국에 표착했다가 본국으로 생환한 표류기록은 많은 독자들의 선풍적 인기를 끌었다. 독자들은 표류자가 생사를 넘나드는 위난을 극복하고 낯선 세계에서 보고 들었던 내용이 여간 흥미롭지만, 자신들이 갈 수 없는 외국을 갔다 왔다는 점에서 부러운 눈치로 바라보았다.

절강은 중국 대륙의 동남부 연해안에 소재한 지역이다. 오월(吳越)문화·강남문화의 발원지답게 인문정신이 매우 왕성하고, 걸출한 문사와 인재들이 많이 배출되었다. 절강과 한반도 사이에 아주 오래전부터 해상교통로가 형성되어 양 지역 사람들의 해상 교류가 매우 활발했다. 두 지역 사이에 흐르는 쿠로시오해류와 계절풍을 활용하면 고대 풍력선이라도 어렵지 않게 상대 지역에 도달할 수 있다.

절강 지역에는 한국인들이 표류한 사례가 상당히 많다. 오늘날 절강 지역을 돌아다니면 한국 표류민들의 유적과 기록을 어렵지 않게 찾아볼 수 있다. 가장 대표적인 사례가 절강 삼문(三門)에 표착한 조선 최부(崔溥)의 『표해록(漂海錄)』이다. 이 책자는 중국 지역에 널리 알려지면서 많은 사람들의 관심 대상이 되었다. 2016년에 절강성박물관(浙江省博物館)에서 15세기 조선 최부가 본 강남문화라는 특별전을 열어 많은 관람객으로부터 호평을 받았다.[45]

필자는 30여 년 전부터 절강 지역을 돌아다니며 한국 표류민 유적들을 살펴보고 관련 자료들을 수집해 왔다. 이번에 그간 수집한 자료들을 정리하여 절강에 남겨진 한국 표류민의 유적과 기록을 종합 분석해 본다. 국내외 학계에서 최부의 『표해록』 등 일부 사안을 대상으로 언급한 바가 있지만, 절강 전체를 대상으로 본 주제에 대해 아직까지 분석한 바가 없다. 본 논문에서 대상으로 삼은 조사 시기는 고대부터 조선 말까지로 국한한다.

45　浙江省博物館, 『漂海聞見 - 15世紀朝鮮儒士崔溥眼中的江南』(2016. 11. 16~2017. 2. 12).

천태 최가오에 전해진 한국 표류민 고사

천태는 절강 동남부 내륙에 소재한 불교 성지이다. 수나라 지의(智顗)대사가 천태에서 새로운 교리를 터득하여 천태종을 세웠다. 고구려 반야(般若), 신라 연광(緣光)이 일찍이 지의대사의 문하가 되어 가르침을 받았고, 이후에도 나려 화상들이 분분히 천태로 들어와 불법을 닦았다. 이보다 앞서 중국 대륙에 표착한 한국인이 천태 지역에 들어와 살았던 민간 고사가 전해온다.

1992년에 절강성민간문학집성사무실(浙江省民間文學集成辦公室)은 천태 지역에 전해오는 민간 고사, 가요, 속담 등을 모아 『중국민간문학집성 절강성천태현 이야기·가요·속담편(中國民間文學集成浙江省天台縣故事歌謠諺語卷)』을 편찬했다. 이 책자에 최씨(崔氏) 조상이 천태 최가오(崔家嶴)에 정착한 고사를 담은 최가오의 내력이 수록되어 있다. 「최가오의 내력(崔家嶴的來歷)」에 기술된 이야기를 정리해본다.

최가(崔家)의 조상들은 조선에서 왔다. 하루는 최씨 삼형제가 바다에 나가 어로작업을 하다가 폭풍을 만나 복건으로 표착해왔다. 지역민들은 이들이 왜구로 오인하여 구타를 가했다. 다행히도 이들은 그들의 손에서 빠져나와 연해안을 따라 계속 북쪽으로 올라갔다. 이후 낮에는 쉬고 밤에만 걸었고, 큰길이나 평지로 가지 않고, 좁은 길이나 산지로 걸었다. 연로에서 고구마, 땅콩, 옥수수 등을 구해먹었고, 때로는 벙어리 행세를 하며 구걸을 하거나 민가에 들어가 잠깐 품앗이를 하기도 했다. 절강 땅에 도착했다.

삼국 오나라 손권(孫權)은 제갈각(諸葛恪)을 절강과 복건 일대로 보내어 산월(山越) 사람들이 평지로 내려와 살도록 유도했다. 산월 사람들은 원래 북방에서 온 사람들이라 계속 산속에서 은거했다. 최씨 삼 형제도 산월 사람과 함께 거주했다. 첫째는 천태 최가오(崔家塽)에 거주했고, 둘째는 임해 두하교(杜下橋)에 거주했으며, 셋째는 선거(仙居) 하각전(下各殿)에 거주했다. 다른 사람들은 이들이 벙어리 행세를 하는 바람에 아무도 외국인인줄 몰랐다. 이들은 산월 사람과 혼인하여 정착했다. 자신의 근본을 잊지 못하여 사는 곳을 모두 최가오(崔家塽)라고 불렀다.[46]

천태 최가오 고사는 2004년 조지천(曹志天)과 허상추(許尙樞)가 편찬한 『천태산민속풍물(天台山民俗風物)』에도 수록되어 있다. 천태 최가오(崔家塽)는 뇌봉향(雷峰鄕) 최삼촌(崔三村)의 옛 지명이다. 채집자 최우은(崔友恩)은 초등학교 교사 출신으로 집안에서 전해오는 이야기를 정리한 것이다. 최씨 삼형제는 바다에서 조난 사고를 당해 복건 지역으로 떠내려 왔다. 이들은 고국이 있는 북쪽을 향해 연해안을 따라 계속 올라오다가

---

46 天台縣民間文學集成編輯部編,『中國民間文學集成浙江省天台縣故事歌謠諺語卷』(浙江省民間文學集成辦公室, 1992. 3), p.187,「崔家塽的來歷」(講述記錄者: 崔友恩, 男, 64歲, 崔塽鄕崔三村退休敎師), "傳說, 崔家的老太公是朝鮮來的. 一次, 他們出海打魚, 碰上大風暴, 許多船都被風浪打沈了, 只有崔姓三兄弟的船隨風漂啊漂, 漂到福建. 他們一上岸, 當地人還以爲是倭寇, 一齊來打他們. 幸好他們有本事, 邊打邊退進了山林, 沿海朝北走, 一路上挖些蕃薯、花生、包芦之類充飢. 日裏勿走夜裏走, 大路勿走小路走, 平原勿走山路走. 盡管介子, 還是被土人發覺, 又要挨打. 他們想出一個辦法, 裝啞佬, 三個人分道走, 沿途討飯討衣着, 替人幇忙打短工. 最後, 他們走到浙江. 這時正是三國, 孫權派諸葛恪到浙閩一帶, 招撫山越人到平原上居住. 原來山越人也是從北方逃來的, 隱居在山林裏, 崔氏三兄弟就同他們住在一起. 大哥就在天台崔家塽居住, 二哥在臨海杜下橋定居, 小弟在仙居下各殿定居. 他們語言勿通, 比比劃劃裝啞巴. 沒有人懷疑他們是外國人. 三兄弟凭忠實, 凭智慧, 同小越人結婚, 且不忘相親, 三地方都以崔家塽作地名."

절강 천태 지역에 이르러 더 이상 북상하지 않고 정착했다. 나중에 첫째는 천태 최가오에 계속 머물렀고, 둘째는 임해(臨海) 두하교(杜下橋), 셋째는 선거(仙居) 하각전(下各殿)으로 각각 이주해서 정착했다.

최가오 고사의 배경은 삼국 오나라 손권 시대이다. 234년(嘉禾 3)에 손권은 제갈각(諸葛恪)을 보내어 강남과 서남 등지에 거주하는 산월인(山越人)을 대대적으로 소탕하는 작전에 나섰다. 많은 산월인이 산속에서 내려와 오나라에 귀속했다. 이에 따라 최가오 고사 속 한국 표류민 사건은 234년(오 가화 3) 직전에 일어났음을 알 수 있다. 233년(고구려 동천왕 7)에 고구려 사신이 바다를 건너 오나라로 들어왔고, 일 년 후에 오나라 사신이 바다를 건너 고구려로 들어갔다.[47]

당시 한반도와 요동 지역에 고구려, 백제, 신라, 가야국이 세워져 있었다. 최씨 삼형제가 어느 국가에 속하는 사람인지는 알 수 없지만, 끝내 고국으로 송환되지 않았다. 이들은 자신들의 신분을 감추고 벙어리 행세를 하며 산월인과 섞여 살았다. 설령 이들이 한국 표류민이라고 신분을 밝혔다 하더라도 한국으로 송환되기는 어려웠을 것이다. 당시 동아시아 국가 사이에는 외국 표류민을 구휼하고 본국으로 송환하는 외교 규범이 제대로 갖추어지지 않았다.

---

47 『吳志』 권2 「孫權」 嘉禾 2년조 『吳書』, "其年, 宮(동천왕)遣皁衣二十五人送旦等還, 奉表稱臣, 貢貂皮千枚, 鶡鷄皮十具. … 間一年, 遣使者謝宏·中書陳恂, 拜宮爲單于, 加錫衣物珍寶. 恂等到安平口."

평양에 세워진 신라태자 표류 유적

평양(平陽)은 절강 남부 연해안 지역에 소재한다. 이 지역은 동중국해와 남부열도(南麂列島)가 접해 있는 관계로 예로부터 해상 활동이 활발했다. 바다 입구에 소재한 오강항(鰲江港)은 동중국해에서 어로작업을 하고 남북 물자를 운송해주는 중요 항구로 꼽히고 있다.

평양 일대에는 예로부터 신라신(新羅神)을 모시는 민속 신앙이 전해오고 있다. 영호묘(靈護廟)는 신라산(新羅山)에 소재하며 신라신을 모시는 묘우이다. 신라산 명칭도 영호묘에서 신라신을 모시는 데에서 나왔다. 신라태자가 당나라에 들어오기 위해 배를 타고 바다를 건너다가 빠져 죽었다. 신라태자가 신령이 되어 평양 지역에 나타나서 여러 영험을 부리자, 지역 사람들은 묘우를 세우고 신령으로 섬겼다.[48]

하창(下廠) 신라묘(新羅廟)의 「우리나라 궁전과 사원기원과 발전(我殿宮觀起源與發展)」에 지역에서 전해오는 신라신 고사가 적혀 있다. 당나라 때 신라태자가 바다를 건너오다 폭풍을 만나 한동안 표류하다가 횡양(橫陽) 청룡강(靑龍江) 북안에 당도했다. 신라태자가 태자정(太子亭)을 지나 횡양에 들어갔으나, 얼마 후 사망하여 신라산에 묻었다. 현관이 이 사실을 조정에 아뢰자, 당 고종은 신라태자를 모시는 묘우를 세우도록 명했다. 이로부터 신라태자묘가 전해온다.[49] 여기에 수정할 내용이 있다.

---

48 『(弘治)溫州府志』 권16, 「祠廟·平陽縣 靈護廟」, "在新羅山. 山以神廟得名. 唐新羅國太子因航海入覲溺焉. 顯靈玆山, 邑人立祠祀之."
49 1999년 溫州市道敎協會에서 편찬한 『溫州道觀通覽』에 신라태자를 '金一'로 적고 있는데, 출처가 불명확하다.

신라 관직에는 태자라는 관직명이 없다. 아마도 당나라에 사신으로 온 신라왕자를 중국 관직에 따라 태자로 기술했던 것으로 추정된다.

1322년(지치 2)에 원나라 조정은 신라신에게 충의영제위광우성왕(忠義靈濟威惠廣佑聖王)이라는 봉호를 내렸다.[50] 이로부터 주신의 명칭이 신라태자에서 신라국왕으로 바뀌었고, 조정에서 인정받은 신앙체가 되었다. 1627년(명 천계 7)에 평양 지역에 오랫동안 가뭄이 들자 현령 섭우근(聶于勤)이 영호묘에 나가 신라신에게 비를 내려달라고 기우제를 지냈다. 신라신이 즉시 비를 뿌려주자 현령 섭우근이 묘우에 '영제천표(靈濟天瓢)'라는 편액을 걸었다. 이로부터 지역민들이 신라신에 대한 신앙심은 더욱 깊어졌다. 청 건륭 연간에 묘우를 신라산에서 유림대가(儒林大街)로 옮겼다.[51] 유림대가는 오늘날 파남가(坡南街)이다.

이후 평양 지역민들이 분분히 신라신을 마을로 모셔와 여러 묘우를 세웠다. 오늘날 신라신을 주신 또는 별당에 모신 묘우로는 곤양(昆陽) 회두(匯頭) 신라태자관(新羅太子觀), 오강(鰲江) 하창(下廠) 신라묘(新羅廟), 당천(塘川) 동산묘(東山廟), 당외(塘外) 정념선사(淨念禪寺) 등이 있다. 이 밖에 신라신을 추모한 당외(塘外) 태자정(太子亭) 유지(遺址)와 청대 신라묘에 남긴 성좌고비(聖座古碑) 등이 있다. 오늘날 평양 지역민들은 여전히 신라신을 지역 보호신으로 섬기며 묘우에 나가 향불을 올리고 있다.

---

50 『大明集禮』 권14, 「吉禮·專祀嶽鎭海瀆天下山川城隍·封爵」, "至治二年, 封新羅山爲忠義靈濟威惠佑王."

51 『(乾隆)平陽縣志』 권9, 「廟祠 靈護廟」, "在新羅山, 山以神廟得名. 入山不見廟, 入廟不見山. 相傳唐昔新羅國太子航海入覲溺焉. 顯靈玆山, 敕封忠義靈濟威惠廣佑聖王, 其後廟遷儒林大街. 明天啓丁卯, 令聶于勤, 禱雨輒應, 額曰靈濟天瓢."

명주에 표착한 한국 표류민 기록

명주(明州)는 당송 시대에 해상실크로드를 전개한 중요한 항구 지역이다. 현 행정지역으로 영파, 진해, 봉화, 자계, 주산, 정해 등 절강 동북쪽 연해안을 총괄했다. 이곳은 일찍이 교역 도시라는 의미를 가진 무현(鄮縣)이 설치될 정도로 바다를 통한 교역이 매우 활발했다. 당나라 때 한반도와 명주 사이에 해상 교통로가 형성되었다. 819년(당 원화 14)에 절동관찰사(浙東觀察使) 설융(薛戎)은 명주 입구 망해진(望海鎭)[진해]이 바다 건너 신라와 경계를 접해 있다고 했다.[52] 또 당 광화(光化) 연간에 재당신라인 압아(押衙) 김청(金淸)이 한반도와 산동, 명주를 연계하는 해상 교역을 통해 큰 부를 창출했다.[53]

현존 문헌에서 한국 표류민이 명주에 표착한 가장 빠른 명확한 사례는 817년(신라 헌덕왕 9)에 일어났다. 이해 10월에 신라사절 김장렴(金張廉) 일행은 당나라에 들어가기 위해 바다를 건너다가 폭풍을 만나 표류하다가 다행히도 명주에 표착했다. 절강관부는 표착한 김장렴 일행을 호송하여 당나라 수도 장안으로 보냈다.[54] 당시 신라와 당나라 사이에 개설된 사신 해로는 한반도 중부와 산동반도로 곧장 들어가는 황해

---

52 『讀史方輿紀要』 권92, 「浙江四·定海縣」, "望海城, 卽今縣. 『唐書』: 元和十四年, 浙東觀察使薛戎奏, 望海鎭去明州七十餘里, 俯臨大海, 與新羅·日本諸番接界. 是也."

53 昆崙山, 〈唐无染禪院碑〉, "又鷄林金淸押衙, 家別槗桑, 身來靑社, 貨遊鄮水, 心向金田, 捨靑鳧擇郢匠之工, 鑿白石曁竺乾之塔." 이 비석은 당 광화(光化) 4년(901년)에 작성되었다.

54 『삼국사기』 권10, 憲德王 9年 冬10月, "遣王子金張廉入唐朝貢."; 『삼국사기』 卷46, 「崔致遠傳」, "元和十二年, 本國王子金張廉風飄至明州下岸, 浙東某官發送入京."

중부횡단항로이다. 반면 김장렴 일행이 표류한 노선을 보면 결과적으로 한반도 중부와 명주를 잇는 황해남부사단항로를 따라 당도했다. 황해남부사단항로는 이미 민간인들 사이에 운영되고 있었다. 이보다 1년 전인 816년(신라 헌덕왕 8)에 한반도에 연이어 흉년과 심한 기근이 일어나자, 신라인 170명이 먹을 것을 구하고자 황해남부사단항로를 따라 절동 지역으로 들어왔다.[55]

송대에 들어와 한국 표류민들이 명주에 표착한 사례가 꽤나 많다. 1000년(송 함평 3)에 고려인 지달(池達) 등 8명은 태풍에 의해 배가 파손되어 표류하다가 은현(鄞縣)에 당도했다. 송나라는 이들을 구휼하여 등주로 보내 본국으로 귀환시켰다.[56] 은현(鄞縣)은 명주 치소가 있던 행정구역이다. 1020년(송 천희 4)에 고려 협골도(夾骨島) 사람 활달(闊達)은 태풍으로 정해현(定海縣) 해안에 표착했다. 명주부는 이들에게 양식을 주어 본국으로 돌려보냈다.[57]

1088년(고려 선종 5) 5월에 명주부가 표류한 나주인 양복(楊福) 등 남녀 23명을 돌려보냈다.[58] 또 같은 해 7월에 명주부가 표류한 탐라인 용협(用叶) 등 10명을 돌려보냈다.[59] 1089년(선종 6)에 명주부가 태풍에 밀

---

55 『삼국사기』 권10 憲德王 本紀 8년, "年荒民飢, 抵浙東求食者, 一百七十人."; 『구당서(舊唐書)』 卷199上, 「新羅傳」, "(원화 11년) 是歲, 新羅飢, 其衆一百七十人求食於浙東."
56 『續資治通鑑長編』 권47, 咸平 3년 10월, "時明州又言高麗國民池達等八人, 以海風壞船, 漂至鄞縣. 詔付登州給資糧, 俟便遣歸其國."
57 『속자치통감장편』 권95, 天禧 4년 2월 병오조, "明州言高麗夾骨島民闊達, 以風漂至定海縣岸. 詔本州存問, 給度海糧遣還, 自今有此類, 準例給遣訖以聞."
58 『고려사』 권10, 宣宗 5年 5月 신해일, "宋明州歸我羅州飄風人楊福等男女二十三人."
59 『고려사』 권10, 宣宗 5년 7월, "宋明州歸我耽羅飄風人用叶等十人."

려 떠내려 온 표류민 이근보(李勤甫) 등 24명을 돌려보냈다.[60] 1113년(고려 예종 8)에 진도(珍島) 사람 한백(漢白) 등이 탁라도(乇羅島: 제주도)에 가서 교역하러 가다가 바람에 의해 명주에 표착했다. 명주는 성지를 받들어 사람마다 비단 20필, 쌀 2석을 주어 본국으로 돌려보냈다.[61]

1258년(송 보우 6) 11월에 송나라 수군은 고려인 6명이 탄 고려 선박이 명주 석동산(石衕山)[승사현 화조산(嵊泗縣 花鳥山)]에 표착한 사실을 조정에 아뢨다. 고려인 장소근삼(張小近三)은 추밀(樞密) 이장용(李藏用)의 가노이고, 김광정(金光正), 김안성(金安成), 김만보(金萬甫), 노선재(盧善才)는 만호 토군이며, 김혜칙(金惠則)은 환속승이다. 이들은 식목할 나무를 구매하고자 백릉현(白陵縣)을 향했다가 태풍을 만나 표류했다. 이때 고려 표류민들은 고려국에서 일어났던 대사를 언급했다. 계사년(1233년, 고종 20)에 몽골군의 침입이 있자, 고려 국왕은 강화도로 천도하고 항쟁에 나섰다.[62] 몽골군의 투항한 홍복량(洪服良)[63]이 앞장서서 고려 침략에 나섰다. 1258년(고종 45) 마지막 집권자 최공(崔竀)가 피살되어 최씨 정권의 막을 내렸다. 송나라 조정은 고려 표류민 6명에게 매 사람마다 쌀 2승(升), 전(錢) 1관(貫)을 주어 구휼했고, 또 귀로에 사용할 전(錢) 6백 貫(관), 쌀 12석을 주었다.[64]

---

60 『고려사』 권10, 宣宗 6년 8월 경술조, "宋明州歸我飄風人李勤甫等二十四人."
61 『고려사』 권13, 睿宗 8년 6월 경술조, "珍島縣民漢白等八人, 因賣買往乇羅島, 被風漂到宋明州, 奉聖旨, 各賜絹二十匹, 米二石發還."
62 계사년은 임진년(1232년, 고종 19)의 오기이다. 임진년에 몽골군의 제2차 침입이 일어나자, 최우가 고종을 데리고 강화도로 천도하고 항쟁에 나섰다.
63 洪服良은 洪福良(훗날 洪福源으로 개명)의 오기이다.
64 『聞慶四明續志』 권8, 「收養麗人」, "寶祐六年十一月, 水軍申石衕山有麗船一隻, 麗人六名, 飄至海岸. 公命帳前將校取之來, 詰其所以. 張小近三, 則麗之李樞密藏用家奴也. 金光

당시 동아시아 국가들은 외국 표류민이 자국에 표착해오면 이들을 구휼하여 본국으로 보내주는 일종의 외교 규범이 정비되어 있었다. 1078년(송 원풍 1)에 지명주(知明州) 증공(曾鞏)은 고려 표류민이 명주에서 본국으로 돌려보내는 일이 발생하자 이들을 구휼해주는 규범을 기술한 바가 있다. 외국 표류민은 사찰로 보내어 안치한다. 일자에 따라 양식을 주고, 5일에 한 번씩 주식을 베풀어준다. 의복이 없으면 관에서 조달해주고, 수륙 여정에 따라 말 또는 선박을 빌려준다. 본국으로 돌아가고자 하는 사람은 조지(朝旨)를 받들어 송나라가 인은(仁恩)을 펼치는 대지를 알리도록 한다.[65]

끝으로 고려 표류민이 본국으로 송환되는 해로에 대해 알아본다. 처음에는 중국 대륙에 표착한 고려 표류민들을 모두 양국 사신로가 형성된 황해중부횡단항로의 중국 출항지인 등주로 보내졌다. 앞서 고려인 지달(池達) 등 8명은 명주 소속 은현에 표착했지만, 멀리 북쪽 등주로 보내어 본국으로 송환했다. 1016년(송 대중상부 9)부터는 진종은 새로운 노선을 개설했다. 고려 표류민이 명주로 표착하면 북쪽 등주로 보내지 않고, 명주에서 바람이 알맞을 때를 기다려 본국으로 송환했다.[66] 고려 표

正·金安成·金萬甫·盧善才, 則麗之萬戶士軍也. 金惠則, 則麗之還俗僧也. 各因本國遣發把隘, 駕船往白陵縣收買木植, 是年十三日在海遭風, 不知所向, 飄流至石衛山. 具言自癸巳歲麗主避難, 徙居海島之江華縣.…今年四月八日, 令公出禮佛, 麗主遣人乘間誅之, 盡發所藏賑軍民, 國粗定. 又言有向上頭目人洪服良, 因在邊背麗歸難, 今麗有貢必遣往服良所, 因以轉致於難.… 公以其事上聞, 且從本司日支六名米各二升, 錢各一貫. 及歸國, 則又給回程錢六百貫, 米一十二碩."

65 曾鞏, 『元豊類稿』 권32, "存恤外國人請著爲令."
66 『속자치통감장편』 권86, 大中祥符 9년 2월 갑진조, "詔明州自今有新羅舟漂至岸者, 據口給糧, 倍加存撫, 俟風順遣還." 여기에서 신라는 고려를 지칭한다.

류민 가운데 중국 남부인 복건과 광동에 표착해오면, 이들을 절강 명주로 보내어 송환시켰다. 1078년(송 원풍 1)에 탐라사람 최거(崔擧) 등이 표류하다 복건 남부 천주(泉州)에 이르러 포어선에 의해 구조되었다. 이들은 명주로 올라가 배편(便船)을 기다려 본국으로 돌아가기를 원했다.[67]

절강 관원과 수창한 고려 박인량의 표류 사건

1080년(고려 문종 34)에 고려는 호부상서(戶部尙書) 유홍(柳洪)과 예부시랑(禮部侍郞) 박인량(朴寅亮)을 사신으로 삼아 송나라로 보냈다. 이들은 바다를 건너 명주로 향하다가 폭풍을 만나 배가 전복될 위험에 빠졌다. 표류한 끝에 간신히 통주 해문에 도착했으나 절반 정도의 방물을 잃어버렸다. 상산현위(象山縣尉) 장중(張中)은 표류한 고려선박을 구출하는 데 많은 노력을 펼쳤다. 송 신종제는 고려 사절이 방물을 잃어버린 사정을 듣고 절강 온주 등지로 떠내려온 방물들을 수습하고, 또한 명주부에다 고려 선박을 통해 이 사실을 본국에 아뢰도록 명했다.[68]

이때 상산현위 장중은 표류 선박에 탄 고려 박인량과 시문 교류에 나섰다. 장중이 시를 짓자, 박인량은 서를 적으며 "꽃다운 얼굴로 요염하게 불 지피는 모습은 이웃집 부인의 찌푸린 푸른 입술을 부끄럽게 만들고, 상간(桑間)의 누추한 곡조(曲調)는 영(郢) 지역 사람의 『백설곡(白雪

67　曾鞏, 『元豊類稿』 권32, "存恤外國人請著爲令."
68　『속자치통감장편』 권302, 원풍 3년 정월 을유, 정해조, 3월 갑술조.

曲)』을 뒤이었네(花面艶吹, 愧憐婦青骨之斂; 桑間陋曲, 續郢人白雪之音)."라는 말을 남겼다. 신종은 좌우 신하들에게 박인량 서문 중 '푸른 입술(青骨)'의 고사 유래에 대해 물어보았다. 조원로(趙元老)는 이 구절이 『태평광기』에서 나왔다고 답변했다.[69]

박인량이 언급한 구절은 『태평광기』 권251, 「인부(鄰夫)」 고사에 나온다. 『태평광기』는 978년(송 태평흥국 3)에 이방(李昉) 등이 중국에 전래된 소설들을 광범위하게 수집한 관찬서이다. 박인량이 『태평광기』 고사를 든 점으로 보아 이 책이 고려 중엽 한반도에 수입되었음을 알 수 있다.

송나라 유사(有司)는 상산현위 장중이 고려 박인량과 시문을 수창했다는 소식을 접하고 중하위 관리들은 사사로이 외국 사신과 교류할 수 없다는 규범을 들어 장중을 탄핵했다. 장중은 이 죄를 물어 삭탈관직을 당했으나, 곧이어 표류한 고려 선박을 구출했던 공로와 고려 사절의 간청으로 복직되었다.[70] 박인량은 사행 기간에 고려의 문재를 마음껏 떨쳤다. 이때 지은 「사천귀산사(泗州龜山寺)」, 「주중야음(舟中夜吟)」 등은 송나라 문단에 널리 회자되었다. 송나라는 박인량과 어사민관시랑(御事民官侍郎) 김근(金覲)의 시문을 모아 『소화집(小華集)』이라는 책자로 간행했다.[71]

69　王闢之, 『澠水燕談錄』 권9 참조.
70　『속자치통감장편』 권303, 원풍 3년 4월 경자조, "詔明州象山縣尉張中救濟高麗人船有勞, 落沖替. 初, 高麗船遇風, 中往救之, 坐甞與使人和詩沖替. 至是, 高麗使以語館伴官, 故釋其罪."
71　『고려사』 권95, 「朴寅亮傳」, "三十四年, 與戶部尙書柳洪, 奉使如宋. 至浙江遇颶風, 幾覆舟. 至宋, 計所貢物, 失亡殆半.… 有金覲者亦在是行. 宋人見寅亮及覲所著尺牘·表狀·題

사신 해로를 바꾼 고려 정몽주의 표류 사건

1372년(고려 공민왕 21) 3월에 고려 조정은 홍사범(洪師範)을 하평촉사(賀平蜀使), 정몽주(鄭夢周)를 서장관으로 삼아 남경으로 보냈다. 이들은 개성 옆 벽란도에서 선박을 타고 바다를 건너 항주만으로 도달했고, 또 여기에서 내수로를 따라 태창(太昌)을 지나 남경으로 들어갔다. 이들은 명 홍무제에게 명나라가 파촉 지역을 거점으로 삼은 대하국(大夏國)을 평정한 것을 축하하고, 또 고려 자제들을 명나라 태학에 입학시키고 아악(雅樂)의 종경(鐘磬)을 구입하고자 하는 표문을 올렸다.[72]

같은 해 4월에 홍사범 일행은 남경을 떠나 귀국 길에 올랐다. 남경 용강관(龍江關)에서 선박이 출발하여 『정화항해도(鄭和航海圖)』(원명은 『자보선창개선종룡강관출수직저외국제번도(自寶船廠開船從龍江關出水直抵外國諸番圖)』) 중 내수로를 따라 항주만에 도착했다. 또 항주만에서 선단을 정비하여 본격적으로 고려를 향해 바다를 건너갔다. 귀국 선단에는 총 152명이 승선했다.

그러다가 허산(許山) 바다에서 폭풍을 만나 조난 사고가 발생했다. 정몽주는 13일 동안 바람에 따라 이리저리 떠돌다가 간신히 가흥(嘉興) 지경의 한 바위섬에 당도했다. 백호(百戶) 정명(丁明)이 배를 보내어 이들을 구출했다.[73] 정몽주는 표류할 동안에 먹을 양식이 부족하여 말다래를 씹

詠, 稱嘆不置, 至刊二人詩文, 號小華集."
72 『고려사』 권44, 恭愍王世家 21년 5월 갑인조 참조.
73 『명태조실록』 홍무 5년(1372) 7월 계묘일조, "癸卯, 太倉衛奏, 高麗使者洪師範·鄭夢周等度海洋遭颶風舟壞, 師範等三十九人溺死, 夢周等一百十三人漂至嘉興界. 百戶丁明以舟

으며 강한 생존 의지를 보였다.[74] 그러나 불행히도 홍사범 등 39명이 익사하고, 자문과 방물을 잃어버렸다. 허산(許山)은 항주만 가운데 있는 탄호산(灘滸山)인데, 현 행정구획으로 절강 주산 보타구 소속이다.

같은 해 9월에 홍무제는 정몽주 일행을 다시 남경으로 불러들여 의복을 하사하고 조난사고를 위로했다.[75] 정몽주는 조난 사고 때 잃어버린 파촉 지역 평정 축하와 태학 입학 건에 대한 자문을 다시 발급받았다. 10월에 다시 귀국 길에 올랐다. 그러나 이번에 귀국하는 노선은 달랐다. 그동안 고려와 명나라 사신들이 오갈 때 한반도와 항주만을 잇는 황해남로사단항로를 이용했지만, 정몽주 일행의 해상 조난사고가 발생한 것을 계기로 산동과 요동을 경과하는 육해로 노선으로 변경되었다.

변경된 노선을 자세히 보면 남경과 산동 등주 사이는 내수로와 육로, 산동 등주와 요동 남단까지는 묘도열도를 건너는 해로, 요동남단에서 한반도까지는 북쪽 요동으로 갔다가 다시 동남쪽으로 꺾어 의주로 가는 육로이다. 이후 고려와 조선 사절은 새롭게 변경된 육해로 노선을 따라 중국 남경을 오가는 것을 원칙으로 삼았다. 1384~1385년(고려 우왕 10~11년) 사이에 정몽주는 사신이 되어 다시 한 번 남경을 다녀왔는데, 이때에도 변경된 육해 노선을 따라 오갔다.

救之獲免. 上令夢周等還京師."
74 『고려사』 권117, 「정몽주(鄭夢周)」 "二十一年, 以書狀從洪師範如京師, 賀平蜀, 還至海中許山遭颶風, 船敗漂抵岩島, 師範溺死, 其得免者纔什二. 夢周濱死, 乃生割鞍而食者十三日."
75 『명태조실록』 권76, 홍무 5년 9월 계유일조, "高麗使者鄭夢周等至京, 復賜衣服而遣之."

절강 삼문에 표착한 최부의 『표해록』

해금(海禁)은 자국 연해안을 보호한다는 명분으로 바다를 통제하는 일종의 고립주의적 정책이다. 조정은 외국과의 해상 교류에 대해 출입 항구의 제한, 교역 물자의 감독과 금수물품의 유출 방지, 자국인의 어로 활동과 해외 도항, 선박 크기와 돛대 수의 제한 등 크고 작은 여러 통제 조치를 취했다.

1371년(홍무 4)에 홍무제가 원 말 때부터 창궐한 왜구들을 방어하는 차원에서 강력한 해금정책을 펼치기 시작되었다. 그 뒤 단속이 강화될수록 연해안 사람들이 외국과의 밀무역이 성행하고 왜구들의 침공이 더욱 극성을 부리자, 1567년(융경 1)에 금령이 다소 완화되었다. 그러나 명 말까지 해금정책은 계속 유지했다. 청대에 들어와서도 대만의 정성공 세력을 통제하기 위해 해금정책을 철저하게 실행했다. 19세기 중반에 서양 열강과의 각종 조약으로 해금정책이 종결되었다.

한편 한국의 해양 정책은 중국과 비슷하게 전개되었다. 나려 시대에는 대외 개방적인 정책을 펼쳐 자국의 상인들이 동아시아 바다를 활발하게 돌아다니며 외국과의 물자 교역을 전개하여 국제적인 해상 위상을 드높여왔다. 조선조에 들어와서는 왜구의 침공으로 인한 피해를 방지하고 명나라와의 정책을 동조하는 차원에서 강력한 해금정책을 실시했다. 뱃사람들이 외국과 교역하거나 먼 바다로 나가 어로 작업하는 것을 금했다. 한때나마 공도정책, 즉 육지에서 멀리 떨어진 섬들을 비워 주민들을 내지로 이주시키는 정책을 펼치기도 했다.

당시 사람들이 외국으로 나갈 수 있는 공식적인 방법은 연행사행이나 통신사행에 포함되는 것이었다. 이때 뜻하지 않은 해상 표류는 자신들이 원했던 바는 아니지만, 결과적으로 외국이라는 새로운 세상을 만나는 길이 되었다. 이러한 배경 속에서 조선 최부(崔溥)의 표해 사건이 발생했다.

1487년(성종 18)에 최부는 추쇄경차관으로 제주도에 들어왔다. 1488년(성종 19) 1월 30일에 부친이 돌아갔던 소식을 접했고, 윤1월 3일에 급히 배를 얻어 타고 육지로 향했다. 출항 당시에 바람이 고르지 못했지만, 시일을 늦출 수 없는 사정이라 다급하게 배에 올랐다. 세찬 풍랑으로 배가 밀리어 초란도(草蘭島)에 정박했으나, 끝내 닻줄이 끊겨 표류하기 시작했다. 14일 동안 배가 바람이 부는 대로 표류했다.

윤 1월 16일 태주부 임해현(臨海縣) 우두외양(牛頭外洋)[삼문현 포파항진 우두문(三門縣 浦垻港鎭 牛頭門)]에 표착했다. 도저소는 최부 일행을 심문한 뒤 조선 표류민임을 확인했다. 이후 최부 일행은 건도소(健跳所), 영파, 소흥 등을 거쳐 항주로 이송되었다. 항주에서 다시 한 번 심문을 받은 후에 경항대운하를 따라 북경으로 이송되었다. 또 북경 옥하관(玉河館)에서 한동안 머물다가 예부 등 절차를 받은 후에 의주로 이송되었다. 6월 4일에 압록강을 건넜다.

최부『표해록』의 특징은 여러 가지가 있다. 첫째, 표류와 구출 과정에 대한 기술이 구구절절하다. 표류 과정에서 양식과 물이 떨어져 생긴 위난, 승선자 사이의 원망과 갈등, 해적과 만난 위험에 저한 사건을 겪었다. 육지에 처음 도달할 때 사자채(獅子寨) 수채관(守寨官)이 최부 일행을 왜적으로 몰아 몰살시킬 작정이었으나, 최부 일행이 먼저 배를 버리고 마을로 들어오는 바람에 화를 면했다.

둘째, 절동 지역과 경항대운하의 모습을 낱낱이 기록했다. 최부는 도저소(桃渚所)에서 호송되어 북경으로 들어가는 과정에서 자신이 보고 들었던 사항을 적었는데, 특히 절동 지역의 지리 특징과 인문 사적, 대운하의 흐름과 운영 등을 세밀하게 묘사했다. 오늘날 중국 학자들이 최부의 『표해록』을 엔닌의 『입당구법순례행기』, 마르코 폴로의 『동방견문록』을 뒤이을 외국인 저서라고 높이 평가하는 것도 이러한 특징에서 나왔다.[76]

셋째, 명 관원들과 필담과 예의로 교유의 정을 돈독하게 나누었다. 필담에서 최부가 중국 역사와 인물 등에 대한 해박한 지식과 출중한 문장 실력을 발휘하자, 명 관원들은 최부를 조선의 뛰어난 지식인으로 받아들였다. 또 행동거지에서 최부가 상복을 입고 예의바른 모습을 보여주자, 명 관원들은 최부를 조선의 참된 선비로 평가했다.

넷째, 조선 선비들에게 강남열(江南熱)에 대한 갈망을 풀어주었다. 강남지역은 조선 선비들이 자주 언급할 정도로 동경의 땅이었으나, 현실적으로 갈 수 없는 미지의 땅이었다. 설령 연행사절의 일원이 되었다하더라도 요동을 통해 북경까지만 갈 수 있고, 사행로가 아닌 강남 지역을 내려갈 수가 없었다. 최부의 『표해록』에 언급된 강남 풍경은 강남열에 대한 조선 선비들의 갈망을 조금이나마 씻어주었다. 군주 성종이 최부에게 『표해록』을 찬술하게 한 동기도 이와 무관하지 않다.

다섯째, 최부 『표해록』은 귀국 이후에 편찬한 책자이다. 『표해록』 서문을 보면 성종의 명을 받들어 편찬한 책이라고 밝혔다.[77] 최부는 책자를 편찬할 때 참조했던 문헌들은 크게 두 부류로 나눌 수 있다. 한 부류

76　葛振家, 『崔溥漂海錄評註』(線裝書局, 2002), pp.1-22; pp.199-223.
77　최부, 『표해록』 권1, "敬奉傳旨, 一行日錄撰集以進."

는 표류 당시부터 가지고 있던 기록물이다. 최부가 노정에서 보고 들었
던 사항을 작성한 일기, 표류 사정을 기술한 공초와 공문, 관원들과 주
고받았던 문장 등을 참조했을 것이다. 다른 한 부류는 중국 지방과 관련
된 각종 문헌이다. 자신이 지나온 지역에 대한 문헌을 참조하여 지리와
사적들을 보완해 적었다. 한 중국학자가 『표해록』 중 항주 기록을 검토
해보고 관내에서 계속 머물고 있던 최부가 볼 수 없던 사적이 보인다는
문제점을 제시했다.[78] 이러한 현상은 최부가 후자의 문헌들을 보고 보
충한 데에서 나왔다. 따라서 『표해록』을 볼 때 기록의 출처가 전자 또는
후자에서 나왔는지를 조심스럽게 살펴볼 필요가 있다.

이 밖에 조선 전기에 한국인이 절강 지역에 표착한 사례가 있다. 1453년
(경태 4)에 조선 어부 문탄지(文呑只) 등 5명이 바다에서 어로 작업에 나
서다가 폭풍을 만나 배가 파손되어 절강 해역에 표착했다. 명 조정은 조
선 사절 이잉손(李仍孫) 일행에게 따라 보내라고 했다.[79] 또 1470년(성종
1)에 제주도민 김배회(金杯廻) 등 7명이 나주 해역에서 폭풍을 만나 표류
하다가 절강에 당도했다. 절강 포정사가 이들을 구휼하고 북경으로 보
냈다. 명 조정은 성절사 한치의(韓致義) 편으로 본국으로 돌려보냈다.[80]
또 1509년(정덕 4)에 조선 상인들이 폭풍을 만나 절강 송문위에 표착했

---

78 陳輝, 「『漂海錄』紀事源考 – 以杭州爲例」, 罗卫东 편, 『知行合一:沈善洪教授八秩寿庆文集』(浙江大學出版社, 2011), pp.269–379.
79 『명영종실록(明英宗實錄)』 권231, 景泰 4년 8月, "禮部奏比者浙江備倭都指揮僉事馬良等, 擒獲賊徒文呑只等五人, 送部審等呑只等系朝鮮漁戶, 入海捕魚, 遭風壞船, 漂流海島, 遇巡海官擒獲. 今朝鮮國王遣陪臣李仍孫等入貢至京, 宜給與衣糧, 就令仍孫等令回, 以示優待遠夷之意, 從之."
80 『성종실록(成宗實錄)』 2년 1월 7일; 8일; 21일.

는데, 지역민들이 약탈당했다. 명 조정은 이 사실을 알고 약탈자를 처벌하고 표류민을 요동을 통해 본국으로 돌려보내라고 했다.[81]

임해에 표착한 동방예절을 보여준 조선인

1741년(영조 17) 2월에 제주도 사람 20명이 제주해협을 건너 영암 도시포(都市浦)[도포리(都浦里)]로 가다가 거센 풍랑을 만나 표류했다. 1달여 동안 바다에서 떠돌아다니다가 3월 21일에 절강 태주부 임해현 천초(川礁) 해역의 전잠도(田蚕島)에 표착했다. 이들은 류큐 사람들이 제주 사람을 기피한다는 소문에 따라 소지하고 있던 호패를 없애버리고 전라 소안도(所安島) 사람으로 출신지를 숨겼다. 이들은 태주 치소가 있는 임해의 천녕사(天寧寺)로 옮겨 근 3달 동안 머물렀다. 천녕사는 현 임해시 건산공원(巾山公園) 서록(西麓)에 소재한다.

청나라 천태 문인 제주화(齊周華)는 조선인이 표류했다는 소식을 접하고 우인들과 함께 임해 천녕사로 찾아가 조선 표류민의 행동거지를 자세히 관찰하고 필담한 내용을 정리하여 『고려풍속기(高麗風俗記)』로 남겼다. 『고려풍속기』는 제주화의 『명산장부본(名山藏副本)』에 수록되어

---

81 『명무종실록(明武宗實錄)』 권53, 正德 4년 8월 壬戌, "朝鮮國人有乘舟過別島貿販者, 遇颶風飄至浙江松門衛境, 爲土人所掠, 把總備倭指揮陳欽・張楷・喬鳳失巡瞭, 旣而聞于守臣, 奏擬掠者罪, 幷劾欽等宜逮問. 下兵部議復, 詔: 各犯掠夷人財物, 殊傷國體, 其令巡按御使各杖之五十, 爲首者發戍四川茂州衛, 從者照常例處之, 欽等逮問. 夷人給衣糧, 送遼東轉達其國. 仍移文使知總督備倭都指揮魏文禮, 以失職令自陳狀."

있다. 건륭연간 원각본 『명산장부본』은 임해시박물관에 유일본으로 소장되어 있다. 한국인이 중국 대륙에 표착한 중국 기록들을 훑어보면 거의가 당안이나 지방지에 적힌 단순 기록인데, 『고려풍속기』처럼 장문의 문장을 남긴 것은 찾아보기 힘들다.

조선 표류민들은 장유유서라는 전통예절을 지켰다. 음식을 먹을 때 연소자는 노인과 연장자를 예우하여 옆에서 시중을 들다가 이들이 다 먹고 난 뒤에 먹었다. 한번은 연소자가 술을 받아오라는 심부름을 갔다가 목이 컬컬했든지 조금 마셔버렸다. 연장자가 이 사실을 알아채고 추궁을 하자, 연소자는 처음에 거짓말하다가 나중에 잘못을 실토하고 장벌을 청하며 용서를 빌었다. 처벌을 받은 후에 방에 돌아가 통곡했다. 천녕사 주지 해인(海印)이 왜 엄하게 처벌한지를 물으니, 표류민은 술을 훔쳐 먹은 죄는 가벼우나 연장자의 술을 훔쳐 먹고 거짓말을 한 죄는 무겁게 처벌해야 한다고 답변했다.

조선 표류민들은 교제와 거취에 있어 예의에 맞게 행동했다. 체류 당시에 계절이 바뀌어 태주 관부에서 관원을 보내 조선 표류민들에게 갈옷을 나누어주었다. 이때 조선 표류민들은 갈옷을 즉시 갈아입지 않고 고이 간직하고만 있었다. 천녕사 주지 해인이 그 이유를 물으니, 이들은 관부 수장에게 사례를 하지 않고 입을 수 없다고 대답했다. 며칠 후 태주 지부가 향불을 올리기 위해 천녕사를 찾아오자, 조선 표류민들은 모두 면전에 나가 열을 맞추어 사례를 드린 후에 옷을 갈아입었다. 또 북경으로 이송하기 위해 태주를 떠나자, 조선 표류민들은 관부에 나가 인사를 드린 후에 떠났다.

이러한 사항을 파악한 청나라 사람들은 조선을 예의의 나라로 높이 평가했다. 제주화는 조선 표류민들이 겨우 목숨을 건져 타국에 임시로 거처하는 과정에서도 조선의 좋은 전통과 예의범절을 지키려고 노력했다고 했다. 또 천녕사 주지승 해인은 제주화가 적은 『고려풍속기』가 조금이라도 가식이 없으며, 그 전통 예절과 문교가 조선에까지 미쳤다고 했다.

절강 보타산에 표착한 최두찬의 『승사록』과 양지회의 『표해록』

조선 최부의 『표해록』에 이어 또 한 차례 중국 강남으로 표착한 책자인 최두찬(崔斗燦)의 『승사록(乘槎錄)』과 양지회의 『표해록』이 있다. 1818년 (순조 18) 4월에 자인(慈仁) 선비 최두찬, 나주 선비 양지회, 영암 선비 김이진(金以振) 등 50명이 선주 하응귀(河應龜)의 선박을 타고 제주도에서 육지로 나갔다. 제주해협을 건너는 도중에 큰 풍랑을 만나 선박이 부서지고 표류하기 시작했다. 홍의도(紅衣島)[홍도] 또는 가거도(可佳島)를 지나 동중국해로 떠내려가다가 절강 주산 해역으로 들어왔다. 이곳에서 '강남태평부(江南太平府)[온령]' 소속의 어선을 만났다. 이들은 80여 리 떨어진 보타산 관음사(觀音寺)로 인도했다. 16일간 표류 과정에서 어린 남녀 2명이 굶어죽고, 노익보(盧益甫)가 청나라 어선으로 옮겨 타는 과정에서 급하게 서둘다가 물에 빠져 익사하여 47명만 남았다.

보타산 관음사는 오늘날 보제선사(普濟禪寺)이다. 신라 상인들이 일찍이 관음사를 드나들면서 종경(鐘磬), 동물(銅物) 등 법기를 시주했다.[82]

---

[82] 張邦基, 『墨莊漫錄』 권5, "(昌國縣寶陀山)有一寺, 僧五六十人…三韓·外國諸山, 在杳冥

명 초 해금정책으로 사찰이 훼멸되었다가, 1605년(만력 33)에 다시 중건했다. 1699년(청 강희 38)에 사찰을 크게 중수하고, 또한 '보제군령(普濟群靈)'이라는 사액을 받았다. 이때부터 사찰을 보제선사로 불렀다.『승사록』은 강희제가 중수 비용으로 은 백만 냥을 내놓았다고 했다.

곧이어 최두찬 일행은 관할 치소가 있는 정해(定海)[영파 진해(鎭海)]로 이송되었다. 정해 연무청(演武廳)에서 한동안 머물면서 해당 관원에게서 표류 사정을 심문받고 송환 절차를 밟았다. 이후 최부가 송환된 노선에 따라 항주, 북경 등을 거쳐 한반도로 송환되었다. 최두찬 일행은 항주에서 1817년(순조 17) 절강 태평현에 표착한 제주 표류민 8명과 만났고, 또 북경 조선관(옥하관)에서 강소 소주에 표착한 제주 어민 출신의 표류민 12명을 만났다. 최두찬은 3척의 선박이 각각 표류하다가 외국에서 서로 만나게 되었으니 동병상련이라고 했다.[83]

『승사록』편찬 작업은 최두찬이 정해에서 머물 때 시작되었다. 정해 연무청(演武廳)에서 묵을 때 자유롭게 다닐 수가 없어서 바다에 표류했던 사항을 적어 장건(張騫)이 황해의 근원을 찾는다는 뜻을 취하여 『승사록』이라 명명했다.[84] 이 이후부터 본국의 고향으로 돌아올 때까지 날마다 일어났던 일들을 추가 기술했다. 귀국한 후 여러 문헌을 참고하여

間. 海舶至此, 必有祈禱. 寺有鐘磬·銅物, 皆鷄林商賈所施者, 多刻彼國之年號, 亦有外國人留題, 頗有文采者."

[83]『승사록』, 5월 22일, "濟州居八人, 以去年八月漂到太平府, 是日來會. 雖不識面目, 隱然有同, 是天涯淪落之歎矣.";『승사록』, 7월 22일, "館中有濟州漁採船, 漂到蘇州者十二人先接矣. 天涯淪落, 自是同病之歎, 而三船漂流, 一場相逢, 尤可笑歎也."

[84]『승사록』, 5월 2일, "在館. 留一日, 無以自適, 歷敍漂海之狀, 名之曰乘槎錄, 取張騫窮河源之義也. 越中士大夫, 日相經過, 有抄錄以去者. 余以覆醬瓿, 麾手止之, 辭不獲則輪覽, 甚可愧也."

일부 사항을 증보했다. 『승사록』의 판본은 크게 필사본과 1917년간본으로 나뉜다. 필사본은 국립중앙도서관, 장서각, 하버드 옌칭도서관 등에 소장되어 있다. 하버드 옌칭도서관장본에는 국내 필사본과 1917년간본에 없는 의주 이후의 기록이 덧붙어 있다.

　『승사록』은 청 강남 문사들에게 열광적인 반응을 보였다. 정해 임양기(林良驥)는 『승사록』을 보고 필치가 창고(蒼古)하여 『좌전』과 『사기』의 문체를 얻었고, 시의 곡조 또한 비범하다고 평했다.[85] 또 항주에서 문림랑(文林郎) 주원관(周元瓘)은 『승사록』을 보고 책자로 각판하여 한때의 아름다운 이야기를 널리 전해야 한다고 말하고, 또한 서문을 지어 『승사록』에 적힌 강해의 풍경을 보니 손바닥을 가리키듯 환히 알 수 있으며 수창한 작품의 문채가 매우 빛나고 훌륭하다고 평했다.[86] 이 밖에 여악(余鍔), 진운교(陳雲橋), 심기잠(沈起潛), 유승서(劉承緒), 이당(李堂), 손석마(孫碩磨), 이세해(李世楷) 등 강남 문사들이 분분히 『승사록』을 읽어보고 시를 보내주거나 서문을 지어주었다.[87] 한번은 항주 여성들이 최두찬에게 『승사록』을 읽어보고 규방의 비루함을 깨치게 해주기를 바란다는 간찰을 보내왔다. 최두찬이 책자를 건네주니 여성 두 분이 읽고, 네 분이

85　崔斗燦, 『乘槎錄』, 5월 9일, "林良驥·林渭壯·程光輪來訪. 請借 『乘槎錄』, 余出示之. 林覽畢, 作筆談曰: 先生乘槎之作, 筆致蒼, 深得『左』·『史』之體. 詩調亦復不凡. 弟鄙人學淺, 不能領略."
86　『승사록』, 5월 22일, "有一官員[文林郎周元瓘]來見, 『乘槎錄』謂曰: 患難之際, 得與諸名流唱和, 亦屬三生有幸. 急宜付之棗梨, 以誌一時佳話."; 『승사록』, 5월 23일, "周元瓘又書大字一聯, 兼作小序以贈之. …出其乘查錄, 見示江海風景, 瞭如指掌, 而唱酬諸作, 藻采繽紛."
87　『승사록』, 5월 27일, 6월 1일, 2일, 5일, 6일 조 참조.

둘러앉아 듣고 있었다.[88]

　　최두찬, 양지회, 김이진 등은 청 강남 문사들과 깊은 교유 관계를 맺었다. 양국의 문사들은 공통적인 문자인 한자를 매개체로 삼아 필담을 나누고 시문을 수창했다. 조선의 선비들은 뜻밖의 만남 속에서 강남 문사들의 호의와 예우를 느낄 수 있었고, 강남 문사들도 뜻밖의 손님을 맞이하며 조선에 대한 지식과 문장을 증장할 수 있었다.

　　양지회『표해록』은 장서각에 유일 필사본으로 남아 있다. 이 책자에 기술된 내용은 최두찬『승사록』과 전반적으로 비슷하지만,『승사록』에 없거나 자세하지 못한 기록도 꽤나 보인다. 한마디로 상호 보완적인 관계이다. 두 책자의 내용이 전반적으로 비슷한 현상은 저자 양지회와 최두찬이 동일한 공간 속에서 반년 이상 함께 생활한 데에서 나왔다. 최두찬은 본국에서 양지회와 이별을 하면서 양지회를 마음이 통하고 운명을 함께한 선비로 삼았다. 표류 과정에서 아침저녁으로 죽을까봐 두려워할 때 양지회가 죽고 사는 것에 굴하지 않는 모습을 보고 벗을 사귀는 도리를 알았고, 처음부터 끝까지 내내 양지회에게 의지했다는 말을 남겼다.[89]

　　다만 양지회『표해록』에 적힌 기록은 면밀한 검토 작업이 필요하다. 가끔 일부 사안을 착각하거나 다른 기록을 혼입한 현상도 보인다. 예를 들면 최두찬, 양지회 일행은 정해에서 내수로 노선을 따라 히계(현 수흥)

88　『승사록』, 6월 5일, "有女史五六人, 送小紙來曰: 聞孝廉君子有乘槎之作, 伏乞一覽以破閨房之陋. 余嘉女子之能識字, 擧全部以示之. 二人讀之, 四人飮煙草環坐聽之, 聲喁喁可聞. 余仍賦詩一絶: 江海散人不讀書, 南來贏得盛名虛, 吳姬傳誦乘槎錄, 客宿何宵犯斗墟."
89　『승사록』,「臨別贈梁知會說」참조.

를 거쳐 항주까지 들어갔다. 양지회『표해록』을 보면 정해에서 회계까지 정상 노선을 따라갔지만, 회계부터 갑자기 홍주(洪州), 황주(黃州), 풍성(豊城) 등 장강 중엽 지역을 지나 항주로 들어갔다. 반면 최두찬『승사록』은 회계에서 정상적으로 곧장 항주로 들어갔다.

이로부터 10년이 지난 1828년(순조 28)에 최두찬 일행의 노선과 비슷하게 전개된 표류 사건이 발생되었다. 제주도민 김광현(金光顯) 등 7명이 추자도로 향하다가 폭풍을 만나 9일 동안 표류하다가 보타산에 표착했다. 이후 정해에서 한동안 머물다가 항주로 들어갔고, 또 항주에서 한동안 머물다 북경을 거쳐 본국으로 송환되었다.[90] 이 밖에 1791년(건륭 56)에 조선 김객찬(金客贊) 등이 절강 평양현에 표착한 사건,[91] 1831년(도광 11)에 조선인 표류선이 바다에서 강탈당하고 또 황암(黃巖)에서 물품을 잃어버린 사건 등이 있다.[92]

경우가 좀 다르지만 1687년(숙종 13)에 제주 진무(鎭務) 김대황(金大璜), 신촌 고상영(高尙英) 등 24명이 진상마 등을 싣고 추자도 근방에서 풍랑을 만나 표류하다 안남 회안부(會安府)에 표착했다. 이듬해 이들은

90　朴思浩,『心田稿』권2,「탐라표해록」참조.
91　『淸高宗實錄』권1384, 건륭 56년 8월 신해조, "軍機大臣等奏, 據浙江巡撫福崧奏稱, 朝鮮國難夷金客贊等, 於乾隆五十六年二月十九日, 有本國開船, 至三月初一日, 在洋面遭風, 漂至平陽縣, 照例撫卹, 咨送到京, 請飭禮部查照舊例遣回本國, 報聞."
92　『淸宣宗實錄』권186, 도광 11년 3월 임오조, "又諭富呢揚阿奏, 朝鮮夷船漂泊到境, 被匪搬搶, 請將疏防文武員弁摘去頂帶, 嚴拏究辦一摺. 浙江台州府屬黃巖縣地面, 有朝鮮國夷船遭風漂至該處停擱, 曬晾失水布匹貨物, 旋有匪徒六七人至船搬搶之事, 現經該撫將該難夷及存廠貨物, 妥爲安頓, 並先後拏獲匪徒王釋賞等五名, 即於各犯名下起出原贓布匹等物, 交付夷人認領. 所有該地方文武員弁, 毫無聞見, 非尋常疏防可比. 黃巖縣知縣勒瑛, 長浦巡檢劉廣福, 太平營把總胡鼎鼇, 外委張建封, 俱著摘去頂帶, 勒限一月內, 務將在逃之搶犯王曹彬·葉定土等, 迅速全獲, 解省嚴審, 屆限無獲, 即行參奏懲辦."

절강 상선을 얻어 타고 안남을 떠나 영파를 중간 기착지로 삼아 서귀포로 돌아왔다.[93]

결론

절강과 한반도의 해상 교류 역사는 오래되었다. 두 지역 사이의 해상 거리가 비교적 가깝고 쿠로시오해류가 흐르고 있어 계절풍을 이용하면 상대 지역으로 쉽게 오갈 수가 있다. 이와 동시에 해난사고로 표류하다가 상대 지역으로 표착하는 사건이 자주 발생했다. 오늘날 절강 지역 내 한국 표류민의 유적과 기록이 많은 것도 이와 같은 배경 속에서 나왔다.

현존 사료에 절강에 도착한 한국 표류민 가운데 가장 오래된 자료는 천태 최가오 고사이다. 오나라 손권 시대에 최가오의 조상 최씨는 한반도에서 왔다. 삼형제가 바다로 나가 어로 작업에 나서다가 폭풍을 만나 복건으로 표착했다. 본국으로 돌아가기 위해 벙어리 행세를 하며 걸어서 계속 북상하다가 절강 최가오에 들어와 산월 토착민들과 혼인하여 정착했다고 전해온다.

평양 지역에 당나라 때 신라태자가 바다를 건너오다 폭풍을 만나 표류하다가 평양에 도달했으나 얼마 후 사고했다는 고사가 전해온다. 평양관아는 조정의 명을 받아 신라태자를 모시는 사당을 세웠다. 현존 기록에 의하면 평양 영호묘(靈護廟)가 최초의 신라태자묘이다. 오늘날 평양

---

93 『知瀛錄』, 「金大璜漂海日錄」, 『耽羅聞見錄』, 『肅宗實錄』, 15년 2월 13일조 등.

일대에 신라태자신을 모시는 사당이나 유적이 꽤나 남아 있다.

명주는 한반도와 해상 교류를 잇는 항구이다. 당나라 때 신라 사신 김장렴(金張廉) 일행이 바다를 건너다가 폭풍을 만나 표류하다가 간신히 명주에 당도했고, 송나라 때 고려인들이 명주에 표착한 사례가 자주 발생했다. 송나라 조정은 고려 표류민에 양식과 비용을 지불해주고 본국으로 돌려보내는 구휼 조치를 취해주었다. 1016년(송 대중상부 9)을 기점으로 고려 표류민을 본국으로 돌려보내는 노선이 달랐다. 이 이전에는 명주에 표착했더라도 북쪽 등주로 보내어 본국으로 돌려보냈고, 이 이후에는 명주에서 직접 본국으로 돌려보냈다.

1080년(고려 문종 34)에 고려사절 박인량이 명주로 향하다가 폭풍을 만나 표류하다가 간신히 육지에 닿았다. 상산현위 장중은 표류한 고려사절의 선박을 구출하는 데 많은 도움을 주었다. 이때 장중과 박인량은 뜻밖의 만남을 기리는 시문을 주고받았다. 나중에 장중은 사사로이 외교사절과 교류했다며 삭탈관직을 당했으나, 고려 선박을 구출한 공로와 고려사절의 간청으로 복직되었다.

1372년(고려 공민왕 21)이 고려 하평촉사 일행이 귀국하다가 폭풍을 만나 정사 홍사범 등 39명이 익사하고 공문과 방물을 잃어버렸다. 다행히 서장관 정몽주 등 113명은 표류 끝에 항주만 가운데 허산(許山)에 표착하여 구출되었다. 이후 명 홍무제는 사행노선을 한반도와 강남을 직접 잇는 황해남부사단항로를 폐지하고, 묘도열도를 건너는 육·해로 노선으로 바꾸었다.

1488년(성종 19)에 최부 일행은 제주해협을 건너다가 폭풍을 만나 표류하다가 삼문 우두외양에 당도했다. 이후 항주, 북경 등을 거쳐 한반도로 귀환되었다. 최부가 남긴 『표해록』은 중국에서 마르코 폴로『동방견문록』을 뒤이을 외국인 저서라고 높이 평가했다. 표류 도중 삶과 죽음의 순간, 표착 직후의 체험이 박진감 넘쳤다. 또 강남 풍속과 문화, 경항대운하의 운영과 모습에 대한 기록이 사실적이었다. 명 문사들이 조선 선비로 예우하며 교유의 정을 돈독하게 나누어주어 한중 우호의 좋은 사례로 남겼다.

1741년(영조 17)에 제주도민이 제주해협을 건너다가 거센 풍랑을 만나 오랜 표류 끝에 임해 천초 해역에 당도했다. 이들은 임해 천녕사로 옮겨 귀국 수속을 밟았다. 청 천태 문인 제주화는 특별히 이들을 찾아보고 조선 표류민의 행동거지를 세밀히 관찰한 뒤에 『고려풍속기』를 남겼다. 이 문장은 조선 표류민을 기록한 중국 문헌 가운데 아주 드문 장문에 속한다. 제주화는 조선 표류민들이 겨우 목숨을 건져 타국에 잠시 거처하는 동안에도 조선의 좋은 전통과 예의범절을 지키려는 모습을 보여주었다고 극찬했다.

1818년(순조 18)에 최두찬, 양지회 일행은 제주해협을 건너다가 폭풍을 만나 표류하다가 보타산(普陀山)으로 들어왔다. 이후 정해로 옮겼다가 항주, 북경 등지를 지나 한반도로 귀환했다. 최두찬의 『승사록』은 많은 강남 문사들에게서 좋은 평을 받고, 심지어 항주 여성들이 읽어볼 정도로 선풍을 불러일으켰다. 양지회의 『표해록』은 최두찬의 『승사록』과 비슷한 내용을 전개하고 있지만, 『승사록』에 없거나 자세하지 못한 기록이 꽤나 보이고 있어 상호 보완적인 관계를 유지하고 있다.

일본 사쓰마번사의 조선표류일기와 쓰시마번의 조사기록

정성일

서론

이 글에서 소개하는 자료는 1819~1820년 한국에 표류한 일본인의 송환 실태를 잘 보여준다. 한반도로 표류해온 일본인에 대한 조사가 어떻게 이루어지고 있었는지, 그들을 어떻게 구호하여 송환하였는지 이 자료를 통해 알 수 있다.

17세기 초반에 확립된 양국 간 표류민 송환체제의 영향으로 한반도와 일본 열도 주변에서 표류한 양국 표류민은 안전하게 구조되어 본국으로 귀국할 수 있었다. 1876년 이전까지는 무상송환(無償送還)이 원칙이었다. 따라서 다음에서 소개하는 일본인(류큐인 6명 포함)을 구조하여 송환하는 데 소요되는 비용을 모두 조선 정부가 부담했다.

특히 일본 무사의 눈으로 본 조선인과 조선 사회의 모습을 이 자료를 통해서 살필 수 있다. 『조선표류일기(朝鮮漂流日記)』의 저자가 그린 삽화(揷畫)는 당시 조선의 실상을 생생하게 전달해준다. 그런 점에서 이 자료의 학술적 가치는 크다. 아시아의 표해록을 효과적으로 설명할 수 있는 좋은 사례로 판단된다.

사쓰마번사 일행의 충청도 표류

1819년(순조 19, 文政 2) 7월 3일(서양력 8. 23) 충청도 비인현(庇仁縣)[서천군] 마량(馬梁) 포구에 일본 배 한 척이 닿았다. 이 배는 사쓰마번[薩摩藩]이 소유한 가메나가마루(龜壽丸)였다. 같은 해 6월 14일(서양력 8. 4) 에라부지마(永良部島)[鹿兒島縣 屋久島町 口永良部] 항구를 출발한 이 배의 목적지는 사쓰마번의 야마카와초(山川)[鹿兒島縣 山川町] 항구였다. 그런데 이튿날인 6월 15일 갑자기 바람이 바뀌고 폭우가 내려서 배가 서쪽으로 떠내려가기 시작했다. 아마도 태풍의 영향인 듯하다. 6월 24일부터 파도가 잦아들었기는 하였지만 표류는 계속되었다. 7월 2일 제주도 인근을 지난 것으로 보인다. 7월 3일 이른 아침 큰 포구에 닿았다. 잠시 뒤 돛을 두 개 단 배 20여 척이 나타나 몇 백 보 떨어진 지점에서 사쓰마 선박을 둘러쌌다. 이윽고 비인현(庇仁縣) 마량진(馬梁鎭) 첨사 이동형(李東馨)이 사쓰마 배로 올라가서 조사를 했다. 이를 문정(問情)이라고 한다.

사쓰마 선박에는 25명이 타고 있었다. 그 가운데 19명은 일본국 사쓰마번 사람이었고, 나머지 6명은 류큐국(琉球國) 에라부지마 사람이었다. 1609년 사쓰마의 시마즈(島津)씨가 류큐국을 침략한 뒤로는 류큐국과 일본 사쓰마번 사이의 무역이 이런 식으로 이루어지고 있었다. 아무튼 1819년 7월 3일 충청도 비인현 마량으로 표류한 사쓰마 선박의 탑승자 가운데 사쓰마번의 사무라이(武士)가 3명 있었다. 그중 한 사람인 야스다 요시카타(安田義方)가 그때의 일을 일기에 남겼다. 『조선표류일기』라는 제목이 붙은 그의 일기는 한문체로 작성되었으며 모두 7책으로 이루어져 있다. 이 자료는 현재 일본 고베대학(神戶大學) 부속도서관 디지털아카이브 스미다문고(住田文庫)에 소장되어 있다. 홈페이지를 통해 원문 서비스를 하고 있어서 누구나 편리하게 이용할 수 있다. 다만 이 일기의 저자인 야스다 요시카타에 대해서는 현재까지도 명확하게 밝혀진 바가 없다. 일본 나고야대학(名古屋大學)의 이케우치 사토시(池內敏) 교수가 자신의 저서 『사쓰마번사 조선표류일기 - 「쇄국」의 저편에서 이루어진 일본과 조선의 교섭(薩摩藩士 朝鮮漂流日記 - 「鎖國」の向うの日朝交涉)』(講談社, 2009)에서 소개한 것이 있을 뿐이다.

조선 정부와 왜관 쓰시마번 관리의 사쓰마 표류민 조사

사쓰마번의 표류 선박은 표착지인 충청도 비인현 마량에서 조사를 받았다. 1819년 7월 3일 마량진 첨사 이동형의 문정으로 시작된 조사는 그 뒤로도 꽤 오래도록 이어졌다. 같은 날 저녁에는 비인현 현감 윤영규(尹永圭)[94]가 직접 와서 조사를 했다. 윤영규의 조사는 철저했다. 탑승자 25명 전원을 배 위에 나란히 서게 했다. 그리고 누가 누군지 한 명씩 지명하라고 현감이 야스다에게 지시했다. 그런데도 동승했던 류큐국 에라부지마 6명의 신원이 드러나지 않도록 야스다는 꾀를 부렸다. 조선 관리

---

[94] 윤영규(尹永圭)가 비인현감(庇仁縣監)에 제수된 것은 1818년(순조 18) 6월 25일이었다(『승정원일기』 순조 18년 6월 25일 신묘). 그는 1824년에는 나주영장(羅州營將)에(『승정원일기』 순조 24년 6월 25일 정사), 1830년에는 신도첨사(薪島僉使)에 제수되었다(『승정원일기』 순조 30년 12월 22일 병오).

가 사쓰마 선박 위로 올라왔을 때 그들의 눈에 띄지 않게 류큐 사람 6명을 배 바닥에 숨겼다. 그 이유는 그들의 옷차림이나 머리 모양이 일본인과 눈에 띄게 차이가 있었기 때문이었다. 조선 측이 배 안의 구석구석까지 점검을 하자, 이들의 머리 모양을 일본식으로 바꾸거나 수염을 깎는 등 변장을 시켰다. 6명의 이름도 이미 일본식으로 바꾸어 놓았음은 물론이다.[95]

비인현감 윤영규의 문정은 7월 4일과 5일, 7일에도 이어졌다. 그 밖에 절충장군 이종길(李宗吉)과 하급 관리 장천규(張天奎), 김기방(金基昉) 등도 사쓰마 선박이 있는 곳으로 갔다. 순찰 종사관 이응우(李膺祐)도 마찬가지였다. 저마다 맡은 임무를 수행하기 위함이었다. 이때 조사한 것을 충청도 수영(水營) 집사관(執事官) 최화남(崔華男)이 중앙에 보고한 내용이 『호서병영장계등록(湖西兵營狀啓謄錄)』에 실려 있다.

7월 12일에는 이와 별도로 본격적인 문정을 위해 왜학역관 조명오(趙明五)[96]가 서울에서 비인현 마량까지 내려왔다. 그런데 명오(明五)라는 자호(字號)를 쓰는 조행륜(趙行倫)에 대하여 야스다는 부정적인 기술로 일관했다. 7월 14일 문정관 조행륜이 법규를 들먹이면서 야스다 일행을 매우

---

95 이 사건보다 2년 뒤인 1821년에노 소선으로 표류해온 류큐국 사람들이 출신지를 일본국 사쓰마로 위장한 일이 있었다. 정성일, 「일본인으로 위장한 琉球人의 제주 표착 - 1821년 恒運 등 20명의 표착 사건 - 」, 『한일관계사연구』 37(한일관계사학회, 2010), pp.171 - 206.

96 야스다의 일기에 등장하는 조명오(趙明五)는 그의 실명(實名)이 아닌 듯하다. 『잡과방목(雜科榜目)』(서울대학교 규장각한국학연구원 소장)에 따르면, 명오(明五)라는 자(字)를 가진 조행륜(趙行倫)이 보인다. 1775년생으로 1807년 식년시에 입격한 왜학역관(倭學譯官)이 조행륜인데, 이 사람이 1819년 7월 12일 사쓰마 표류민을 문정하러 충청도 비인현 마량으로 간 것이 아닐까 생각한다.

깐깐하게 대했기 때문이다. 서울에서 조정(朝廷)의 명령이 하달될 때까지는 일본 표류민 일행을 뭍으로 오르지 못하게 하여 선상(船上) 생활을 계속하라고 한 것이 바로 그였다. 게다가 조행륜은 야스다 일행에게 송환 비용을 자비로 부담하라고까지 요구했다. 이에 대해서 야스다는 강하게 이의를 제기했다. 일본 측의 항의가 거세자 7월 16일 비인현감 윤영규는 절충안을 내놓았다. 조정의 상륙 허가가 현지에 하달되기 전인데도 현지 사정을 감안하여 그가 야스다 일행에게 사정이 열악한 일본 배에서 내려서 조선 배로 옮겨 타도록 선처를 베풀었다. 그 뒤로도 서울에서 온 문정관 조행륜과 야스다의 갈등은 끊이지 않았다. 7월 26일에도 조행륜이 야스다에게 거듭 송환 비용을 집요하게 요구하였기 때문이다. 관례대로 한다면 조선에 표류한 일본 선박과 표류민의 구조와 구호, 그리고 송환에 들어가는 모든 비용은 표착지인 조선 측에서 부담하게 되어 있었다. 이러한 관행을 잘 알고 있었을 문정관 조행륜이 송환 비용을 요구한 것에 대하여 야스다는 강한 의심을 품고 반발했다.

7월 27일부터는 야스다 일행이 충청도에서 전라도로 이동하기 시작했다. 고군산(古群山)에 닿자 고군산진 수군첨절제사 조대영(趙大永)이 야스다 일행을 맡았다. 서천 만호 박태무(朴泰茂)가 야스다 일행을 그곳까지 호행(護行)했다. 8월 6일부터 동월 9일까지 지도(智島), 임자도(荏子島), 팔금도(八禽島)를 거쳐갔다. 15일에는 전라 좌도를 통과했다. 22일에는 전라도와 경상도의 경계 지점에 이르렀다. 23일 전라도 순천에 닿았으며, 이튿날까지도 순천에 머물렀다. 25일 순천을 출발하여 경상도 옥포에 도착했다. 28일 옥포에서 출항하여 29일 가덕도(加德島)에 도착했다.

8월 30일 야스다 일행이 다대포에 닿았다. 그곳에서 배를 갈아탔다. 충청도 비인현에서 출발하여 전라도를 거쳐 경상도 다대포까지 타고 갔던 조선 배에서 일본 배로 옮겨 탄 것이다. 그 배는 왜관에서 제공한 쓰시마번(對馬藩)의 관선(官船)이었다. 9월 2일에도 왜관에서 비선(飛船)과 관선이 잇달아 다대포에 도착했다. 야스다 일행은 한 달가량 그곳에 머물렀다. 9월 30일 다대포를 출항한 야스다 일행은 10월 1일 부산포로 들어갔다. 그 뒤 우암포(牛巖浦)[부산 남구 우암동]로 이송된 그들은 그곳에서 석 달 넘게 체류했다.

1820년 1월 14일 야스다 등 24명의 표류민을 태운 쓰시마번의 배가 우암포를 출발했다. 그보다 1주일 전인 같은 해 1월 7일에는 조선 국왕이 내린 전별연(餞別宴)이 있었다. 왜관의 쓰시마번 관리가 나가서 지키는 우암포 근처 집락의 서북쪽에 막을 치고 자리를 만들었다. 야스다 일행은 배에서 내려 연회에 참석했다. 이 연회에 초대받은 사람은 히다카 요이치자에몬과 야스다 요시카타였다. 왜관의 쓰시마번 관리 2명과 통역 2명, 그리고 조선인 관리 2명이 배석했다. 조선인 관리 2명을 야스다는 이덕관(李德官)과 박유청(朴惟淸)이라고 적었다.[97]

아무튼 왜관의 쓰시마번 관리들은 일본 표류민에 대한 구호(救護)와 함께, 그들을 조사(調査)하고 경계(警戒)하는 등 통제를 게을리하지 않았다. 야스다 일행이 다대포에 닿은 1819년 8월 30일부터 그들이 우암

---

97 그런데 이것은 모두 그들의 실명(實名)이 아니라고 생각한다. 그 이유는 1819년 8월 29일 조선의 왜학역관이 왜관의 쓰시마번 측에 제출한 각서에 '별차(別差) 덕관(德官) 이첨지(李僉知)'와 '훈도(訓導) 유청(惟淸) 박첨지(朴僉知)'라 적은 것이 보이기 때문이다. 이것은 『잡과방목(雜科榜目)』에 나오는 이숙(李橚)의 자(字)인 덕관(德寬)과 박명준(朴命浚)의 자인 유청(由淸)을 가리키는 것으로 보인다. 만일 이것이 사실이라면, 덕관 이숙은 1778년생으로 1805년 증광시에, 그리고 유청 박명준은 1777년생으로 1804년 식년시에 각각 입격(入格)한 인물로 볼 수 있다. 1819년 시점에서 이숙(41세)과 박명준(42세) 모두 40세를 갓 넘은 상태였던 것 같다.

포를 떠난 1820년 1월 14일까지 왜관 측은 조사 내용을 기록으로 남겨 두었다. 그 기록이 현재 국사편찬위원회에 소장되어 있다. 이 자료의 이름은 『분세이 2 기묘년 7월 마쓰다히라 분고노가미사마 선박 1척에 승선한 12명과 그곳의 가신 3명 포함하여 상하 13명 등 총 25명이 조선국 공청도(충청도) 마량에 표착한 기록(文政二己卯年七月 松平豊後守樣手船一艘十二人乘同所御家中三人上下十三人都合二十五人朝鮮國公淸道馬梁漂着記錄)』이다. 일본 근세 문체인 소로분(候文)으로 작성되어 있는 이 자료의 분량은 370쪽가량이며 매수로는 약 186매이다.

사쓰마번사 일기의 주요 내용

표류의 시작

일기는 1819년(문정 2) 5월부터 시작된다. 선장(船頭) 마쓰모토 간에몬(松元勘右衛門) 이하 12명이 사쓰마번주(薩摩藩主) 소유 선박인 가메나가마루에 올라탔다. 그들은 에라부지마의 특산품을 싣고 돌아오려고 사쓰마번의 야마카와(山川)항구로 출발했다. 에라부지마의 특산품이란 여러 색깔의 실을 섞어서 짠 직물[縞芭蕉布], 바닥에 까는 자리[尺筵], 소와 말가죽[牛馬皮], 종려나무 껍질[棕梠皮] 등을 말한다. 같은 해 6월 사쓰마로 다시 돌아가려고 에라부지마 항구를 출발하였는데, 때마침 임기를 마치고 사쓰마로 돌아가게 되어 있던 다이칸[代官] 히다카 요이치자에몬 이하 13명도 그 배에 함께 태웠다고 한다.

　6월 14일부터 7월 2일까지는 표류 과정이 적혀 있다. 에라부지마를 출항한 배가 아마미오시마(奄美大島)와 가까워질 무렵 갑자기 바람이 바뀌고 폭우가 내려서 배가 서쪽으로 떠내려갔다. 그 바람에 이 배가 아마 미오시마에 이르지 못하고 6월 16~17일 계속해서 서쪽으로 밀리고 있었다. 18일에는 남풍이 불어서 오시마로 다가가려 시도해 보았지만 해류가 반대 방향으로 흐르고 있어서 19일 밤 이후는 배가 서쪽으로 떠내려가고 말았다. 20일에도 그 다음 날도 배는 계속해서 조류에 떠밀려 가고 있었다. 바람과 파도는 점점 거칠어졌다. 22일에는 폭풍 때문에 돛을 펼 수가 없었다. 그런데도 배는 큰 파도에 떠밀려 화살처럼 질주했다. 23일에는 맹렬한 바람이 판자를 날려 버렸다. 격렬한 파도는 선미(船尾)를 부술 것만 같았다.

야스다는 배가 뒤집히는 것을 막으려고 '개인 짐을 모두 버려라.'고 하면서도, '번주(藩主)의 화물은 버리면 안된다.'고 소리쳤다. 24일에는 파도가 조금씩 잦아드는 것 같았다. 그렇지만 키와 닻이 모두 유실되어 배는 점점 서쪽으로 흘러가고 있었다. 높은 곳에서 사방을 둘러보니 바닷물이 누렇게 흐려졌다. 수심은 얕고 흙이 깊어 보였다. 뿌옇게 하늘이 구름에 덮여 있고 공기는 몽롱했다. 그곳이 어디인지 알 수가 없었다. 이국땅에 가까워지고 있다고 느끼는 사람도 더러 있었다. 25일에는 파도가 잔잔해지고 남풍이 불기 시작해서 선미(船尾)에 작은 돛을 걸어 보았다. 바닷물을 그대로 먹을 수는 없는 노릇이어서 모자란 물을 보충하려고 바닷물을 끓여서 증기를 만들고 그것을 식혀서 물을 얻기로 했다. 28일 낮에 갑자기 비가 내리기 시작했다. 배 위에서 빗물을 한 말 이상 받아서 모아 두었다가 모두가 벌컥벌컥 마셨다. 그런데 승선자의 절반이 복통과 설사를 겪고 말았다. 29일 햇볕이 처음으로 밝게 내리쬐었다. 바다색도 깨끗해 보였다. 해가 저물 무렵 높은 곳에서 앞을 바라보았더니 섬 같은 것이 눈에 들어왔다.

7월 1일 새벽이 되어 10리 정도 앞에 섬이 두 개 보였다. "고토렛토(五島列島) 앞에 있는 오시마(男島)와 메시마(女島)일 것"이라고 말하는 사람도 있었다. 그런데 뱃사람 중에서 가장 연장자인 쇼에몬(正右衛門)은 산의 형태로 보아서는 일본과 다르다고 말했다. 7월 2일 이른 아침 동쪽으로 봉우리가 2개가 보였다. 남쪽으로는 큰 섬이 눈에 들어왔다. 남동쪽에도 섬이 두 개 보였다. 쇼에몬은 "일본에서는 서북쪽 바다에서 이렇게 큰 산을 본 적이 없다."고 하면서, "아마도 여기는 조선국(朝鮮國)일 것이다."고 말했다.

충청도 비인현 표도와 체류

1819년 7월 3일 이른 아침 커다란 포구에 닿았다. 돛을 내리고 닻으로 배를 고정했다. 그 뒤 주위를 둘러보니 그곳은 산으로 둘러싸인 넓고 큰 땅이었다. 잠시 뒤 동서쪽 해안에서 두 개의 돛을 단 배가 여러 척 나타나 몇백 보 떨어진 지점에서 사쓰마 선박을 둘러쌌다. 20여 척의 배 가운데 두 척의 작은 배가 일본 배 쪽으로 다가갔다. 히다카 요이치자에몬(日高與一左衛門)과 가와카미 히코쥬로(川上彦十郎)는 몸이 아파 누워 있어서 협상에 나설 수가 없었다. 그래서 야스다가 혼자 이방인과 필담(筆談)을 할 수밖에 없었다. 두 척의 작은 배에서 온 사람들은 모두 흰 옷을 몸에 걸치고 있었다. 야스다는 그 모습을 보자마자 그들이 '조선인'임을 바로 알아차렸다. 임진왜란 때 붙잡혀 갔던 조선인의 후예들이 사쓰마번의 나에시로가와(苗代川)라는 마을에 모여 사는데, 그 마을에서는 여전히 복장이나 수염, 머리 형태가 변함이 없다는 사실을 야스다는 떠올렸다. 그렇게 해서 사쓰마번의 배 위에서 한자(漢字)로 적은 필담을 통해 조사가 이루어졌다. 조선에서는 이 조사를 가리켜 문정(問情)이라고 불렀다.

『조선표류일기』 고베대학교 도서관 소장

필담을 통한 첫 번째 문정은 충청도 비인현 마량진 첨사 이동형(李東馨)이 배 위로 올라간 뒤부터 시작되었다. "어느 나라 사람이며, 어떤 일로 바다에 나왔다가 표류하였는가?" 하는 질문이 던져졌다. 이에 대하여 야스다는 "일본국 배이며 바다에서 표류하다 구사일생으로 귀공의 나라에 닿았다."고 하면서, 배 안의 물이 고갈되어 목이 마르니 이를 불쌍히 여겨 자비를 베풀어줄 것을 요청했다. 그러자 잠시 뒤 여러 척의 배로 실어온 물이 공급되었다. 배 안의 사람들이 그릇을 손에 들고 목을 축였다. 이때 조선인들이 이곳이 조선국 공청도[충청도] 비인이라고 알려 주었다.

저녁이 되자 비인현 마량진 안파포(安波浦)로 들어온 배에서 무언가 음악이 들려왔다. 배 위에서 내려다보니 의장단을 거느린 행렬이 오고 있었다. 파란 덮개가 달린 가마를 탄 사람을 중심으로 50~60명쯤 되어 보였다. 곧이어 가마에 탄 사람이 배로 옮겨 타더니 총소리와 음악을 신호로 사쓰마번 선박으로 다가왔다. 야스다는 히다카와 가와카미와 함께 복장을 단정히 하고 선상에서 기다렸다. 이때 찾아온 사람이 비인현 태수(현감) 윤영규(尹永圭)였다. 윤영규가 던진 질문과 그가 내린 지시에 대응하느라 야스다는 진땀을 흘렸다. 윤영규는 승선자 중에서 도중에 승선시킨 자는 없는지, 승선자가 모두 사쓰마 사람인지를 물은 뒤, 승선자 25명의 장유(長幼) 서열을 각자 이름과 연령과 함께 밝히라고 요구했다. 야스다는 이미 해가 저물었으니 내일 작성해서 제출하겠다고 대답했지만 윤영규는 이를 받아들이지 않았다. "등불을 밝히고 바로 이 자리에서 작성하라!"고 지시를 내린 것이다.

7월 12일 왜학역관 명오(明五) 조행륜(趙行倫)이 서울에서 비인현으로 내려올 때까지는 필담으로 소통이 이루어졌다. 왜학역관이 문정 절차와 규정에 따라 엄격하게 통제를 하자 야스다는 불편을 호소하며 반발하기도 했다. 역관 조행륜이 사익(私益)을 챙기려고 부당하게 일본 표류민에게 송환 비용을 부담시키려 한다고 강하게 의심을 했다. 7월 26일까지도 역관 조행륜과 야스다는 송환 비용을 놓고 다투었다. 이와 달리 충청도 비인현감 윤영규에 대해서는 야스다가 호감을 가지고 있었다.

야스다의 일기를 보면 전라도 지역을 통과할 때의 기록이 자세하지 않다. 7월 27일 그들은 충청도 비인현을 떠나 전라도 고군산(古群山)으로 향했다. 이곳에서는 고군산 첨사 조대영(趙大永)이 일본 표류민의 구호와 송환을 책임졌다. 8월 2일 전라도 내 위도에 이르렀다. 같은 달 9일에는 지도와 임자도까지 가서 팔금도에 정박했다. 10일 팔금도에서 출항했다. 23일 순천에 닿았으며, 25일에는 그곳을 출발하여 경상도 옥포에 도착했다. 28일 옥포를 출항하여 29일 가덕도에 이르렀다. 그곳에서 다시 배를 갈아타고 짐을 옮겨 실었으며 호송관도 교대했다.

경상도 다대포 도착과 왜관 측의 조사

8월 30일 야스다 일행은 다대포(多太浦)에 도착하자 조선 배와 헤어졌다. 그들은 그곳에서 왜관의 일본인들이 보내준 쓰시마번의 관선(官船)으로 갈아탔다. 9월 2일 왜관에서 비선(飛船)과 관선 2척이 잇따라 다대포로 왔다. 야스다 일행은 9월 30일까지 약 한 달 동안 다대포에 계속 머물렀다.

9월 3일 가와카미가 위중하다고 하여 선원들이 모두 가와카미의 베개 옆으로 달려갔다. 이때 야스다는 선수(船首)에 있었고 가와카미는 선미(船尾)에 있었다. 야스다는 하인에게 어깨를 부축하도록 하여 달려가려 하였지만, 하체에 힘이 없어서 한 걸음도 움직이지 못했다. 그러는 사이 가와카미의 호흡이 끊어졌으니 무리하지 말라는 말이 전해졌다. 오전 10시경 왜관에서 온 무타 다카노리(牟田隆敬)라는 의사가 다대포에 도착했다. 그렇지만 가와카미의 호흡이 이미 멈췄고 맥도 끊어졌다고 한다.

이날 아침 해안가에 막을 쳐서 막사(營幕)를 세웠다. 내부는 병풍을 쳐서 2칸으로 나누고 한쪽은 쓰시마번의 관리가 다른 한쪽은 한인(韓人) 관리가 대기했다. 이윽고 선장 마쓰모토와 선원 5~6명이 호출을 받았다. 25명의 성명과 연령, 무기 소지 여부, 표류 경과 등에 대하여 조사를 받았다. 선장인 마쓰모토가 성실히 답을 하여 어스름할 무렵 배로 돌아갔다.[98]

밤이 되어 쓰시마번의 배로 이동하라는 지시가 내려졌다. 일본인이 한인의 배 안에서 죽었다면 조선의 예법(禮法)에 따라야 하므로 절차가 복잡해진다. 따라서 가와카미의 죽음을 외부에 알리지 않고 마치 그가 살아 있는 것처럼 해서 일단 배를 옮기는 것이 좋겠다고 한다. 이렇게 해서 야스다 일행은 쓰시마 선박 쇼토쿠마루(正德丸)로 바꾸어 탔다. 배의 중앙, 돛대 언저리 자리를 차지한 야스다는 선원이나 하인의 도움을 받아 앞쪽 침실에 자리를 잡았다. 배 안은 한인의 배보다 청결했고 마치 커다란 저택에 홀로 앉아 있는 듯했다. 에라부지마를 떠나 100여 일이

---

98 왜관의 쓰시마번 관리가 작성한 표류자 명부에 ㉠ 산스케(三助), ㉡ 쥬에몬(中右衛門), ㉢ 덴에몬(田右衛門), ㉣ 지로(次郎), ㉤ 야마스케(山助), ㉥ 마사에몬(政右衛門)이라 기록된 사람은 원래 이름이 아니었다. 그들은 에라부지마에서 데려온 류큐(琉球) 사람들이었는데, 신문[문정]을 받을 때 선장인 마쓰모토가 거짓으로 일본식 이름으로 고쳐서 대답한 것이다. 그들의 본명은 ㉠ 미노사토(蓑里), ㉡ 나카사토(中里), ㉢ 다키나이(田儀名), ㉣ 지로카네(次郎金), ㉤ 야마토(也麻), ㉥ 마사(麻座)였다.

지나는 동안 야스다는 히다카, 가와카미와 셋이서 한 방을 나누어 써왔는데, 이제 처음으로 각방을 쓰게 되었다. 그리고 조선 관리[韓官]와 직접 대응하지 않고 일본인과 대응하여 일을 할 수 있게 되어 필담에 신경을 쓸 필요도 없게 되었다. 필담이 필요하면 선장인 마쓰모토에게 맡겨도 되니 안심이 되었다.

9월 5일 아침에 왜관에서 온 쓰시마번의 관리가 사쓰마 배의 선장 마쓰모토[松元]를 불렀다. 가와카미의 유해(遺骸)를 고국 사쓰마에 안장할지, 아니면 왜관 내의 사찰에 묻을지를 물었다. 관을 지키며 만리 창해(萬里蒼海)를 건너가기는 어려울 터이니 왜관의 사찰에 묻기로 결정했다. 저녁 무렵 쓰시마번 관리가 관과 의복을 마련해 와서 유해 앞에 놓고서 "내일(9. 6) 영구(靈柩)를 왜관이 있는 초량(草梁)으로 호송하겠다."고 말했다.

이와 별도로 정오 무렵 왜관에서 고쿠분(國分), 이시다(石田), 스야마(陶山), 시게타(重田)라는 성(姓)을 가진 쓰시마번 관리들이 찾아와서 막부(幕府)의 법에 따라 야스다와 히다카가 소지한 검과 창, 활, 총을 점검했다.

9월 6일 동래부사의 명을 받고 역관 이덕관(李德官)이 찾아갔다. 그는 포(布) 4필을 주고 (가와카미의 죽음에 대한) 조의를 표했다. 9월 7일 시다(志田)라 불리는 쓰시마번사가 찾아와 영구(靈柩)를 호송해 갔다. 야스다는 가와카미의 하인 3명을 동행하게 해줄 것을 요청했다. 그들이 7일 밤 사이 무덤 옆을 지키도록 해주고 싶었다. 그렇지만 시다는 야스다의 마음을 알면서도 쓰시마가 아닌 다른 지역 일본인 표류민의 상륙을 금지한 법에 따라 표류민을 상륙시킬 수 없다고 잘라 말했다. 야스다는 가와카미의 하인 3명에게 여장을 꾸려서 가와카미의 칼과 창을 들고 시다의 배까지 영구를 따라가도록 했다.

　9월 9일 동래부사가 야스다에게 선물을 보내왔다. 표류를 위로하는 편지도 함께 전달되었다. 이 무렵 야스다는 병으로 몸이 좋지 않아 다리에 힘이 없었다. 13일이 되어 병세가 조금 회복되자 야스다는 답장을 썼다. 14일 부산첨사(釜山僉使)가 서한과 선물을 보냈을 때는 사자를 응대하지도 못하고 감사 편지를 쓰지도 못했다. 25일 동래부사가 포목 몇 필을 보내왔지만 야스다는 응대를 할 수가 없었다. 26일부터 29일까지 서풍이 강하게 불었다.

　9월 29일 쓰시마번 관리가 날씨가 좋으니 부산포로 이동한다고 말했다. 배 안의 사람들이 모두 기뻐했다. 30일 날씨가 청명했다. 대포의 굉음이 2회 천둥처럼 남쪽 하늘 2리까지 사방에 올려 퍼졌다. 서북풍을 타고 다대포를 출항했다. 센스케(仙助)가 인질이 되어 쓰시마번 선박에 탔고, 야스다 일행의 배는 전날 저녁부터 대기하고 있던 조선 사람[한인]들의 배 8척에 이끌려갔다.

왜관 쓰시마번 관리의 조사와 왜관 건너편 우암포 체류
10월 1일 야스다는 다음과 같이 적었다.

오늘(10. 1)은 임진왜란[文禄中征韓之役] 때 사쓰마의 시마즈 요시히로(島津義弘)와 이에히사(家久)가 경상도 사천(泗川)에서 고전 끝에 대승을 거둔 날이다. 그로부터 200년이 지난 뒤 우리들은 표류하여 부산포에 있다. 옛 전장(戰場)도 가까이에 있다고 들었다.

10월 23일 별차 이숙(李橚)이 쓰시마번의 (조선어) 통역과 함께 배를 찾아왔다. 어제 조선 국왕의 사자가 동래부에 도착했다고 알려주었다. 한중(寒中) 위문이라고 했다. 야스다는 병이 조금 나아져서 목욕을 하게 되었다고 말했고, 히다카와 함께 감사 인사를 했다.

10월 25일 별차 이숙이 쓰시마번의 (조선어) 통역과 함께 배를 찾아왔다. 곧이어 조선인(한인) 동자가 식사를 준비했다. 2자 길이의 네모난 탁자에 야스다와 히다카 앞에 음식을 한 그릇씩 놓고 술을 권했다. 술을 따르는 조선인(한인)의 일본어가 몹시 능숙하여 그 까닭을 물었더니, 평소 왜관을 드나들면서 일본어가 늘었다고 답했다.

탁상에는 음식이 13종 놓였다. 이 가운데 야스다는 찹쌀밥이 마음에 들었던지 그 요리법을 묻기도 했다. 별차 이숙은 그 자리에서는 답을 하지 못했다. 요리사에게 물어보고 나중에 알려주었다. 야스다가 배로 돌아오자 한 통의 서한이 놓여 있었다. 그 서한에는 이렇게 적혀 있었다.

배 안의 모두가 이 추운 날 물 위의 찬 곳에 있으니 정말 참기 힘든 상황인데 그것을 참아주었습니다. 아직 초겨울인데 큰 추위가 오면 아마도 질병으로 고생하게 될 것입니다. 바람도 맹렬하여 귀국도 어려워집니다. 쓰시마 사람들이 그런 사정을 고려하지 않고 당신들을 이곳에 머무르게 하는 것은 한심한 일입니다. 표류민을 송환하는 조선 국왕의 서계(書契)도 머지않아 도착할 것입니다. 무사히 신속하게 귀국하기를 바랍니다.

누구의 서한인지는 알 수가 없었다. '쓰시마 사람'이라고 표현한 것을 보면, 왜관의 일본인일 수는 없다. 그를 별차 이숙으로 짐작해 볼 수 있다. 10월 27일 야스다는 히다카와 함께 동래부사와 부산첨사 앞으로

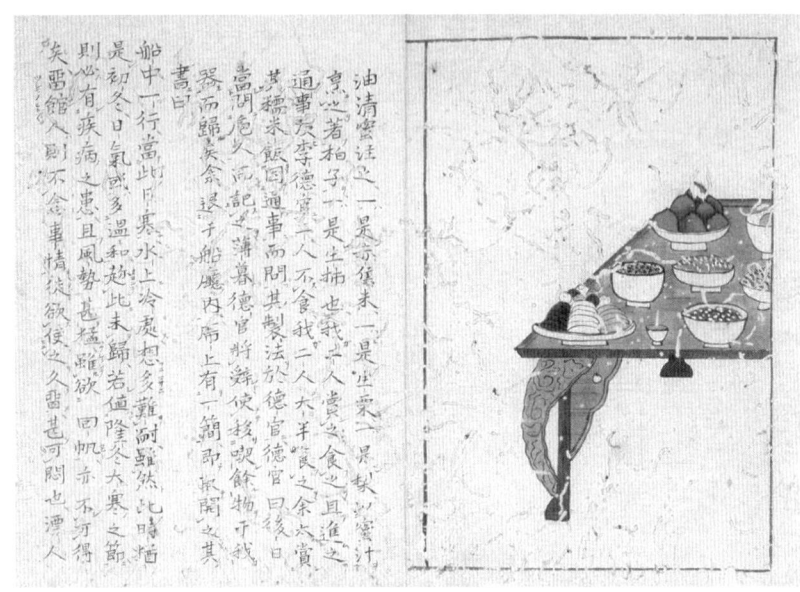

『조선표류일기』 고베대학교 도서관 소장

음식을 보내준 것에 대한 감사 편지를 썼다.

11월 3일 별차 이숙이 위문을 와서 지난번에 물었던 요리법을 종이에 써 주었다. 이숙은 필담으로 야스다와 더 의사소통을 하려 하였으나, (왜관의) 통역이 이를 막았다. 다음 날 11월 14일 병이 상당히 호전되었다고 느낀 야스다는 보행을 시도하고자 쓰시마번 관리에게 상륙 허가를 요청했다. 그곳에서 쓰요시(津吉)라는 성을 가진 통역이 야스다를 우암포 남쪽 포구로 안내했다. 안벽에서는 조선 통역이 마중을 나와주었고, 거기서 몇백 걸음 걷자 보리밭에 자리가 마련되어 있었다. 그곳에서 조선인에게 씨름을 시켰다고 한다. 야스다는 매우 기이한 구경이라고 썼다. 몇 차례 승부가 나는 것을 보았다. 쓰요시는 승자에게 상평통보를 주어 치하했다.

　12월 16일 야스다는 표류한 뒤 표착지에서 체류하거나 이동 중에 써 놓았던 각서를 바탕으로 표류일기를 정리하기 시작했다(이날 야스다는 6월 14일 표류를 시작한 날부터 7월 3일 비인현에 닿은 날까지 표류일기를 기록했다). 23일 저녁에 훈도 박명준(朴命浚)이 동래부사의 위문(慰問)을 전달해주었다. 게다가 소주, 찜닭, 약밥, 곶감, 담배 등과 함께 화첩(畫帖) 10쪽을 보내왔다. 동월 24일 야스나는 동래부사 앞으로 감사 편지와 함께 시를 보냈다. 선물로 받은 10폭의 그림 하나하나에 대하여 오언절구로 읊었다. 28일에는 야스다가 7월 4일부터 9일까지 있었던 일을 일기로 정리했다. 왜관에서 귀국 지시가 내려왔다. (1820년) 정월 6일 쓰시마로 가는 배에 탄다고 한다.

　1820년 1월 3일 큰 눈이 내렸다. 야스다는 동래부사에게 보내는 이

별의 편지를 왜관 측의 승인을 받고 썼다. 붉은 칠을 한 층동(朱漆層櫃) 하나를 함께 보냈다. 같은 달 5일 저녁에 조선 국왕의 사자로 별차 이숙이 와서 이별 선물을 건넸다. 야스다가 쓰시마번의 통역을 통해 감사의 뜻을 전하자 이덕관(이숙)은 다른 한 통을 품에서 꺼내 야스다 일행에게 주려 하였으나 쓰시마 통역이 이를 제지했다. 아무래도 전에 야스다가 보낸 오언절구 10수에 대한 동래부사의 감사 편지인 것 같았다.

1월 7일 조선 국왕이 내린 전별연이 마련되었다. 우암포의 쓰시마번 관리의 병영 근처 집락 서북쪽에 막을 치고 자리가 만들어졌다. 배에서 내려서 여는 연회였다. 병영 중 한 곳에는 우치야마(內山)라는 쓰시마번의 관리가 있었는데, 야스다는 몇 개월에 걸친 은혜에 감사를 표했다. 휴게소라고 할 수 있는 다른 대기소에는 고야나기(小柳), 나카무라(中村), 그 밖에 이름을 모르는 관리가 모여 있었다.

시간이 조금 지나자 조선인 소동이 음식을 가져다 주었다. 연회에 초대받은 사람은 히다카와 야스다이며, 쓰시마번 관리 2명과 통역 2명, 조선인 관리 2명이 배석했다. 한인 관리 2명은 훈도 박명준과 별차 이숙이다. 각자 앞에 한 상씩 차려졌다. 접시와 대접에 담겨 나온 요리가 16가지였다. 한인 관리가 이것은 국왕이 내리신 전별이라고 외친 뒤 연회가 시작되었다. 히젠 도자기 찻잔에 한인 시동들이 술을 따랐다. 배석한 쓰시마번 관리는 먹을 수 있는 것이 없으니 생밤이나 달걀만 먹도록 조언했다.

히다카와 야스다는 고기와 채소 할 것 없이 모두 많이 먹고 술잔도 여섯, 일곱 잔을 걸쳤다. 야스다 일행이 술을 다 마실 때마다 한인 관리는 무릎을 치며 기뻐하고 크게 웃었다. 그 옆에 있던 쓰시마번 관리는 생밤 하나만 먹고 술도 첫잔을 다 마시지 않았다. 연회가 끝날 무렵 야스다는 한인 관리에게 감사 인사를 했다.

쓰시마 도착 이후와 귀향

1월 14일 야스다 등 24명의 표류민을 태운 쓰시마번의 배가 우암포를 출발하여 그날 바로 쓰시마 북단의 사스나(佐須奈) 포구에 닿았다. 같은 달 27일 쓰시마 후츄(府中)[長崎縣 對馬市 嚴原町]에 도착했다. 무사에게는 상하 모두 숙소가 제공되었다. 숙소 주인 야기기에몬(八木喜右衛門)이 그들을 보살폈다. 28일 야스다 일행이 하치만구 신사(八幡宮神社), 가이간 사찰(海岸寺)을 참배했다. 2월 13일 그들이 고쿠분지(國分寺)라는 사찰을 참배했다. 야스다 일행이 쓰시마의 후츄에서 배를 타고 나가사키로 향한 것은 1820년 2월 15일이었다.

쓰시마번 측 조사기록의 주요 내용

이 자료의 안쪽 표지에 다음과 같이 주요 내용이 일자별로 요약되어 있다.

① (1819년) 7월 3일 공청도[충청도] 마량(馬梁)에 표착(漂着), 파선(破船).
② (1819년) 9월 1일[99] 부산의 다대포까지 배를 타고 가서 낳음.
③ (1819년) 9월 30일[100] 부산의 우암포까지 배를 타고 가서 닿음.

---

99 야스다 요시카타[安田義方]의 일기에는 8월 30일이다.
100 야스다 요시카타의 일기에는 10월 1일이다.

④ (1820년) 1월 6일 우암포에서 배에 올라 탐.

⑤ (1820년) 1월 14일 우암포에서 출범을 한 그날 바로 쓰시마 사스나의 관소(關所)로 건너가서 닿음.

⑥ (1820년) 1월 27일 쓰시마 후츄에 도착.

⑦ (1820년) 2월 9일 이정암(以酊庵)의 점검을 받는 일.

⑧ (1820년) 2월 15일 당소(當所) - 쓰시마 후츄 - 배에 탐.

이 내용에 이어서 이 자료의 목차를 제시하고 있는데, 각각에 대해서는 항을 달리하여 다음에서 소개하고자 한다. 그런데 이때의 일본 표류민 가운데 무사 신분을 가진 사람이 3명이 들어 있어서 쓰시마번 측은 평소와 다른 대처를 했다. ㉠ 사쓰마번의 다이칸 히다카 요이치자에몬과 그 아래 역인인 ㉡ 야스다 기토타, ㉢ 가와카미 히코쥬로가 그들이다. 이 세 명의 사쓰마번사 중 일기를 작성한 사람은 ㉡ 야스다 기토타라 불린 야스다 요시카타이며, ㉢ 가와카미 히코쥬로는 조선 체류 중에 병으로 사망하여 왜관 밖에 위치한 복병산(伏兵山) 근처에 묻히고 말았다.

(1) 조선으로 온 일본 표류민이 있다고 관수(館守)가 9월 1일 작성한 서장(書狀)을 통해 쓰시마에 보고를 하였기에, 9월 12일 [쓰시마번 측에서는] 여러 관련되는 곳에 이와 관련하여 알아보도록 하였음. 이때 관수가 쓰시마에 보고를 하면서, 1819년 8월 29일 훈도(訓導) 유청(惟淸) 박명준(朴命浚)과 별차(別差) 덕관(德官) 이숙이 관수 앞으로 작성한 문서를 첨부했다. 조선 역관이 작성한 이 각서에 따르면 "일본국 살마주(薩摩州) 표민 25명이 금년(1819년) 7월 3일 공청도(충청도) 마량 앞바다에서

파선(破船)하여 여기저기 머물며 이동하여 8월 경 경상도 경내로 들어와 정박하고 있다."고 적혀 있다.

(2) 일본 표류민 발생에 대하여 계속해서 문의할 것.

(3) 일본 표류민 발생한 사실을 9월 12일 조선어용지배(朝鮮御用支配)가 여러 부서로 전달함.

(4) 작은 매처럼 작지만 속도가 빠른 배 26정(挺)을 확보하여 히요시마루(日吉丸)를 조선으로 보내는 문제. 이 배를 마련하는 데 어려움이 있겠지만, 이번 일본 표류민은 특별한 의미를 지니고 있으니 어떻게든 확보하도록 하고, 관소(關所) 쪽에도 고하야부사(小隼) 나가모리마루(長盛丸)을 보내라고 편지를 써서 전달.

(5) 이정암(以酊庵)에 이 사실을 알리는 문서[다지마 사콘에몬이 9월 13일 작성하여 이정대화상(以酊大和尙)에게 제출].

(6) 선장을 비롯하여 승선자에게 조선 측이 옷가지를 지급한 사실을 적은 문서(9월 13일 작성).

(7) 9월 14일 마구(馬具) 10구(口).

(8) 다대포에서 문정을 한 서류를 전달. 선장이 구술한 문서, 승선인의 성명과 연령과 소지품 등을 적은 문서[9월 3일 작성] 등을 제출.

(9) 가와카미 히코쥬로가 죽었음을 알리려고 9월 7일 선장 마쓰모토 간메본이 삭성한 문서 제출.

(10) 9월 15일 나카무라 기치베에(中村吉兵衛) 등 5인을 가번 요코메로 임명하여 조선으로 보냄.

(11) 나가가라(長柄) 등 여러 도구를 보내도록 하라고 모노가시라(物頭)에게 편지를 보냄.

(12) 비선(飛船) 4척을 갖추도록 함.

⒀ 하마가타(濱方)의 역인들이 여러 개 조항의 질문을 보내왔음.
⒁ 일본 표류민 중에서 [류큐인 차림의] 총발(惣髮)을 하고 있는 사람이 배에 함께 타고 있다고 관수가 알려왔음.
⒂ 일본 표류민과 관련하여 두 곳의 역인들에게 줄 수당.
⒃ 왜관에서 인력 조달이 어려워 [쓰시마의] 향부(鄕夫)를 [조선으로] 보내는 일.
⒄ [쓰시마 와니우라의] 관소(關所)에서 여러 개 조항의 질문을 보내왔음.
⒅ 선장의 성명을 적은 문서, 그 밖에 동래부사와 부산첨사가 보내온 예물(音物)에 대한 답례로 표인들이 준 물건, 대소성(大小姓)과 요코메, 호송방(護送方) 등과 관련하여 관수가 알려옴.
⒆ 일본 표류민 관련 서계(書契)의 사본을 관수가 [쓰시마에] 보낸 일.
⒇ 일본 표류민이 바다를 건널 때 [짐을 실은] 가선(駕船)에 요코메가 승선하라는 지시를 전달하는 일.
(21) 관소로부터 선주 등을 뭍으로 올라오게 할 때 해결해야 할 문제에 대하여 문의함.
(22) 관소의 대소성 요코메 나카하라 고로에몬이 인력 제공을 요청하는 내용의 문서를 작성하여 전달.
(23) 선박 점검과 관련하여 역인들이 문의하는 서면을 전달.
(24) 도매상(問屋) 야기 기에몬이 숙소를 마련하는 일과 물품을 조달하는 일을 겸하도록 지시.
(25) 조선에서 일할 사람들을 증원하는 일.
(26) 일본 표류민이 [귀국을 앞두고] 조선에서 승선하기로 한 날짜가 [1820년] 1월 6일로 결정되었음을 1월 4일 조선어용지배가 문서로 작성하여 전달하였기에, 그들이 곧 바다를 건너올 것에 대비하여 이 사실을 여러

부서에 알림.

(27) [1820년] 1월 8일 일본 표류민이 이곳[우암포]에 체류 중일 때 배를 지키는 사람으로 하타 다케사쿠(波田武作) 등 4인을 정함.

(28) [1820년] 1월 13일 숙소를 마련하는 일을 맡은 야기 기에몬이 여러 항목에 걸쳐 문의한 것에 대하여 답변.

(29) [1820년] 1월 16일 섬을 오가는 작은 배 후나소에(船添)에게 구미시타요코메(組下橫目)와 같은 수준의 수당을 지급하는 일.

(30) [1820년] 1월 14일 일본 표류민이 무사히 바다를 건너 사스나의 관소에 닿았다고 급보를 알려왔기에, 머지않아 후츄에 닿을 것임을 1월 16일 조선어용지배가 문서로 작성하여 여러 부서에 전달.

(31) [1820년] 1월 16일 선박을 감시하는 부서의 우두머리(改役)와 보좌역(佐役)에게 편지를 보내 자세히 전달. 1월 27일 일본 표류민이 탄 배가 후츄에 도착하였음을 선박 감시소(船改所)에서 알려옴. 표민 호송사 정관인(正官人) 오타바 이자에몬(大束伊左衛門)이 [조선에서 쓰시마로] 귀국하게 되어 있어서 그가 일본 표류민 호송 임무를 겸함. 서계 1통, 공청도 마량에서 다대포까지 총목록 1통, 우암포 체류 중 잡물 지급 목록 26통, 도해량미(渡海糧米) 지급 목록 1통. 우암포 체류 중 총목록 1통, 동래부사와 부산첨사가 준 예물 목록과 편지 9통, 조선 역관이 준 예물 목록과 편지 1통, [왜관의] 다이칸이 [우암포] 체류 중 지급한 물품 기록물 1책, 관수(館守) 재판(裁判) 일대관(一代官)이 준 지급품과 의사가 준 약품을 적은 장부 1책, 관소에서 문정을 한 것을 적은 문서 1통.

(32) [1820년] 1월 27일 일본 표류민이 쓰시마의 후츄로 돌아간 것과 관련하여 선박 감시 보좌역이 말하는 내용.

(33) [1820년] 1월 27일 위와 관련하여 쓰시마의 부중으로 돌아가는 것을

후루카와 쇼겐(古川將監)이 이정암의 이정대화상에게 알림.

(34) [1820년] 1월 28일 위와 관련하여 서한을 개봉하는 일로 이정암에 전달하는 사자(使者)가 구술한 내용. "쓰시마주가 말씀 드립니다. 지난번에 사쓰마 표인이 조선국으로 표류한 것과 관련하여 조선의 예조(禮曹)가 [쓰시마번주 앞으로] 보내온 서계와 함께, 일본 백주(伯州)로 표류한 조선 표류민을 [쓰시마번이] 송환해준 것에 대하여 [조선 측이 쓰시마번주 앞으로 보내온] 회답 서계 3상자 등 총 4상자를 보내왔기에, 이를 개봉하실 수 있게 가져왔습니다."

(35) [사쓰마번 표류민이] 조선에 체류할 때 이쪽[쓰시마번]이 지급한 예물에 대한 감사 인사, 그 밖에 관수와 재판과 일대관(一代官)이 준 물품에 대한 감사 인사. (1820년) 1월 29일 마쓰다히라 분고노가미(松平豊後守) 소유 선박의 선장 마쓰모토 간에몬이 히구치 히로에몬 등 5인 앞으로 작성하여 제출.

(36) 이정암에 감검(勘檢) 일자를 문의하는 일. 오는 [2월] 9일과 10일 양 일 중 지장이 없다면 뵙고 싶으니 날짜를 정해서 알려 주시면 좋겠기에 말씀 드린다는 내용으로 후루카와 쇼겐(古川將監)이 이정대화상 앞으로 2월 5일 작성하여 전달. 이정암 감검 일자가 2월 9일로 정해졌으니 전례대로 준비하라는 지시가 2월 6일 여러 부서에 전달됨.

(37) [1820년] 2월 8일 [쓰시마번에서 문서를 담당하는] 오모테쇼사쓰타카(表書札方)에 여러 문서를 전달하는 일. 사쓰마 표류민이 지참하여 쓰시마에 가져온 예조의 서계 1통 등 23건의 문서를 전달.

(38) [1820년] 2월 10일 표인의 선주와 그 밖의 사람들에게 상선과 관련하여 [각종 물품을] 지급하는 일. 예를 들면 사쓰마 표인 히다카 요이치자에몬에게는 은(銀) 3매를 야스다 기토타에게는 은 2매를 지급.

(39) [1820년] 2월 12일 일본 표류민이 이쪽(쓰시마 후츄)에서 상선(上船)하는 날짜가 정해졌음을 여러 부서에 전달하는 일. 사쓰마 표류민이 오는 [2월] 15일 상선을 지시받았으니 그리 알고 잘 대비하라고 2월 12일 조선어용지배가 여러 부서에 전달. 사쓰마 표류민 24명에게 지급할 물품의 종류와 수량을 적은 목록도 함께 전달. 예를 들면 정전(丁錢) 6관문(貫文) 등 14종 배 안에서 사용할 물품. 그 밖에 땔감, 된장, 납촉(蠟燭), 담배, 차(茶) 등 5종의 조달은 야기 기에몬이 교환하여 지급할 것인 바, 이들 물품을 준비하여 선박 감시소로 보내라고 조선어용지배가 간죠부교소(勘定奉行所) 등에 지시.

(40) [1820년] 2월 15일 일본 표류민의 상선과 관련하여 선박 점검 보좌역이 [사쓰마 표류민의] 숙소로 가서 구두 인사. 선박 감시 보좌역 1인이 어깨와 몸통만 있고 소매가 없는 일본 무사의 예복인 가타기누(肩衣)를 입고 위아래 3인이 사쓰마 표류민이 머무는 숙소로 가서 인사를 하였음.

(41) [1820년] 2월 15일 마쓰다히라 분고노가미 소유 선박의 선장 마쓰모토 간에몬이 선박 감시소 앞으로 작성하여 제출한 문서. 이것은 이쪽[쓰시마 부중]에서 [사쓰마 표류민에게] 지급하는 물품을 수령하였음을 확인하고 이에 대하여 감사 인사를 적은 문서임. 상선과 관련하여 지급받은 물품 목록은 히디기 요이치자에몬에게 준 은(銀) 3매 등 5건이며, 당용(當用)과 선중용(船中用)으로 지급 받은 물품 목록은 60문전(文錢) 100문(匁) 등 19건임. 마지막 부분에는 서한화해(書翰和解)라 하여, 조선 측으로부터 받은 한문 문서를 일본어로 옮긴 것을 수록해 놓았음.

결론

일본인의 표류기와 표류민 송환의 역사적 의의

조선시대 한반도로 표류해 온 일본인의 표류기가 갖는 역사적 함의

첫째, 조선인이 일본으로 표류한 사건에 대한 기록은 이른바 쓰시마 종가문서(對馬島宗家文書) 등에 많이 남아 있어서 널리 소개되었지만, 이와 반대로 조선으로 표류해 온 일본인에 대한 기록은 상대적으로 적어서 잘 알려져 있지 않다.

둘째, 더구나 사쓰마번사가 직접 쓴 일기와 함께, 조선 측에서 인계 받아 조사한 뒤 그들의 고향인 일본 사쓰마까지 송환할 수 있도록 조치한 쓰시마 측 조사기록이 동시에 남아 있어서 당시 사건을 재구성할 수 있을 것으로 기대된다.

셋째, 이 사건에 대한 상세한 소개를 통해서 조선으로 표류한 일본인의 모습을 재현하고, 아울러 그들의 눈으로 그려진 19세기 초반 조선 사회의 모습을 복원할 수 있을 것으로 보인다.

쓰시마를 통한 한일 간 표류민 송환체제의 역사적 함의

첫째, 1819~1820년 일본국 사쓰마번과 류큐인이 조선국 공청도(충청도) 비인현 마량으로 표류해온 사례를 문헌에 기초하여 실증적으로 규명함으로써, 한반도와 일본열도 사이에 가로 놓인 바다를 매개로 한일 간에 이루어졌던 교류의 스토리텔링 콘텐츠가 구성될 수 있을 것이다.

둘째, 더 나아가 앞으로 이것을 지속적으로 확장해 나간다면, 바다를 삶의 무대로 삼고 살았던 아시아 사람들 사이의 문화 교류 양상에 대해

서도 일반인이 쉽게 접근할 수 있도록 할 수 있을 것으로 전망된다.

사쓰마번사의 일기 활용 방안과 기대 효과

조선인과 일본인 사이의 의도하지 않았던 교류의 스토리텔링
바다 위에서 표류를 하여 다른 나라에 닿게 되면 그 나라에서는 그 표류가 의도적인 표류(故漂)인지 아닌지를 철저하게 조사한다. 1819~1820년 사쓰마 선박의 표류는 류큐국에서 일본국 사쓰마번으로 이동 중 불가피하게 일어난 표류로 밝혀졌기 때문에 의도적인 표류는 아니었다. 이 표류를 계기로 양국은 뜻하지 않은 교류를 하게 된다.

　　말이 통하지 않아 필담을 통해 조선 측이 일본 표류민의 사정을 청취하는 문정이 문답 형식으로 이루어졌다. 나중에는 조선 정부의 일본어 전문 통역인 사역원(司譯院) 소속의 왜학역관이 비인현 현지로 급파되었다. 그것뿐만 아니었다. 양측 담당자 사이에 시를 주고받는 일도 있어서 일종의 시문창수가 이루어진 셈이다. 이국인(異國人)과 술과 음식을 나누어 마시는 일도 있었다. 서로 선물을 주고받기도 했다. 이처럼 단순히 조선 측 관리가 일본 표류민을 조사하고, 일본 표류민은 조선 측 관리에 의해 조사를 당하는 측면만 있었던 것이 아니라, 그것 외에도 다양한 교류가 있었음을 시쓰마번사의 일기가 잘 보여주고 있다. 이것을 스토리텔링으로 재구성한다면 바다를 사이에 둔 아시아 사람들의 교류 역사를 되살릴 수 있다고 판단된다.

조선 정부의 해안 방어와 이국인 표류민 송환의 스토리텔링

조선시대 한반도 주변의 해안 방어는 어떻게 이루어지고 있었을까? 1819~1820년 사쓰마 선박의 표류는 결과적으로 이 물음에 대한 해답을 어느 정도 제시해주고 있다. 비인 현감 태수 운영규를 비롯하여, 수영 집사관 최화남, 그 밖에도 여러 명의 조선 관리가 사쓰마번사의 일기에 등장한다. 그들이 야스다 등 일본인 표류민을 조사했지만, 일본인 표류민의 대표자 중 한 사람인 야스다가 조선 관리의 언행과 행태를 낱낱이 기록했다. 조선 정부가 충청도에 표도(漂到)한 일본 표류민을 부산포까지 이송하는 과정도 사쓰마번사의 일기에 묘사되어 있다. 이처럼 사쓰마번사의 일기에 소개된 조선시대 해안 방어와 이국 표류민의 송환 실태를 스토리텔링으로 재구성한다면, 조선 정부가 국경선인 해안을 어떻게 관리하고 있었는지를 재미있게 서술할 수 있을 것으로 판단한다.

쓰시마번 측 조사기록의 활용 방안과 기대 효과

쓰시마번의 일본 표류민 인계인수와 일본국 송환의 스토리텔링

17세기 초반 조선과 일본 사이에 확립된 표류민 송환체제에 따라서 쓰시마번은 양국 간 표류민 송환의 실무를 담당했다. 일본으로 표류한 조선인을 조선으로 송환하는 일도, 조선으로 표류해 온 일본인을 일본으로 송환하는 일도 모두 쓰시마번을 거치게 되어 있었다. 따라서 1819~1820년 사쓰마 선박의 경우 조선 측이 다대포까지 일본 표류민과 그들의 선적물을 이송하여 쓰시마번의 담당자에게 인계를 하면 그 뒤로는 쓰시마번 측이 사쓰마 표류민들을 관리했다. 가장 먼저 쓰시마번의 관리들이 사쓰마 표류민에 대한 조사를 실시하였음은 물론이다. 이 과

정에서 쓰시마번의 조사기록이 작성되었다. 사쓰마번사의 일기가 표류한 사람의 기록이라고 한다면, 쓰시마번의 조사기록은 사쓰마 표류민(류큐국 표류민 포함)들이 조사를 받은 기록이다. 따라서 쓰시마번의 조사기록은 사쓰마번사의 기록 내용이 얼마나 사실에 근접하고 있는지를 검토해 볼 수 있도록 한다는 점에서 학술적 가치와 함께 독자에게 또 다른 흥미를 제공해 준다. 쓰시마번이 일본국 사쓰마와 류큐국 에라부지마의 표류민을 어떻게 대우하였는지, 그들을 언제 어떻게 쓰시마로, 이어서 나가사키로 송환하였는지를 쓰시마 조사기록을 통해서 스토리텔링으로 재구성한다면 당시 생생한 모습을 알기 쉽게 재현할 수도 있다고 판단된다.

조선 정부의 일본 표류민 구호 실태의 스토리텔링

조선 정부는 일본 표류민에게 여러 가지 구호품을 지급했다. 17세기 초반부터 선례가 축적되어 만들어진 관행에 따라 1819~1820년의 사쓰마 선박 표류 때도 다양한 물품이 일본 표류민들에게 지급된 것이다. 쓰시마 조사기록에는 이러한 내용이 자세하게 소개되어 있다. 일본 표류민들이 조선에 체류하는 동안에 쓸 쌀과 각종 식재료뿐만 아니라, 바다를 건너기 전에 지급한 식량에 이르기까지 물품의 종류와 수량이 적혀있다. 따라서 이러한 내용을 스토리텔링으로 재구성한다면, 이국으로 표류한 사람들에 대하여 표착한 나라에서 어떻게 구호하였는지를 생생하게 소개할 수 있다고 판단된다.

찾아보기

ㄱ

가메나가마루(龜壽丸) 325
가와카미 히코쥬로(川上彦十郎) 332, 336, 337, 344
강두추(姜斗樞) 142
강무(姜茂) 73
강중척(康仲戚) 253, 263
『강해산인승사록(江海散人乘槎錄)』 124
『강해승사록(江海乘槎錄)』 108, 124
강화도조약 88
개로왕 90
거전쟈(葛振家) 22
『걸리버 여행기(Gulliver's Travels)』 88
겐조우(彦蔵) 217
『경률이상(經律異相)』 264
『계서야담(溪西野談)』 246
『고려사(高麗史)』 70, 89
『고려풍속기(高麗風俗記)』 190, 314, 316, 323
고상영(高尙英) 140~143, 226, 320
〈고소번화도(姑蘇繁華圖)〉 122, 214
고수경(高守慶) 142

『고승전(高僧傳)』 264, 267
고완(高完) 142
『고종실록』 145, 146
고쿠분 하치자에몬(國分八左衛門) 220
『곡운집(谷雲集)』 15, 92, 97
곤도 모로시게(近藤守重) 180
공민왕 89
곽해룡(郭海龍) 75
「관리표해(官吏漂海)」 140
『광홍명집(廣弘明集)』 264
구니타 헤이에몬(国田兵右衛門) 181, 185
구법승 265
국서개작사건(國書改作事件, 柳川一件) 56
군기처당안(軍機處檔案) 272
궁중당안(宮中檔案) 272
권시경(權是經) 77
근구수왕(近仇首王) 89
『근본설일체유부비나야(根本說一切有部毘那也)』 264, 267
『근본설일체유부비나야파승사(破僧事)』 267
『근본설일체유부비나야피혁사(皮革事)』 267

금강경(金剛經) 253, 263, 264
「금남집」 120
『금남표해록(錦南漂海錄)』 11, 118
「기류큐표환인어(記琉球漂還人語)」 140
『기리총화(綺里叢話)』 132
「기안남표환인사(記安南漂還人事)」 140
「기유구표해인어(記琉球漂海人語)」 73
기유약조(己酉約條) 55
「기일본표환인어(記日本漂還人語)」 140
김객찬(金客贊) 320
김경선 92
김광정(金光正) 304
김광현(金光顯) 91, 92, 320
김근(金覲) 307
김기방(金基昉) 327
김대황(김태황) 77, 79, 141, 142, 173, 226, 320
김려휘 140
김만보(金萬甫) 304
김배회(金杯廻) 313
김백선 129
「김복수전(金福壽傳)」 245, 246
김상헌(金尙憲) 96

김수증(金壽增) 15, 92, 97
김수항(金壽恒) 96
김시기(金始基) 199
김시위(金時位) 142
김안성(金安成) 304
김여수(金汝水) 187
김여휘(金麗輝) 72, 73
김이진 319
김일남(金日男) 142
김장렴(金張廉) 302, 322
김종직(金宗直) 96
김청(金淸) 302
김형수(金瑩綬) 146
김혜칙(金惠則) 304

ㄴ

나가노리마두(長盛ㅅ) 345
나가사키 봉행소 62
나카무라 기치베에(中村吉兵衛) 345
「낙소도포장획화(落小島砲匠獲貨)」 246
「남경청인설자천등칭이진사기(南京清人薛子千等稱以陳謝記)」 138

찾아보기 355

「남경표청인기(南京漂淸人記)」 138

남동계절풍 32

남명부인(南溟夫人) 251, 268

『남사(南史)』 161

「남해대해(南海大蟹)」 252

남해왕(南解王) 235, 237

내각당안(內閣檔案) 272

노례왕(弩禮王) 238

『노서아국선도래기(魯西亞國舩渡來記)』 210

노선재(盧善才) 304

ㄷ

다니 분초(谷文晁) 196

다이린젠(戴琳剣) 22

다지마 사콘에몬 345

다카기 모토아쓰(高木元敦) 198

다케우치 도우에몬(竹內藤右衛門) 181, 182, 183

『달단표류기(韃靼漂流記)』 15, 36, 155, 178, 179, 181, 182, 185, 186, 190

『달단표박각서(韃靼漂迫覺書)』 180

『달단표착물어(韃靼漂着物語)』 180

당 흐우 보이 223, 227

『대남식록전편(大南寔錄前編)』 223

『대당대자은사삼장법사전』 267

『대당서역구법고승전(大唐西域求法高僧傳)』 264, 265, 267

『대당서역기(大唐西域記)』 264, 267

대마도종가문서(對馬島宗家文書) 219

「대마도통신변증설」 92

『대만문헌총간』 276

〈대명구변만국인적로정전도(大明九邊万国人跡路程全図)〉 162

『대승본생심지관경』 267

『대자은사삼장법사전(大慈恩寺三藏法師傳)』 264

『대청회전(大淸會典)』 48

도요토미 히데요시(豊臣秀吉) 55

『동문휘고(同文彙考)』 51, 70, 72, 73

『동방견문록』 12, 312, 322

동악신(東岳神) 238

『동야휘집(東野彙輯)』 246

ㄹ

『란덴선생문집(藍田先生文集)』 191
『로빈슨 크루소(Robinson Crusoe)』 88
류쉬펑(劉序楓) 23, 24, 156, 272, 293
류영(劉令) 258
류위(劉尉) 258
류융롄(刘永连) 22
「류큐사자(琉球使者)」 140
「류큐풍토기」 92
리 롱 뜨엉 223
린슈후이(林淑慧) 25

ㅁ

마르코 폴로 12, 312, 322
마쓰다히라 분고노가미(松平豊後守) 348, 349
마쓰모토 간에몬 348
『만기요람』 41
만적(万迪) 142
메이지유신(明治維新) 54, 177
『명사(明史)』 80

『명산장부본(名山藏副本)』 314
『명실록(明實錄)』 80
명·청 교체기 65, 68, 178
모리 다카스에(毛利高標) 195
모리야마 테이지로(森山貞次郎) 211, 212
목만중(睦萬中) 245
『몽계필담(夢溪筆談)』 43, 245
무상송환(無償送還) 324
무타 다카노리(牟田隆敬) 336
문순득(文順得) 71, 72, 92, 95, 134, 136
문정(問情) 154, , 327, 332
문정관 328
「문정별단(問情別單)」 23, 42, 70, 146
문탄지(文吞只) 313
문호왕(文虎王) 238
미일수호통상조약 217
『미장자이국표류물어(尾張者異國漂流物語)』 36, 207
「민장사(敏藏寺)」 241

ㅂ

박명준(朴命浚) 341

박사호(朴思浩) 35, 92, 95
박손 92
박인량(朴寅亮) 306
박지원(朴趾源) 35, 92, 126, 127
박태무(朴泰茂) 328
반 응으 223
반정규(潘鼎珪) 35, 156, 157, 171~173, 288, 293
방서원(方西園) 192, 196
『백설곡(白雪曲)』 306
백인절(白仁晳) 254, 263
법성 92, 98~103, 105, 106
「법성전(法性傳)」 15, 16, 92, 97, 99, 103, 106
『법원주림(法苑珠林)』 264, 267
『변례집요(邊例集要)』 70
『변요분계도고(邊要分界圖考)』 180
「별도초왜(別刀剿倭)」 140
복파장군(伏波將軍) 284, 285
〈부사도(富士圖)〉 196
부차웅(夫次雄) 142
부패(部牌) 54
『북단물어(北靼物語)』 180

『북사문략(北槎聞略)』 210
『북아묵리가인표류구서(北亞墨利加人漂流口書)』 216
『분세이 2 기묘년 7월 마쓰다히라 분고노가미사마 선박 1척에 승선한 12명과 그곳의 가신 3인 포함하여 상하 13명 등 총 25명이 조선국 공청도(충청도) 마량에 표착한 기록(文政二己卯年七月松平豊後守樣手船一艘十二人乘同所御家中三人上下十三人都合二十五人朝鮮國公淸道馬梁漂着記錄)』 330
『불국기(佛國記)』 264
비변사(備邊司) 41
『비변사등록(備邊司謄錄)』 23, 51, 70, 73, 144~146

ㅅ

『사쓰마번사 조선표류일기-「쇄국」의 저편에서 이루어진 일본과 조선의 교섭(薩摩藩士 朝鮮漂流日記-「鎖国」の向うの日朝交渉)』 326
사역원(司譯院) 351

『사유구록(使琉球錄)』 156, 265
「사자연(謝自然)」 259
「사천귀산사(泗州龜山寺)」 307
「사표인출송표(謝漂人出送表)」 52
「산동표상(山東漂商)」 140
산해(山海) 142
『삼국사기(三國史記)』 70, 89, 234
『삼국유사(三國遺事)』 235, 261, 262
「서양국표인기(西洋國漂人記)」 138
「서양표만(西洋漂蠻)」 140
『서유기행(西遊記行)』 191
「서이방익사(書李邦翼事)」 35, 91, 92, 126, 127
서현(徐鉉) 249
설융(薛戎) 302
섭우근(聶于勤) 301
십해소설(沙海小說) 248, 249
『성종실록(聖宗實錄)』 282
세견선(歲遣船) 56
세오녀(細烏女) 238, 239
세인트메리(Saint Mary) 217
〈셀던의 중국지도(Mr. Selden's Map of China)〉 44

소중화의식 116
『소화집(小華集)』 307
『속고승전(續高僧傳)』 264
『속선전(續仙傳)』 259
『속자치통감장편(續資治通鑑長編)』 43
『속제국문고표류기담전집(續帝國文庫漂流奇談全集)』 180
손석마(孫碩磨) 318
『송고승전(宋高僧傳)』 264
『송사(宋史)』 43, 164
송완 142
송정규(宋廷奎) 35, 92, 139, 140
쇼에몬(正右衛門) 332
쇼토쿠마루(正德丸) 336
수로왕(首露王) 235
『숙종실록』 77, 79, 138
순라선(巡邏船) 78
『순조실록』 154
「순치이후표상문답(順治以後漂商問答)」 140
『승사록(乘槎錄)』 16, 35, 91, 92, 108, 117, 124, 126, 316~320, 323
『승정원일기(承政院日記)』 51, 70, 73

시득(施得) 75

시마즈 요시히로(島津義弘) 338

시박사(市舶司)체제 161

『식단구유랑표해(識丹邱劉郞漂海)』 247

〈신대달단지도〉 188

신라태자 300, 321, 322

『신력환마단표류구서(神力丸馬丹漂流口書)』 214

심경첨(沈敬瞻) 192

심기잠(沈起潛) 318

『심전고(心田稿)』 35, 92, 95

십육나한상(十六羅漢象) 98, 99, 105

쑹셴차오(宋先超) 23

쓰시마 종가문서(對馬島宗家文書) 350

ㅇ

아니부인(阿尼夫人) 237

아담 라쿠스만(Adam Laxman) 211

『아란타선도좌표착일건사통(阿蘭陀船稻佐漂着一件四通)』 208

아비루 추타(阿比留忠太) 219

『아주선무인도표해록(阿州船無人島漂流記)』 218

아진의선(阿珍義先) 235

아효부인(阿孝夫人) 234

『안남국표류물어(安南國漂流物語)』 209

『안남기유(安南紀遊)』 35, 156, 171~173, 282~284, 288, 290~293

야스다 198, 201, 202, 328, 329, 331, 334, 337~339, 341~343, 352

야스다 기토타 344

야스다 요시카타(安田義方) 36, 197, 199, 200, 326, 329

양지회(梁知會) 15, 35, 92, 106~113, 116~118, 316, 319, 323

어숙권 92

『어약원방(御藥院方)』 195

에도막부(江戶幕府) 54, 55, 58, 59, 63, 68, 177, 206, 220

에치젠에서 달단으로의 표류에 관한 구상서(越前國之韃靼へ漂流ノ口上書) 186

엔닌(圓仁) 11, 312

여국(女國) 161

『여송표류기(呂宋國漂流記)』 36

여악(余鍔) 318

『여와집(餘窩集)』 245
여진(如眞) 90
여휘덕 223
『연암집(燕巖集)』 35, 92, 126, 127
『연원직지』 92
연오랑(延烏郞) 238, 239
연오랑(延烏郞)·세오녀(細烏女)의 전설 88
「염황기정(炎荒紀程)」 166, 280, 281, 288, 292
『영표이록(嶺表異錄)』 243
영험서사 103
예빈경 43
예카테리나2세(Yekaterina Ⅱ Alekseyevna) 211
오계순(吳繼淳) 154
오규 소라이(荻生徂徠) 191
「오돌또기」 246
『오디세이아(Odyssey)』 88
오주상마(奧州上馬) 53
『오주연문장전산고』 92
오츠키 키요타카(大槻清崇) 36
오타바 이자에몬(大束伊左衛門) 347
용협(用叶) 303

우노 요사부로(宇野與三郞) 181, 185
「우리나라 궁전과 사원기원과 발전(我殿宮觀起源與發展)」 300
우빈 142
『운계우의(雲溪友議)』 244
『운곡잡저(雲谷雜櫡)』 20
원구혁(元九赫) 142
「원류이공(元柳二公)」 250
원순호(元順號) 191~196
원태호(源泰號) 175
원휼전(元恤典) 69
「월남기략(越南紀略)」 166, 279, 280, 286, 288
『유방필어(遊房筆語)』 15, 190~192, 195
유승서(劉承緖) 318
『유암총서(柳菴叢書)』 20, 35, 92, 135
『유양잡조(酉陽雜俎)』 242, 248
유엔해양법조약 21
유홍(柳洪) 43, 306
「육국마두(六國馬頭)」 156, 175
윤도성 142
윤영규(尹永圭) 199, 326, 327, 334, 352
응우옌 223

이강회(李綱會) 20, 135
이건춘(李建春) 142
『이견지』 248, 249, 257
이계민 140
『이국물어(異國物語)』 180
이규경 92
이근보(李勤甫) 304
이기득(李己得) 142
이당(李堂) 318
이덕관(李德官) 337
이동형(李東馨) 199, 325, 334
이면응(李冕膺) 72
이민회(李敏會) 146
이방(李昉) 249
이방익 92, 126
이보회 43
이상전(李尙) 77
이세해(李世楷) 318
이숙 340
『이십사사(二十四史)』 82
이원명(李源命) 246
이익태(李益泰) 20, 35, 92, 137, 138
이잉손(李仍孫) 313

이장용(李藏用) 304
이정(李正) 73
이정암 348
이종길(李宗吉) 327
이종덕 92
이지항(李志恒) 35, 91, 92, 128, 130
이케우치 사토시(池內敏) 326
이토 란덴 190, 191, 193, 194
이토하치노조(伊藤八之丞) 220
이현택(李顯宅) 72
「인부(鄰夫)」 307
『인조실록(仁祖實錄)』 187
『일반록잡술(一班錄雜術)』 156, 173~175
『일본견문록(日本見聞錄)』 15, 17, 226, 227
「일본제기(日本帝紀)」 239
『일본표해록(日本漂海錄)』 20, 35, 92, 98, 133, 134
『일성록(日省錄)』 51
일순표차사기록(壹巡漂差使記錄) 219
임진왜란(壬辰倭亂) 55, 68
임칠랑(林七郞) 75
『입당구법순례행기(入唐求法巡禮行記)』 11, 312

ㅈ

「자심선인(慈心仙人)」 251

「장건장(張建章)」 254

장기사(張騎士) 256

장등계 226

장용화(張用和) 173

장육상(丈六像) 262

장천규(張天奎) 327

장춘 261

장한철(張漢喆) 20, 35, 91, 92, 130, 226, 246

『전객사일기(典客司日記)』 70

전국고적보사등기기본수거고(全國考籍普查登記基本數據庫) 166

전해령(展海令) 65

정광소(鄭光祖) 36, 156, 173

정다웨이(郑大伟) 22

정동유(鄭東愈) 77, 79, 92

정몽주(鄭夢周) 308, 308, 322

정성공(鄭成功) 65

정약용(丁若鏞) 135

정약전(丁若銓) 35, 92, 134, 135, 137

정운경(鄭運經) 20, 35, 92, 139, 142, 144

정유재란(丁酉再亂) 55

『정조실록(正祖實錄)』 126

『정화항해도(鄭和航海圖)』 308

「제주인표인문답기」 92

『제주계록(濟州啓錄)』 51, 70

제주화(齊周華) 314, 315, 323

조공(朝貢) 79

조공-책봉 89, 203

조대영(趙大永) 335

조명오(趙明五) 327

조사조(趙士藻) 258

『조선물어(朝鮮物語)』 180

조선어용지배(朝鮮御用支配) 345

『조선왕조실록(朝鮮王朝實錄)』 51, 70~72, 144, 145

조선통사(朝鮮通事) 52

조선통신사(朝鮮通信使) 12, 106

조선 표류민 구술서(朝鮮漂流民口述書) 220, 221

『조선표류일기(朝鮮漂流日記)』 15, 36, 197, 198, 201, 202, 204, 206, 207,

214, 325
조원로(趙元老) 307
조행륜(趙行倫) 327, 328, 334
주개(周凱) 165
주세창(周世昌) 43, 164
『주영편(晝永編)』 77, 79, 92, 139, 145
주원관(周元瓘) 318
「주중야음(舟中夜吟)」 307
지괴서사(志怪敍事) 262
『지영록(知瀛錄)』 20, 35, 92, 137, 138, 145, 173
진간(陳侃) 156, 265
「진무진(陳武振)」 250
진쉬완더(金賢德) 22
진운교(陳雲橋) 318
『집신주삼보감통록(集神州三寶感通錄)』 264

ㅊ

「창명기험(滄溟紀險)」 166, 278, 279
채정란(蔡廷蘭) 35, 156, 157, 165, 167, 168, 170, 171, 274, 275, 281, 284, 286, 290, 292, 293
『채정란과 해남잡저(蔡廷蘭及其海南雜著)』 24
천계령(遷界令) 65
천왕존상(天王尊像) 267, 268
천이위안(陳益源) 24
『천태산민속풍물(天台山民俗風物)』 298
〈천하도(天下圖)〉 94
『청구야담(靑邱野談)』 132, 246
〈청국표류도(淸國漂流圖)〉 16, 211, 212, 214
〈청명상하도(淸明上河圖)〉 114, 214
초순표차사기록(初巡漂差使記錄) 220
충기(摠旗) 75
「최가오의 내력(崔家嶴의 來歷)」 297
최공(崔玒) 304
「최금남표해록절략(崔錦南漂海錄節略)」 140
최두찬(崔斗燦) 16, 35, 91, 92, 108, 117, 124, 126, 316, 317, 319, 323
최부(崔溥) 11, 12, 20, 35, 91, 96, 113, 118~121, 123, 139, 140, 226, 296, 310~313, 317, 322

최시순(崔時淳) 107
최운(崔雲) 75
최원종(崔元綜) 251, 252
최화남(崔華男) 327, 352
추란(鄒然) 23
『축전선표류기(筑前船漂流記)』 36
『출삼장기집(出三藏記集)』 264
측천무후시대 251

ㅋ

쿠로시오해류(黑潮) 34
크리스트교 59

ㅌ

탈해 237, 238
탈해이사금(脫解尼師今) 신화 88
탈해치질금(脫解齒叱今) 235
『탐라견문록(耽羅見聞錄)』 20
『탐라문견록(耽羅聞見錄)』 35, 92, 139, 142, 144
「탐라표해록(耽羅漂海錄)」 35, 92, 95

탕바오수웨이(唐宝水) 22
탕시융(湯熙勇) 25
『태종실록(太宗實錄)』 74
『태평광기(太平廣記)』 22, 248, 249, 251, 263, 307
『통문관지(通文館志)』 51
『통항일람(通航一覽)』 53
특송선(特送船) 56

ㅍ

〈파초바람·우림·북회귀선: 대만과 동남아문학전(蕉風·雨林·北迴歸線: 台灣與東南亞文學展)〉 25
판진민(范金民) 22
팜 반 비엔 223
『페관잡기』 92
포압타려 43
〈표객기상도(漂客奇賞圖)〉 196
『표류기(漂流記)』 217
표류민 송환체제 41, 185, 350
「표박이역(漂泊異域)」 36, 156, 173, 174
「표왜인기(漂倭人記)」 139

찾아보기   365

『표인영래등록(漂人領來登錄)』 70, 73
『표주록(漂舟錄)』 35, 91, 92, 128, 130
표풍 43
「표한인기(漂漢人記)」 138
「표해가(漂海歌)」 126
『표해록』 16, 91, 316
『표해록역주(漂海錄注)』 22
「표해시말(漂海始末)」 35, 71, 91, 92, 95, 134, 135
풍계현정(楓溪賢正) 20, 35, 92, 133, 134
피로인(被擄人) 56

ㅎ

하멜 92, 138, 140, 145
하타 다케사쿠(波田武作) 347
『한국문집총간』 97
한정언(韓正彦) 244, 245
한치윤 242
한치의(韓致義) 313
함달파(含達婆) 236
해금령(海禁令) 65, 68
해금정책(海禁政策) 38, 39, 203, 310, 317
해난사고 159
『해남잡저(海南雜著)』 15, 35, 156, 165~167, 171, 172, 274, 278, 281~283, 290, 292~294
『해동야서(海東野書)』 247
『해동역사』 242
해삼아(奚三兒) 251
해양문학 19
『해외견문록(海外見聞錄)』 73
『해외문견록(海外聞見錄)』 35, 92, 139, 140
『해외이문(海外異聞)』 215
해인(海印) 315
『해표이문(海表異聞)』 191
『헌종실록』 145
혁거세왕 236
『호서병영장계등록(湖西兵營狀啓謄錄)』 327
호시(互市) 79, 161
호조(護照) 54
홍기섭(洪起燮) 95
홍매(洪邁) 257

홍무제 310
홍복량(洪服良) 304
홍사범(洪師範) 89, 308, 322
『홍재전서(弘齋全書)』 126
홍희근(洪羲瑾) 144
『화산이씨족보(花山李氏族譜)』 223
화세(貨稅) 46
환중국해 80
환포탕감(還布蕩減) 69
「황룡사장육(皇龍寺丈六)」 240

황메이링(黃美玲) 25
회답겸쇄환사(回答兼刷還使) 55
후루카와 쇼겐(古川將監) 348
후루카와 이에몬(古川伊右衛門) 181, 182, 185
후몽(氳蒙) 249
히다카와 가와카미 334
히다카 요이치자에몬(日高與一左衛門) 329, 330, 332, 339, 342, 344

부록

부록

동아시아 표해기록 총람

한국

출처	표류민	표류시기	출발지	목적지	표착지	항해목적	작성시기
三國史記	百濟 使臣	379년	韓國	中國	-	공무	1145년
三國史記	中國 北魏 使臣 邵安	472년	中國 山東省	韓國	-	공무	1145년
三國史記	中國 隨 軍艦	589년	中國	-	韓國 濟州島	-	1145년
三國史記	中國 隨 水軍 司令官 周羅睺	598년	中國 山東省	韓國 平壤	-	고구려 공격	1145년
三國史記	金能儒	831년	中國	韓國	-	공무	1145년
高麗史節要	貞一 등 21인	1029년	韓國 濟州島	-	日本 長崎	-	1452년
高麗史	金元沖	1029년	韓國	中國	韓國 甕津郡	공무	1451년

출처	표류민	표류시기	출발지	목적지	표착지	항해목적	작성시기
高麗史 高麗史 節要	子信 등 3인	1097년	韓國 濟州島	-	躶國	-	1451년 1452년
高麗史	漢白 등 8인	1113년	韓國 珍島	韓國 濟州島	中國 寧波	-	1451년
高麗史 高麗史 節要	官船大使 如眞 등 230인/ 265인	1263년	日本	中國	韓國 開也 召島/ 群山 楸子島	구법 (求法)	1451년 1452년
高麗史	日本人 78인	1263년	中國	日本 大宰府	韓國 加次島	상업	1451년
高麗史	日本人 30인	1263년	日本	-	韓國	상업	1451년
高麗史 節要	日本人 220인	1324년	日本	-	韓國 靈光郡	-	1452년
高麗史 高麗史 節要	火尼赤 등	1359년	中國 浙江省	-	韓國 黃海道 黃州	-	1451년 1452년
高麗史	鄭夢周 등	1372년	中國 開封	韓國	許山	공무	1451년
高麗史	韓國 濟州島인	1381년	韓國 濟州島	-	中國	-	1451년
太宗實錄	屈得 등 20인		中國 浙江省	-	韓國 忠淸道 庇仁	운송	1406년
太宗實錄	施得 등		中國	中國 北京	韓國	운송	1406년
太宗實錄	柳貴 등 3인		中國 鎭南衛	-	韓國 全羅道 沃溝	운송	1409년

출처	표류민	표류시기	출발지	목적지	표착지	항해목적	작성시기
太宗實錄	孫貴 등		中國	-	韓國 忠淸道 蕁城鎭	왜적 소탕	1409년
太宗實錄	徐鎭 등 55인		中國 浙江省	中國 北京	韓國 豐海道 豐州	운송	1409년
世宗實錄	張乙夫 등	-	韓國 平海	韓國 茂陵島	日本 石見州	-	1425년
世宗實錄	包毛加羅 등 15인	-	琉球	-	韓國 江原道 蔚珍縣	-	1429년
世宗實錄	金先住 등 78인	-	韓國	-	中國 楊州衛 窟寨	상업	1435년
世宗實錄	太郞左衛門 등 15인	-	日本	日本 石見州	韓國 蔚山 波連巖	상업	1436년
世宗實錄	表溫古老 등 6인	-	日本 對馬島	-	韓國 全羅道 長興	-	1440년
世宗實錄	金目 등	-	韓國	-	日本 肥前州	-	1444년
世宗實錄	莫金 등	-	韓國 濟州島	-	日本 肥前州 五島	-	1448년
世宗實錄	中國人 등	-	中國	-	韓國 全羅道 靈光郡	-	1449년
文宗實錄	韓國人 등	-	韓國 濟州島	-	日本 薩摩州	-	1451년
端宗實錄	高奉 등 9인	1452년 2월	-	韓國 濟州島	日本 對馬州	귀향	1452년

출처	표류민	표류시기	출발지	목적지	표착지	항해목적	작성시기
端宗實錄	韓國人 등		韓國	-	日本 薩摩州 七島嶼	-	1453년
端宗實錄	琉球國人 12인	1452년	琉球國	-	韓國	-	1453년
端宗實錄	石乙 등 6인	1450년	韓國	-	琉球國 臥蛇島	-	1453년
端宗實錄	文吞只 등	1452년 12월	韓國	-	中國 浙江	어업	1453년
端宗實錄	李金金 등 7인		韓國 濟州島	-	日本 薩隅日 三州	-	1453년
端宗實錄	日本人 등		中國	日本	韓國 全羅道 內禮浦	공무 후 귀국	1454년
世祖實錄	韓金光 등 15인	-	韓國 濟州島	-	琉球國	-	1457년
世祖實錄	何卜山 등 2인	-	韓國	-	琉球國	-	1458년
世祖實錄	鎖慶 등 24인		中國 登州	中國 遼東	韓國 鐵山島	군기 운송	1458년
世祖實錄	韓乙 등	-	日本	韓國	日本 對馬島	공무 후 귀국	1460년
世祖實錄	梁成 등	1456년	韓國 濟州島	琉球	日本 仇彌島	-	1462년
世祖實錄	肖得誠 등 8인	1462년	韓國 羅州	-	琉球	-	1462년
世祖實錄	韓國人 등	-	韓國	-	中國 山東, 登州	어업	1462년

출처	표류민	표류시기	출발지	목적지	표착지	항해목적	작성시기
世祖實錄	金迪豆 등 14인		韓國 濟州島	-	中國	-	1465년
世祖實錄	金石伊 등 2인	1464년 10월	韓國 濟州島	韓國 全羅道 海南縣	日本 宇久殿 松浦	귀향	1467년
睿宗實錄	望古羅 등 7인		日本 對馬島	-	韓國 慶尙道 薺浦	칡 구매	1469년
成宗實錄	金杯廻 등 7인	1470년	韓國 漢陽	韓國 濟州島	中國 浙江省	귀향	1471년
成宗實錄	金仲善 등 6인		韓國 忠淸道 堤川	-	韓國 漢江	-	1472년
成宗實錄	朴宗元 등		韓國 江原道 蔚珍浦	-	韓國 杆城郡 淸簡津/ 韓國 武陵島	공무	1472년
成宗實錄	韓國의 승려 39인		-	-	日本 肥前州 五島	-	1474년
成宗實錄	金非衣, 金非乙介 등 3인	1477년 2월 1일	韓國 漢陽	韓國 楸子島	日本 閏伊是 鷹	공무	1479년
成宗實錄	李暹 등 47인	1483년	韓國 濟州島	-	中國 長沙鎭	귀향	1483년
成宗實錄	韓國 승려 斯湜 등 10인	1483년 10월 15일	韓國 濟州島	韓國 漢陽	日本 尾州	상업	1484년

출처	표류민	표류시기	출발지	목적지	표착지	항해목적	작성시기
成宗實錄	文仲 등 5인		韓國 豊川	韓國 臨江 獐子島	韓國 海洋島	어업	1487년
漂海錄	崔溥 등	1488년	韓國 濟州島	韓國 羅州	中國 浙江省 寧波	귀향	1492년
燕山君日記	愁加云 道老 등 10인		琉球	-	韓國 濟州道	-	1497년
燕山君日記	張廻伊 등	1499년	韓國 濟州島	-	日本	-	1501년
中宗實錄	金一山 등 9인		韓國 濟州島		中國 南京		1512년
中宗實錄	崔堂 등		中國 東寧衛		牧馬場	상업	1528년
中宗實錄	豊加那 등 7인	1530년 7월	琉球		韓國 濟州島	농업	1530년
中宗實錄	姜福 등	1532년 1월 15일	中國 廣鹿島	中國 老鶴嘴	韓國	운송	1532년
中宗實錄	金紀孫 등 12인		韓國 濟州島		中國 萬戶道	-	1534년
中宗實錄	萬珠 등	1534년 2월 20일	韓國 濟州島	-	中國 南京 淮安衛	공무	1534년
中宗實錄	金公 등 14인		韓國 濟州島	-	日本 一岐島	어업	1536년
中宗實錄	裵萬代 등 15인		韓國 寶城	-	日本 一岐島	어업	1540년
中宗實錄	姜衍恭 등 19인	1539년	韓國 濟州島	韓國 漢陽	日本 干自羅島	공무	1540년

출처	표류민	표류시기	출발지	목적지	표착지	항해목적	작성시기
中宗實錄	韓國인 등 19인		韓國	-	琉球國 美野 古島	-	1544년
中宗實錄	李王乞 등		中國 福建	-	韓國 忠淸道	-	1544년
中宗實錄	高賢 등		中國	-	韓國 泰安	-	1544년
中宗實錄	崔吾乙古 15인		中國 遼東	-	韓國 黃海道 席島	-	1544년
明宗實錄	中國人 등		中國	-	韓國 濟州島 大靜縣	상업	1545년
明宗實錄	朴孫 등 12인	-	韓國 濟州島	-	琉球	-	1546년
明宗實錄	中國人 245인	-	中國	-	韓國 全羅道 鹿島	-	1546년
明宗實錄	中國人 150인	-	中國	-	韓國 全羅道 加里浦, 莞島, 大茅島		1546년
明宗實錄	三甫羅 古羅 등	-	中國 南京	日本	韓國 黃海道	상업	1553년
宣祖實錄	梁俊 등	-	韓國 濟州島	-	中國	-	1576년
宣祖實錄	金夢 등		韓國 開城	韓國 康翎	中國 遼東	상업	1578년
宣祖實錄	阮喬柱 등		中國 福建		韓國 慶尙道 蔚山郡	-	1584년

출처	표류민	표류시기	출발지	목적지	표착지	항해목적	작성시기
宣祖實錄	孟世隆 등 14인		中國		韓國	-	1587년
宣祖實錄	琉球人		琉球	-	韓國 濟州島	상업	1589년
宣祖實錄	倭人 5인		日本	-	韓國 黑山島	-	1605년
光海君日記	中國人과 安南人		-	-	韓國 濟州島	상업	1612년
看羊錄	姜沆 등	1597년	-	-	日本	포로	1656년
芝峯類說	趙完璧 등	1597년	韓國 慶尙道 晉州市		安南國	포로	1611년
海外聞見錄	中國人과 日本人	1611년	琉球	-	韓國 濟州島	상업	1705~1706년
海外聞見錄	琉球人	1612년	琉球	-	韓國 濟州島	공무	1705~1706년
備邊司謄錄 光海君日記	薛萬春 등 41인	1617년	中國 福州	中國 寧波	韓國 慶尙道	상업	1617년 1619년
光海君日記	朴彝敘 등		中國	韓國 漢陽	中國 鐵山	공무	1621년
光海君日記	中國人 32인		中國		韓國 濟州島	-	1623년
仁祖實錄	高孟 등 32인		中國		韓國 濟州島		1625년
仁祖實錄	黃汝誠 등 10인		中國		韓國 濟州島	운송	1629년
仁祖實錄	魏有仁 등 13인	-	-	-	韓國 泰安郡	-	1633년

출처	표류민	표류시기	출발지	목적지	표착지	항해목적	작성시기
仁祖實錄	宋錫慶 등		韓國		中國 遼東	-	1635년
仁祖實錄	中國人 등		中國		韓國 全羅道 靈光 臨淄島	-	1641년
典客司 日記	-		韓國 固城	韓國 釜山	日本 沙所 羅浦		1642년
典客司 日記	-	-	日本		韓國 非玉浦	조선 표류민 송환	1642년
典客司 日記			日本 對馬島		韓國 慶州	어업	1642년
Hamel 漂流記	朴淵 등 (Wel-tevree)	1627년		日本	韓國	-	1668년
仁祖實錄	蔡萬官 등	-	中國 廣東省	日本 長崎	韓國 珍島郡 南桃浦	상업	1644년
仁祖實錄	韓士立 등 2인	1640년	韓國 義州		中國 寧遠州 河島	공무	1645년
仁祖實錄	馬儒 등		中國		韓國 黃海道 吾叉浦	군량 구입	1645년
仁祖實錄	倭人		日本 越前州	-	中國	-	1646년
仁祖實錄	徐勝 등 51인	-	中國 福建省	-	-	상업	1647년

출처	표류민	표류시기	출발지	목적지	표착지	항해목적	작성시기
典客司日記	-	-	韓國 全羅道 邊浦	-	日本 契州 邊浦		1648년
孝宗實錄	徐一立 등 10인	-	韓國 統營	-	日本 智奇, 長崎	어업	1652년
漂人領來謄錄	金石天 등 11인	-	韓國 濟州島	-	日本 肥前州 五島	공무	1652년
知瀛錄	Hamel	1653년	臺灣	日本 長崎	韓國 濟州島	공무	1694~1696년 (추정)
Hamel 漂流記							1668년
海外聞見錄							1705~1706년
孝宗實錄							1653년
知瀛錄	苗眞實 등 28인	1652년	中國 南京	中國	韓國 濟州島	상업	1694~1696년 (추정)
海外聞見錄							1705~1706년
孝宗實錄							1652년
谷雲集	法性 등	1654년	韓國 慶州	韓國 河東郡 雙溪寺	日本	불상 운송	1711년
典客司日記	韓國人	-	韓國 蔚山	-	日本 對馬島	어업	1662년
顯宗實錄	韓國人 18인	1662년	韓國 務安		琉球	어업	1662년

출처	표류민	표류시기	출발지	목적지	표착지	항해목적	작성시기
海外聞見錄	金麗輝 등 28인	1663년	韓國 濟州島	-	日本 琉球	상업	1705~ 1706년
顯宗實錄							1663년
顯宗實錄	毛注福	1664년	中國 興陽	中國 寧波	日本 隱州	상업	1664년
丁未 傳信錄							1667년
漂人領來謄錄	金元祥 등 48인	-	韓國 濟州島	-	日本 肥前州 五島	방물	1665년
顯宗實錄	林寅觀 등 95인	1667년	日本	中國 福建省	韓國 濟州島	상업 (귀국)	1667년
知瀛錄							1694~ 1696년 (추정)
顯宗實錄	沈三 등 65인	1670년	中國 廣東省	日本 長崎	韓國 濟州島	상업	1670년
知瀛錄							1694~ 1696년 (추정)
耽羅聞見錄	官奴 友彬 등	1679년	韓國 濟州島	-	日本 翠芳島	상업	1731년 이후
漂人領來謄錄	26인	-	韓國 濟州島	-	日本 薩摩州 甑島	공무	1679년
漂人領來謄錄	田雨 등 41인	-	韓國 濟州島	-	日本 對馬島	공무 후 귀환	1680년
知瀛錄	日本인	1682년	日本 對馬島	-	韓國 濟州島	-	1694~ 1696년 (추정)

출처	표류민	표류시기	출발지	목적지	표착지	항해목적	작성시기
備邊司謄錄	張文學 등 5인	1683년 9월 22일	中國 登州府 黃城島	中國 登州府 蓬萊縣	韓國	어업	1684년
耽羅聞見錄	高尙永 등 24인	1687년	韓國 濟州島	韓國 慶尙道 龜尾 大芚寺	安南國	학업	1731년 이후 (추정)
知瀛錄	顧如商 등 70인	1687년	中國 蘇州	-	韓國 濟州島	-	1694~ 1696년 (추정)
知瀛錄	劉鳳 등 63인	1688년	中國 廣東省	-	韓國 濟州島		1694~ 1696년 (추정)
知瀛錄	楊自遠 등 75인	1688년	中國 浙江省	-	韓國 濟州島	상업	1694~ 1696년 (추정)
備邊司謄錄	沈電如 등 15인		中國	-	韓國 濟州島	상업	1688년
肅宗實錄	金大璜 (金太璜), 高尙永 등 21인	1688년	韓國 濟州島	韓國 楸子島	安南國	-	1689년
知瀛錄							1694~ 1696년 (추정)
晝永編							1805년
耽羅聞見錄							1731년 이후 (추정)
海外聞見錄							1705~ 1706년

출처	표류민	표류시기	출발지	목적지	표착지	항해목적	작성시기
知瀛錄	中國人 45인	1690년	中國 南京	-	韓國 濟州島	-	1694~ 1696년 (추정)
知瀛錄	陳坤 등	1691년	中國 福建省	-	韓國 濟州島	-	1694~ 1696년 (추정)
知瀛錄	程建順 등	1693년	中國 江南	-	韓國 濟州島	-	1694~ 1696년 (추정)
知瀛錄	日本人	1693년	-	-	韓國 濟州島	-	1694~ 1696년 (추정)
耽羅聞見錄	姜斗樞, 高守慶 등	1698년	韓國 濟州島	-	日本 屋鳩島	-	1731년 이후 (추정)
漂人領來謄錄	梁聖遇 등 54명	-	韓國 濟州島	-	日本 薩州 屋久島	공무	1699년
漂人領來謄錄	俞順男 등 4인	-	韓國 濟州島	-	日本 肥前州 五島	채취	1699년
漂人領來謄錄	洪太漢 등 44인	-	韓國 濟州島	-	日本 薩摩州	공무, 상업	1700년
耽羅聞見錄	韓國 濟州島 大靜縣의 官吏	1701년	韓國 濟州島	-	日本 屋鳩島	-	1731년 이후 (수성)
耽羅聞見錄	高完 등	1701년	韓國 濟州島	-	日本 肥前州 五島	-	1731년 이후 (추정)

출처	표류민	표류시기	출발지	목적지	표착지	항해목적	작성시기
漂人領來謄錄	吳世相 등 42인	-	韓國 濟州島	-	日本 薩州 屋久島	공무	1702년
漂人領來謄錄	39인	-	韓國 濟州島	-	日本 薩州 永郎部島	상업	1704년
備邊司謄錄	王富 등 113인	1704년	中國 福建省	日本 長崎	韓國 全羅道 珍島郡 南桃浦	상업	1704년
耽羅聞見錄	山海 등	1704년	韓國 濟州島	-	日本 梁九島	-	1731년 이후 (추정)
漂人領來謄錄	李壽萬 등 37인	-	韓國 濟州島	-	日本 肥前州 平戶島	공무, 무역	1705년
漂人領來謄錄	金月善 등 37인	-	韓國 濟州島	-	日本 肥前州 五島	무역	1706년
海外聞見錄	車珆 등 13인	1706년	中國 登州	中國 蘇州	韓國 濟州島	-	1705~1706년
海外聞見錄	李繼敏 등 7인	1706년	韓國 濟州島	-	日本	-	1705~1706년
漂人領來謄錄	金以云 등 21인	-	韓國 濟州島	-	日本 肥前州 班島	공무	1708년
漂人領來謄錄	權圭安 등 28인	-	韓國 濟州島	-	日本 肥前州 五島	공무, 무역	1708년

출처	표류민	표류시기	출발지	목적지	표착지	항해목적	작성시기
備邊司謄錄	私奴 李秃貴 등 6인	1709년 7월 10일	韓國 海州		中國 江寧 泰州	상업	1710년
備邊司謄錄	私奴 汗金 등 8인	1710년 6월 6일	韓國 京江		韓國 邊海島 無人島	상업	1710년
漂人領來謄錄	李福 등 22인		韓國 濟州島		日本 肥前州 五島	운송	1715년
備邊司謄錄	金禿立 등 9인	1714년 8월 7일	韓國 鳥島		琉球	어업	1716년
漂人領來謄錄	金善白 등 11인		韓國 濟州島	-	日本 肥前州 五島	운송	1717년
漂人領來謄錄	李公連 등 31인		韓國 濟州島	-	日本 肥前州 平戶島	무역	1718년
備邊司謄錄	姜石興 등 8인	1719년 7월 초순	韓國 廣州 狎鷗亭	韓國 黃海道	中國	어업	1720년
耽羅聞見錄	元九赫 등	1720년	韓國 濟州島		日本 筑前国	-	1731년 이후 (추정)
漂人領來謄錄	姜莫林 등 28인		韓國 濟州島		日本 筑前州 新宮浦	운송	1721년
漂人領來謄錄	高戒輝 등 15인		韓國 濟州島		日本 壹岐島	공무	1721년
漂人領來謄錄	金寶難 등 26인		韓國 濟州島		日本 肥前州 五島	공무 후 귀환	1723년

출처	표류민	표류시기	출발지	목적지	표착지	항해목적	작성시기
漂人領來謄錄	姜次萬 등 23인		韓國 濟州島		日本 肥前州 五島	운송	1723년
漂人領來謄錄	李次正 등 11인		韓國 濟州島		日本 肥前州 五島	어업	1723년
耽羅聞見錄	李己得 등	1723년	韓國 濟州島	-	日本 肥前州 五島	-	1731년 이후 (추정)
耽羅聞見錄	金時位 등	1723년	韓國 濟州島	-	日本 肥前州 五島	-	1731년 이후 (추정)
漂人領來謄錄	李建春 등 60인	1724년	韓國 濟州島	-	日本 對馬島 久根浦	공무 (공무, 유배 죄인 호송)	1724년
耽羅聞見錄							1731년 이후 (추정)
備邊司謄錄	盧昌興 등 26인	1724년 10월 18일	中國 遼東	-	韓國 全羅道 大靜縣	상업	1725년
漂人領來謄錄	金萬男 등 11인		韓國 濟州島		日本 肥前州 五島	무역	1725년
耽羅聞見錄	金日男 등 1인	1726년	-	-	琉球	상업	1731년 이후 (추정)
備邊司謄錄	孫應善 등 9인	1726년 2월 9일	韓國 濟州島	韓國 海南	中國	운송	1728년
耽羅聞見錄	尹道成, 宋完 등	1729년	韓國 濟州島	-	臺灣	상업	1731년 이후

출처	표류민	표류시기	출발지	목적지	표착지	항해목적	작성시기
備邊司謄錄	金白三 등 30여인	1729년 8월 19일	韓國 濟州島 羅里舖	韓國 蘭鎭	臺灣 彰化縣	운송	1730년
耽羅聞見錄	官奴 万迪 등	1730년	韓國 濟州島	-	韓國 加羅島	-	1731년 이후 (추정)
漂人領來謄錄	姜以萬 등 20인		韓國 濟州島	-	日本 肥前州 五島	무역	1730년
備邊司謄錄	夏一周 등 16인	1732년	中國 山東	中國 江南	韓國 全羅道 珍島	상업	1733년
備邊司謄錄	李萬業 등 12인	1732년 7월 16일	韓國 平安道 三和	韓國 京畿道 仁川 德積島	中國 成山衛	매입	1733년
備邊司謄錄	王敬思 등	1732년 10월 11일	中國 遼東	-	韓國 全羅道 大靜縣	상업	1733년
漂人領來謄錄	文孝良 등 2인		韓國 濟州島		日本 肥前州 五島	중국인 압송	1733년
備邊司謄錄	韓國人	1733년	韓國 全羅道 康津	韓國 慶尙道 巨濟	琉球	상업	1735년
備邊司謄錄	俺등 16인	1733년 10월 12일	中國 海豐	中國	韓國 全羅道 珍島	상업	1733년
備邊司謄錄	康世贊 등 20인	1738년	韓國 濟州島	韓國 濟州島	琉球	상업	1741년

출처	표류민	표류시기	출발지	목적지	표착지	항해목적	작성시기
漂人領來謄錄	李萬磏 등 13인		韓國 濟州島		日本 肥前州 五島	무역	1738년
備邊司謄錄	金喆重 등 19인	1741년 2월 29일	韓國 濟州島	-	琉球	운송	1741년
承政院日記	趙明履 등 11인	1741년	韓國 濟州島	韓國 慶尙道	琉球	공무	1741년
備邊司謄錄	韓之興 등 11인	1742년 5월 10일	韓國 羅州	韓國 西江	中國 崑岩城 楊村	매입	1742년
漂人領來謄錄	高萬雄 등 14인		韓國 濟州島		日本 肥前州 五島	공무	1742년
漂人領來謄錄	梁吉萬 등 14인		韓國 濟州島		日本 肥前州 五島	공무	1745년
漂人領來謄錄	康興白 등 11인		韓國 濟州島		日本 肥前州 五島	어업	1747년
漂人領來謄錄	尹德贊 등 13인		韓國 濟州島		日本 肥前州 五島	무역	1750년
備邊司謄錄	柳得三 등 9인	1753년 8월 16일	韓國 京江	-	中國 海洋島	운송	1753년
典客司日記	金石只 등 21인	1753년	韓國	-	日本	어업	1753년
典客司日記	金世中 등 5인, 日本人 90인	1753년	日本 對馬島	韓國 釜山	韓國 釜山 多大浦	표류민 송환	1753년
典客司日記	-	1753년	韓國 釜山	日本 對馬島	韓國 釜山	귀환	1753년

출처	표류민	표류시기	출발지	목적지	표착지	항해목적	작성시기
典客司日記	-	1754년	日本	-	韓國 釜山 機張	공무	1754년
典客司日記	-	1754년	日本 對馬島	韓國 釜山	韓國 絶影島	공무	1754년
漂舟錄	李志恒 등	1756년	韓國 釜山	韓國 慶尙道 盈德	日本 北海島	부친상	-
典客司日記	-	1757년	日本 對馬島	-	韓國 蔚山	표류민 송환	1757년
典客司日記	-	1757년	日本 對馬島	-	韓國 玉浦	표류민 송환	1757년
備邊司謄錄	金應澤 등 40인	1758년	韓國 濟州島	-	臺灣	상업	1758년
典客司日記	-	1758년	韓國 釜山	日本 對馬島	韓國 玉浦	귀국	1758년
備邊司謄錄	金延松 등 13인	1758년	韓國 濟州島	韓國 全羅道	中國	공무	1759년
典客司日記	-	1760년	日本 對馬島	韓國 釜山	韓國 釜山	표류민 송환	1760년
典客司日記	-	1760년	日本 對馬島	韓國 釜山	韓國 釜山	공무	1760년
典客司日記	-	1760년	日本 對馬島	韓國 釜山	韓國 釜山 海雲臺	공무	1760년
備邊司謄錄	陳天發 등 15인	1759년	中國 廣東	中國 江南	韓國 全羅道 茂長	상업	1760년

출처	표류민	표류시기	출발지	목적지	표착지	항해목적	작성시기
備邊司謄錄	范文富 등 28인	1759년	中國 上海	中國 福建省	韓國 全羅道 羅州 黑山島	상업	1760년
靑莊館全書	黃森 등 43인	1759년	中國 山東省	-	韓國 康津	상업	1760년
備邊司謄錄	林福盛 등 24인	1760년	-	中國 福建省	韓國 全羅道 羅州 慈恩島	상업	1760년
備邊司謄錄	金重京 등 7인	1761년	韓國 甫吉島	韓國 濟州島	中國	상업	1762년
備邊司謄錄	賈明 등 6인	1762년 8월 23일	中國 奉天府 海城縣	中國 小張子島	韓國 泰安郡 安興鎭	어업	1762년
備邊司謄錄	孫合興 등 22인	1762년	中國 山東省	-	韓國 古群山	운송	1762년
備邊司謄錄	崔三碩 등 15인	1763년 7월 26일	韓國 廣興倉	韓國 全羅道 靈光縣 法聖倉	中國 山東 海陽縣	공무	1764년
備邊司謄錄	金順昌 등 8인	1765년	韓國 濟州島	韓國 別防鎭	中國 福建省	상업	1765년
典客司日記	-	1765년	韓國 釜山	日本 對馬島	韓國 只森島	귀국	1765년
備邊司謄錄	鄭太文 등 9인	1766년	韓國 黃海道 椒島	-	中國	상업	1766년
備邊司謄錄	車守仁 등 14인	1767년	韓國 黃海道 長山串	韓國 忠淸道 唐津	中國 福建省	상업	1767년

출처	표류민	표류시기	출발지	목적지	표착지	항해목적	작성시기
典客司日記	-	1769년	日本對馬島	韓國釜山	韓國栗浦	공무	1769년
典客司日記	-	1769년	韓國釜山	日本對馬島	韓國只森島	귀국	1769년
備邊司謄錄	夫次吉 등 8인	1770년	韓國全羅道臨陂縣	韓國濟州島	中國	운송	1770년
漂海錄	張漢喆 등 29인	1770년	韓國濟州島	韓國漢陽	琉球	과거응시	1771년
典客司日記	-	1772년	日本對馬島	韓國濟州島	韓國五六島	공무	1772년
備邊司謄錄	利君一 등 25인	1774년	中國山東省	中國奉天府	韓國全羅道靈光	매입	1774년
典客司日記	-	1774년	日本本吉浦	日本大坂城	韓國慶州甘浦津	운송	1774년
備邊司謄錄	楊難 등 3인	1774년	中國定山	中國蘇州	韓國濟州島	-	1775년
備邊司謄錄	金世贊 등 6인	1775년	韓國濟州島	-	中國浙江省	어업	1775년
典客司日記	-	1775년	日本對馬島	韓國釜山	韓國武知浦	공무	1775년
典客司日記	朴奉才 등 2인	1775년	韓國杆城郡	-	日本互雲州	어업	1775년
燕巖集	李邦翼 등	1796년	韓國濟州島	韓國漢陽	澎湖島	아버지방문	1797년(추정)
備邊司謄錄	-	1777년	中國福建省		韓國黃海道	상업	1777년
備邊司謄錄	中國人 7인	1777년	中國山東省	-	韓國珍島	상업	1777년

출처	표류민	표류시기	출발지	목적지	표착지	항해목적	작성시기
備邊司謄錄	中國人 22인	1777년	中國 福建省	-	韓國 羅州	상업	177년
備邊司謄錄	秦源順 등 15인	1777년	中國 天津	中國 江南 蘇州	韓國 全羅道 靈光	상업	1777년
備邊司謄錄	中國人 31인	1777년	中國 福建省	-	韓國 羅州	상업	1777년
備邊司謄錄	中國人 25인	1777년	中國 福建省, 中國 山東省 등	-	韓國 白翎鎭	어업	1777년
備邊司謄錄	金長美 등 29인	1777년	中國 天津	中國 山東省	韓國 茂長	상업	1777년
典客司日記	日本人 17인	1777년	日本 出羽國	日本 御影浦	韓國 江原道 三陟	상업	1777년
備邊司謄錄	高萬才 등 13인	1778년	韓國 濟州島	韓國 漢陽	中國 浙江省	공무	1778년
備邊司謄錄	高守萬 등 46인	1778년	韓國 濟州島	韓國 全羅道 海南	中國 浙江省	공무	1778년
典客司日記	日本 船舶 1척	1778년	日本 對馬島	韓國 釜山	韓國 釜山	공무	1778년
典客司日記	韓國 漂流民 10인	1778년	韓國 全羅道 康津	-	日本 肥前州 五島	어업	1778년
備邊司謄錄	尹道俊 등 8인	1779년	韓國 濟州島	-	韓國 塞沙洪島	상업	1779년
備邊司謄錄	李再晟 등 12인	1779년	韓國 楸子島	韓國 高達島	琉球	상업	1781년

출처	표류민	표류시기	출발지	목적지	표착지	항해목적	작성시기
典客司日記	日本 船舶 1척	1782년	日本 薩摩州	日本 黑鷄島	韓國 全羅道 興陽	상업	1782년
典客司日記	梁日長 등 1인	1783년	韓國 全羅道 興陽		日本 烏子島	운송	1783년
備邊司謄錄	李應春 등 12인	1785년 6월 7일	韓國 靈光郡 論助浦	韓國 濟州島 左中面 別刀浦	中國 江蘇省 松江府 南滙縣	매입	1786년
備邊司謄錄	張元周 등 4인		中國 山東省 登州府 榮城縣		韓國 靈巖 楸子島	어업	1786년
典客司日記	韓國人 4인	1788년	韓國 慶州	韓國 慶州	日本 長門州 矢玉浦	어업	1788년
典客司日記	日本 船舶 2척	1790년	日本 對馬島	韓國 釜山	韓國 武知浦	공무	1790년
備邊司謄錄	琉球人	1790년	琉球	琉球	韓國 洪陽縣	상업	1790년
正祖實錄	査比嘉 등 11인	1790년	琉球	琉球	韓國 濟州島	공무	1790년
備邊司謄錄	安復樑 등 21인	1791년 11월 23일	中國 奉天省 金州府	中國 登州府 小平島	韓國 洪州 長古島	매입	1791년
典客司日記	日本 船舶 2척	-	日本 對馬島	韓國 釜山	韓國 巨濟島	공무	1791년
典客司日記	申貴得 등	-	韓國 珍島		日本 對馬島	어업	1792년

출처	표류민	표류시기	출발지	목적지	표착지	항해목적	작성시기
典客司日記	朴文涇 등	-	韓國 加加島	韓國 珍島	日本 肥前州 五島	어업	1793년
正祖實錄	中國人	1794년	中國 登州	中國	韓國 馬梁鎭	어업	1794년
備邊司謄錄	米精兼个 叚仁也 등 2인	1794년 7월 11일	琉球 八重山島	日本 與那國島	韓國 濟州島	공무	1794년
備邊司謄錄	邱福臣 등 51인	1794년 10월 20일	中國 登州府	中國 奉天府	韓國 馬梁鎭		1794년
典客司日記	日本 船舶 1척		日本 對馬島	韓國 釜山	韓國 玉浦	공무	1796년
典客司日記	韓國 船舶	-	日本 對馬島	韓國 釜山	韓國 武知浦	귀환 중 표류	1796년
正祖實錄	네덜란드 인으로 추정	-	-	-	韓國 釜山	상업	1797년
晝永編							1805년
正祖實錄	中國人	-	中國 福建省	-	韓國 濟州島	상업	1798년
備邊司謄錄	唐明山 등 5인	1800년	中國 蘇州	中國 山東省	韓國 靈光郡	상업	1801년
漂海始末	文順得 등	1801년	韓國 牛耳島	-	琉球 呂宋國 中國		
純祖實錄	呂宋國人	1801년	-	-	韓國 濟州島	상업	1801년
晝永編							1805년

출처	표류민	표류시기	출발지	목적지	표착지	항해목적	작성시기
備邊司謄錄	傅鑑周 등 22인	1805년 10월 21일	中國 山東省 武定府 海豊縣	中國 江南省 太倉州 寶山縣	韓國 濟州島 涯月鎭 嚴莊浦	운송	1806년
備邊司謄錄	陳仲林 등 13인	1808년 11월 초 7일	中國 關東 金州	中國 江南省 太倉州 鎭洋縣	韓國 全羅道 靈光郡 小落月島	운송	1809년
備邊司謄錄	黃萬琴 등 22인		中國 天津	中國 福建	韓國 全羅道 扶安縣 格浦	운송	1813년
備邊司謄錄	黃全 등 47인	1813년 10월 27일	中國 奉天省 西錦州	中國 福建省 泉州府	韓國 全羅道 靈光郡 荏子島 三頭里	상업	1813년
備邊司謄錄	黃宗禮 등 73인	1813년 11월 1일	中國 天津	中國 福建	韓國 全羅道 靈光郡 荏子道	상업 귀향	1813년
五洲衍文長箋散稿	李鍾德	1816년	韓國 濟州島	-	日本 肥前州 五島	귀향	-
純祖實錄							1816년
純祖實錄	英吉利國 異樣船 2척	-	中國	-	韓國 馬梁鎭 葛串	-	1816년
備邊司謄錄	吳永泰 등 27인	1819년 9월 22일	中國 錦州	中國 福建省 漳州府 海澄縣	韓國 羅州 慈恩島	매입	1819년

출처	표류민	표류시기	출발지	목적지	표착지	항해목적	작성시기
漂海錄	梁知會	1818년	韓國 濟州島	-	中國 寧波	공무 후 귀향	1820년
乘槎錄	崔斗燦	1818년	韓國 濟州島	-	中國 浙江省	귀향	1818년
雲谷雜櫡	施洪量 등	1819년	中國 蘇州	-	韓國 羅州	상업	-
雲谷雜櫡	彭永福 등 34인	1819년	中國 通州	-	韓國 羅州	-	-
心田稿	金光顯 등	1828 – 1829년	韓國 濟州島	韓國 楸子島	中國 江南	어업	-
備邊司 謄錄	石希玉 등 51인	1824년 10월 4일	中國 蓋平縣	中國 海澄縣	韓國 羅州牧 荷衣島 紅衣島	상업	1825년
備邊司 謄錄	大城筑登 之 등 3인	1826년 5월 18일	琉球	琉球	韓國 興陽縣 蛇渡鎭 外羅老島	매입	1826년
備邊司 謄錄	朱和惠 등 16인	1826년 9월 20일	中國 大山	-	韓國 羅州牧 黑山鎭 牛耳島	매입	1827년
純祖實錄	中國人 27인		中國	-	韓國 龍川府 夏串島	-	1827년
純祖實錄	中國人 4인		中國 廣東省	-	韓國 豊川府	-	1829년
純祖實錄	中國人 10인		中國 山東省	-	韓國 長淵縣	-	1829년

출처	표류민	표류시기	출발지	목적지	표착지	항해목적	작성시기
純祖實錄	中國인 2인	-	中國 山東省		韓國 珍島郡	-	1829년
備邊司 謄錄	王箕雲 등 2인	1829년 10월 17일	中國 山東省 登州府 文東縣	中國 南城	韓國 全羅道 珍島郡 羅拜島	매입	1830년
純祖實錄	中國人 35인	-	中國 福建省	-	韓國 靈光郡 荏子島	-	1830년
純祖實錄	倭人 48인	-	日本 薩摩島		韓國 濟州島 旌義縣	-	1831년
燕轅直指	韓國 濟州島人 33인	1831년	韓國 濟州島		琉球	상업	1832~ 1833년
純祖實錄	胡夏米 등 67인 英吉利國 선박	-	-	-	韓國 古代島	상업	1832년
備邊司 謄錄	沈拙 등 44인	1836년 9월 29일	中國 廣東省 寧遠州	中國 福建省 漳州府 詔安縣	韓國 全羅道 羅州牧 黑山島	매입	1837년
備邊司 謄錄	劉日星 등	1836년 12월 3일	中國 錦州府 丕水湖	中國 鳳凰城 首陽府 首陽縣	韓國 全羅道 羅州牧 牛耳島	운송	1837년
備邊司 謄錄	徐天祿 등 11인	1839년 10월 10일	中國 山東城 登州府 黃縣縣	中國 奉天省	韓國 全羅道 羅州牧 慈恩島	운송	1840년

출처	표류민	표류시기	출발지	목적지	표착지	항해목적	작성시기
憲宗實錄	佛蘭西夷 異樣船 2척 700여 인	-	-	-	韓國 萬頃	-	1847년
備邊司 謄錄	朱守賓 등 6인	1852년 11월 6일	中國	中國 金州	韓國 泰安 安興鎭	상업	1852년
備邊司 謄錄	馬得華 등 31인	1854년 12월 1일	中國 山東省 烟台鎭		韓國 全羅道 珍島郡 南桃浦	여객	1855년
備邊司 謄錄	佛蘭西人	1856년	-	-	韓國 忠淸道 洪州	상업	1856년
備邊司 謄錄	劉靑雲 등 10인	1858년 10월 23일	中國 威海		韓國 泰安郡 熊島	상업	1858년
備邊司 謄錄	曲會先 등 12인	1859년 10월 7일	中國 江北 營船港	中國 山東省 榮成縣	韓國 珍島郡 南桃浦	매입	1860년
備邊司 謄錄	寬仲地 등 6인	1860년	琉球	日本 八重山	韓國 濟州島	공무	1860년
高宗實錄	日本人	1864년	日本 薩摩		韓國 濟州島 法還浦		1864년
高宗實錄	戴拔 (Oppert, Ernest Jacob)	1866년	英吉 利國		韓國 忠淸道	상업	1866년
高宗實錄	羅佛 등 7인	1866년	中國 山東省	日本 長崎	韓國 慶尙道	상업	1866년

출처	표류민	표류시기	출발지	목적지	표착지	항해목적	작성시기
高宗實錄	崔蘭軒 (Thomas, Robert Jermain) 何嘎特, 普來屯 등 24인	1866년	中國 山東省	韓國 平壤	韓國 黃海道	상업	1866년
高宗實錄	布國 商船	-	-	-	韓國 白翎島	-	1871년
高宗實錄	中國人 13인	-	中國 江南省 通州	-	韓國 長淵府 陸島浦	상업	1872년
備邊司 謄錄	中國人 5인	1874년 9월	中國 大孤山	中國 登州府 鳳凰城 楊家圈	韓國 羅州 黑山島	매입	1875년
備邊司 謄錄	李培增 등 3인	1876년 12월 26일	中國 登州 海洋	-	韓國 黃海道 延坪	어업	1877년

중국

출처	표류민	표류시기	출발지	목적지	표착지	항해목적	작성시기
南齊書	天竺國僧 釋那伽仙	484년	天竺國	中國	林邑國	공무	-
南史	中國人	507년	中國 晉安	-	女國	-	-
隋書	軍艦	-	中國	-	韓國 耽牟羅國	공무	-
全唐詩補編	阿倍仲麻呂 등	753년	中國	日本	中國	공무 후 귀국	-
宋史	李甫誨	-	三佛齊國	-	中國 潮州	상업	1198년경
嶺表錄異	周遇	-	中國 陸州	-	閩	공무	-
宋史	蒲押陀黎	992년	三佛齊國	占城國	中國	공무 후 귀국	992년
宋史	周世昌	1002년	中國 建州	-	日本	상업	1002년
宋史	占城國人	1018년	占城國	中國 廣州	石塘	상업	1018년
宋史	柳洪	1079년	韓國	中國	中國	공무	1079년
宋史	中國 福建省人	1171년	中國 福建省	中國 吉陽軍	占城國	-	1171년
宋史	日本人 100인	1176년	日本	-	中國 寧波	-	1176년
宋史	日本人 73인	1183년	日本	-	中國 秀州	-	1183년
宋史	日本人	1193년	日本	-	中國 秀州	-	1193년

출처	표류민	표류시기	출발지	목적지	표착지	항해목적	작성시기
宋史	日本人	1200년	日本	-	中國 平江府	-	1200년
宋史	日本人	1202년	日本	-	中國 定海縣	-	1202년
夢溪筆談	韓國 濟州島人	-	韓國 濟州島	-	中國 蘇州	공무	-
咸淳 臨安志	路允迪 등	-	中國	韓國	표류중 침몰	상업	-
滋溪文稿	哈兒柳 溫台	-	中國 寧波	日本	-	일본 공격	-
元史	日本 船舶	-	日本	中國 寧波	-	상업	
明 太祖實錄	洪師範, 鄭夢周 등	1372년	韓國	中國	中國 嘉興界	공무	1372년
太祖實錄	沙里拔 등	1374년	暹羅國	中國	中國 烏諸洋	공무	1374년
成祖實錄	暹羅國 使臣	1404년	暹羅國	中國	中國 福建省	공무	1404년
成祖實錄	安南國 使臣	1407년	安南國	中國	澎湖島	공무	1407년
成祖實錄	暹羅國 使臣	1408년	暹羅國	中國	安南國	공무	1408년
宣宗實錄	和者里 一思	1426년	白葛 達國	中國	中國	공무	1426년
英宗實錄	八致昭陽	1440년	爪蛙國	中國	中國 廣東省	공무	1440년
英宗實錄	文吞只 등 5인	1453년	韓國		中國 海島	어업	1453년

출처	표류민	표류시기	출발지	목적지	표착지	항해목적	작성시기
英宗實錄	陳嘉猷	1461년	中國	滿刺加國	烏諸洋	공무	1461년
孝宗實錄	海南夷 등 11인	1494년	韓國	-	中國 福建省	어업	1494년
孝宗實錄	爪蛙國 使臣	1495년	爪蛙國	中國	-	공무	1495년
孝宗實錄	爪蛙國 使臣	1499년	爪蛙國	中國	中國 廣東省	공무	1499년
孝宗實錄	李招貼 등	1501년	中國 江西省	-	中國 廣東省 電白 縣境	-	1501년
武宗實錄	韓國人	1509년	韓國	-	中國 浙江省	-	1509년
使琉球錄	陳侃	1527년	中國		伊平 屋島	공무	-
世宗實錄	鄭惟僚 등	1537년	安南國	中國	占城國	공무	1537년
世宗實錄	李王乞 등	1544년	中國 漳州	-	韓國	-	1544년
世宗實錄	管令金 등	1551년	韓國	-	中國 淮安	-	1551년
神宗實錄	陳成 등	1610년	中國	-	韓國	-	1610년
神宗實錄	日本人	1611년	日本	-	中國 江南	-	1611년
神宗實錄	林潤臺 등	1611년	中國	-	韓國	-	1611년
神宗實錄	張亨興 등	1611년	中國	-	韓國	-	1611년
神宗實錄	胡敬 등	1614년	中國	-	韓國	-	1614년
神宗實錄	薛萬春 등	1618년	中國	-	韓國	-	1618년
明史	謝文彬 등	-	中國 汀州	-	暹羅國	-	-

출처	표류민	표류시기	출발지	목적지	표착지	항해목적	작성시기
淸文獻通考	劉世虎 등	1669년	中國 廣東省	-	-	공무	1669년
安南紀遊	潘鼎珪 등	1688년	臺灣	中國 廣東省	安南國	-	1688년
淸文獻通考	高道弼 등	-	韓國	-	中國 海州	상업	-
淸文獻通考	愼必富 등 28인	-	韓國	-	中國 福建省	-	-
淸文獻通考	楊三 등 14인	-	中國 山東省	-	韓國	어업	-
淸文獻通考	李再成 등 12인	-	韓國	-	琉球	상업	-
淸史稿	紅毛國 英圭黎人	1742년	紅毛國 英圭黎	-	中國 廣東省 澳門	상업	1742년
淸史稿	琉球人	1871년	琉球	-	臺灣	-	1871년
淸史稿	琉球人	1803년	琉球	-	臺灣	공무	1803년
淸史稿	美羅妹 商船	1867년	美羅妹	-	臺灣 瑯𤩝	상업	1867년
海國四說	暹羅國 使臣	1814년	暹羅國	-	-	공무	1814년
世祖實錄	中國 商人	-	中國	-	韓國	상업	-
淸 聖祖實錄	紅毛國 英圭黎	-	紅毛國 英圭黎	-	中國 江南	상업	1700년
淸 聖祖實錄	琉球	-	琉球	-	中國 浙江省	공무	1702년
淸 聖祖實錄	王富 등	-	中國	-	韓國	상업	1703년

출처	표류민	표류시기	출발지	목적지	표착지	항해목적	작성시기
淸 世宗實錄	暹羅國人	-	暹羅國	-	中國 廣東省	-	1729년
淸 高宗實錄	物勝氏 등	-	呂宋國	-	中國 廈門港	-	1739년
淸 高宗實錄	武牢哞耙 洛 등	-	呂宋國	-	臺灣 淡水 蓬山社	-	1739년
淸 高宗實錄	鄧興 등	-	安南國	-	海南 文昌縣 淸瀾港	-	1739년
淸 高宗實錄	令奉	-	安南國	-	中國 崖州 保平港	-	1739년
淸 高宗實錄	柯汗 등	-	暹羅國	-	中國 香山 洋面	-	1739년
淸 高宗實錄	阮文雄 등	-	安南國	-	中國 大鑊 洋面	-	1739년
淸 高宗實錄	外夷 若哥 등	-	-	-	澳門 海面	-	1739년
淸 高宗實錄	弗浪西咕 등	-	呂宋國	-	澳門 海面	-	1739년
淸 高宗實錄	陳協順 등	-	中國 莆田	-	韓國 楸子島	-	1740년
淸 高宗實錄	暹羅國人	-	暹羅國	-	中國 香山 洋面	-	1740년
淸 高宗實錄	蘇祿國人	-	蘇祿國	-	中國	상업	1740년

출처	표류민	표류시기	출발지	목적지	표착지	항해목적	작성시기
淸 高宗實錄	韓國人	-	韓國	-	中國 遼寧省 岫巖城 楞子溝	상업	1740년
淸 高宗實錄	英咭唎國	-	-	-	澳門 海面	상업	1743년
淸 高宗實錄	游仲謀 등	-	中國 江蘇省	-	琉球	상업	1745년
淸 高宗實錄	難夷 등	-	琉球	-	中國 福建省	-	1746년
淸 高宗實錄	馬光明 등	-	蘇祿國	-	呂宋國	-	1746년
淸 高宗實錄	林仕興 등	-	中國	-	琉球	-	1750년
淸 高宗實錄	林順泰 등	-	中國 廈門	-	琉球 宇天港	-	1752년
淸 高宗實錄	呂宋國	-	呂宋國	-	中國 浙江省 永嘉縣 南龍 外洋	공무	1753년
淸 高宗實錄	智汝沃 등	-	琉球	-	中國 福建省	-	1772년
淸 高宗實錄	崎山 등	-	琉球	-	中國 福建省	-	1774년
淸 高宗實錄	趙永禮 등	-	中國	-	韓國	상업	1778년
淸 高宗實錄	李再晟 등	-	韓國	-	中國 閩省	-	1780년

출처	표류민	표류시기	출발지	목적지	표착지	항해목적	작성시기
清 高宗實錄	郎嗎叮 등	-	呂宋國	-	中國 廈門 廈港	-	1781년
清 高宗實錄	孫猛 등	-	臺灣	-	中國 廈門	공무	1783년
清 高宗實錄	-	-	琉球	-	中國 通州 東七甲 港口	-	1791년
清 高宗實錄	安仁屋	-	琉球	-	中國 浙江省 臨海縣	-	1791년
清 高宗實錄	金客贊 등	-	韓國	-	中國 浙江省 平陽縣	-	1791년
清 高宗實錄	暹羅國 使臣	-	暹羅國	-	中國 新寧縣 海晏汛	공무	1792년
清 高宗實錄	琉球	-	琉球	-	韓國	-	1795년
清 高宗實錄	比嘉 등	-	琉球	-	中國 浙江省 象山縣	-	1795년
清 高宗實錄	食阿南 등	-	呂宋國	-	中國 玉環 大鹿山 海面	-	1795년
清 高宗實錄	琉球 使臣	-	琉球	-	中國 閩	공무	1795년
清 高宗實錄	韓國	-	韓國	-	中國 閩	-	1798년

출처	표류민	표류시기	출발지	목적지	표착지	항해목적	작성시기
淸 仁宗實錄	安南國人	-	安南國	-	中國 粵洋	-	1799년
淸 仁宗實錄	暹羅國 使臣	-	暹羅國	-	韓國	공무	1801년
淸 仁宗實錄	琉球 朝貢船	-	琉球	-	臺灣 大武崙	공무	1803년
淸 仁宗實錄	琉球 朝貢船	-	琉球	-	臺灣 澎湖	공무	1807년
淸 仁宗實錄	暹羅國 朝貢船	-	暹羅國	-	越南	공무	1807년
淸 仁宗實錄	暹羅國 朝貢船	-	暹羅國	-	中國 粵洋	공무	1815년
淸 宣宗實錄	琉球	-	琉球	-	-	공무	1818년
淸 宣宗實錄	金光寶 등	-	韓國	-	中國 閩省	-	1822년
淸 宣宗實錄	暹羅國 朝貢船	-	暹羅國	-	中國 廣東省	공무	1823년
淸 宣宗實錄	鄭仁記 등	-	中國 廣東省	-	琉球	-	1823년
淸 宣宗實錄	韓國人	-	韓國	-	中國 浙江省 台州府 黃巖縣	-	1823년
淸 宣宗實錄	烏竹芳 등	-	中國 福建省	-	暹羅國 六坤洋 面	-	1825년
淸 宣宗實錄	嘆咕唎 國人	-	嘆咕唎 國人	-	中國 大練	-	1831년
淸 宣宗實錄	天竺國人	-	天竺 國人	-	中國 佘山	상업	1831년

출처	표류민	표류시기	출발지	목적지	표착지	항해목적	작성시기
淸 宣宗實錄	中國人	-	中國 廣東省	-	越南國 茶山	상업	1832년
淸 宣宗實錄	陳子龍 등	-	中國 廣東省	-	越南 淸華省	공무	1832년
淸 宣宗實錄	越南國 水師船	-	安南國	-	澳門 雞頸 洋面	군사	1833년
淸 文宗實錄	吳會麟 등	-	中國 廣東省	-	越南國 順安汛 洋面	공무	1834년
淸 文宗實錄	福建兵船 등	-	中國 福建省	-	越南國	군사	1837년
一般 錄雜術	張用和 등	1823년	中國 山東省	中國 江蘇省	日本	상업	1844년
海南雜著	蔡廷蘭 등	1835년	中國 福建省	臺灣 澎湖	安南國	과거응시	1851년

일본

출처	표류민	표류시기	출발지	목적지	표착지	항해목적	작성시기
入唐求法巡禮行記	王請 등	819년	韓國	-	日本 出州國	상업	
入唐求法巡禮行記	圓仁 등		日本	-	中國 海陵縣 白潮鎭	-	
通航一覽	呂宋國 商業船	1596년	呂宋國	-	日本 土佐國	상업	19세기 중반
通航一覽	韓國人	1600년	韓國	-	日本 筑前國	-	19세기 중반
通航一覽	-	1602년	呂宋國	-	日本 상총국	-	19세기 중반
讚岐國高松之舩嶋國へ漂着之事	讚岐國 高松 船舶	1611-1629	日本 讚岐國	-	南方地域 無人嶋	-	-
韃靼漂流記	越前國 三國 浦新保村	1643-1654	日本 越前國	-	韃靼	상업	-
台州漂客記事	哈哪哩 등 12인	1612년	日本	-	臺灣		
通航一覽	琉球國 商船	1617년	琉球	日本 東京	-	상업	19세기 중반
通航一覽	播磨國人 3인	1617년	日本	-	韓國 巨濟島	상업	19세기 중반
通航一覽	竹島의 漁民 7인	1618년	日本	-	韓國	어업	19세기 중반
通航一覽	韓國 漁民 6인	1629년	韓國 慶尙道	-	日本 筑前國 唐泊浦	어업	19세기 중반

출처	표류민	표류시기	출발지	목적지	표착지	항해목적	작성시기
通航一覽	韓國 漁民 6인	1635년	韓國	-	日本 石見國 邊浦	어업	19세기 중반
通航一覽	伯耆米子 등	1637년	日本	-	韓國 蔚山 魴魚津	어업	19세기 중반
通航一覽	越前國人 25인	1643년	日本	-	韃靼	-	19세기 중반
通航一覽	越前國人	1643년	日本	日本 松前	中國 南京	상업	19세기 중반
勢州船 北海漂着記	伊勢國人	1644년	日本	-	赤人國	상업	
通航一覽	中國人	1644년	中國 廣東省	-	韓國 全羅道	-	19세기 중반
通航一覽	中國 船舶	1649년	中國	琉球	日本 薩摩	琉球人 본국송환	19세기 중반
通航一覽	中國 福州船	1649년	中國 福州	-	日本 薩摩	-	19세기 중반
通航一覽	中國 南京船	1653년	中國 南京	-	韓國 蔚山	-	19세기 중반
通航一覽	阿蘭陀人	1653년	日本	-	韓國 全羅道	상업	19세기 중반
通航一覽	韓國船 2척	1658년	韓國 全羅道	-	日本 對馬島	어업	19세기 중반
通航一覽	日本 五島人	1663년	日本 五島	-	韓國 江原道 蔚珍	-	19세기 중반
通航一覽	金元祥 등	1665년	韓國 全羅道	-	日本 備前國	-	19세기 중반

출처	표류민	표류시기	출발지	목적지	표착지	항해목적	작성시기
通航一覽	伯耆國 米子村船 21인/ 隱岐國船 1인	1666년	日本	-	韓國 長鬐	-	19세기 중반
通航一覽	韓國 貢船 14인	1668년	韓國 全羅道 晋州	韓國 漢陽	日本 備前國	공무	19세기 중반
阿州船無人 島漂流記	勘右衛門 등 7인	1669년	日本 宮崎	日本 東京	日本 小笠 原諸島	공무	
尾張者異國 漂流物語	權田孫左衛 門 등 15인	1670년	日本	-	呂宋國 Batan	상업	-
通航一覽	臺灣 선박	1671년	臺灣	-	日本 薩摩	-	19세기 중반
通航一覽	讚岐國船 14인	1672년	日本	-	韓國	-	19세기 중반
通航一覽	臺灣 船舶	1681년	臺灣	-	日本 肥後國 天草	상업	19세기 중반
通航一覽	中國 廈門船	1686년	中國 廈門	-	日本 對馬島	상업	19세기 중반
通航一覽	呂宋國 船舶	1687년	呂宋國	-	日本 紀伊國	상업	19세기 중반
通航一覽	越前國 船舶 28인	1688년	日本	-	韓國 巨濟島	-	19세기 중반
通航一覽	備前國人	1682년	日本	-	韓國 釜山 多大浦	-	19세기 중반

출처	표류민	표류시기	출발지	목적지	표착지	항해목적	작성시기
通航一覽	中國 福州船	1695년	中國 福州	-	日本 島津領 永良部島	상업	19세기 중반
日州船漂落記事	-	1696년	-	-	日本 鳥島	-	
通航一覽	韓國人 8인	1696년	韓國 釜山	-	日本 北海島	-	19세기 중반
通航一覽	韓國人 18인	1701년	韓國 長鬐	-	日本 長門國	상업	19세기 중반
通航一覽	韓國人 9인	1701년	韓國 長鬐	-	日本 長戶國	상업	19세기 중반
通航一覽	陸奧國 船舶	1706년	日本	-	中國 海南	상업	19세기 중반
遠州船無人島物語	遠州 船舶	1719년	日本 遠州	-	日本 鳥島	운송	
通航一覽	韓國 永會浦 漁夫 16인	1721년	韓國	-	日本 長戶國 大浦	어업	19세기 중반
通航一覽	中國 南京船	1726년	中國 南京	-	日本 肥後國 天草	상업	19세기 중반
通航一覽	朝鮮船	1735년	韓國	-	日本 永良部島	-	19세기 중반
竹內德兵衛魯國漂流談	竹內德兵衛 등 17인	1744년	日本	-	赤人國	운송	
通航一覽	中國 漳州船	1745년	中國 漳州 龍溪縣	中國 山東省	日本 薩摩	-	19세기 중반
通航一覽	陸奧國船	1751년	日本	日本 東京	中國 福寧府 秦嶼港	상업	19세기 중반

출처	표류민	표류시기	출발지	목적지	표착지	항해목적	작성시기
通航一覽	伊豆國, 陸奧國, 筑前國의 船舶	1753년	日本	-	呂宋國	-	19세기 중반
通航一覽	陸奧國船	1753년	日本 下總國	-	中國 惠州府	운송	19세기 중반
通航一覽	中國 南京船	1753년	中國 唐山	日本 長崎	日本 八丈島	상업	19세기 중반
通航一覽	布施田浦船	1755년	日本 伊勢國 太尾浦	-	臺灣	운송	19세기 중반
通航一覽	琉球 船舶	1756년	琉球	-	日本 肥前國 五島	-	19세기 중반
通航一覽	福吉丸	1761년	日本 仙臺領 荒濱	日本 東京	中國 南京	운송	19세기 중반
通航一覽	琉球船	1762년	琉球	琉球	日本 薩摩國	공무	19세기 중반
筑前船 漂流記 安南國 漂流物語	伊勢丸 선원 20인	1764년	琉球	日本 東京	呂宋國 Mindanao	운송	-
安南國 漂流物語	姬宮丸 선원 6인	1765년	日本 常陸國	-	安南國	운송	-
通航一覽	筑前國人 15인, 伊豆國人 1인	1765년	日本 奧州	日本 大阪, 東京 등	呂宋國	운송	19세기 중반
奧州人安南 國漂流記	住吉丸 등 6인	1767년	日本 奧州 小名濱	-	安南國	운송	

출처	표류민	표류시기	출발지	목적지	표착지	항해목적	작성시기
通航一覽	中國 福州船	1768년	中國 福州	中國 北京	日本 紀伊國 日置浦	상업	19세기 중반
通航一覽	韓國人 13인	1770년	韓國	-	日本 駿河國 興津浦	상업	19세기 중반
薩州人唐國漂流記	薩州船	1774년	日本 薩州	琉球	中國 舟山列島	공무	
通航一覽	尾張 廻船 선원 9인	1774년	日本 大阪	日本 大阪	琉球	운송	19세기 중반
中華漂流記	住吉丸 선원 13인	1779년	日本 大阪	-	中國 福建省	-	-
一葉丸福州漂流記	一葉丸	1779년	日本 紀州	-	中國 福州	운송	-
游房筆語	沈敬瞻 등	1780년	中國 南京		日本 安房國	상업	
通航一覽	中國 南京船	1780년	中國 乍浦	-	日本 安房國 千倉浦	상업	19세기 중반
通航一覽	中國 福州人 27인	1781년	中國 山東省 海陽縣	中國 福州	日本 薩摩	상업	19세기 중반
通航一覽	中國 杭州府 商船	1781년	中國 杭州		日本 長崎	상업	19세기 중반
松前船松榮丸唐國漂流	松榮丸 선원 14인	1788년	日本 松前	日本 東京	中國 廣東	운반	
鳥島物語	住吉丸	1789년	日本	-	日本 五島	상업	-

출처	표류민	표류시기	출발지	목적지	표착지	항해목적	작성시기
通航一覽	中國 福州 商人 34인	1789년	中國 遼東 錦州	中國 福州	日本 薩摩國	상업	19세기 중반
通航一覽	韓國 선박	1790년	韓國 興陽	-	日本 備前國 小德島	-	19세기 중반
南瓢記	大乘丸	1794년	日本	日本 東京	安南國	-	-
魯西亞國 舩渡來記	若宮丸	1794년	日本 陸奧國	日本 東京	Aleutian Islands	운송	-
羽州新屋敷 村吉太郎漂 流之聞書	德永丸 선원 5인	1795년	日本 陸奧國	-	呂宋國 Batan	-	-
松前人 韃靼漂流記	孫太郎安 次郎重兵衛	1795년	日本 松前 突符村	日本 奧尻島	中國 吉林 內伊皮韃	어업	-
靑森港儀兵 衛漂流始末 口書	-	1795년	-	-	呂宋國	-	-
通航一覽	中國 廣東省 魚船	1796년	中國	-	日本 陸奧國	어업	19세기 중반
無人島談話	-	1797년	-	-	日本 鳥島	-	-
寬政無人島 漂民浦賀番 所口書							
通航一覽	代官所 船舶 선원 6인	1798년	日本	-	韓國 景州 內甘浦	-	19세기 중반

출처	표류민	표류시기	출발지	목적지	표착지	항해목적	작성시기
享和漂民記 通航一覽	慶祥丸	1803년	日本 奧州	-	日本 千島列島	-	19세기 중반
通航一覽	中國 南京船	1806년	中國	-	日本 下総國 銚子浦	-	19세기 중반
文化十三年 丙子歲薩州 漂客見聞錄	日本	1815년	日本	-	中國 廣東	-	
通航一覽	中國 南京船	1815년	中國 乍浦	日本 長崎	伊豆國 下田 賀茂郡	상업	19세기 중반
パラホ物語	神社丸 선원 12인	1821년	日本 大辻浦	日本 東京	Palau Island	운송	-
文政九戌年 越前之者九 人唐國南京 省中漂流覚 書	寶力丸 9인	1826년	日本 蝦夷地 浦河	日本 大阪	中國 松江府	-	
融勢丸唐流 歸國記	融勢丸 선원 11인	1827년	日本 八戶鮫浦	日本 東京	呂宋國	운송	-
神力丸馬丹 漂流口書	神力丸 선원 19인	1830년	日本 備前國	日本 東京	呂宋國	운송	-
漂客談奇	-	1840년	日本	-	U.S.A	-	-
海外異聞	榮壽丸	1843년	日本 攝津國	日本 奧州	바다에서 스페인 선박에 의해 구조	-	-
漂流記	彦蔵	1850년	日本 播州	日本 上方	U.S.A San-francisco	-	-

출처	표류민	표류시기	출발지	목적지	표착지	항해목적	작성시기
播州人米國漂流始末							
漂民蠻話	天壽丸 선원 13인	1850년	日本 東京	日本 上方	바다에서 미국 선박에 구조	-	-
越前國新保村竹內藤右衛門舩國田兵右衛門舩韃靼江漂流之事	三國浦新保村船舶	1643~1654년	日本	-	Russia Posyet Bay		
伊勢國松坂七郎兵衛異國江吹流され夫より蝦夷へ渡りし事	伊勢松坂船	1655~1663년	日本	-	擇捉島	-	
江戶堀江町宮本善八舩無人嶋へ漂着之事	江戶堀江町船舶	1735~1747년	日本 東京	-	日本 鳥島		
薩摩國の舩琉球の回米を積難風ニ逢界國へ漂着の事	薩摩國船舶	1735~1747년	日本 八重山	日本 薩摩	中國	-	-
漂海記	神力丸	1747~1762년	日本 陸奧國	日本 東京	中國 福建省		
十三夜丸臺灣漂流記	十三夜丸	1747~1762년	日本 奧州	-	中國 廣東	-	-

출처	표류민	표류시기	출발지	목적지	표착지	항해목적	작성시기
志摩國鳥羽の小平次臺灣國江漂着之事	若市丸	1747~1762년	日本 志摩國 布施田浦	-	臺灣	-	-
奧州大笹村武右衛門舩南通州江漂着之事	福吉丸	1747~1762년	日本 陸奧國	-	中國 南通州	-	-
奧州津輕郡石崎村佐右衛門舩朝鮮國へ漂着之事	陸奧國 船舶	1747~1762년	日本	-	韓國 江原道 江陵	-	-
漂客紀事	中國 元順號	1770~1779년	中國	-	日本 安房國 朝夷郡 千倉	-	-
藝口漂流人帰国之事	稻若丸	1780~1817년	日本 安芸國	日本 伊勢國	日本 伊豆 下田沖	-	-
神昌丸漂民記	神昌丸	1780~1817년	日本 伊勢國	-	Aleutian Islands Amchitka	-	-
漂流記: 永壽丸	永壽丸	1780~1817년	日本 薩摩	-	千島列島	-	-
漂流記: 督乘丸	督乘丸	1780~1817년	日本 東京	-	Santa Barbara	-	-
呂宋國漂流記	觀音丸	1817~1846년	日本 陸奧國	日本 東京	呂宋國	운송	-
乙巳漂客記聞	幸寶丸	1817~1846년	日本 阿波國	日本 東京	日本 鳥島	-	-

출처	표류민	표류시기	출발지	목적지	표착지	항해목적	작성시기
大日本土佐國漁師漂流記	万次郎	1817~1846년	日本 東京	-	日本 鳥島	어업	-
雲州人漂流記	浮龜丸	1846~1867년	日本 東京	日本 奧州	中國 乍浦	-	-

부록

표해록 연구 자료 일람

국문

단행본

갈진가 엮음, 『崔溥漂海录研究』(社會科學文獻出版社, 1995).

강봉룡 외, 『해로와 포구』(경인문화사, 2010).

강봉룡, 『바다에 새겨진 한국사』(한얼미디어, 2005).

고창석, 김상옥 옮김, 『濟州啓錄』(제주발전연구원, 2012).

국립문화재연구소, 『동아시아 표해록과 표류의 문화사』(국립문화재연구소, 2012).

국립제주박물관, 『탐라와 유구왕국』(국립제주박물관, 2007).

국사편찬위원회, 『이방인이 본 우리』(두산동아, 2009).

권무일, 『(평설) 이방익 표류기』(평민사, 2017).

규장각한국학연구원 엮음, 『조선 사람의 세계여행』(글항아리, 2011).

기타지마 만지 외, 『한일 교류와 상극의 역사』(경인문화사, 2010).

김강식, 『조선시대 표해록 속의 표류민과 해역』(선인, 2018).

김경미, 『고전 서사문학에 나타난) 이방인』(보고사, 2013).

김기정 지음, 이승현 그림, 『별난 양반 이선달 표류기』 1~3(웅진싱크빅, 2011).

김문식, 『조선후기 지식인의 대외인식』(새문사, 2009).

김미선, 『호남의 포로실기 문학』(경인문화사, 2014).

김민호, 『조선 선비의 중국견문록: 연행록·표해록 속 중국 이야기』(문학동네, 2018).

김봉옥, 김지홍, 『옛 제주인의 표해록』(전국문화원연합 제주도지회, 2001).

김성준, 『배와 항해의 역사』(혜안, 2010).

_____, 『한국항해선박사』(문현, 2014).

김세곤, 『호남 정신의 뿌리를 찾아서: 義의 길을 가다』(온새미로, 2010).

김시덕, 『동아시아, 해양과 대륙이 맞서다: 임진왜란부터 태평양전쟁까지 동아시아 오백년사』(메디치, 2015).

김영원, 『항해와 표류의 역사』(솔, 2003).

김용의 옮김, 『유로설전』(전남대학교 출판부, 2010).

김유정, 『제주 해양 문화 읽기: 돌, 바람, 여자, 가뭄, 말 그리고 신화의 섬』(가람과 뫼, 2017).

김인배, 『고대로 흐르는 물길』(세종서적, 1995).

남종영, 손택수, 『해서열전』(글항아리, 2016).

다와타 싱이치로오 지음, 조강희 옮김, 『「유구·여송 표해록」 연구』(박문사, 2011).

단국대학교 동양학연구소, 『동아시아 삼국의 상호 교류와 소통의 양면성』(문예원, 2011).

모모키 시로 엮음, 최연식 옮김, 『해역아시아사 연구 입문』(민속원, 2012).

목포대학교 도서문화연구원, 『표류기록의 활용과 연구 사례』(목포대학교 도서문화연구원, 2011).

무라이 쇼스케 지음, 김강일 외 옮김, 『동아시아속의 중세한국과 일본』(경인문화사, 2008).

민덕기, 『조선시대 일본의 대외 교섭』(경인문화사, 2010).

朴元熇, 『(崔溥) 漂海錄: 譯註』(고려대학교 출판부, 2006).

_____, 『(崔溥) 漂海錄: 硏究』(고려대학교 출판부, 2006).

박의서 엮음, 『기록 따라 떠나는 한국고전기행』(세창미디어, 2017).

박천홍, 『(악령이 출몰하던) 조선의 바다』(현실문화, 2008).

박현규, 『동아시아 해상 표류와 해신 마조』(학고방, 2018).

박화목 엮음, 『표해록』(금성출판사, 1996).

부경대학교 대마도연구센터, 『부산과 대마도의 2천년』(국학자료원, 2010).

부경대학교 인문역량강화사업단, 『해양인문학이란 무엇인가』(한국학술정보, 2018).

서미경, 『홍어장수 문순득, 조선을 깨우다』(북스토리, 2010).

서인범, 『명대의 운하길을 걷다』(한길사, 2012).

_____, 『崔溥『漂海錄』 연구: 최부가 묘사한 중국의 江北과 遼東』(국사편찬위원회, 2003).

소재영 외, 『여행과 체험의 문학』(민족문화문고간행회, 1985).

손승철, 『조선후기 한일관계, 전쟁과 평화』(경인문화사, 2017).

송정규, 『해외문견록: 제주목사 송정규, 바다 건너 경이로운 이야기를 기록하다』(휴머니스트, 2015).

신기수 지음, 김경희 옮김, 『조선통신사의 여정: 서울에서 에도 '성신(誠信)의 길'을 찾아서』(월인, 2018).

신동규, 『근세 동아시아 속의 日·朝·蘭 國際關係史』(경인문화사, 2007).

신병주, 『조선 최고의 명저들』(휴머니스트, 2006).

신종원 외 7인, 『한국 해양 및 도서 신앙의 민속과 설화』 1, 2(해상왕장보고기념 사업회, 2006).

안영길, 『(문화콘텐츠로서의)『표해록』 읽기와 활용』(지식과 교양, 2012).

_____, 『고전문학의 산책과 전망』(아세아문화사, 2011).

원종태, 원종서, 『중국 운하 대장정』(생각나눔, 2014).

원중거 지음, 김경숙 옮김, 『조선 후기 지식인, 일본과 만나다』(소명출판, 2006).

윤명철, 『동아지중해호 뗏목을 타고』(수동예림, 2018).

_____, 『한국 해양사 연구』(학연문화사, 2014).

_____, 『해양사연구방법론』(학연문화사, 2012).

윤용택, 『제주와 오키나와: 동아시아 지역간 이동과 교류』(보고사, 2013).

윤치부, 『韓國海洋文學硏究』(學文社, 1993).

이수곤, 『조선후기의 탈중세적 징후들: 국문시가를 중심으로 한 문학주제학적 접근』(서강대학교 출판부, 2014).

이종호, 『과학 한국을 이끈 역사 속 명저』(글로연, 2010).

이청규, 『해양문화의 보고, 제주바다』(서경문화사, 2017).

이퐁 지음, 김윤정 그림, 『홍어 장수 문순득 표류기』(책속물고기, 2018).

이한우, 『조선을 통(通)하다: 실록으로 읽는 조선 역관 이야기』(21세기북스, 2013).

이훈, 『朝鮮後期 漂流民과 韓日關係』(국학자료원, 2000).

임동권, 『한국에서 본 日本의 民俗文化』(민속원, 2004).

임형택, 『한국학의 동아시아적 지평』(창비, 2014).

장영주, 강성수, 『(읽기 쉬운 장한철의) 표해록』 1~2(영주, 2014).

장한철 지음, 김지홍 옮김, 『장한철 표해록: 큰글씨책』(지식을만드는지식, 2018).

장한철 지음, 송창빈 옮김, 『新幹社』(新幹社, 1990).

장한철 지음, 정병욱 옮김, 『漂海錄』(범우사, 1993).

장한철 지음, 한창훈 옮김, 한주연 그림, 『제주 선비 구사일생 표류기』(한겨례출판, 2008).

전남대학교 일본문화연구센터, 『한일문화교류와 표상』(전남대학교 출판부, 2012).

전은자, 『제주 표착과 제주인의 표류』(서귀포문화원, 2013).

정성일, 『전라도와 일본: 조선시대 해난사고 분석』(경인문화사, 2013).

정운경, 『탐라문견록, 바다 밖의 넓은 세상: 18세기 조선 지식인의 제주 르포』(휴머니스트, 2008).

정진술, 이민웅 외 2인, 『다시 보는 한국해양사』(신서원, 2009).

조규익 외, 『해양문학을 찾아서』(집문당, 1994).

조성원, 『조선 선비 최부의 표해록: 현대해설판』(해드림출판사, 2017).

조세현, 『천하의 바다에서 국가의 바다로』(일조각, 2016).

_____, 『해양대만과 대륙중국』(부경대학교 출판부, 2017).

조용호 외, 『고전문학과 바다』(민속원, 2015).

주강현, 『제국의 바다 식민의 바다』(웅진씽크빅, 2005).

_____, 『조선 사람 표류기』(나무를 심는 사람들, 2013).

_____, 『환동해 문명사: 잃어버린 문명의 회랑』(돌베개, 2015).

주희춘, 『제주 고대항로를 추적한다』(주류성, 2008).

진선희, 『제주바당 표류의 기억: 살아남은 자의 기록 표해록』(민속원, 2017).

_____, 『표류, 열린 세상 향한 긍정의 언어』(제주발전연구원, 2011).

최광식, 『한국해양사자료집』(해상왕장보고기념사업회, 2004).

최두찬 지음, 박동욱 옮김, 『승사록, 조선 선비의 중국 강남 표류기』(휴머니스트, 2011).

최부 지음, 김찬순 옮김, 『표해록: 조선 선비 중국을 표류하다』(보리, 2006).

최부 지음, 김충수 옮김, 『표해록: 바다 건너 뭍길 따라, 붓으로 그려 낸 명나라 풍경』(웅진씽크빅, 2007).

최부 지음, 방현희 옮김, 『표해록: 조선 선비가 본 드넓은 아시아』(알마, 2009).

최부 지음, 서인범, 주성지 옮김, 『표해록』(한길사, 2004).

최부 지음, 유치부 옮김, 『(註解) 표해록』(박이정출판사, 1998).

최부 지음, 최기홍 옮김, 『(금남선생) 표해록』(敎養社, 1989).

최부 지음, 최기홍, 최철호 옮김, 『표해록: 1488. 1. 30~6. 4』(연암서가, 2016).

최성환, 『문순득 표류 연구: 조선후기 문순득의 표류와 세계인식』(민속원, 2012).

_____, 『바다로 간 천사, 섬이 되다: 신안이야기』(신안문화원, 2012).

최영화, 『조선후기 표해록 연구』(보고사, 2018).

쿄오카이 지음, 정천구 옮김, 『일본영이기: 일본 최초의 불교설화집』(씨아이알, 2011).

풍계현정 지음, 김상현 옮김, 『일본표해록』(동국대학교 출판부, 2010).

하마시타 다케시 외, 『조공 시스템과 근대 아시아』(소명출판, 2018).

하우봉 외, 『(해양사관으로 본) 한국사의 재조명』(해상왕장보고기념사업회, 2004).

_____, 『朝鮮과 琉球』(아르케, 2002).

하우봉, 『조선시대 바다를 통한 교류』(경인문화사, 2016).

_____, 『조선시대 한국인의 일본인식』(혜안, 2006).

_____, 『조선시대 해양국가와의 교류사』(경인문화사, 2014).

한국고전문학교육학회, 『중세 여행체험과 문학교육』(월인, 2012).

한국학술정보, 『사행록 해행총제』 1~16(한국학술정보, 2008).

한일관계사학회, 『조선시대 한일표류민연구』(국학자료원, 2001).

허경진 엮음, 『통신사 필담창화집 문학연구』(보고사, 2011).

허경진 외, 『동아시아 문화 교류와 이동의 기록』(보고사, 2015).

허경진, 구지현, 『조선시대 표류노드 시각망 연구일지』(보고사, 2016).

현해당 옮김, 『그리운 청산도: 장한철의 표해록 外』(한국학술정보, 2006).

혜초 외, 『왕오천축국전 표해록: 혜초·최부 작품집』(삼성비엔씨, 2010).

혜초, 최부 지음, 박정호 그림, 『왕오천축국전, 표해록』(고래, 2013).

_____, 『혜초·최부 작품집』(흙마당주니어, 2013).

논문

Daniel Connolly(대니얼 커널리), 「이방인 구조하기: 19세기 동아시아에서의 표류 선원에 대한 관점의 충돌」, 『국제관계연구』 Vol.23(고려대학교 일민국제관계연구원, 2018).

Gao, Jianhui, 「崔溥《漂海錄》硏究」, 경북대학교 대학원 중어중문학과 석사학위논문(2012).

Siegfroied 외, 「섬[濟州島] 탐험과 동해 중국에서의 표류」, 『濟州島史硏究』 Vol.3(제주도사연구회, 1994).

강영순, 「한중 중세 지식 소통에 관한 연구: 아담에 나타난 중국체험의 문화적 형상화를 중심으로」, 『열상고전연구』 Vol.15(洌上古典硏究會, 2002).

고동환, 「조선후기 商船의 航行條件」, 『한국사연구』 Vol.123(한국사연구회, 2003).

_____, 「조선후기 船商活動과 浦口間 商品流通의 양상: 漂流關係記錄을 중심으로」, 『한국문화』 Vol.14(서울대학교 한국문화연구소, 1993).

고석규, 「조선시기 표류경험의 기록과 활용」, 『島嶼文化』 Vol.31(국립목포대학교 도서문화연구원, 2008).

구도영, 「16세기 조선의 '寧波의 亂' 관련자 표류인 송환」, 『역사학보』 Vol.224(역사학회, 2014).

기무라 준야, 「『유로설전(遺老說傳)』 소재 설화로부터 읽는 "근세 류큐"의 영토 의식: 류큐를 형성하는 "안"과 "밖"」, 『淵民學志』 Vol.24(연민학회, 2015).

김강식, 「『漂人領來謄錄』 속의 경상도 표류민과 해역」, 『역사와 경계』 Vol.103(부산경남사학회, 2017).

＿＿＿, 「李志恒 『漂舟錄』 속의 漂流民과 海域 세계」, 『해항도시문화교섭학』 Vol.16(한국해양대학교 국제해양문제연구소, 2017).

＿＿＿, 「원류(原流), 인간(人間), 교류(交流): 『표인영래등록(漂人領來謄錄)』 속의 제주도(濟州島) 표류민(漂流民)과 해역(海域)」, 『탐라문화』 Vol.51(제주대학교 탐라문화연구소, 2016).

김강일, 「전근대 한국의 海難救助와 漂流民 구조 시스템」, 『東北亞歷史論叢』 Vol.28(동북아역사재단, 2010).

김경미, 「최부 『표해록』의 관광학적 고찰」, 『관광경영연구』 Vol.83(관광경영학회, 2018).

김경옥, 「15~19세기 琉球人의 朝鮮 漂着과 送還 실태: 『朝鮮王朝實錄』을 중심으로」, 『지방사와 지방문화』 Vol.15(역사문화학회, 2012).

＿＿＿, 「18~19세기 서남해 도서지역 漂到民들의 추이 - 『備邊司謄錄』 『問情別單』을 중심으로」, 『朝鮮時代史學報』 Vol.44(조선시대사학회, 2008).

＿＿＿, 「18세기 장한철(張漢喆)의 『표해록(漂海錄)』을 통해 본 해외체험(海外體驗)」, 『역사학연구』 Vol.48(호남사학회, 2012).

＿＿＿, 「19세기 초 문순득의 표류담을 통해 본 선박건조술」, 『역사민속학』 Vol.24(한국역사민속학회, 2007).

＿＿＿, 「근세 동아시아 해역의 표류연구 동향과 과제」, 『명청사연구』 Vol.48(명

청사학회, 2017).

＿＿＿,「조선의 對淸關係와 西海海域에 표류한 중국 사람들」,『한일관계사 연구』Vol.49(한일관계사학회, 2014).

김나영,「15~19세기 표류 제주인의 출신지 휘칭(諱稱) 양상에 대한 고찰」,『지방사와 지방문화』Vol.19(역사문화학회, 2016).

＿＿＿,「조선시대 제주도 漂流·漂到人을 통한 정보·지식의 유입 양상」,『역사민속학』Vol.54(한국역사민속학회, 2018).

＿＿＿,「조선시대 제주인의 표류 발생 배경과 실태」,『탐라문화』Vol.57(탐라문화연구원, 2018).

＿＿＿,「조선시대 濟州島 漂流. 漂到 연구」, 제주대학교 일반대학원 사학과 박사학위논문, 2017.

＿＿＿,「조선후기 濟州人의 故漂양상에 대한 고찰」,『한국사연구』Vol.177(한국사연구회, 2017).

김동욱,「〈유구국세자〉이야기의 유변양상」,『韓民族語文學』Vol.44(한민족어문학회, 2004).

김동전,「18세기 '問情別單'을 통해 본중국 漂着 濟州人의 漂還 실태」,『한국학연구』Vol.42(인하대학교 한국학연구소, 2016).

김문식,『書李邦翼事』에 나타나는 朴趾源의 지리고증」,『한국실학연구』Vol.15(한국실학학회, 2008).

김미선,「조선시대 기행일기의 범주에 대한 논의」,『국학연구』Vol.35(한국국학진흥원, 2018).

金美善,「崔溥『漂海錄』의 기행문학적 연구」, 전남대학교 대학원 국어국문학과 석사학위논문(2006).

김미숙,「해남 대흥사 천불상 조성 설화의 현대적 재조명」,『南道文化研究』

Vol.31(순천대학교 남도문화연구소, 2016).

김민호, 「朝鮮人의 他者認識」, 『中國小說論叢』 Vol.41(한국중국소설학회, 2013).

김봉곤, 「최부(崔溥)의 중국표해(中國漂海)와 유학사상(儒學思想)」, 『韓國思想史學』 Vol.40(한국사상사학회, 2012).

김선희, 「'중심' 공간으로서의 한일 경계지역 연구」, 『도시연구』 Vol.12(도시사학회, 2014).

김성준, 「『표해록』에 나타난 조선 시대 선원 조직과 항해술」, 『한국항해항만학회지』 Vol.30(한국항해항만학회, 2006).

김성진, 「『江海乘槎錄』의 書誌事項과 唱和紀俗에 대하여」, 『동양한문학연구』 Vol.26(동양한문학회, 2008).

김수연, 「표류지에 대한 조선후기 상상력 일고」, 『이화어문논집』 Vol.37(이화어문학회, 2015).

김오진, 「조선시대 이상기후와 관련된 제주민의 해양 활동」, 『기후연구』 Vol.4(건국대학교 기후연구소, 2009).

김용기, 「〈태원지〉의 海洋 漂流와 島嶼間 이동의 의미」, 『島嶼文化』 Vol.41(목포대학교 도서문화연구원, 2013).

_____, 「〈太原誌〉의 서사적 특징과 왕조교체」, 『古小說研究』 Vol.34(한국고소설학회, 2012).

김용태, 「표해록(漂海錄)의 전통에서 본 『海外聞見錄』의 위상과 가치」, 『韓國漢文學研究』 Vol.48(한국한문학회, 2011).

_____, 「한국한문학 자료에 나타난 베트남 인식의 몇 가지 갈래」, 『韓國漢文學研究』 Vol.45(한국한문학회, 2010).

김윤희, 「〈표해가〉의 형상화 양상과 문학사적 의의」, 『古典文學研究』 Vol.34(한국고전문학회, 2008).

김은종, 「금남 표해록의 교육적 활용 방안 연구」, 전남대학교 교육대학원 교육학과 석사학위논문(2007).

김재승, 「한국, 유구 간 표류에 의한 문화적 접촉」, 『東西史學』 Vol.2(한국동서사학회, 1996).

김정녀, 「최부의 [표해록]을 통해 본 15세기 朝鮮과 明朝 문화 교류의 현장」, 『고전과 해석』 Vol.3(고전문학한문학연구학회, 2007).

_____, 「고전서사문학에서 해양문학론의 현황과 전망」, 『인문사회과학연구』 Vol.12(부경대학교 인문사회과학연구소, 2011).

김정숙, 「조선시대 필기, 야담집 속 琉球체험과 형상화」, 『漢文學論集』 Vol.32(근역한문학회, 2011).

_____, 「조선후기 體驗과 想像의 日本 – 日本을 바라보는 다양한 시선들」, 『韓民族語文學』 Vol.59(한민족어문학회, 2011).

김창겸, 「당에서 신라를 다녀간 사신들의 항로와 해양경험 –《태평광기》를 중심으로 – 」, 『新羅史學報』 Vol.17(신라사학회, 2009).

김해영, 양진건, 「조선조 제주교육사 형성의 동인(動因)으로서 표류에 관한 연구」, 『敎育思想研究』 Vol.23(한국교육사상학회, 2009).

나종우, 「고려시대의 대일관계」, 『International Journal of Korean History』 Vol.10(고려대학교 한국사연구소, 2006).

남미혜, 「17세기 중엽 조선 승려의 이국 체험 谷雲集 소재 〈법성전〉의 표류기를 중심으로」, 『東洋古典研究』 Vol.28(동양고전학회, 2007).

남이슬, 「18세기 淸國人의 海洋犯越 硏究: 朝鮮으로의 犯越 사례를 중심으로」, 강원대학교 일반대학원 석사학위논문(2015).

남호현, 「李邦翼 漂海記錄에 나타난 '서로 다른 길'」, 『서강인문논총』 Vol.51(서강대학교 인문과학연구소, 2018).

대림검, 「표류기록(漂流記錄)을 통해 본 19세기 초 조선 선비의 실천론(實踐論)과 대청인식(對淸認識) - 『승차록(乘槎錄)』・『표해록(漂海錄)』을 중심으로」, 『民族文化研究』 Vol.81(고려대학교 민족문화연구원, 2018).

류서풍, 「근세동아해역(近世東亞海域)의 위장표류사건(僞裝漂流事件): 도광년간(道光年間) 조선(朝鮮) 고한록(高閒祿)의 중국표류사례(中國漂流事例)」, 『韓國學論集』 Vol.45(한양대학교 한국학연구소, 2009).

_____, 「淸代 中國의 外國人 漂流民의 救助와 送還에 대하여: 朝鮮人과 日本人의 사례를 중심으로」, 『東北亞歷史論叢』 Vol.28(동북아역사재단, 2010).

李市埈, 「『금석이야기집(今昔物語集)』의 이계(異界)・이향(異鄕) 관련 설화에 관한 고찰」, 『일본학연구』 Vol.53(단국대학교 일본연구소, 2018).

마츠우라 아키라, 「근세동아시아해역에서의 중국선의 표착필담기록」, 『韓國學論集』 Vol.45(한양대학교 한국학연구소, 2009).

문경호, 「『漂民對話』의 사료적 가치와 표류선의 구조」, 『島嶼文化』 Vol.46(목포대학교 도서문화연구소, 2015).

민덕기 외, 「韓日間 漂流民에 관한 硏究」, 『한일관계사연구』 Vol.12(한일관계사학회, 2000).

박경화, 「高麗前期 日本과의 交涉과 認識」, 고려대학교 교육대학원 역사교육전공 석사학위논문(2009).

박근옹, 「漂民對話의 조선학적 고찰(漂流船舶의 船型 推定)」, 『大韓造船學會論文集』 Vol.48(대한조선학회, 2011).

박동욱, 「崔斗燦의 『乘槎錄』에 나타난 韓中 知識人의 相互認識」, 『韓國學論集』 Vol.45(한양대학교 한국학연구소, 2009).

박수밀, 「고전문학 한문학: 유구 세자 이야기의 진실과 변이(變移) 양상 - 역사적 사건의 굴절 양상과 그 의미 - 」, 『우리어문연구』 Vol.51(우리어문학회, 2015).

박영미, 「문학의 통속화, 통속의 문학화: 『표해록(漂海錄)』과 『통속표해록(通俗漂海錄)』의 비교를 통해 "통속"의 의미 재고(再考)」, 『漢文學論集』 Vol.39(근역한문학회, 2014).

박영철, 「華夷의 交流와 漂流」, 『역사학보』 Vol.238(역사학회, 2018).

박원호, 「明代 朝鮮 漂流民의 送還節次와 情報傳達 – 崔溥 『漂海錄』을 중심으로 – 」, 『명청사연구』 Vol.24(명청사학회, 2005).

＿＿＿, 「일역 『통속표해록(通俗漂海錄)』과 언해본(諺解本) 『표해록』의 서지학적 고찰」, 『동방학지』 Vol.126(연세대학교 국학연구원, 2004).

박정자, 「『조선물어(朝鮮物語)』에서 표류일본인들에게 비춰진 조선사정」, 『日語日文學硏究』 Vol.59(한국일어일문학회, 2006).

박진성, 「신자료 梁知會의 『漂海錄』 연구」, 『語文硏究』 Vol.44(한국어문교육연구회, 2016).

＿＿＿, 「양지회 『표해록』의 서술적 특징 연구」, 『정신문화연구』 Vol.40(한국학중앙연구원, 2017).

박현규, 「1688년 조선 濟州島에 표착한 潮州 출항선 기록 검토」, 『동북아 문화연구』 Vol.14(동북아시아문화학회, 2008).

＿＿＿, 「1741년 중국 臨海에 표류한 禮義의 나라 조선인 관찰기: 청 齋周華의 〈高麗風俗記〉를 중심으로」, 『동북아문화연구』 Vol.18(동북아시아문화학회, 2009).

＿＿＿, 「1880년 朝鮮 庇仁縣에 표착한 潮州. 泰國 상인의 표류 사정과 교역 활동」, 『島嶼文化』 Vol.42(목포대학교 도서문화연구원, 2013).

＿＿＿, 「高麗 賀平蜀使의 수로 교통 – 鄭夢周 기록을 중심으로」, 『포은학연구』 Vol.4(포은학회, 2009).

＿＿＿, 「문순득 행적과 기록에 관한 차기(箚記)」, 『東方漢文學』 Vol.50(동방한문

학회, 2012).

_____, 「태국화상 許必濟의 고향 隆都 前埔村과 조선 표류에 관한 고찰」, 『한국태국학회논총』 Vol.21(한국태국학회, 2014).

박현진, 「17~18세기 네덜란드와 조선의 상호인식」, 동국대학교 대학원 역사교육학과 석사학위논문(2016).

배숙희, 「宋代 東亞 海域上 漂流民의 發生과 送還」, 『中國史硏究』 Vol.65(중국사학회, 2010).

백순철, 「李邦翼의 〈漂海歌〉에 나타난 표류 체험의 양상과 바다의 표상적 의미」, 『韓民族語文學』 Vol.62(한민족어문학회, 2012).

백옥경, 「조선시대사 연구와 대외관계 자료」, 『朝鮮時代史學報』 Vol.79(조선시대사학회, 2016).

서인범, 「明代 浙江지역의 海防體制와 조선 官人 崔溥의 漂着」, 『한국학연구』 Vol.28(인하대학교 한국학연구소, 2012).

서인석, 「최부의 〈표해록〉에 나타난 해외 체험과 체험의 대화적 재구성」, 『고전문학과 교육』 Vol.13(한국고전문학교육학회, 2007).

_____, 「최부의 『표해록』과 사림파 관료의 중국 체험」, 『한국문화연구』 Vol.10(이화여자대학교 한국문화연구원, 2006).

서평자, 「〈서평〉 『朝鮮後期 漂流民과 韓日關係』, 李薰(國學資料院, 1999, 485쪽)」, 『한일관계사연구』 Vol.12(한일관계사학회, 2000).

설흔, 「이선달과 정좌랑, 혹은 이지항과 정약전」, 『창비어린이』 Vol.9(창비어린이, 2011).

손승철, 「조선후기 강원도의 표류민 발생과 송환」, 『인문과학연구』 Vol.45(강원대학교 인문과학연구소, 2015).

손지수, 「『표해록(漂海錄)』과 『승차록(乘蹉錄)』에 나타난 산동(山東) 인식의 비교」, 『남명학연구』 Vol.44(경상대학교 남명학연구소, 2014).

松本智也, 「표류기에 보이는 에도시대 일본 민중의 조선에 대한 인식」, 고려대학교 대학원 중일어문학과 석사학위논문(2015).

송화섭, 「동아시아 태평양의 두 고래이야기: 捕鯨과 鯨神 - 한반도 남해안을 중심으로 - 」, 『島嶼文化』 Vol.50(목포대학교 도서문화연구원, 2017).

_____, 「동아시아 해양신앙과 제주도의 영등할망, 선문대할망」, 『탐라문화』 Vol.37(제주대학교 탐라문화연구소, 2010).

_____, 「韓·中 觀音化身說話의 比較 硏究」, 『역사민속학』 Vol.30(한국역사민속학회, 2009).

스즈키 아키라, 「문예로서의 도해기(渡海記), 표류기(漂流記): 바다와 해역을 둘러싼 표현의 계통」, 『淵民學志』 Vol.24(연민학회, 2015).

신동규, 「근세 漂流民의 송환유형과 "國際關係" - 조선과 일본의 제3국 경유 송환유형을 중심으로 - 」, 『江原史學』 Vol.18(강원사학회, 2002).

_____, 「前近代 일본의 西洋 異國船 표착처리」, 『한일관계사연구』 Vol.25(한일관계사학회, 2006).

신명호, 「조선후기 해양인식과 표류인 정책 - 『典客司日記』를 중심으로」, 『해양문화학』 Vol.2(한국해양문화학회, 2006).

신상필, 「연암 박지원의 〈서이방익사(書李邦翼事)〉를 통해 본 조선후기 해외인식」, 『한국고전연구』 Vol.27(한국고전연구학회, 2013).

신현배, 「[한국사 이야기] 중국에 표류하여 136일 만에 고국에 돌아오다」, 『기계저널』 Vol.58(대한기계학회, 2018).

심민정, 「한일해양관계사 연구의 현황과 전망」, 『동북아 문화연구』 Vol.21(동북아시아문화학회, 2009).

심의섭, 「朝鮮初 對琉球 經濟와 貿易에 관한 硏究(1392 - 1494)」, 『경영연구』

Vol.15(明知大學校 經濟研究所, 1997).

안대회, 「餘窩 睦萬中의 표류인 전기 『金福壽傳』 연구」, 『한국문화』 Vol.68(서울대학교 규장각한국학연구원, 2014).

안영길, 「『표해록』의 '표류'를 중심으로 한 드라마화의 사례 연구」, 『國際言語文學』 Vol.24(國際言語文學會, 2011).

안재연, 「채정란 『해남잡저』와 19세기 대만 표류기」, 『동북아시아문화학회 국제학술대회 발표자료집』(2018).

양지하, 「17세기 중엽 조선에 표류한 鄭成功(정성공) 계열 海商(해상)에 대한 조선 지배층의 인식과 그 성격」, 『梨花史學研究』 Vol.50(이화사학연구소, 2015).

양진건, 「朝鮮時代 濟州島 住民의 異文化理解가 濟州教育에 미친 影響 – 濟州島住民의 漂流記錄을 中心으로」, 『한국교육사학』 Vol.33(한국교육사학회, 2011).

오어진, 「제주 해양소설 연구」, 제주대학교 대학원 국어국문학과 석사학위논문(2012).

왕금룡 지음, 최철호 옮김, 「최부(崔溥)의 표해(漂海) 상륙(上陸) 태주(台州) 경과 지역에 대한 고찰」, 『민족연구』 Vol.31(한국민족연구원, 2007).

왕천천, 「朝鮮 漂流民에 대한 明의 救助體制」, 『역사민속학』 Vol.40(한국역사민속학회, 2012).

_____, 「朝鮮의 中國 漂流民 송환 방식 변화와 淸初 동아시아 해역」, 제주대학교 대학원 한국학협동과정 박사학위논문(2016).

_____, 「從南明漂流民的遣送看淸初東亞海域: 인조25년 徐勝 표류 사건을 통해 본 동아시아해역」, 『中國學研究』 Vol.75(중국학연구회, 2016).

_____, 「漂海錄을 통해서 본 明代 朝鮮 漂流民의 救助 研究」, 제주대학교 대학원 한국학협동과정 석사학위논문(2012).

원종민, 「『雲谷雜著』를 통해본 조선후기 표류 중국인에 대한 구조 활동」, 『中國

學研究』 Vol.58(중국학연구회, 2011).

_____, 「『濟州啓錄』에 기록된 19세기 제주도민의 해난사고와 중국표류」, 『中國學研究』 Vol.66(중국학연구회, 2013).

_____, 「『지영록(知瀛錄)』을 통해본 외국인 표류상황과 의사소통 과정」, 『中國研究』 Vol.48(한국외국어대학교 국제지역연구센터 중국연구소, 2010).

_____, 「『玄洲漫錄』·『雲谷雜著』를 통해 본 표류 중국인과의 의사소통 과정 및 問情기록」, 『中國學研究』 Vol.60(중국학연구회, 2012).

_____, 「文淳得의 『漂海始末』에 기록된 세 가지 외국어와 그 가치」, 『中國學研究』 Vol.56(중국학연구회, 2011).

_____, 「조선에 표류한 중국인의 유형과 그 사회적 영향」, 『中國學研究』 Vol.44(중국학연구회, 2008).

_____, 「漂海錄에 기록된 동아시아의 언어」, 『島嶼文化』 Vol.40(목포대학교 도서문화연구소, 2012).

유귀영, 「고전소설의 유망 서사 연구」, 경북대학교 대학원 국어국문학과 고전문학전공 박사학위논문(2017).

유춘동, 「새 자료 서강대 소장, 최부(崔溥)의 『금남표해록』 한글본 연구」, 『열상고전연구』 Vol.53(열상고전연구회, 2016).

윤명철, 「漂流의 발생과 역할에 대한 탐구 - 동아시아 해역을 배경으로 - 」, 『동아시아고대학』 Vol.18(동아시아고대학회, 2008).

윤일수, 「「만강홍」에 나타난 장한철 표류담의 계승과 변이(Ⅰ)」, 『語文學』 Vol.28(韓國語文學會, 1995).

_____, 「「만강홍」에 나타난 장한철 표류담의 계승과 변이(Ⅱ)」, 『語文學』 Vol.58(韓國語文學會, 1996).

_____, 「표류담의 전통과 작품화」, 『韓民族語文學』 Vol.21(韓民族語文學會, 1992).

윤주필, 「한국 고전문학에서 본 중국 산동과 강남의 체험과 인식」, 『열상고전연구』 Vol.44(열상고전연구회, 2015).

윤치부, 「金非衣 일행의 漂海錄 고찰」, 『겨레어문학』 Vol.15(건국대학교 국어국문학연구회, 1991).

_____, 「韓國 海洋文學 硏究: 漂海類 作品을 중심으로」, 건국대학교 대학원 국어국문학과 박사학위논문(1992).

이경엽, 「고전문학에 나타난 해양 인식 태도: 漁父歌·漂海錄·漁撈謠를 중심으로」, 『島嶼文化』 Vol.20(국립목포대학교 도서문화연구원, 2002).

이명현, 「〈太原誌〉의 표류와 정복에 나타난 타자인식」, 『다문화콘텐츠연구』 Vol.14(중앙대학교 문화콘텐츠기술연구원, 2013).

이수진, 「『제주계록(濟州啓錄)』 소재 외국 선박의 제주 표도(漂到)와 문정(問情) 기록 검토」, 『溫知論叢』 Vol.49(온지학회, 2016).

_____, 「조선 표류민의 유구 표착과 송환」, 『열상고전연구』 Vol.48(열상고전연구회, 2015).

_____, 「조선시대 표류노드 시각망 구축 과정 – 표류 기록의 의미 요소 추출을 중심으로」, 『溫知論叢』 Vol.45(온지학회, 2015).

_____, 「조선후기 제주 표류민의 중국 표착과 송환 과정; 〈제주계록(濟州啓錄)〉을 중심으로」, 『溫知論叢』 Vol.53(온지학회, 2017).

이승민, 「고려전·중기 동북아시아 해역에서의 표류민 송환과 국제관계」, 가톨릭대학교 대학원 국사학과 한국중세사전공 석사학위논문(2007).

이종수, 「숙종 7년 중국선박의 표착과 백암성총의 불서간행」, 『불교학연구』 Vol.21(불교학연구회, 2008).

이지혜, 「조선 전기(1392년~1638년) 對유구 관계의 변화와 인식」, 고려대학교 교육대학원, 연사교육전공 석사학위논문(2013).

이케우치 사토시, 「1819년 충청도에 표착한 일본선 표류기」, 『韓國學論集』 Vol.45(한양대학교 한국학연구소, 2009).

이화순, 「崔溥 漂海錄의 문학적 성격에 관한 연구」, 단국대학교 대학원 한문학과 한문학전공 사학과 동양사전공 석사학위논문(2015).

이효원, 「『海游錄』의 글쓰기 특징과 일본 인식」, 서울대학교 대학원 국어국문학과 국문학전공 박사학위논문(2015).

이훈, 「'漂流'를 통해서 본 근대 한일관계」, 『한국사연구』 Vol.123(한국사연구회, 2003).

____, 「근대 동해바다를 둘러싼 표류민의 송환과 한일관계」, 『영남대학교 독도연구소 학술대회』(영남대학교 독도연구소, 2012).

장동익, 「日本의 日記資料에 수록된 高麗王朝 關係 記事의 硏究」, 『退溪學과 韓國文化』 Vol.33(慶北大學校 退溪硏究所, 2003).

장원쉰, 「표류(漂流)와 중개(中介): 『표류대만초푸란도지기(漂流台灣CHOPURAN島之記)』를 통해 본 19세기 대만」, 『淵民學志』 Vol.29(연민학회, 2018).

전상욱, 「이방익 표류 사실에 대한 새로운 기록」, 『국어국문학』 Vol.159(국어국문학회, 2011).

전영섭, 「10~13세기 표류민(漂流民) 송환체제(送還體制)를 통해 본 동아시아 교통권의 구조와 특성」, 『石堂論叢』 Vol.50(동아대학교 석당학술원, 2011).

전제훈, 「조선시대 이양선과 해난구조사상 연구」, 『韓國島嶼硏究』 Vol.30(한국도서학회, 2018).

정난영, 「조선후기 표류(漂流) 소재 기사(記事) 연구」, 『동양한문학연구』 Vol.40(동양한문학회, 2015).

정민, 「다산의 「해방고(海防考)」에 나타난 중국 표선(漂船) 처리문제」, 『韓國學論集』 Vol.45(한양대학교 한국학연구소, 2009).

____, 「대흥사 천불전 부처의 일본 표류와 조선표객도(朝鮮漂客圖)」, 『문헌과 해석』 Vol.49(태학사, 2009).

____, 「표류선, 청하지 않은 손님 - 외국 선박의 조선 표류 관련기록 探討」, 『韓國漢文學硏究』 Vol.43(한국한문학회, 2009).

____, 「한국한문학과 바다: 표류선, 청하지 않은 손님 - 외국 선박의 조선 표류 관련기록 탐토(探討) - 」, 『韓國漢文學硏究』 Vol.43(한국한문학회, 2009).

정설화, 「최부「표해록」에 나타난 15세기 유자의 모습」, 명지대학교 교육대학원 교육학과 역사교육전공 석사학위논문(2009).

정성일, 「교류의 경로와 풍경 - 일본 고토렛토[五島列島]를 중심으로」, 『島嶼文化』 Vol.36(목포대학교 도서문화연구원, 2010).

____, 「상평통보를 소지한 조선의 표류민과 대마도(1693~1862)」, 『역사와 경계』 Vol.101(부산경남사학회, 2016).

____, 「日本人으로 僞裝한 琉球人의 濟州 漂着 - 1821년 恒運 등 20명의 표착 사건」, 『한일관계사연구』 Vol.37(한일관계사학회, 2010).

____, 「全羅道 住民의 日本列島 漂流記錄 分析과 데이터베이스화(1592~1909)」, 『史學硏究』 Vol.72(한국사학회, 2003).

____, 「朝鮮의 對日關係와 巨濟 사람들」, 『한일관계사연구』 Vol.49(한일관계사학회, 2014).

____, 「조엄(趙曮)과 일본 표류 제주인을 통한 제주 지역의 고구마 전래」, 『조선통신사연구』 Vol.23(조선통신사학회, 2017).

____, 「한국 표해록의 종류와 특징」, 『島嶼文化』 Vol.40(목포대학교 도서문화연구원, 2012).

____, 「해남 선비 김여휘의 유구 표류와 송환 경로(1662~1663년)」, 『한일관계사연구』 Vol.43(한일관계사학회, 2012).

_____, 「해남 대둔사 승려의 일본 표착과 체험(1817~1818)」, 『한일관계사연구』 Vol.32(한일관계사학회, 2009).

정솔미, 「장한철(張漢喆) 『표해록(漂海錄)』의 야담적 전이 양상 『기리총화(綺里叢話)』와 『청구야담(靑邱野談)』을 중심으로」, 『민족문학사연구』 Vol.67(민족문학사학회·민족문학사연구소, 2018).

정영문, 「최현의 『조천일록』에 나타난 현실인식」, 『한국문학과 예술』 Vol.27(숭실대학교 한국문학과예술연구소, 2018).

정하미, 「『朝鮮物語』에 나타난 표류민의 越境과 송환」, 『일어일문학』 Vol.41(대한일어일문학회, 2009).

_____, 「'韃靼'표류의 口上書의 작성경위와 관련 연구에 대한 고찰」, 『日本學報』 Vol.78(한국일본학회, 2009).

_____, 「류큐(琉球)왕국(오키나와)의 의사 결정체계에 관한 고찰비교」, 『일본학』 Vol.33(한양대학교 일본학국제비교연구소, 2015).

_____, 「표착 조선인의 신원 확인 및 류큐왕국의 대응; 1733년 케라마섬 표착의 경우」, 『日本學報』 Vol.104(한국일본학회, 2015).

정환국, 「거인 소재 표류담의 몇 국면」, 『大東文化硏究』 Vol.101(대동문화연구원, 2018).

_____, 「동아시아 표류서사(漂流敍事) 서설(序說) – 동아시아 해양문화의 단서(端緖)로써」, 『大東文化硏究』 Vol.100(성균관대학교 대동문화연구원, 2017).

_____, 「조작되는 하위/하위주체들 횡재 소재 표류서사의 변이양상과 하위주체의 성격」, 『민족문학사연구』 Vol.68(민족문학사학회·민족문학사연구소, 2018).

조건희, 「崔溥의 〈漂海錄〉에 나타난 中國觀: 〈錦南漂海錄〉에 나온 內容을 中心으로」, 청운대학교 정보산업대학원 중국지역학과 석사학위논문(2013).

조규익, 「문학공간으로서의 동해」, 『한국문학과 예술』 Vol.14(숭실대학교 한국문학과예술연구소, 2014).

조영석, 박송춘, 「조선 후기 표해록에 대한 경영사적 고찰」, 『經營史學』 Vol.57 (한국경영사학회, 2016).

조영심, 「18세기 후반 오와리(尾張) 지역 일본인과 조선·류큐인의 필담창화 - 『표해영화(表海英華)』와 『평수기상(萍水奇賞)』을 중심으로」, 『淵民學志』 Vol.26 (연민학회, 2016).

_____, 「동아시아 문학의 확장: 류큐 표류기, 군기, 설화」, 『淵民學志』 Vol.24 (연민학회, 2015).

조유영, 「대산(大山) 이상정(李象靖)의 『남유록(南遊錄)』에 나타난 여행 기록의 특징과 의미」, 『南冥學』 Vol.23(南冥學硏究院, 2018).

주희춘, 「한국 해양표류사건에서 보이는 리더십의 중요성 연구: 서남해안 해역 표류사건의 교훈을 중심으로」, 연세대학교 행정대학원 정치행정리더십 전공 석사학위논문(2011).

진경지, 「18세기 조선 표류인의 눈으로 바라본 대만(臺灣)의 겉과 속 - 윤도성(尹道成)과 송완(宋完)의 표류기를 중심으로」, 『漢文學論集』 Vol.47(근역한문학회, 2017).

진선희, 「張漢喆『漂海錄』의 多聲性 硏究」, 제주대학교 국어국문학과 석사학위논문(2011).

진영일, 「조선시대 제주와 오키나와 交流史」, 『인문학연구』 Vol.3(제주대학교 인문과학연구소, 1997).

진익원, 「한(韓), 일(日), 월(越) 사이에 발생한 표류사건(漂流事件) 검토」, 『韓國學論集』 Vol.45(한양대학교 한국학연구소, 2009).

진주희, 「표해록의 서술방식과 작가의식 연구」, 숙명여자대학교 교육대학원 국어교육전공 석사학위논문(2014).

차광호, 「준비된 여행자 최부의 표류경험과 자아의식의 확대」, 『문명교류연구』 Vol.2(한국문명교류연구소, 2011).

최강현, 「한국 해양문학 연구(海洋文學硏究)」, 『성곡논총』 Vol.12(성곡언론문화재단, 1981).

최두식, 「漂海記錄의 歌詞化 過程」, 『東洋禮學』 Vol.7(동양예학회, 2002).

최병영, 「18세기 기행가사 연구」, 동아대학교 교육대학원 국어교육전공 석사학위논문(1999).

최성환, 「19세기 초 문순득의 표류경험과 그 영향」, 『지방사와 지방문화』 Vol.13(역사문화학회, 2010).

_____, 「문순득의 표류경험과 유배인의 소통」, 『다산과현대』 Vol.9(연세대학교 강진다산실학연구원, 2016).

_____, 「조선후기 문순득의 표류노정과 송환체제」, 『한국민족문화』 Vol.43(부산대학교 한국민족문화연구소, 2012).

_____, 「조선후기 문순득의 표류와 세계인식」, 목포대학교 대학원 한국지방사학과 박사학위논문(2010).

최영화, 「18세기 전기 표류를 통한 해외 정보의 유입과 지식화: 漂流記事 纂輯書를 중심으로」, 연세대학교 대학원 국어국문학과 석사학위논문(2013).

_____, 「구술(口述)과 기술(記述)의 관계로 본 표해록의 글쓰기」, 『人文科學硏究』 Vol.34(성신여자대학교 인문과학연구소, 2016).

_____, 「조선시대 표류를 통한 해외 정보의 수집과 활용의 추이」, 『열상고전연구』 Vol.45(열상고전연구회, 2015).

_____, 「朝鮮後期 官撰史料를 통해 본 중국인 漂流 사건의 처리」, 『島嶼文化』 Vol.46(목포대학교 도서문화연구소, 2015).

_____, 「조선후기 유구 지식의 형성과 표해록」, 『열상고전연구』 Vol.54(열상고전연구회, 2016).

_____, 「朝鮮後期 漂海錄 硏究」, 연세대학교 대학원 국어국문학과 박사학위논문(2017).

_____, 「조선후기 표해록(漂海錄)에 담겨진 일본 관련 지식정보」, 『열상고전연구』 Vol.55(열상고전연구회, 2017).

최원오, 「17세기 서사문학에 나타난 월경(越境)의 양상과 초국적(超國的) 공간의 출현」, 『古典文學硏究』 Vol.36(韓國古典文學會, 2009).

최재남, 「한국 고전문학과 바다에 대한 인식」, 『한국고전연구』 Vol.26(한국고전연구학회, 2012).

최주현, 「崔溥의 '錦南漂海綠' 硏究」, 한양대학교 교육대학원 국어교육전공 석사학위논문(1995).

최창원, 「從《漂海錄》中人物形象看明朝社會現象」, 『산업진흥연구』 Vol.3(산업진흥원, 2018).

티엔위, 「崔斗燦의 『乘槎錄』에 나타난 필담과 시문 창화」, 선문대학교 대학원 국어국문학과 석사학위논문(2018).

하세봉, 「한국과 중국학계 해양사연구의 성과와 전망」, 『한중인문학포럼 발표논문집』(한중인문학포럼, 2018).

하우봉, 「19세기 전반 대둔사 승려의 일본 표류와 일본인식」, 『한일관계사 연구』 Vol.48(한일관계사학회, 2014).

_____, 「해양사관에서 본 조선시대의 재조명: 동남아시아국가와의 교류를 중심으로」, 『일본사상』 Vol.10(한국일본사상사학회, 2006).

하카마다 미츠야스, 「『조선왕조실록』 성종조의 류큐(琉球) 표류에 관한 고찰: 김비의(金非衣) 일행이 방문한 아에야마 열도(八重山列島)의 섬이름과 송환 사자에 대하여」, 『淵民學志』 Vol.24(연민학회, 2015).

한창훈, 「『탐라문견록』에 나타난 제주인의 동아시아 인식과 그 의미」, 『濟州島研究』 Vol.38(제주학회, 2012).

허경진, 「동아시아 문화교류의 다양한 층위(層位)와 데이터베이스 구축의 필요성」, 『韓民族語文學』 Vol.66(한민족어문학회, 2014).

_____, 「표류민 이지항과 아이누인, 일본인 사이의 의사 소통」, 『열상고전연구』 Vol.32(열상고전연구회, 2010).

_____, 「필담과 표류기의 현장에서 편집 및 출판까지의 거리」, 『일본사상』 Vol.26(한국일본사상사학회, 2014).

허경진, 김성은, 「표류기에 나타난 베트남 인식」, 『淵民學志』 Vol.15(연민학회, 2011).

허경진, 최영화, 「청나라 무역선의 일본 표류와 『유방필어(遊房筆語)』: 1780년 원순호(元順號)가 일본 치쿠라(千倉) 해역에 표류한 사건을 중심으로」, 『아시아문화연구』 Vol.26(경원대학교 아시아문화연구소, 2012).

허군우, 「중화주의 균열이 초래한 주체의식의 혼란과 극복의 서사 - 〈태원지〉」, 『古小說研究』 Vol.33(한국고소설학회, 2012).

허남춘, 「제주 신화 속의 해양교류와 해양문화」, 『탐라문화』 Vol.52(제주대학교 탐라문화연구소, 2016).

현명철, 「메이지 초기 송환 표류민 사례 연구」, 『한국학논총』 Vol.50(국민대학교 한국학연구소, 2018).

홍진옥, 「'琉球 세자 살해설'과 김려의 〈유구왕세자외전〉」, 『大東漢文學』 Vol.47(대동한문학회, 2016).

중문

자료

『乾隆 泉州府志』, 『乾隆 平陽縣志』, 『唐无染禪院碑』, 『大明集禮』, 『讀史輿紀要』, 『歷代寶案』, 『明武宗實錄』, 『明英宗實錄』, 『明太祖實錄』, 『聞慶四明續志』, 『成宗實錄』, 『續資治通鑑長編』, 『宋史』, 『吳志』, 『溫州道觀通覽』, 『元史』, 『淸高宗實錄』, 『淸高宗實錄』, 『淸高宗實錄』, 『淸高宗實錄』, 『淸宣宗實錄』, 『弘治 溫州府志』.

단행본

葛振家, 『崔溥漂海錄評註』(線裝書局, 2002).

高啓進, 陳益源, 陳英俊 共著, 『澎湖進士蔡廷蘭與海南雜著』(澎湖縣文化局, 2005).

劉序楓 編, 『淸代檔案中的海難史料目錄(涉外篇)』(中央硏究院人文社會科學硏究中心, 亞太區域硏究專題中心, 2004).

孟曉旭, 『漂流事件與淸代中日關係』(中国社会科学院近代史研究所, 2010).

朴元熇, 『崔溥漂海录分析研究』(上海書店出版社, 2014).

浙江省博物館, 『漂海聞見－15世紀朝鮮儒士崔溥眼中的江南』(中國書店, 2016).

陳益源, 『閩南與越南』(樂學書局, 2015).

王闢之, 『澠水燕談錄』.

張邦基, 『墨莊漫錄』.

曾鞏, 『元豊類稿』.

_____, 『蔡廷蘭及其《海南雜著》』(里仁書局, 2006).

天台縣民間文學集成編輯部編, 『中國民間文學集成浙江省天台縣故事歌謠諺語卷』, (浙江省民間文學集成辦公室, 1992).

논문

郭杨, 『乾隆嘉庆时期涉海小说研究』, 湖南师范大学硕士学位论文(2006).

金贤德, 「崔溥漂海登陆点与行经路线及《漂海录》」, 『浙江海洋学院学报: 人文科学版』 Vol.23(4)(2006).

董服标, 「"东方马可·波罗"崔溥足迹始于浙江三门」, 『安徽史学』 4期(2015).

滕兰花, 「蔡廷兰的《海南杂著》看中越共同的马援崇拜 – 岭南伏波信仰研究之二」, 『前沿』 14期(2012).

鄧淑君, 「明朝政府對外國船難事件的處理」, 『史耘』 17期(2015).

罗丝, 『唐五代涉海小说研究』, 湖南师范大学硕士学位论文(2014).

刘江永, 「《使琉球录》中国比日本早发现钓鱼岛350年」, 『中国故事: 纪实版』 9期(2012).

劉序楓, 「18~19世紀朝鮮人的意外之旅: 以漂流到臺灣的見聞記錄爲中心」, 『石堂論叢』 Vol.55(東亞大學校附設 石堂傳統文化研究院, 2013).

_____, 「中國現存的漂海記錄及其特徵」, 『島嶼文化』 Vol.40(목포대학교 도서문화연구소, 2012).

林淑慧, 「旅遊, 記憶與論述 – 蔡庭蘭《海南雜著》的 跨界之旅」, 『漢學研究』 第26卷 第4期(2008).

朴元熇, 『崔溥漂海錄校注』(上海書店出版社, 2013).

_____, 『崔溥漂海录分析研究』(上海書店出版社, 2014).

范金民, 「朝鲜人眼中的中国大运河风情 – 以崔溥《漂海录》为中心」, 『文明』 7期(2017).

_____, 罗晓翔, 「朝鲜人眼中的清中期中国风情 – 以崔斗灿《乘槎录》为中心」, 『史学集刊』 3期(2009).

范涛, 『海洋文化与明代涉海小说的关系研究』, 暨南大学硕士学位论文(2011).

徐玉玲, 『宋元涉海小说研究』, 湖南师范大学硕士学位论文(2014).

倪浓水, 「《聊斋志异》涉海小说对中国古代海洋叙事传统的继承和超越」, 『蒲松龄研

究』2期(2008).

_____,「從《聊斋志异》涉海叙事看蒲松龄海洋人文思想」,『蒲松龄研究』3期(2016).

倪毅,「漂海闻见-15世纪朝鲜儒士崔溥眼中的江南」,『艺术品』1期(2017).

汪泏,「《使琉球录》的价值探识」,『长沙大学学报』Vol.31(01)(2017).

王天泉,「從陳乾事件看清初朝鮮王朝對中國漂流民遣返方式的改變」,『중국학연구』 Vol.73(2012).

王青,「论海洋文化对中国古代小说创作的影响」,『江海学刊』2期(2014).

王涵,「《重修使琉球录》的刻本及其作者」,『中国边疆史地研究』2期(2006).

姚大勇,「张汉喆《漂海录》述介」,『古典文学知识』1期(2013).

于向東,「《海南雜著》的作者與版本」,『東南亞研究』4期(2007).

浙江省博物館,『漂海聞見: 15世紀朝鮮儒士崔溥眼中的江南=표해견문: 15세기 조선 선비 최부의 눈에 비친 강남』(中国书店, 2016).

曹春茹,「韩国崔溥《漂海录》中的负面中国形象」,『当代韩国』4期(2007).

朱双一,「中国海洋文化视野中的台湾海洋文学」,『台湾研究集刊』4期(2007).

陳國棟,「遣使, 貿易, 漂流與被擄: 豐臣秀吉征韓前後華人海外網絡的構成」,『季風亞洲研究』2期(2006).

陳輝,「『漂海錄』紀事源考-以杭州爲」,『知行合一』(浙江大學出版社, 2011).

湯熙勇,「遭難與海外歷險經驗-以蔡庭蘭漂流越南爲中心」,『人文及社會科學集刊』第 21卷 第3期(中央研究院人文社會科學研究中心, 2009).

胡梦飞,「朝鲜人视野中的明代苏北运河风情-以崔溥《漂海录》为视角」,『辽宁教育行政学院学报』Vol.31(2)(2014).

黃美玲,「意料之外的〈異域〉之旅-觀《神海紀遊》與《海南雜著》的旅遊視野」,『高醫通識教育學報』第3期(2008).

일문

단행본

ジョセフヒコ原 著, 土方久徴翻 譯, 『開國之滴: 漂流異譚』(博聞社, 1893).

加藤貴 校訂, 『漂流奇談集成』(国書刊行会, 1990).

京都大学人文科学研究所, 『漂流者と漂流記: 吉田 光邦(1921~1991)』(京都大学人文科学研究所, 1986).

京都外国語大学付属図書館, 『知られざる世界への挑戦: 航海, 探検, 漂流を記した書物百選』(京都外国語大学付属図書館, 2012).

桂川甫周 著, 亀井高孝 校訂, 『北槎聞略: 大黒屋光太夫ロシア漂流記』(岩波書店, 1990).

高橋大輔, 『漂流の島: 江戸時代の鳥島漂流民たちを追う』(草思社, 2016).

高山純, 『江戸時代ハワイ漂流記』(三一書房, 1997).

_____, 『南太平洋の民族誌: 江戸時代日本漂流民のみた世界』(雄山閣出版, 1991).

谷川健一 著者代表., 『漂流と漂着; 総索引』(小学館 1993).

九州大学21世紀COEプログラム, 『東アジア海域における交流の諸相: 海賊・漂流・密貿易』(九州大学21世紀COEプログラム, 2005).

宮永孝, 『ジョン・マンと呼ばれた男: 漂流民中浜万次郎の生涯』(集英社, 1994).

吉岡永美, 『漂流船物語の研究』(北光書房, 1944).

吉野作造, 『露国帰還の漂流民幸太夫』(文化生活研究会, 1924).

多和田, 真一郎, 『「琉球.呂宋漂海録」の研究: 二百年前の琉球.呂宋の民俗.言語』(武蔵野書院, 1994).

大岡清相 著, 中村質・中田直易 校訂, 『崎陽郡談』卷3(近藤出版社, 1974).

大島幹雄, 『魯西亜から来た日本人: 漂流民善六物語』(広済堂出版, 1996).

　　　　　，『初めて世界一周した日本人: 若宮丸漂流民』(大崎八幡宮, 2016).

藤木喜一郎 新見貫次 増田五良 著, 『海の無残な物語: ふるさとびとの漂流記』(のじぎく文庫, 1966).

鈴鹿市 編集, 『海のむこうへのあこがれ: 漂流記と漂流文学』(鈴鹿市, 2010).

鈴木脩平 編著, 『予洲亥之助漂流記: 海外異話』(東雲書店, 1984).

李薫 著, 池内敏 訳, 『朝鮮後期漂流民と日朝関係』(法政大学出版局, 2008).

木崎良平 井田好治 共編, 『漂海紀聞: 文化九・十三年薩摩永寿丸カムチャッカ漂流記』(鹿児島大学教養部歴史研究室, 1965).

木崎良平, 井田好治共編, 『漂海紀聞: 文化九-十三年薩摩永寿丸カムチャツカ漂流記: 附玉里文庫所蔵洋学関係書籍目録』(鹿児島大学教養部歴史研究室, 1965).

　　　　　，『漂流民とロシア: 北の黒船に揺れた幕末日本』(中央公論社, 1991).

　　　　　，『漂流民とロシア: 北の黒船に揺れた幕末日本』(中央公論社, 1991).

服部聖多朗, 『尾張漂流譚』(服部鉦太郎, 1941).

服部純一 編, 『日本人漂流記文献目録』(同志社大学図書館, 1984).

比嘉朝進, 『波高し! 漂流琉球船』(風土記社, 1990).

飛鳥井 雅道, 齋藤希史編, 『注釈漂荒紀事』(京都大学人文科学研究所, 1996).

山下恒夫 編纂, 『光太夫史料集』第1~16巻(日本評論社, 2003).

　　　　　　　，『伊勢二漂民の懐旧談・ロシア資料』(日本評論社, 2003).

　　　　　　　，『郷土と江戸の史跡と史実　絵画資料: 神昌丸漂流事件関連年譜/人名索引』(日本評論社, 2003).

石橋重吉 編, 『越前国四箇浦南清漂流記』(福井図書館, 1940).

石井民司 編著, 『日本漂流譚』1~2(ほるぷ出版, 1974).

石井研堂 校訂, 『漂流奇談全集』(博文館, 1900).

石井研堂 編, 山下恒夫 再編, 『江戸漂流記総集』第1~6巻(日本評論社, 1992).

＿＿＿＿＿, 『異国漂流奇譚集: 一葉丸福州漂流記』(新人物往来社, 1971).

＿＿＿＿＿, 『異国漂流奇譚集』(福永書店, 1927).

＿＿＿＿＿, 『異国漂流奇譚集』(新人物往来社, 1971).

石川県図書館協会, 『加能漂流譚[中田邦造纂訂]』(石川県図書館協, 1972).

仙台市博物館, 『特別展漂流: 江戸時代の異国情報』(仙台市博物館, 1998).

小林茂文, 『ニッポン人異国漂流記』(小学館, 2000).

松島駿二郎, 『鎖国をはみ出た漂流者: その足跡を追う』(筑摩書房, 1999).

須見五郎, 『日本人漂流ものがたり』(毎日新聞社, 1954).

藪内芳彦, 『東南アジアの漂海民: 漂海民と杭上家屋民』(古今書院, 1969).

柴秀夫 編, 『南海漂流譚』(双林社, 1943).

室賀信夫, 『日本人漂流物語 孫太郎ボルネオ物語・光太夫ロシア物語・韃靼漂流物語』(新学社文庫, 1975).

岸尚洋新 訳, 『重吉漂流記』(海洋文学社, 1930).

岩波書店 刊, 『國書總目録』(岩波書店, 1977).

園田一龜, 『韃靼漂流記の研究』(滿鐵鐵道總局庶務課, 1939).

＿＿＿＿＿, 『韃靼漂流記の研究』(原書房, 1980).

園田一亀, 『韃靼漂流記』(平凡社, 2008).

斎藤岩雄 解読, 『海浦船員清国漂流記』(南越文化財研究協議会, 1958).

赤松市太郎 編, 『東洋魯敏孫漂流記: 絶世奇聞』(駸々堂, 1886).

田中優子, 『近世アジア漂流』(朝日新聞社, 1990).

鮎沢信太郎, 『漂流: 鎖国時代の海外発展』(至文堂, 1956).

井伏鱒二, 『ジョン萬次郎漂流記: 風来漂民奇譚』(河出書房, 1937).

第二アートセンター 編集, 『漂流と探検』(毎日新聞出版, 1979).

竹内誠, 『異国物語: 韃靼漂流記』(竹内誠, 2012).

仲原善忠, 『日本漂流奇談』(イデア書院, 1928).

池内敏, 『近世日本と朝鮮漂流民』(臨川書店, 1998).

_____, 『薩摩藩士朝鮮漂流日記:「鎖国」の向こうの日朝交渉』(講談社, 2009).

倉地克直, 『漂流記録と漂流体験』(思文閣出版, 2005).

次郎吉, 室賀 信夫他, 『蕃談; 漂流の記録』(平凡社, 1965).

川合彦充, 『督乗丸の漂流』(筑摩書房, 1964).

_____, 『日本人漂流記』(社会思想社, 1967).

清水文雄 校註, 『韃靼漂流記』(春陽堂, 1942).

村山七郎, 『漂流民の言語:ロシアへの漂流民の方言学的貢献』(吉川弘文館, 1965).

春名徹, 『にっぽん音吉漂流記』(晶文社, 1980).

土橋治重, 『オロシアを見てきた男:光太夫漂流記』(吉野教育図書, 1980).

平野直, 『北から来る船:漂流民光太夫と磯吉』(国華堂日童社, 1943).

河野太郎, 『初太郎漂流記』(徳島県教育会出版部, 1970).

荒川秀俊 編, 『近世漂流記集』(法政大学出版局, 1969).

_____, 『近世漂流記集』(法政大学出版局, 1969).

_____, 『日本漂流漂着史料』(気象研究所地人書館, 1962).

荒川秀俊, 『異国漂流記続集』(気象研究所, 1962~1964).

_____, 『異国漂流記集』(吉川弘文館, 1962).

_____, 『異国漂流記』(地人書館, 1964).

_____, 『異国漂流物語』(インタープレイ, 2015).

_____, 『日本人漂流記』(人物往来社, 1964).

논문

「「にっぽん音吉漂流記」(抜粋)(春名徹)(第11回大宅壮一ノンフィクション賞発表)」,『文芸春秋』58(5)(文芸春秋, 1980).

さねとう けいしゅう,「漂流記と中国(1) 江戸時代の中日関係」,『中国語雑誌』4(4)(帝國書院, 1949).

_____,「漂流記と中国(2)」,『中国語雑誌』4(5)(帝國書院, 1949).

ボンダレンコ・イ・ぺ, 植村進,「18世紀の日本漂流民のロシア語: 最初の日本人ロシア学者そして最初のロシアの日本学者である伝兵衛」,『京都産業大学国際言語科学研究所所報』17編(京都産業大学国際言語科学研究所, 1995).

岡本崇男,「神昌丸漂流民聞き取り資料におけるロシア語の仮名表記について(1)」,『神戸外大論叢』57編(神戸市外国語大学研究会, 2006).

見瀬和雄,「無人島漂流に関する史料: 能登国鳳至郡鹿礒村市之丞の鳥島漂流記録」,『富山工業高等専門学校紀要』38編(富山高等専門学校, 2004).

高山純,「神社丸の漂流民はどこにいたか」,『帝塚山大学論集』48編(帝塚山大学, 1985).

高山純,「天寿丸漂流民の見たハワイとギルバート諸島」,『帝塚山大学論集』通号58(帝塚山大学教養学会, 1987).

高野明,「村山七郎著「漂流民の言語」」,『日本歴史』通号205(日本歴史学会, 1965).

古賀慎也,「筑前唐泊孫七漂流記『華夷九年録』の書誌学的検討テキストの流布と変容」,『東アジアと日本』4編(九州大学大学院比較社会文化研究院, 2007).

関周一,「中世における日本海漂流民(日本史の研究(208))」,『歴史と地理』582編(山川出版社, 2005).

橋本初子,「若宮丸魯西亜国漂流記(写本)」,『京都精華大学紀要』28編(京都精華大学紀要編集委員会, 2005).

亀井孝, 「書評·紹介村山七郎著『漂流民の言語』: ロシヤへの漂流民の方言学的貢献」, 『言語研究』48(日本言語学会, 1965).

亀井高孝他, 「日本漂流民とクンストカーメラ」, 『日本歴史』通号210(日本歴史学会, 1965).

臼井洋輔, 『漂流人口書(巴旦漂流記)』(岡山県立博物館研究報告』19編(岡山県立博物館, 1999).

宮崎道生, 「〈研究餘録〉白石書寫『越前三国浦記(韃靼漂流記)』について」, 『弘前大学國史研究』6(弘前大学國史研究会, 1957).

宮永孝, 「"オットソン"と呼ばれた日本漂流民」, 『社会志林』51編(法政大学社会学部学会, 2004).

崎村弘文, 「東京都公文書館所蔵『南天竺漂流記』翻刻と解題」, 『久留米大学文学部紀要 国際文化学科編』26編(久留米大学文学部, 2009).

_____, 「東京都公文書館所蔵『南天竺漂流記』翻刻平読」, 『比較文化年報』Vol.19(久留米大学大学院比較文化研究科, 2010).

_____, 「漂流記『うばらがはな』翻刻と解題 翻刻と解題」, 『鹿児島大学文科報告 第1分冊 哲学·倫理学·心理学·国文学·中国文学篇』通号24(鹿児島大学教養部, 1988).

_____, 「漂流記『うばらがはな』翻刻と解題(2)」, 『鹿児島大学文科報告 第1分冊 哲学·倫理学·心理学·国文学·中国文学篇』通号27(鹿児島大学教養部, 1991).

_____, 「漂流記『うばらがはな』翻刻と解題(3)」, 『鹿児島大学文科報告 第1分冊 哲学·倫理学·心理学·国文学·中国文学篇』通号28(鹿児島大学教養部, 1992).

_____, 「漂流記『うばらがはな』翻刻と解題(4)」, 『鹿児島大学教育学部研究紀要. 人文社会科学編』通号45(鹿児島大学, 1993).

_____, 「漂流記『うばらがはな』翻刻と解題(5)」, 『鹿児島大学教育学部研究紀要.

人文社会科学編』通号47(鹿児島大学, 1995).

_____, 「漂流記『うばらがはな』翻刻と解題(6)」, 『久留米大学文学部紀要. 国際文化学科編』11(久留米大学文学部, 1997).

_____, 「漂流記『うばらがはな』翻刻と解題(7)」, 『久留米大学文学部紀要. 国際文化学科編』12~13(久留米大学, 1998).

_____, 「漂流記『うばらがはな』翻刻と解題(8)」, 『久留米大学文学部紀要. 国際文化学科編』14(久留米大学文学部, 1999).

吉積久年, 「周防遠崎浦船広東漂流記」, 『海事史研究』通号54(日本海事史学会, 1997).

吉田精一, 「井伏鱒二と漂流記物倒叙日本文学史(25)」, 『国文学：解釈と鑑賞』26(5)編(至文堂, 1961).

_____, 「井伏鱒二と漂流記物倒叙日本文学史(25)」, 『国文学：解釈と鑑賞』編26(5)(至文堂 1961).

_____, 「井伏鱒二と漂流記物倒叙日本文学史(26)」, 『国文学：解釈と鑑賞』26(6)編(至文堂, 1961).

吉村治道, 「世界最初の露和辞典をつくった薩摩の若き漂流民ゴンザのこと(ゴンザの生涯と業績を解明するために(I))」, 『研究年報』23編(鹿兒島大學, 1995).

金井円, 「荒川秀俊編「異国漂流記集」「日本漂流着史料」」, 『日本歴史』通号178(日本歴史学会, 1963).

内藤正中, 「近世山陰における日朝交流：山陰の日朝関係史(II)」, 『経済科学論集』17(島根大学法文学部, 1991).

黛武彦, 「清代档案史料論序説：乾隆期の日本人漂流民送還関係軍機処録副送摺を素材として」, 『東京大学史料編纂所研究紀要』13編(東京大学, 2003).

大島幹雄, 「若宮丸漂流民の二百年日露交渉の脇役たち(特集 海を渡る) 別冊東北学」,

『別冊東北学』4編(東北芸術工科大学東北文化研究センター, 2002).

_____, 「初めて世界一周した日本人若宮丸漂流民ものがたり(特集 流人の文学; 流人と呼ばれた人たち)」, 『國文學: 解釈と教材の研究』54編(學燈社, 2009).

渡辺美季, 「書評と紹介 李薫著・池内敏訳『朝鮮後期漂流民と日朝関係』」, 『日本歴史』738(吉川弘文館, 2009).

稲垣滋子, 「18世紀ロシアのキリスト教に接した漂流民の記述の特徴」, 『アジア文化研究』26編(国際基督教大学, 2000).

_____, 「漂流民の最初の出会いにおけるコミュニケーション行動」, 『国際基督教大学学報 3 - A,アジア文化研究』(アジア文化研, 2002).

東喜望, 「アジア文物交流史: 綿弓/家船・漂海民・蛋民」, 『研究年報』5編(白梅学園短期大学, 2000).

鈴木由子, 「開国後の漂流民の帰国について八幡丸の勇之助を例に」, 『京浜歴科研年報』18編(京浜歴史科学研究会, 2006).

六反田豊, 「朝鮮後期済州島漂流民の出身地詐称」, 『朝鮮史研究会論文集』40編(学術雑誌目次速報データベース由来, 2002).

林雅彦, 渡浩一, 山下哲郎 [他], 「「日本人の見た異国・異国人」異国見聞記・漂流記・異国研究等著述目録抄(特集=日本人の見た異国・異国人 - 古代から幕末まで)」, 『国文学解釈と鑑賞』61(至文堂, 1996).

網屋喜行, 「村山七郎氏以前における薩摩漂流民ゴンザの研究. 「外交志稿」から古町義雄氏まで」, 『研究年報』24編(鹿兒島大學, 1996).

梅本順子, 「井上靖の『おろしや国酔夢譚』漂流民と日本語教育」, 『日本比較文学会東京支部研究報告』4編(日本比較文学会東京支部, 2007).

木崎良平, 「薩摩永寿丸の漂流記について」, 『鹿児島大学史録』通号2(鹿児島大学教養部史学教室, 1969).

_____, 「『漂海紀聞』のロシア言語篇について」, 『立正大学文学部論叢』68編(立正大学文学部, 1980).

木部暢子, 「18世紀薩摩の漂流民ゴンザのアクセントについて助詞のアクセントとゴンザアクセントの位置づけ」, 『国語学』191編(日本語学会, 1997).

_____, 「西南部九州方言アクセントの研究」, 九州大学 博士論文(1998).

茂住実男, 「『漂流記談』ー栄力丸乗組員・利七漂流記談の翻刻と解題(1)」, 『大倉山論集』36編(大倉精神文化研究所, 1994).

_____, 「『漂流記談』ー栄力丸乗組員・利七漂流記談の翻刻と解題(2)」, 『大倉山論集』38編(大倉精神文化研究所, 1995).

_____, 「『漂流記談』ー栄力丸乗組員・利七漂流記談の翻刻と解題(3)」, 『大倉山論集』40編(大倉精神文化研究所, 1996).

_____, 「『漂流記談』ー栄力丸乗組員・利七漂流記談の翻刻と解題(4)」, 『大倉山論集』43編(大倉精神文化研究所, 1999).

_____, 「『漂流記談』ー栄力丸乗組員・利七漂流記談の翻刻と解題(5)」, 『大倉山論集』46編(大倉精神文化研究所, 2000).

_____, 「『漂流記談』栄力丸乗組員・利七漂流記談の翻刻と解題(5)付「於洋中外国船ニ被助揚唐船より連渡候摂津国其外之もの共九人口書」の翻刻と解題」, 『大倉山論集』46編(大倉精神文化研究所, 1999).

_____, 「栄力丸漂流記『東西異聞 地』複写版の翻刻(部分)と解題」, 『大倉山論集』63編(大倉精神文化研究所, 2017).

_____, 「栄力丸漂流記『東西異聞 天』複写版の翻刻(部分)と解題」, 『大倉山論集』62編(大倉精神文化研究所, 2016).

_____, 「栄力丸漂流民利七の異文化理解」, 『大倉山論集』59編(大倉精神文化研究所, 2013).

文純實, 「朝鮮王朝後期漂流記錄にみる対外認識について:「漂海始末」を中心に」, 『中央大学論集』第34号(中央大学, 2013).

米谷均, 「漂流民送還と情報伝達からみた16世紀の日朝関係(特集 続・新しい戦国時代像をもとめて)」, 『歴史評論』572編(歴史科学協議会, 1997).

미노와 요시쓰구, 「「韃靼漂流記」から『異國旅硯』に‐虚構としての漂流記」, 『일본학연구』Vol.31(단국대학교 일본연구소, 2010).

尾鷲市史編纂委員協同報告, 「尾鷲中井浦の幸吉の漂流記錄」, 『ふびと』29編(三重大学教育学部歴史研究会, 1968).

飯島千尋, 「史料紹介 近世日本人の朝鮮漂流記 翻刻・解題」, 『日本文化論年報』4編(神戸大学, 2001)

＿＿＿＿, 「史料紹介 近世日本人の朝鮮漂流記 翻刻・解題」, 『日本文化論年報』4編(神戸大学, 2001).

白春岩, 「小田県漂流民事件における中国側の史料紹介」, 『社学研論集』15(早稲田大学大学院社会科学研究科, 2010).

北崎契縁, 「イギリス文学と日本文学の比較: 試論岩尾龍太郎『江戸時代のロビンソン七つの漂流譚』と吉村昭『漂流記の魅力』の役割とその意味をめぐって」, 『相愛大学研究論集』Vol.27(相愛大学, 2011).

北村皆雄, 「野口武德著, 『漂海民の人類学』」, 『民族學研究』56編(日本文化人類学会, 1991).

濱口裕介, 「文献目録 レザーノフ来航と若宮丸漂流民に関する文献解題(特集 レザーノフ来航200年)」, 『洋学史研究』23編(洋学史研究会, 2006).

浜下武志, 「春名徹著『にっぽん音吉漂流記』晶文社 一九七五・五刊 四六判 二八九頁」, 『史學雜誌』90(2)(公益財団法人 史学会, 1981).

寺島実郎, 「本質を見抜く眼識で新たな時代を切拓く 脳力のレッスン(159)世界を見た

漂流民の衝撃 韃靼漂流から環海異聞: 17世紀オランダからの視界(その30)」,『世界』871編(岩波書店, 2015).

山口朝雄,「漂流民主党に明日はあるか辞意表明で大連立も視野に入った"菅後継"レース」,『月刊times35』6(月刊タイムス社, 2011).

山内晋次,「奈良・平安時代対外関係史の研究」, 大阪大学 博士論文(1997).

杉山清彦,「現地からの報告『韃靼漂流記』の故郷を訪ねて越前三国湊訪問記」,『満族史研究』3編(東洋文庫清代史研究室満族史研究会, 2004).

森田勝昭,「鯨と捕鯨の文化史」, 名古屋大学 博士論文(1996).

森井健一,「異国漂流記の魅力 亥之助、初太郎の記録より」,『日本古書通信』73編(日本古書通信社, 2008).

杉浦明平,「世界をのぞく窓漂流記と探検記」,『文学』34編(岩波書店, 1966).

上白石実,「異国船打払令の布告問題と漂流民救助: 江川家文書「異国評議書」より」,『日本歴史』792編(日本歴史学会, 2014).

上原兼善,「朝鮮通信使および東アジアの漂流民をめぐる諸問題」,『平成8・9年度科学研究費補助金(重点領域研究「沖縄の歴史情報研究」に関する公募研究)研究成果報告書 研究代表』(1998).

相田洋,「近世漂流民と中国」,『福岡教育大学紀要 第2分冊 社会科編』通号31(福岡教育大学, 1981).

生田美智子,「漂流民と異文化コミュニケーション(近世東アジアの漂流民と国家)」,『史學雜誌』編108(公益財団法人 史学会, 1999).

西山明,「語り始めた男たちの行方長期連載企画「日本漂流記」を終えて」,『新聞研究』599編(日本新聞協会, 2001).

西田耕三,「『万次郎漂流記』と『彦蔵漂流記』(特集: 渡来・漂流・渡航実記海を越えて変化がはじまる; 鎖国下の異国譚)」,『國文學: 解釈と教材の研究』50編(學燈社, 2005).

石上敏,「漂流記に関する試論文学ジャンルの問題として」,『文学·語学』通号159(全国大学国語国文学会, 1998).

石原道博,「安南漂流記の研究」,『茨城大学文理学部紀要.人文科学』通号9(1959).

石井謙治,「天徳丸台湾漂流記(二篇)「漂民帰郷録」と「神鳴外浦要吉台湾漂流一件」(史料紹介)」,『海事史研究』通号21(日本海事史学会, 1973).

石川榮吉,「江戸時代漂流民によるオセアニア関係史料」,『国立民族学博物館研究報告別冊』6編(国立民族学博物館, 1989).

小林寛, 金河守,「『韃靼漂流記』にみる弓馬の意義」,『研究紀要』20編(つくば国際大学, 2014).

小林茂,「朝鮮-琉球間の漂流民の送還と自力回航(近世東アジアの漂流民と国家)」,『史學雜誌』編108(公益財団法人 史学会, 1999).

小林郁,「静岡県下田市の漂流民伝承について」,『海事史研究』通号68(日本海事史学会, 2011).

_____,「秋田船異国漂流記」,『海事史研究』73編(日本海事史学会, 2016).

松尾寿,「海野文庫本「漂流人口書」について天保十二年遭難永住丸沖船頭善助漂流記」,『島根大学文理学部紀要 文学科篇』通号11(島根大学文理学部, 1977).

松尾晋一,「漂流民送還船への幕藩制国家の対応貞享2年の南蛮船来航をめぐって」,『洋学史研究』20編(洋学史研究会, 2003).

松浦章,「中国帆船による漂流民の本国帰還」,『東アジア文化交渉研究. 別冊』8編(関西大学文化交渉学教育研究拠点, 2012).

_____,「環黃海·東海沿海漂着中国帆船について(近世東アジアの漂流民と国家)」,『史學雜誌』編108(公益財団法人 史学会, 1999).

柴田武,「村山七郎著「漂流民の言語: ロシアへの漂流民の方言学的貢献」」,『国語学』68(日本語学会, 1967).

＿＿＿＿＿,「村山七郎著「漂流民の言語ロシアへの漂流民の方言学的貢献」」,『国語学』通号68(日本語学会, 1967).

神宮滋,「羽州加茂村の者唐土へ漂流記」,『山形県地域史研究』31編(山形県地域史研究協議会, 2006).

安渓遊地,「高い島と低い島の交流: 大正期八重山の稲束と灰の物々交換」,『民族學研究』53(1)編(日本文化人類学会, 1988).

岸田文隆,「漂流民の伝えた朝鮮語: 島根県高見家文書「朝鮮人見聞記」について」,『富山大学人文学部紀要』30編(富山大学, 1999).

＿＿＿＿＿,「漂流民の伝えた朝鮮語: 島根県高見家文書「朝鮮人見聞書」について」,『富山大学人文学部紀要』30編(富山大学, 1999).

岩木秀夫,「澱の漂流記 出羽之守の果てしない物語: 続・五十歳の「出羽之守三六五分の十」(岩木秀夫先生の定年ご退職に寄せて)」,『人間研究』52編(日本女子大学教育学科の会, 2016).

岩尾龍太郎,「島原太吉メキシコ漂流記帰らなかった漂民との分かれ目」,『西南学院大学国際文化論集』25編(西南学院大学学術研究所, 2010).

＿＿＿＿＿,「筑前唐泊孫太郎ボルネオ漂流記: 基礎資料(三)」,『西南学院大学国際文化論集』20(2)編(西南学院大学, 2006).

＿＿＿＿＿,「筑前唐泊孫太郎ボルネオ漂流記: 基礎資料(二)」,『西南学院大学国際文化論集』20(1)編(西南学院大学, 2005).

＿＿＿＿＿,「筑前唐泊孫太郎ボルネオ漂流記: 基礎資料(一)」,『西南学院大学国際文化論集』19編(西南学院大学, 2005).

岩下哲典,「アメリカより帰国した漂流民中浜万次郎への期待と待遇の変化について: 近世日本社会の異文化受容者への眼差しとホスピタリティ」,『Journal of hospitality and tourism』1編(明海大学, 2005).

野口真広, 「明治維新以後の日清外交関係の変化小田県漂流民を主な事例として」, 『社学研論集』3編(早稲田大学大学院 社会科学研究科, 2004).

延島冬生, 「小笠原諸島先住移民の言葉小友船漂流記より」, 『太平洋学会』19(太平洋学会, 1997).

呉 万虹, 「中国残留日本人に関する包括的研究: 移住, 漂流, 定着の国際関係論」, 神戸大学 博士論文(2001).

阮文雅, 「中村地平「長耳国漂流記」における台湾観」, 『天理台湾学会年報』12編(天理台湾学会, 2003).

이케우치 사토시, 「江戸時代日本に残された漂流記」, 『島嶼文化』Vol.40(목포대학교 도서문화연구원, 2012).

日野資純, 「漂流民の言語 − ロシアへの漂流民の方言学的貢献」, 『国語と国文学』42(至文堂, 1965).

一條孝夫, 「石井研堂『日本漂流譚』の試み: 孫太郎漂流記の場合」, 『帝塚山學院大学研究論集 リベラルアーツ学部』45編(帝塚山学院大学, 2010).

庄司恵一, 「古文書を読む 帰還漂流民の消息確認」, 『歴史研究』47編(歴研, 2005).

赤嶺守, 「朝鮮に漂着した琉球漂流民の送還について: 清代中国の送還システムに見る撫恤事例」, 『琉球アジア文化論集: 琉球大学法文学部紀要』3編(琉球大学法文学部, 2017).

_____, 「清代の琉球漂流民に対する賞賚品について福州における賞眷(加賞)を中心に」, 『日本東洋文化論集』6編(琉球大学法文学部, 2000).

_____, 「清代の琉球漂流民送還体制について: 乾隆25年の山陽西表船の漂着事例を中心に(特集明清档案特集)」, 『東洋史研究』58編(東洋史研究會, 1999).

荻原大地, 「漂流民の見た中国: 『薩州漂客見聞録』を読む」, 『アジア・文化・歴史』2編(アジア・文化・歴史研究会, 2016).

井ノ口淳三,「漂流民ゴンザによるコメニウスの翻訳」,『追手門学院大学人間学部紀要』7編(追手門学院大学人間学部, 1998).

糟谷政和,「17世紀末朝鮮に漂着した中国漂流民の送還規定について」,『人文コミュニケーション学科論集』6(茨城大学人文学部, 2009).

_____,「17世紀朝鮮と日本の漂流民送還について」,『人文コミュニケーション学科論集』16編(茨城大学人文学部, 2014).

_____,「18世紀東アジア漂流民送還体制と日本」,『人文コミュニケーション学科論集』10(茨城大学人文学部, 2011).

_____,「18世紀東アジア漂流民送還体制について」,『人文コミュニケーション学科論集』9(茨城大学人文学部, 2010).

_____,「19世紀東アジア漂流民送還体制と日本」,『人文コミュニケーション学科論集』11(茨城大学人文学部, 2011).

_____,「安南国漂流物語」に見る18世紀東アジア漂流民送還体制の一端」,『人文コミュニケーション学科論集』1編(茨城大学人文学部, 2006).

佐藤良雄,「熊野漂流民佐藤治右衛門と順天堂佐藤百太郎のサンフランシスコの出会いについて」,『日本英学史研究会研究報告』41(日本英学史学会, 1966).

佐藤三郎,「日本人漂流民と竜牌(研究余録)」,『日本歴史』546編(日本歴史学会, 1993).

佐々倉航三,「太平洋漂流記」,『地理』9(3)(古今書院, 1964).

重松正道,「朝鮮漂流民の送還: 対馬藩田代領の対応を中心として(シンポジウムの記録「海域」としての東アジア世界:交流・漂流・密貿易をめぐって)」,『九州歴史科学』44編(九州歴史科学研究会, 2016).

中村喜和,「ロシア文化逍遥 3 残留漂流民の快挙?伊勢の新蔵が「校閲」したロシア語の日本案内書」,『窓』通号99(ナウカ, 1996).

＿＿＿＿＿＿,「ロシア文化逍遥(29)婦人は別して色白くして甚だ美なり漂流民の見たロシア人」,『窓』126編(ナウカ, 2003).

池内敏,「近世日本と朝鮮漂流民」, 京都大学 博士論文(1999).

＿＿＿＿,「近世日朝間の漂流・漂着事件(近世東アジアの漂流民と国家)」,『史學雜誌』108編(公益財団法人 史学会, 1999).

＿＿＿＿,「倭館と漂流民の明治維新」,『日本史研究』通号411(日本史研究会, 1996).

池野茂,「近世琉球の遭難漂流記録をめぐる諸問題」,『桃山学院大学社会学論集』10(1)(桃山学院大学総合研究所, 1976).

池田皓,「長者丸漂流記幕末時代に新照明を与える秘本「時規物語」」,『毎日情報』6(11)(毎日新聞社, 1951).

真栄平房昭,「漂着記録に探る海外情報：土佐藩領の漂着した琉球を中心に(近世東アジアの漂流民と国家)」,『史學雜誌』編108(公益財団法人 史学会, 1999).

倉地克直,「漂流民の自他認識神力丸バタン漂流事件を素材に」,『文化共生学研究』1編(岡山大学大学院文化科学研究科, 2003).

＿＿＿＿＿＿,『朝鮮漂流記録を読む(1)』(岡山大学文学部紀要』42編(岡山大学文学部, 2004).

川上淳,「宝暦六(一七五六)年紀州船エトロフ島漂流記について」,『比較文化論叢』17編(札幌大学, 2006).

川澄哲夫,「漂流民と鯨捕りの物語(第8回)ナンタケット島日本開国の原点」,『英語教育』48編(大修館書店, 1999).

浅川滋男,「東アジア漂海民と家船居住」,『鳥取環境大学紀要』1編(鳥取環境大学, 2003).

青木美智男,「通訳としての漂流民(異文化接触と言語〈特集〉)」,『歴史評論』481編(歴史科学協議会, 1990).

清原康正, 「新世紀文学館(29)漂流民の運命」, 『新刊展望』 50(5)(日本出版販売, 2006).

草野美智子, 「「台湾」理解の変遷: 近世漂流記や明治期の新聞記事を中心にして」, 『熊本大学総合科目研究報告』 5編(熊本大学, 2002).

村山七郎, 「オイラーと日本人漂流民(言語(特集))」, 『数理科学』 4(8)(サイエンス社, 1966).

_____, 「ロシアへの漂流民サニマについて」, 『日本歴史』 通号232(日本歴史学会, 1967).

_____, 「薩摩漂流民ゴンザ(権左)の事蹟」, 『日本歴史』 通号192(日本歴史学会, 1964).

村上貢, 「〈史料紹介〉台湾漂流記二編」, 『紀要』 3(弓削商船高等専門学校, 1981).

春名徹, 「近世東アジアにおける漂流民送還体制の形成」, 『調布日本文化』 4編(田園調布学園大学, 1994).

_____, 「近世日本船海難にかんする中国全記録の再検討東アジアにおける近世漂流民送還制度と日本」, 『海事史研究』 62編(日本海事史学会, 2005).

_____, 「東アジアにおける漂流民送還制度の展開」, 『調布日本文化』 5編(田園調布学園大学, 1995).

_____, 「歴史手帖 漂流記のテキスト: 語りなおすという衝動」, 『日本歴史』 767編(吉川弘文館, 2012).

_____, 「炉辺談話型漂流記の形成について: 石巻若宮丸津太夫の経験を中心に」, 『調布日本文化』 7(田園調布学園大学, 1997).

_____, 「問題提起: 歴史学における〈漂流〉の現在(近世東アジアの漂流民と国家)」, 『史學雜誌』 編108(公益財団法人 史学会, 1999).

_____, 「文学としての漂流記(特集 江戸文学と異国情報)」, 『江戸文学』 32号(ぺりかん

社, 2005).

_____, 「書評と紹介 山下恒夫編『大黒屋光太夫資料集』: 四江戸漂流記総集別巻」, 『日本歴史』673編(日本歴史学会, 2004).

_____, 「終末期の漂流民送還制度: 琉球船の場合(創立50周年記念号)」, 『海事史研究』70編(日本海事史学会, 2013).

_____, 「討論(近世東アジアの漂流民と国家)」, 『史學雜誌』編108(公益財団法人 史学会, 1999).

_____, 「遍歴する漂流譚近世漂流民の経験, 記述, 言説」, 『国学院大学紀要』44編(国学院大学, 2006).

_____, 「漂流民送還制度の形成について[含(付)中国から送還された日本船全覧]」, 『海事史研究』通号52(日本海事史学会, 1995).

湯煕勇, 「清代前期中国における朝鮮国の海難船と漂流民救助について」, 『南島史学』59編(南島史学会, 2002).

坂口至, 「漂流民ゴンザのアクセント追考」, 『宮崎大学教育学部紀要 人文科学』通号57(宮崎大学教, 1985).

八百啓介, 「江戸時代における東南アジア漂流記『南海紀聞』とボルネオ情報」, 『日本歴史』687編(日本歴史学会, 2005).

平川新, 「ゴロヴニン事件と若宮丸漂流民の善六」, 『東北文化研究室紀要』46編(東北大学大学院文学研究科東北文化研究室, 2004).

_____, 「歴史にみるロシアと日本の出会い: 日本の漂流民とロシアの対応」, 『東北アジア研究』2編(東北大学東北アジア研究センター, 1998).

_____, 「歴史家の本棚 第Ⅱ架(30)漂流記が教えた「帝国日本」の姿: 桂川甫周『北槎聞略』と大槻玄沢『環海異聞』」, 『日本古書通信』78編(日本古書通信社, 2013).

_____, 「漂流民とロシア日露の出会いと交流(日本とロシアその歴史をふりかえる)」, 『東

北アジアアラカルト』8編(東北大学東北アジア研究センター, 2003).

河元由美子, 「勇之助のこと: 開国後帰国漂流民第1号(1)」, 『英学史研究』39編(日本英学史学会, 2006).

和田正彦, 「漂流民の眼からみた18世紀後半のヴェトナム」, 『南島史学』通号45(南島史学会, 1995).

丸岡大介, 「柏崎 日本海漂流記(紀行特集 春のすばる散歩部)」, 『すばる』32編(集英社, 2010).

荒野泰典, 「近世東アジア漂流民送還体制の総括的特質(近世東アジアの漂流民と国家)」, 『史學雜誌』編108(公益財団法人 史学会, 1999).

＿＿＿＿, 「近世日本の漂流民送還体制と東アジア(歴史学の現代的課題〈特集〉: 世界史における帝国主義)」, 『歴史評論』通号400(歴史科学協議会, 1983).

＿＿＿＿, 申東珪, 「近世東アジアの国際関係論と漂流民送還体制: 付: 1999年韓日関係国際シンポジウム「朝鮮時代漂流民を通してみた韓日関係」参加記」, 『史苑』60(2)編(立教大学, 2000).

檜皮瑞樹, 「明治期の対馬と朝鮮半島: 朝鮮人漂流民の事例から(特集 近現代の対馬における朝鮮人と現地社会: 植民地支配・冷戦下の「境界」の性格を問い直す)」, 『大原社会問題研究所雑誌』706編(法政大学大原社会問題研究所, 2017).

横田佳恵, 「鎖国体制下における漂流民送還体制: 五島藩を中心に」, 『史艸』35編(日本女子大学, 1994).

喜舎場, 一隆, 「薩琉関係史の研究」, 國學院大學 博士論文(1993).

영문

단행본

Blussé, Leonard, *Visible cities: Canton, Nagasaki, and Batavia and the coming of the Americans*(Cambridge, Mass.: Harvard University Press, 2008).

Gulliver, Lemuel, *Travels into Several Remote Nations of the World, In Four Parts*(1726).

Herron, Richard, *The development of Asian watercraft: From the Prehistoric era to the advent of European colonization*, ProQuest Dissertations and Theses(1998).

McGrail, Sean, *Boats of the world: from the Stone Age to Medieval times*(Oxford University Press, 2004).

Palmer, Christopher, *Castaway tales: from Robinson Crusoe to Life of Pi*(Middletown, Connecticut: Wesleyan University Press, 2016).

Wood, Michael, *Literary subjects adrift: A cultural history of early modern Japanese castaway narratives, ca.1780 – 1880*, ProQuest Dissertations and Theses(2009).

Xing Hang, *Conflict and Commerce in Maritime East Asia: The Zheng Family and the shaping of the Modern World, c.1620 – 1720*(Cambridge University Press; Reprint edition, 2017).

논문

Chang, Yufen, "Spatializing Enlightened Civilization in the Era of Translating Vernacular Modernity: Colonial Vietnamese Intellectuals' Adventure Tales and Travelogues, 1910s – 1920s," *The Journal of Asian Studies* Vol.76(3)(2017).

부록

고전문헌 원문은
맨 뒤 페이지부터 시작합니다.

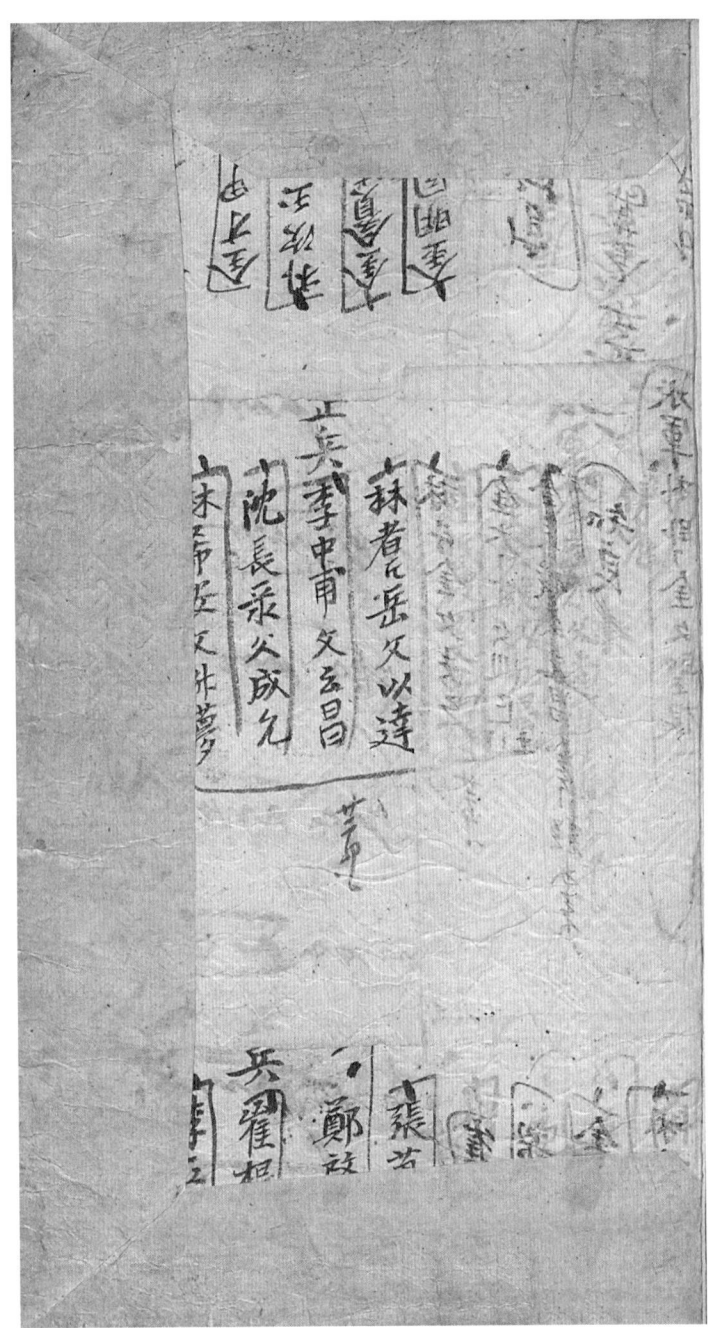

此弑盖自漂海之後妻子得報汲井花水達夜祝天者殆得半載矣至於梨津妻子晝夜號哭泣血成崇鄉黨之人來賀曰此誠家人之至誠激感于天而有是生還云則言之哽塞何足備說爭耑記漂海顛末錄成一篇以寫痛苦之懷云甫

慨爲終始僑伏余扵是盖驗聖人之言傳之笑謬矣
噫微斯人吾誰与歸是爲誌永陽後人崔斗燦拜手
十一月初一日發行至黔川日暮到水原初二日至
振威初三日至稷山初四日至天安日暮到德平店
初五日至公州初六日至魯城初七日至恩津日暮
到礪山初八日至全州留一日初十日至金溝日暮
到泰仁十一日至井邑十二日至長城十三日到家
計其起家之日則正月二西日到家之日則十一月
十三日矣到家則病妻迎門諸子挽衣隣里宗黨爭
來相叙此便是已死復甦之命也天下之樂孰有如

至論崔君亦有文者也甞中沚謂自有清濁既聞至
論敢不服乎是故事竟得已為嗚呼夫人君子之一
言活彼晚羅數十人命於立談之間而彼革淺見又
烏得以知其河海之澤乎與崔斗蒙分袂心甚感愴
崔斗蒙告別曰孔子曰三人同行其利斷金此言同
行之間苟有同心之人則其交道之圓結非若平常
燕安者此也戊寅夏余有漂流厄之由瀚州達四明
過會稽探禹穴渡浙江至杭州遍山東足跡迨將半
天下而所與未者寧皆長蛇猛虎惴惴焉惟恐朝夕
之不保而梁長老君和氏不為利害拙為不為先生

十日到金川二十一日到開城府二十二日到長湍
日暮到坡州二十三日到高陽二十四日八王城
五六日逗留崔君亦以耽羅人謀殺之事欲呈刑曹
而正其罪故余且黙念曰俊於漂中飢渴之極敬其
獨活獨專而乍懷奸謀則豈知敵恨不足言論余諭
崔君曰此非細故事關生殺吾於京中有愛知一宰
臣矣請必奉敎而後處之可也崔君許之於是余徃
謁平洞李判書大監將乍事首尾以告之　大監
黙然良久曰已還故鄕勿說旣徃一分則已不容更
逢似不可擧事也余仍辭出告崔君以大人君子之

縶金以振顧瞻城郭談笑和之曰此冰鄭嘉山扼節
之地苧至今凜凜如有生氣也十一日至清川江十
二日中道雨衣巾盡濕十三日到平壤十四日登練
光亭江流甚靜月色如練亭之得名蓋取歩謝詩澄
江靜如練之意也市井之櫛庇城郭之壯麗蓋不及
江浙兩江山之形勝副彷彿洛陽之間也十五日至
中和十六日到黃州節度使公遣執事通信索日
記公要与相見至副公先叙海中艱險之苦焦悶江
葡山川之絶勝誤盂盤以饋之真武將之好士者也
十七日到鳳山十八日到儉興館十九日到平山二

海鼇則憤嫉之心 豈有後 於崔君乎 然而同漂異域 繾
綣故國日未幾 闊遽欽告法者 似近迫狹 又况海南
漂人八名 奉逢吾等譯通還國 則此吾等為國家得
八民也 若穀耽羅二十餘人 則是為國家失二十民
也 功未贖罪 而以直報怨 不亦可乎 呂俊然之 亦謝
崔君以故 事遂已 初四日仍留倉高 戸呂公來請見
見之則檢綏甚厚 初五日自本都供餉倉于下處 是
日漂人裹程以病落後 余及金以振及大靜官下人
皆仍留不裹矣 午後起程 初六日到龍川 初七日到
鐵山 初八日到宣川 初九日至郭山 初十日與崔于

十七日到鶴河二十八日到金家河二十九日到鳳
凰城ㄴ之得名以其有鳳凰山也三十日仍留十月
初一日行十五里初二日到柵門乃笠入地也噫所
經周覽雖畧記來而自燕至柵近二千里則本國通
聘類屬不絶故皆畧而不記耳初三日到三江八義
州府尹呂侯令監送禆將邀致余等欵接酒肉蓋先
是同漂眈羅人二十餘負在漂中潛懷慕殺之心
崔君斗縈憤之不已至義州崔君以此意告于呂
侯請八伏啓期將必殺而後已余請于呂侯曰崔君
之嫉惡剛膓非不爲義而我亦幾八於彼輩之推納

也又有大車首尾相接兩日不絕純用白馬詩謂所比物而亦行秋令之意也十八日至新民屯而止宿十九日至瀋陽山川之雄基觀之麗亦一壯觀也有燕京通州人十餘負漂到我國自我國欵接護送聞吾崇來親訪慇懃爲謝我國厚恩城業五里許有陵寢皇上之在也卽展謁之行也二十二日始擲車渡瀋江濟人與瀋人爭渡被打余與通官止之二十三日至河豐隆店二十四日至二湘貢蹖之舘界二十五日平明開車山磧之險隱然有我國物。踰亮甲山三道嶺色大高嶺磨天嶺時天氣已冽人不勝寒過連山關二

過二十里初八日雨初九日連雨仍留本店是時皇帝幾瀋京不許客人通去初十日十一日在二道境十二日發二道井子至德官店歇馬也十三日令下隸燥衣不戍又歇馬日暮至流河城十五日至河朔治道執箠者千里相望所過橋梁皆以朱欄曲檻爲之天子尚未起程令客人不得犯蹕仍留宿十六日有吉林府居吳秀才年純八者邂逅相逢筆話移時盖赴擧陽鄉之行也十七日天子先馳過去登亭觀之則驍騎據持弓矢夾道而馳者橫亘百餘里皆紅氅綠袍別爲三條而去中央是黃道兩傍是扈從

也此有紅羅山盖此山連亘甃千里在京爲景山在
通州爲盤山日暮到小陵河遞車ㄴ不具夜三鼓始
辦由御道傍起程時皇上方面礱治道吏詰之車不
得前由小道遶蟹行五里許抵渡陽店時夜已分矣
九月初一日平明行二十里到大凌河店ㄴ之得名以
其有凌河也初二日晴初三日到廣定縣純盛店二
更大雨初四日平明始晴午時開車行十餘里至鎭
山名曰醫巫閭古之幽州界也初五日至小黑山店
初六日到廣定縣日色亭午矣以水高之故仍爲止
宿初七日到二道境是時天或陰雨四五之日行不

過豊潤縣沙河驛城高溝深民殷物富誠天下第一
関防處也二十五日至山海関真所謂一夫當関萬
夫莫開也関有提督府南有滄海曲之置烟北有蚊
山峰峰之置烟設三重城之門曰天下第一関外城
門曰山海関誠京業之雄都也仍出関到聚和店
有黑山口山有長城過前所聞二十六日到滿井店
隸奉天府二十七日夜四鼓開車平明過蓋平縣市
井之櫛比畧與江南諸郡等矣二十八日連夜進道
初昏車隋泥濘遲滯久之夜三鼓抵寧遠州二十九
日清晨起程到錦府之高橋駟府之得名以其錦水

物譬猶五穀種子不以荒歲而永滅則無乃天心不
欲永墜乎三綱五常之典永有辭于萬世足以徵于
後聖者歟則時八月十五日也良辰樂事無異吾東
月明是夕彩糚佳娥相會于翰林院各設踞床風流
妙關依然羯鼓催花香唇醉袖可想梨園歌舞翌朝
皇上有護出本國之命自北大門始嚴時大雨終日
連注行程夢憂之狀無夫可論夜半纔到通州十八
曉到三河縣行十里有一大店檐日旬望山海關北
走喜峰口余等南行至薊州留宿連日行二十二日
到野鷄坨有夷齊廟＜南等首陽山高不過蟻封耳眄

者難於水而今觀燕京可以知中國之大四海之富
矣然而車服無上下之別風俗有勁悍之氣言語異
制飲食殊品夫中國也者唐虞三代漢唐宋明相傳
之遺物也先王已遠聖教不行禮樂典章蕩然無徵
誠一於悒處也蓋吳越之俗以蠶楫為家以錦繡為
衣富麗已極重以山川風烟甲於天下齊魯韓魏之
俗儉民貪一如我國而人物之英俊文武之全才
多出其間燕趙之間尤多慷慨強勁之風而試者今
日之域中竟非聖人之遺教則志士傷感庸有其極
而言念青邱一區猶保禮義之俗章服制度禮樂文

明堂有錫轀之典玉門無思啟之歌海外臣庶方感
頌德意茇伏念日月流邁道路夏脩我行永久已經
二三四月故國出遠冷有二萬餘里昔我來思賊楊
柳之休、今我敀思感飄風之律、月居流火奈授
衣之不遠卽屆白露見優霜之將至羽兹患難餘生
疾病居多業方水土爲崇三秋瘧厲相戰夫疾病之
扵死曰相去無幾矣言念及此寧不痛心伏乞太
常閣下承皇上護送之命念遠人流離之苦獲還未
寒之前保全於半死之覺則洪恩所造微物方感士
當須首死賞結草無任懇切屏營之至嗚呼觀於海

死餘生經歷艱險之際言、悲酸出沒人鬼之域節
、痛限茲將顚末仰慶清鑑伏乞太常大人留神
垂警焉、矣等頤衍手支遭離厄會一舸被風百口遷
膳青楓江上聲咽楚些之招華表城邊影斷遠篤之
逸擧家景色不見是萬悲疾兩傷何事不有思子之
門老者以病望夫之闕生者孔化矣甬如是則言等
雖生、何世況矣等雖還、何面目伏惟天朝大
皇帝德配天地澤普寰宇陶句兩在無一夫之不獲
兩露呀施囿萬物而同胞惟茲東吐小人微如草芥
輕甚鴻毛天心孔仁特垂矜恤差官護送沿道饋食

來愍憐多遺以酒肉焉有楊秀才者連日討話余問
曰燕趙古多悲歌慷慨之士今復有流俗否楊曰今
市井街衢之高歌放酒乘高車快馬馳騁於尚薊
者亦多有之蓋自浙江省始發也有梁越者解石川
早年僉身累經官職而承省敕護押吾等偕至燕京
兩經記覽皆其力也余問越曰貫鄉何地越曰今貫
江南而聞家傳古蹟則中葉漂海泊居此地而原是
新羅人云余仍叙宗誼契老厚而至是越付戒禮
部得回移而去余相與臨別如在至情矣全使崔君
呈書禮部以促啟程其書曰伏以天萃萬里漂踪九

誦長安古意一篇而猶未足喩矣易水寒風猶想荊
卿之釖歌中流擊檝忼忾祖逖之忼叄而樂毅之金
坮張華之推枰亦可想矣翌日二十八日皇帝親巡
關東卽瀋陽也異域漂跡幸獲再活得覩監事其亦
幸矣而倨覩禮樂文物頒異乎幼讀漢唐史而聞笑殊
不勝於怡時舘留多日疾病交侵泄痢膓癰前後相
繼余雖一身無恙同行如此心神憂惶何以堪懷同
舘中有耽羅漁採船十二人業已漂到而同病相憐
爲如何哉以其人先發故余各修家書又通本官
城主及鄕廳昻八月初八日也時燕中市井子爭爭

京外城也城內有景塚問于居人則皆吳楚士人來仕皇朝而旅死仍葵者也萬里孤蹤寧下臨心返南門八城名曰正陽門、有三中即輦路也自東夾門入至禮部門外停車而憩有頃舘于朝鮮舘自浙江者之臨安至燕京凢四千七百餘里而河路為二千七百里陸路為二千餘里自達亭府以五月十七日䬃船而至是凡兩朔有餘時則七月二十七日巳盖燕京主脉自景山天壽山逶迤東业而來平曠百餘里以成歳甸而其地勢之雄壯殆不可以文字形容也人物繁華城池高渓宫觀之壯麗歌舞之喧騰誡

亦一名勝也常山下有鉅鹿即楚霸王鏖戰古場也
若董狐叔向廉頗李牧樂毅魯仲連董仲舒皆居此
地云嗚呼三晉地形鮮有名山大川之限而即中國
之樞也想像許由茂齊之清風峻節足以廉頑立懦
而董狐叔向頗牧樂毅之賢亦不可以勤人慕古
之心耶楚霸王雄風壯蹟彷彿若覿於一日九戰之
餘而至若董江都乃蓁漢以來蓁之儒也抑可謂
百世師矣最兩契心者其唯却蓁之魯連乎鄒林盡
鳥雖不復覩滄海明月尚此依然則追念吾東先輩
芴茼魯連之徒乎二十三日過蘆橋至順天府即燕

木綿處々豊饒而猪羊馬畜甚焉蓄殖正西所謂冀州
馬多於天下者也此有一名橋々下能通艦艦亦勝
賞也約十日到一處卽文々山吊古處也榜曰宋承
相信國公文先生神位余下車祗謁想見忠義之風
凜々如目擊矣十四日過新安至涿郡卽漢名將張
飛舊居也有一名橋長立里立三門榜曰萬國榜抗
誠天下壯觀也十六日過良鄕同行李榮大追後未
到翌日西迤十八日過上黨二百二十日至太原
府业境太行山在业首陽山在西有夷齊廟箕山又
盖有許由塚云至大陽汾水之浩蕩皐于怡之世麓

幾半生病二十二日至長清縣謁玉皇廟二十三日
過濼陽枕河至鹿曲店有一召門題曰頴川代筏即
大明萬曆四十年戊午立云二十五日過二百里至
太原府二十七日至平原縣即趙地也居民曰趙公
子平原君萊邑也二十九日過德州七月初二日至
景州同行康津人尹濟國過曰納優田主望來至打
頗而余百端調停信知茯田不納優之為格語也初
三日過阜城交河距邯鄲四百里云初五日到清河
河間乃漢獻王萊邑也云初八日至任邱縣蓋自山
東省以来凡千餘里原平野曠入望無邊秦稷稻祿

知之招入余等八衛行實主禮書告曰皇上方桑
遠人穀我飢腹而自入縣境朝飢夕餓於紅花店及
入縣門堅拒必逐於奸吏手萬死餘喘大火所望雉
愧歙食之人豈諝乾糒之怨一飯必報雖不可朝斗
水溪敢不仰控縣主覽畢謝眼舘而接之若非縣
主徒厚奸吏鳴呼吳越蠻夷之陋猶知待客之禮而
生乎聖人之邦有此汚薄之俗抑又何故尋又自辭
曰堯舜有朱均之子惠牛有路鼈之窘四高出於熙
皞之世三監生於嫗修之日無怪聖遠道吉之後有
此蔑禮眛義之人矣二十日過蘭山高山或飢或食

然無徵千載後學寧不興感武岳在南尼邱山在其
北闕里壇杏洙波泗流冝其天降夫子以爲萬世師
也至鄒縣孟子墓猶存十三日過豐縣漢桓里尙傳
起於刀笔佐成大功蕭曹之鬼烈出自屠販櫛沐兵
塵樊周之壯蹟十四日到峽紅花鋪店止宿時兽
國數年旱荒而秋稻方熟人心稍解然而無由得食
從者皆飢余引漂海時以寬諭之及入縣城事縣吏
却之日本官遠出雖有代理官異國之人何以追接
余日代理官亦官也自入中國縣次續食而甬生周
孔之國反有鄒薄之俗耶良久縣吏入告縣主始

壇風猶在耳而子房之從容孔明之正大昌黎之雄
偉居士之詩響宣王之陣法亦何壯我過河縣至平
原即齊地也山川地形犬牙相削而想像昔日之英
俊足豁後生之膓肺靈宮雖傳鄒聖之雄辯牛山猶
痕景以之衰淚十二日行四十里至清江縣始下殿
登車即魯地也周公舊封孔聖故里泰山巍巍黃河
滾滾山有天子之行宮水傳聖人之清運由阜龜蒙
山明水麗汶陽龜陰鳳襄擒去金聲振玉迎矣莫聞
高堂奧室久耳未覩市井村落彷彿吾東五穀曰卜晚
亦甚相似而惰乎地漁薪俗牽禮義先聖遺風蕩近

國人以西湖金山僅稱云左天津洺水潁水伊水香
山在其石白樂天之結社也龍江在其业諸葛亮之
掛名也南陽蔦岳崔巍特鬪朝宗江漢逶迤環注十
一日過榮。三百里至東昌即伊尹張良司馬懿韓陽
愈西居地也憶天生明祖奄有四海四子三王六守
五帝則爲世不忘之盛德至治何可言乎秦白仲雍
赵至德季札梁鴻义高行朱買臣陸棧雲贄之文詞
韓侯之仙於英彭祖之以壽稱范增之智毛義之義
陸秀夫之忠王祥之孝疏廣之致高王導之德量巳
極之嚴於吏治皆可以感慨不已者也若夫清聖古

梁鴻孟光所居地也至華亭乃朱買臣陸棧陸雲陸
贄所居地也至淮陰乃韓信漂母陸秀夫所居地也
至下邳圯橋張貽奎山古今事蹟人物繁可想矣至
濠州即明太祖皇帝誕奧地也至滁州有豊樂亭八
公山廬江乃范增毛義踈廣包拯所居地也至東海
乃彭祖王祥王導所居地也朱陳村亦在其間云過
江都至楊州五湖白即其地也約十日過
高郵寶應山陽至開封府乃河南首而即韓地也因
其居人得聞人物豪侈皆歷\u3000可聽焉至故德良田
沃野瓦楹瓦林中有七層冶丹壁照耀風烟捲舒中

城外十里有寒山寺即夜半鍾聲到客船者也水中有錦山寺即大明太祖駐蹕之地也鸛汀鳧渚漁船商舶騷人墨客往三詠滯江水嗚咽如帶寬恨最所可悲者南京居人生則用太淸之服殁則用皇明之衣度至於女子猶守舊儀恨末早生以觀雙明日之世矣

初八日過鎭江北固長洲無錫常州府丹陽丹徒抹陵石頭所過皆名區六朝舊都景物猶存感古傷今客懷悠三至太平縣即李白詩三山半落青天外二水中分白鷺洲者也烏江楊子江夾流與終南山下漢水合注於彭蠡湖至虎邱山下万葬伯仲雍李札

也山明水麗誕降大賢以爲百世儒宗則新安二字其非曾面於大全書中者耶過二百里至秀水縣城下士女聞漂人至爭先来到余等殊不勝思鄉之懷矣扚六日至南京應天府蘇州也時惟亭午天明中天志士之感庸有已乎金陵佳麗之地自古帝王之州而追念大祖皇帝聖神武文之德神宗皇帝再造東藩之澤則感泣無地微誦我傍祖擄捨先生忍恥尚看慕日月合情空讀宋春秋之句三復詠歎爲之垂淞傍人盖不知也臺觀之磪麗人物之繁華令雖晷存而紅羅世界已矣莫靚則又豈忍提笔模寫乎

稱號人錢塘主簿石門汪公嫂中議大夫曾公皆來
訪而曾公贈我大字二張沈芝塘起瞥動稱梁先生
曰東方義禮之邦宜有如此人也上舍羅承烈贈我
詩十里湖光憑客覽一時紙價爲君高又訊我四柱
而書曰心平如衡天必眷善勿憂貧困榮及顯高有
余慈稱者以至孝名愛母兩植之栢仍以自名丙開
我等至來訪致欵于時我國海南人八員以前數年
漂到太平府不能通譯不自達情因滯未還孟昧字
故也余一見感傷相與問答知爲我國人而以書譯
告竟得同迄六月初五日至新安縣亦朱夫子所居

争先拾啜而余與金崔二人静坐不動男女倚墻争
授以試我而終不拾盖是挑世官家所用也有一
直果官長恐授男女治其摘桃而聞我等之不拾乌
加歎息曰真禮義方君子盖此地多富商賈而通衢
大路多列貨廛聞異國人至爭相聚視而耽羅人等
素嗜貨利或出市路偸貨物余與崔君憂其君至
欲呈官聲罪以為自脫之計以故耽羅人不能肆慾
扰已又恐傷本國淳俗攔理正責嚴禁不已崔君及
反嫉吾等矣其土俗不以文章来其貴賤而上下皆
錦衣不以僧俗別其同異而官長亦相推有楊秀才

雷開至若駱賓王之文章呂東萊之精博張志和之
仙風宗澤之武畧其亦可以感慨也夫時有高秀才
瀾䂀獲浦馮智字一枝陳應槐䂀米山高師鼎䂀湘
泉高師顧字春和高師震字春霆皆來訪穩話有秀
才楊鈞者亦來贈詩浙城周回四十里十二門有浙
江省一品也有布政使二品也有杭州府三品也有
仁化縣錢溏縣同在一城四品也有分縣司六品也
又一日遊仙林寺有一老嫗寡居無子托身僧侄而
病沒僧徒依櫃盛屍達夜誦経翌朝有五女子來帝
拌檀有頃自層欄上陞授桃果殆不可數耽羅人等

尊攘之志進忠憤之疏使千載後學得知居父之讐不共戴天之義而三綱五常賴而不墜者其偉烈爲如何哉嗚呼東方今日之士亦盡以此義常之著存於心乎二十一日過百里至浙江省杭州西湖之三秋桂子十里荷花至今宛然而是水也流入東虹門遠出虹門回入南虹門竟出西虹門畵鷁彩舫出沒城下貨廛寶肆羅列街上臺榭之雄人物之繁殆不可言而南有富春山卽嚴先生耕釣處也亦名紫陽山乃朱天子偕藏所也駱賓王呂祖謙張志和宗澤亦居此云先生之風山高水長夫子之道潮呑

德江右鹿門山滕王閣乃王子安撰賦處也十八
日至黃州有亦樓雪堂白雲樓仲宣樓到處風烟足
快遊賞君陶侃江萬里胡銓歐陽脩文天祥皆此地
人也至撫州十九日至豐城君徐穉黃庭堅皆此地
人也麻姑山在其北而玉立羣峰崢嶸雲衢鳴呼王
子安可謂一世文豪而滕閣一詞膾炙人口亦樓六
宜之景雲蜜黃庭堅之剛直江萬里之勦義徐孺子
長沙之忠勳黃庭堅之剛直江萬里之勦義徐孺子
之貞持景蘂有素而一朝拭眼於昔日山河耆不共
癸矣乎余窃悲夫滄桑之爲人當春秋義衰之日堅

形馬湖夾流而左瀘水右夜郎萬里長洲合流洞庭
而上有天柱回鴈之峰下有瀟湘之浦九嶷峰乄一
如所聞而炎帝陵帝舜陵往馬至襄陽即龐德公司
馬徽所居而峴山墮淚之碑老萊嬰戱之蹟壯武庫
之故里屈三閭之舊基至今宛然云嗚呼二處士之
藻鑑一孝子之純誠千載之下可以想像而墮淚碑
下父老猶傳甲兵庫中蛇精已化光爭日月大鳴全
楚可以興起乎萬世忠臣憂國之恍者其唯獨
醒人乎十七日至洪州河路數百里風光悤悦眼人
非錦繡貴賤難辨士畫玉貌鬳陵莫窮左九江湖連

今聞風雲韻捲短碣昌勝慨然至廣西省即古百粵地也左蒼梧右瀟岳昔大舜崩於蒼梧而婆涼暮雲今猶若覩則萬世生靈寧不痛悼辛又況吾等亦七長於我正廟化育之中者也蒼梧之思不勝潛然兩萬里池域不敢忘父母之國則到此哽咽瞻望東天而已至柳州有羅池廟又有綠珠楊妃井二嗚呼柳州文章至今光被於草木而羅池廟神靈猶依依吾過四百里至恩明縣有黃陵廟過岳州至哪過二百里至衡州左赤壁江夏右黃鶴岳陽樓古所謂巴陵勝狀在洞庭一湖者也君山如障桃源區

頭赤脚之雄麗大過吾東之檜櫟矣嗚呼大冬松栢
邈矣未覩洪範叙傳奧耳難傳九峰之正派豫章之
真源又豈不足以興起後學之心乎過廣州三百里
至雷州卽萊公丁謂貶謫之所也焭念冠公之忠勳
憤嫉丁相之邪慝志士感悼痛有挺乎過二百里至
潮州、有韓文公廟安期生墓嗚呼韓文以文章如
誦父兄之訓而原道一篇可翼斯道佛骨一表足斥
異端則山斗之仰到此益切矣神公之說誠荒唐安
期一墓足可徵後之好誕者其可溪戒乎至西江有
張九岭墓至合浦有張世傑塚而曾而姓名於黃卷

東山舊妓歌舞猶傳泗水一陣威風尚動鏡湖之荷月依舊團々蘭亭之水觴至今依々詩人逸士到此雄豪而一定覊懷無時暫弛步月者雲之思豈徒葉於杜工部哉至建寧府行三百里至福遠者泉州左雲峰右延平閩中又過四百里至惠州々蓋不在天下云又過二百里至漳州所經州縣皆遣吏入舟欵接酒食焉境內有武夷九曲即我朱夫子所居也徵詠九曲之詩默想万世之顏自不覺令人蹈舞恨不得親灸而考亭書院又在其南若胡康侯蔡西山九峰羅豫章諸先生皆寧居此云路傍有烈女潘氏閭烏

以佛殿梵宇雜然屹立乎間閻之間漁歌僧磬交酬催唱行十餘里至一大店第宅宏麗若似曹娥江而原平野曠舟去般来盖吳人以舟楫資生故雖士夫家莫不興販士汰田畴畫曼荻瓢之属阡陌接軌非稻梁之肥時方仲夏而禾稼已熟矣十四日過山陰至會稽縣𨽻紹興府引舟入城亦東南之都會也家家興販户々藏貨舟楫彌江士女連袂東門外有會稽山、有禹穴西門有外子陵廟越王怡西施村学羅山浣紗溪皆在焉昔謝安王逸少賀知章等嘗居此地嗚呼昔聞禹穴今覩會稽越王安在西施已邈

墻石砌干雲樓閣無非佳詠名詞樹木饒富蘆荻殼
豐梧風之橋夾河而垂虹吉慶之橋跨水而駕石滿
眼風光足消羈懷亦吳會之一大都會也又過四百
里十二日至餘姚縣主欵接各賜百錢行又二十里
下步登陸縣人各具竹兜輿載我而行又十里到曹
娥江時南土大旱十餘人依徦龍舟金篩頭角使童
子著繡衣入龍腹設樂鼓舞所兩舟中君吾東獅子戲
馬復乘舟而下兩岸屋宇皆冨商大賈滿江般艦畫
彩鷁畫舫高楼傑閣壓江頭而爭臨熟石虹津夾
岸口而競奇遂看一處畫雲烟近八千家散花卉重

毀償金事論之。爲憫行忙與之偕發初十日而至寧
波府甚多佳山水左甘鹹泉右石筍山四明湖在南
天台山在北余仍誦四明有狂客風流賀季眞及千
巖競秀萬壑爭流等句中有一樓曰方孝樓又有一
院曰劉晨阮風光亦甚佳爰自此距慈谿縣以陸則
險而遠以船則易而近余等傷於虎者也頗從陸踣
府主愍之曰其在柔遠之道敢有階禍之心仍賜雨
傘各一柄錢二百五十葉及資粮略干其茶酒之供
不可盡記爲遂乘舡過海踣三百里自內河又過百
餘里至慈谿縣所過皆名區勝賞沿海村落盡是粉

里動費慇懃之往返請承官令往燕京以待之寫縣
主特許之乃以是日發行縣主使吳申浦致粉紙一
軸乃函風圖也諸秀才爭來送別者數十人離鐏交
錯別懷愈激縣主又賜紙筆墨各一封藝草合六十
封余等告別登舡水路二百里翌日過鎭海縣〻吏
來問我情先八府中良久出曰本縣之八柱道也果
毋接待之例宜向寧波而去余等直向寧波府耽羅
人等喧言曰此必梁崔金三人暗受縣錢也余諭之
曰萬里同行寧有此理彼以縣規吾復何言耽羅人
至於凌罵崔君斗繫爭之不已必欲質官余以爲不

不能無油然感惠矣仍問曰吳都賦有國有乘熟之
稻家貢八蠶之重信否姚曰此土間年有之而歐東
每年有之又問歐東幾里曰四百里金爽花陳艤仙
以兩浙軒輓錄見借而後覓去盖李巽占以文行重
於南下而門人賢俊至百餘人云初七日胡高曹劉
陳五人来訪而陳乃艤仙之壻也討話良久諸秀才
曰明設小酌願賜枉惠余辭以不敢當彼懇之乃許
初八日余等三人祇袚併進曹秀才振絢亦来會連
日所與遊皆南土賢士以故稍慰羈懷而已余等日
促歸程於縣主之之曰姑待回程也余等曰燕京萬

主奠牲如儀是日孝廉李歝巽占来訪俄到笠秀才
世藏家從容討話蓋即李之賢弟子也師生間氣
味令人襲芳而俱袂孝廉薦蓋本國歲薦也午後陳
秀才福熙歸餘仙學官金士鈺巽爽花者来豎入城
到爽花家粉墻熟石輝耀四面紅氈錦障羅列一座
常設踞床百餘所會皆吳下英俊士也進茶酒餅肉
又出書卅以示之皆吾東未及傳来也是日縣主各
賜我等衣一襲初六日又賜猪肉二器及手巾一件
又及粘飯之即裹筍安蒸炊也使姚繩齋宣揚皇明
德意曰異域孤蹤亦感它式欸接之至意耶吾等亦

輿亦多有之 而信義相孚如手足之 捍頭目沃野良
田處く連壃魚塩稻綿在く 出産城池極其高深山
川無非隆阻矣吳又問用何年號余荅曰今四海一
統本國謹於事天之禮朝野上下日兩講行一以孔
孟程朱爲準的則嘉慶二字普天地之下孰不同尊余
仍問曰此地與乃皇明舊都之屬縣耶吳曰諾余曰
杭州是世居吾吳之所尊者當祖述其長耶
吳曰孫出於祖 人之所尊亦尊之祖之兩歆亦歆之
仍動色曰此非令日言也余亦動色若有兩感焉遂
罷出翌日卽端陽也縣有宋宣仁皇后及関帝廟縣

吾人性情其餘銘頌記跋等百體又皆祖述乎韓柳
歐蘇周程張朱文章體格道學淵流而尤重山林南
臺之選有歲薦別稟之法非講明程朱之餘緒罪步
繩趨者不能冒進矣至於武科以時鍊閱一如文科
庸備不虞而非通曉乎孫吳韜略方佛乎關張武勇
者不能冒叅矣于時茶酒肉品固已辦具而吳這乙
勸喫惟恐不飽矣吳又問內外省邑大小官僚共幾
何答曰外則八道三百六十州內而三公六卿百執
事莫不備具民則士農工商而尤重士農禮則冠婚
喪祭而各盡其儀兵劒甲銳惟以矻長之義附庸島

來八條叙以至本朝 聖繼神承理學儒賢輩出
倡明文物彬彬風俗熙熙君子以格致誠正為學基
地小人以忠信孝悌為道頭腦三綱五常日用上當
行三物八刑鄉黨中課講衣冠制度一遵唐虞三代
之制而其所損益隨時措宜小華之稱自古見許於
中國東夷之陋至今於變於域矣吳又問試文用
何體余答曰科文各體一曰策以選經綸之士二曰
表以明進賀之規三曰論以觀是非之趣四曰賦以
叙敷陳之實五曰疑問以下聖賢心跡之同異六曰
經義以明經傳旨義之邃奧七曰詩以感發懲創乎

日饋膳各極醉飽乃舘于城外野屋亦極壯麗翌日
余氽以自適歷叙漂海顚末名曰乘槎錄浙中士夫
夫日來相訪至有賸去者有朱老佩蘭者及姚繩齋
爲踈者皆文士也欸晤曲護良多感意初四日縣主
沈侯要與邀話余謂姚繩齋曰昨日公饗以官接下
也今日邀話相見禮也敢問姚八小喠書示曰大
夫不見士丶若相見長揖而已仍喠姚八濟縣主總
以事出使窞杭州人吳申浦接之吳扣我以本國山
川道里風俗余書陳曰本國僻在海外山川險阻南
业四千里東西二千里檀君初闢氽爲而化箕師東

一 大尾宇尔懇周覽 山勢雖不高聳而撼是秀明前
有大野專用水車灌畓而車尾有輪駕牛代灌
亦一奇技也俄有一官吏頭著如兜懸以上毛持筆
墨前拜問情探裝仍進茶餠麪逐道尋而行所過皆石
踏如砌城內引水作江曲ヽ縈回以達城外而片ヽ虹橋
橋下通艓矣余等駕江步虹而入依然一殿上儼然
衆人狀卽而視之非人伊佛也良久一吏導入縣庭
縣主沈泰開興治盜將軍陳威儀先引盛我
及崔金三人問情而列名報聞于燕京使漂流諸人
五ヽ各坐行犒賞禮其所具卽茶麪餠肉酒菜也積

甘吐或黃或黑皆是綺帛而結畧以餙屨形如唐鞋
木韡錦繡歸雲始矣女子則惶々銅絲繞頭為粧而
五色彩花一絮韈珠𦈢以鳳釵又以黃紫之玉貫耳
垂肩玉所謂月球彈者而濶袖長領以錦以繡呪忽
我國之男子服制矣履歸則臭次弦端歸以錦繡頭
髮則縱髻頭浚如我國慶女之状矣通衢肆列無非
大商而山水佳麗无挻恍眼此古人所以茅一佳麗
惟於吳楚者也言語不通矣以書譯然浚可相通曉
也牛羊與吾東同而丞大如牛耳如蕉箠垂甲干地
價至七八千文之多矣及至縣城十里石路々上有

群又進茶飯如是者已幾日矣縣主果送義船四隻
領去是夕步出沙門踉到船滄凡五里許皆石逕也
一湖兩岸皆篛熟石〻佛千狀次茅模立遂一齊登
船待曉而發乃一也午時到縣境水路凡二
百餘里左船甕又皆熟石潮水退觸不能把青
雀黃龍之飾不知其幾萬數也試覽浦口壘榭從擁
墻壁照輝層欄半入雲霄豪男美娥相訓歌酒
使人迷眼不可名狀其俗男子則圍頭削髮上有徐
髻編以月子俯垂腰下彷彿我國之隊伍軍服矣灡
袖長頗加以上衣而皆青袂玄紈也頭巾无奇形如

遺世超白之想而鄕關一念銘在肺腑其敢爲此而
暫廻乎一僧前拜導入亦問我情進茶供食而各誤
踞床主賓分坐堂室之玲瓏殆不可名言紅簟靑簟
毋紈几左右錦障毋溘輝煌前後樂詞音律調暢
看來僧法大異吾東而盖其俗然耳余與金君出而
復路佛堂千間緇房萬穀蒼飛半空盆列百花佳木
異卉形之色之黃鳥玄禽鳴之聲之亦一奇觀也見
其僧俗或講道書或蒼農功兩厮養農牛皆是屠也
百長尺餘形如燒灰酒商餅賈注之列肆俄有一老
僧前導上堂各色花盆照耀成行百種馴禽飛鳴作

寸草之暉太行之雲無日不望墳墓之樂牽珠之戀
無夜不夢而萬死一生牽踵山門蔣被恩眷他日相
思庸有其極而但故國山川憂溷如夢敢思茫〻何
以爲情惟願法人佛指示生路丞便狐邱豈不美哉
老僧書谷日昕已報縣當待處分於是余與金君不
勝苓寐步出沙門曲廊平廡處〻榮問岩逕石路步
〻迴絕層〻奇〻皆是石佛之像兮〻山菴奕非珠檯
之狀山路有一小菴別區名勝殆難筆記而遙看
一處又有人庵竹林猗〻石角層〻海色入戶山光
映簾樓衣道枘列坐講道真可以滌人塵慮依然有

下又有虹橋獅形猫像之石灰、模立於橋上矣其
他水車灌苗之制石碑寫篆之文不可殫記而汝門
有三閉中開夾余與眾皆入有一老僧衣巾曳罩飾
以錦繡前拜導入客堂書問曰汝等何國人何兩茶
何而向也余乃書示宗情老僧進茶粥各一器眾皆
飲飽時四月之念七矣嗚呼我東之於中國古今奇
蹟佳詠奚不出來而一山一水之奇就不可坐而致之
則唯乘浙江省普陀山觀音寺何以藏奇匿踪奚聞
無傳而乃待吾等今日之漂賣也嗚呼其非氣數所
使也歟余乃書僧徒曰吾等或上有父母下有妻子

無邊眞天下第一壯觀也也況瘁死之餘幸得再法乎山行十餘里十顚九倒寸〻前進仰而規之筆と石立梳是老人佛童子佛巴俯而觀之滴〻波闌嫑非青雀舳黃龍舳也至沙門三里許熟石舖逢而洞口水田有苗青〻中有大池水光瑩〻余等從目騁覽浮樓飛閣毌碧照輝金尾玉甍難以青紅虹門石橋左右炎列千門萬戶次茅排開又有一大銅柱數圉柱上搆一間飛樓疑是模得乎漢武承露盤割度而高揭雲衢帥莫攀附冨商大寶列歷左右奇玩錦備駿人心目熟石等垣其高數夫而中有蓮塘〻

飯及魴魚湯而歎接過蟄再生之樂始崩於此矣見
其舸楫制度甚奇問〃粧餙岀沒無碍塗油滑極水
不能濕殆與本國李忠武公龜殿戰艦略相彷彿也
是夕發船〃洼如箭達夜直去翌日始見涯岸復發船
人曰同船一日餘已行二千八百里矣余問此地何地
荅曰此浙江省氶波府定海縣也卽古南粤之地仍指
水路曰此去八十里餘有普陀山觀音寺〃之師僧
好施積善必爲救之矣卽引船俊發俄到山邊別遣
我等于山涯而去余乃與衆謝德而攀崖緣嶠列坐
盤岩藝卉休歇俯視海㴸天晴波洽萬里一色眼界

團聚水面各遣小舸以迎接之我舟人問來營喜飢者踊躍病甦醒爭先投入嗚呼此是我船再活之秋也先時封進雜種漂蔘殆盡僅存什一而積日水府形朽色變雖萬金不足惜而況此腐敗乎丞命舟人盡府其人則耽羅人革素以業高嗜利之徒閒藏私橐終不肯出役船乃不聽同載曰此間強盜遇人則釖頸授水耽羅人曰強盜在何處彼船人曰達州白水之賊也仍遙指一艦曰此強盜船也余切責耽羅人曰命與財孰重宜丞賜彼可報德也耽羅人乃泛之於是一齊登殿階發彼急呼茶粥俄進又繼進餕

瀼風力甚高兩船交退雖欲護我勢不得行彼乃引
船遠去別遣一隻小舟探我事情余以宗具書投告
彼船皆點頭而報大船、主不應而去金君以振踞
授彼船、頓無迎接意使置復船還送我再余問
曰彼終不肯否金君曰彼以我人衆不可催潛故然耳
今則死耳仍袖出彼船所飼餘飯於是衆知必死一
時慟哭彼夏遣小舟更詳問情曰甫何國人何慶
向何所業也余仍書漂流顛末以投之彼船復以書
來曰此問有海賊掠殺人命禦奪人財全活無路又
欲全性命則帶物歲何亦盡持來云〻於是兩漁船

余及崔君之公正約束涖涖謀殺必欲納扵海鱉
見扵辝微形扵言語不一不再而但余以夜師誓業
半以方位定耐忍飢渴以勵神氣攷起有異枝敢不
輕發而余與崔君更迭分睡以防橫患以故竟兊禍
䨿憶胡越同舟其心一也而彼以一國之人共值大厄
猶懷異圖者豈其天賦之不均乎㝎出扵渴㗘飢膓
奐乃良心也二十五日黃水已盡黑水復生余仍念此
䘮乃黃河之下流黑水之餘波耶忽見兩隻漂流船
自東而來相拒不遠我兄齊哭俱呼义手求哀彼舟
油然惻隱囬舩相逼頗有挈去𠆲𣲖之意時海濤㓁

暴雨終日不晴曼夜驚浪打船々板自鳴余方憮卧
付我身於造物而已二十四日再人告曰黃水滿海
此必河源之委也大国境必不遠親之果黃良久升
根不榛来流而下余方喜其涯涘漸近矣是夜風雨
大作船汰如箭翌朝親之海色蒼々仰親惟天忽見
青岫白舫相接東來毅是東邊有陸而南風甚緊船
不可囬聽其順之下東下西于時再中無五十人[日]
之食尹濟旺及林姓人二兒俱天逝鳴呼赤子無知
何辜于天一再㦲領々盡劉如耽羅人略干輩身猶
在此心已喪失見々糧之殆盡盡懷猶喫之肝膓又嫉

頗求活其人以我人衆有難從洛故回棹返去我毋
人一時慟哭其人盤桓久之爲加惻然以二橐糗飯
投之仍得數日延活之資二十日風雨大作因船西
業支再人曰此必上國境也余曰上國乃我國通聘
可以生矣衆皆唯〻二十一日忽有飛鷺過船再中
皆賀曰燕子飛到人居必通余曰燕本遠飛海又無
芒安得有人居耶二十二日風止船閒有大鳥或隨
海或隨船余曰此鳥遠飛所恃惟翔而水潤陸遠力
盡而墮良可哀矣可以人乎將與鳥同仍戒再人曰
勿傷也此亦天地化〻生〻中物也二十三日狂風

一掬逐舀入水每煎一椀分飲兩人遂使崔斗緊爲
文告天又告海王耽羅人略千萬以不能專飲故嫉
余殊深言曰飢渴之餘斧木需火豈以年高而不介
勞乎余是時持斧斫木頻奠飢態泉皆異之嗚呼吾
人一身壽短有期當付天命而但一萍浮海八口屬
鄉上而恐不能埋身先隴下而恐不能對面妻孥膓
囘肺曲次之念及欲睡末睡將忘不忘䀠非鐵肝而
石膓寧不心悽而哽咽但是行也非以私故而寔幹
國盡則故自慰者只此已而十九日風靜波澄小有
生意已而有一遙舡題曰江南太平府我舟人皆延

一椀五十人次第賣飲而飲於今朝者更飲聖夕此
又何足以救渴乎相與爭先爭多而力壯者或多得
氣弱者或未飲或手挽致頃余竊救渴之計之起爭
端正色諭之曰凡我同舟共罹必死而肯不平心徒
欲爭飲則不待喪身心已先喪不可一日居也自今
必定常式逐者輩水傳次均飲可也氣弱者多欲之
而力壯者皆不服於是余責而諭之竟定常式力壯
諸人又曰舍次之規當先長後幼最幸老我而似遠
公道當先幼後長矣余自念旣爲一舟之長而徇己
忘功則反取譏辱故一如初言堅定約束於是出未

別孤島任浮水面十四十五日又如之黙計水路不
知其幾千里也十六十七日西風大作船忽回頭似
護靈路而但不知従某至某也十八日北風又大作
般復回頭不辨何處東坡所謂渺滄海之一粟者賊
當足以喩之字先時水缸已破於檣折稍不耐渴海
水至醎飲輙助渴或飲已溺而溺詢且辛或舐檣露
而露濕即乾雖有數廿未而未遑炊粥以故飢渴俱
極無復生意母中爭喫末粮而余以遽傷又不能喫
不待墮水而目分必死矣余黙料薬水如燒酒則天
無醎味気試之果驗衆皆驚服薬水所得毎不満

於木与泉皆驚歎翌日風雨又如之盖耽羅通般必
候風勢一晝一夜可以去來故般載資粮只計二三炊
飯而今吾再載粮各亦自未一二牛而已盖於是時
不飲食已數日矣一再昼也便已編籍嗣府雨魂飛
眽故何以自栓忽於中流望一孤島問再人曰此迩
何國阿地再人曰如非紅衣島抑亦可佳島耶如非
一本國抑亦琉球國耶雖不辨認將欲入泊而欄折
風獰奈何以、一再垂涕十三日風雨小霽一孤
島又在左邊風引我欜漸々不遠余問此何島耶再
人曰似是我國大國境也時业風大作船逐波流漸

及濟馬盡投于海為輕舟力也碧海茫萬里隻船一小葉而天地方位無由以辨燕越遠近無由以料束方傝白風雨盪作天水一色舟楫浮空當此之時大禹恐不能不變顏色伊川恐不能心存誠敬而況復學淺量烏能不怖耶只緣勢已告危不如圖生而未死而余於一再年最若先目沮則是朱序之先呼煮敗也余靜處䑺之上隊曲肱方卧舟人伐檣、忽中折直墮邊頭不覩髮從一毫余猝然驚惶突起拊頭曰吾頭碎矣檣忽過頭轉而墮海余精空心神乃曰甫等勿惶也豈非死生有命乎不然則不待水而死

羅貢船與邑吏崔志碓同載以出時嶺南士人崔斗
紫蠧巖士人金以振皆有約偕蔡崔卽大靜倅女婿
也頗有文行一見如舊笑於時許舟中人合男女五
十員而女及稚幼皆先時乞食於耽羅而復出者也
是日巳時放船於別刀浦未能百里風雨天作癡霧
四塞驚浪打空斜日已隱船幾顛覆男女五十人或
有感膝痛哭呼天耶鬼耶此何景色余自念死生
在天不可先自沮恸也謂主人河應龜等曰速伐檣
颿以後風勢巫溢水且輕舟力萬一天助置亦
存於是一船僅刀伐檣汲溢而商實汴物各人束裝

難私詰遂自三月初二日至初四日依數貿納蓋於
是時以幹事涉遲爲幸已而翌日間土人口吾梁始
祖誕降之所在那邊耶曰此去丁里在漢挐山廣讓
也卽徃拜謁又問始祖廟果在城內院生數人謂曰
今月望日鄉以事會可及時奉審也遂逗留閱日呈
書州牧得納穀信吉而聞探當刷船則發己有日
矣及期謁廟待他船裝畢嗚呼惟我始祖耽羅國王
與高夫二乙那誕降于唐元檀君之世中葉渡海麗
羅之朝世龍蟠櫻而不億其麗阻海未謁幸仍王事
得拜先廟‧天息丙賜昌勝伏感以兩夏旬仍耽

向耽羅滄溟浩渺一望無際夜以繼日船往如箭於
馬之間漢挐遍前後到船艱地磚石邊造次共纜船
必須破尹高等六人素貫水程極力引船指示便方
僅泊津頭一殷相謦曰此耽羅人力也余笑曰忠未
及宿德已酬矢報復一理正可諶也大抵古規船已
遍告則自耽羅遺將更探公私物而乃得安陸禮卑
趙聖鎭承令如例遂以廿八入於耽羅靈巖康津長
興水營穀斛皆有所繡而本州穀亦縮每斛一斗四
卅余欲以本州斛〻納日巡營甘結有一徑該邑
原斛之令時敢違之趙終不聽余自念萬里水路有

不可拒乃曰彼船所載分半必救焉余驚曰是何言
也彼船允生之命天乎奚而都圧甫身上矣天鑑與
孔昭雖欲獨活其能得乎余且喻且責使遍船濟之
其人乃眈羅商人也人丁載物俱得極完遂與其尹
高金李六人同船而發余謂蒿人曰眈羅水路未諳
便捷而眈羅之人登船前導保無虞也蒿人皆服俄
而風勢稍順至碧波亭止宿又凡四日傳次泊宿于
弥島之東邊浦口海南之葛頭浦梅別島靈巖之鶩
安島、乃各邑眡船都會也我船最晩到與萬五頒
多相詰帛日發船乃二月二十六日也中流飛帆直

任船信宿于注龍三鄉木浦許沙浦翌日至中洋泊宿又翌日被狂颮誤至長沙浦又翌日風狂淊翻至水營嗚羊項居齒風急海國汲驚船回檣旋蒿人怖恂舟中無復生望余整冠服正顔色曰死生有命不可苟免牽勿驚惶沮動治檣事俄而風順波靜逡者五里許有一舩上數人是呼跳哭余怪問蒿人曰此必范般望我求濟也余謂蒿人曰巫來小舟注救同回蒿人曰不利逢破決不可近也余詰曰天地之大德曰生而國家有活人之重賞寧有活人之理乎如有不幸而同汲則吾必先自當之蒿人知

漂海錄

戊寅春耽羅歲荒人飢本州城主以

朝令將移粟集諸僚佐問可行者衆以梁知會應知會拜辭鈴軒將行告曰耽羅民賈鄉也一可以幹國盡二可以拜先廟敢以淺陋辭 城主曰唯遂以月正二十四日發程凡裝穀千斛二月初九至南倉浦始放船凡八日過宿于鵬巖石環亭津禮浦吾山浦沙五浦務安之東倉浦自窟浦夢灘浦以連日無風故船行遲~至是風翻波溢留泊仍宿又凡四日

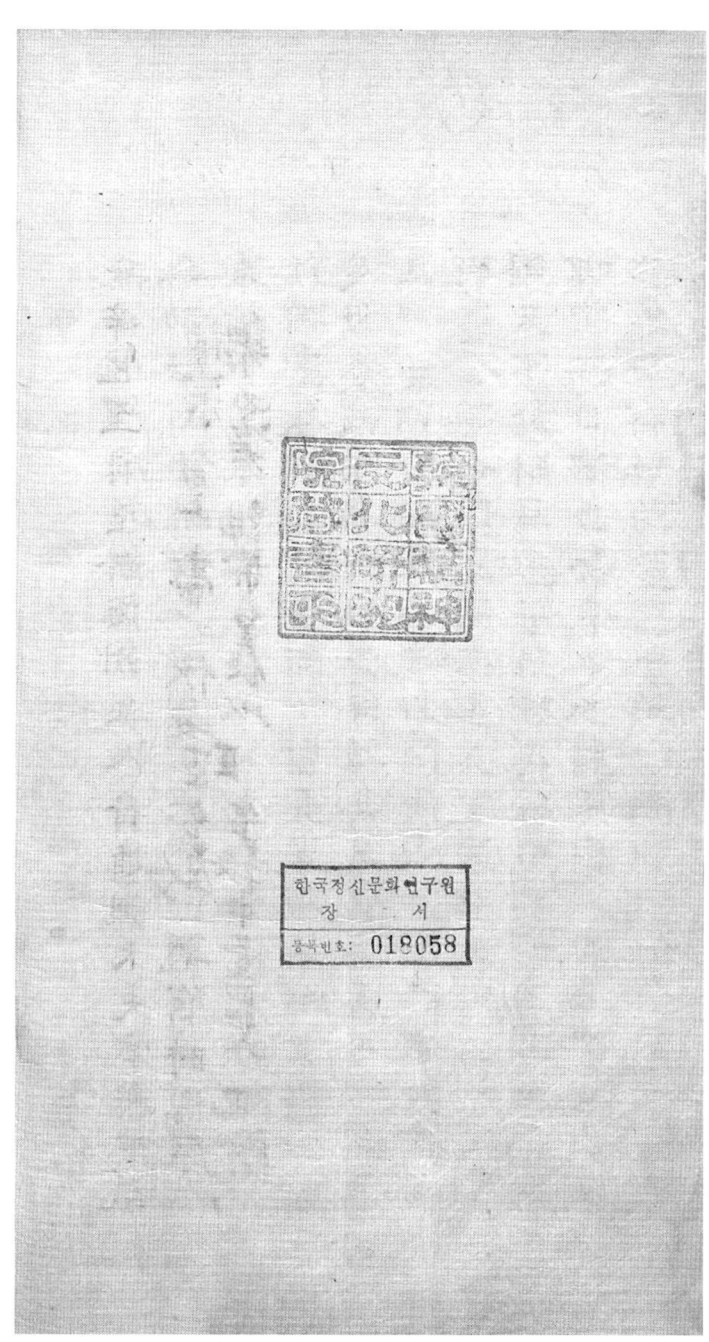

辛巳至月上澣海州後人行通訓大夫掌樂院執
神宗皇考伏以臣名耆義崔時淳序
錦溪神宗皇伏以臣名教中壹四非人也院

之都會齊梁燕趙之遺風往蹟歷歷如指掌令人若
脚踏而目擊也噫李子之觀上國人傳盛事子長之
觀天下世稱壯遊惟彼梁君以小邦一書生出没險
洋能全軀命觀上國而遊天下宣非天使之然而
王靈之所監耶且人生世間泪没於塵臼不知有許
多世界而爭其錙銖之利較其尺寸之長于隔隨
於鄕黨巷間之間者渴渴皆是若以大眼孔觀之誠
未滿一笑未知梁君自今以後肯襟灑落胸界恢弘
無所規規於褊邦之風氣而大有所得耶覽是錄而
無所贈以蕪說勉梁君又以自警焉

惟我箕邦壤地褊小不過如中國一小縣耳然而生
於是邦者疆域之內猶不能周覽甚者足跡不及於
數百里外而老死牖下余甞悲夫昨年春得見錦城
梁君所為漂海錄一冊不覺若耶寒門濯清風而其
所經歷一何壯也蓋梁君為王事所靡不避艱險
舡果出海洋飢口活出千餘人名而回棹中
洋大風猝起帆破纜絶任其漂到不知爲幾萬里而
十生九死歇泊一處乃江南之浙江省也始以筆談
交通轔次傳食送至燕京自燕京送至我東凡數萬
里山川風物無不領略而歸焉其金陵之佳麗江淮

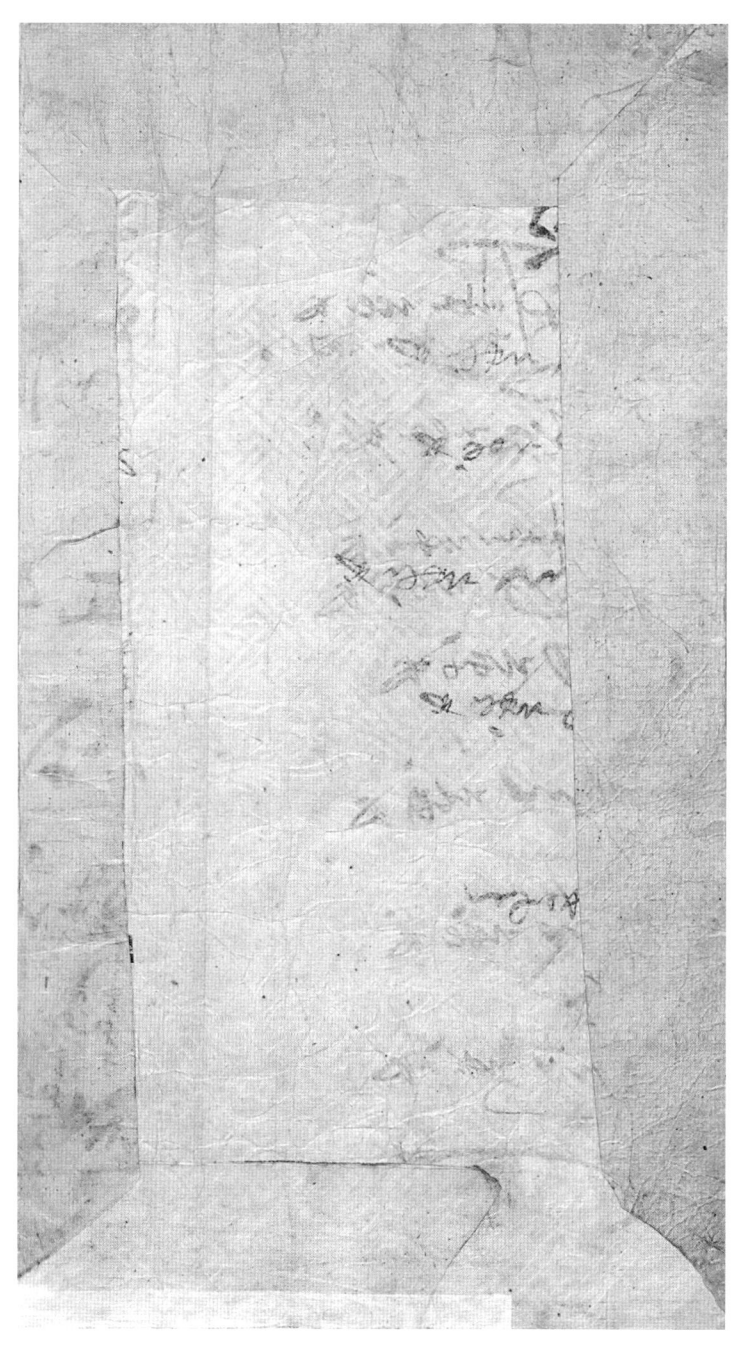

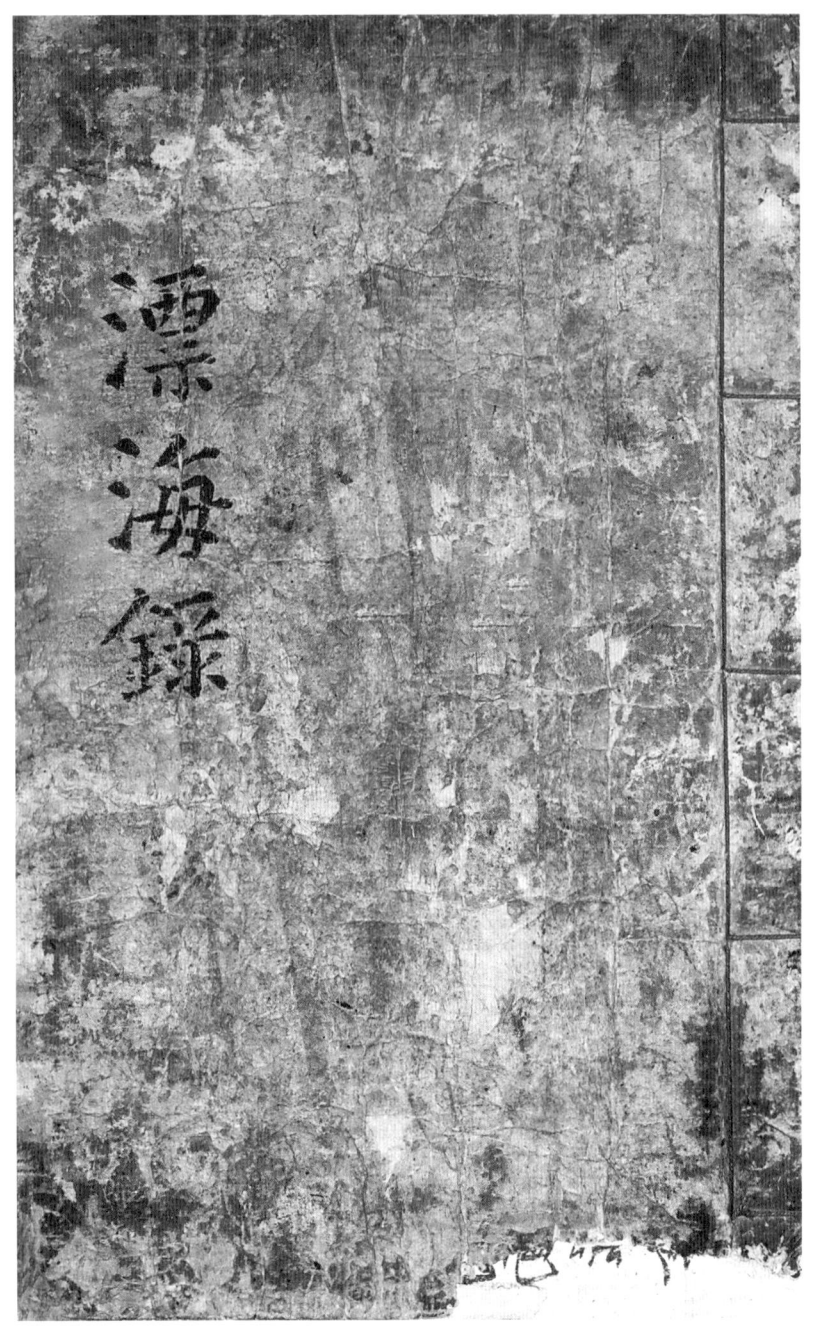

표해록(漂海錄)

양지회(梁知會)

臨別贈梁知會說

易曰二人同心其利斷金此言同行之中苟有同心之人則交道之固結非若平常宴安者比也戊寅夏余有漂海之厄由溫州達四明渡浙江適山東廷詒將羊天下而所與求者率皆長蛇猛虎愒乙為惟恐朝夕之不保而梁長老君和氏不為利害屈不為死生戚為終始倚杖余於是益驗夫聖人之言傳之無謬矣噫微斯人吾誰與歸是為誌

外如脂油累月曝陽以俾其朽傷之慮是故出没於江海
之間如鳧如鴨勻水不渦爲点水不漬爲椗点之巧則
船上起樓房櫳之制恖户之篩或以金碧或以文繡或以
魚鱗石鏡真所謂青崔黃龍之舳也内河毁十里連尾
接津吳人使船使馬者於此亦可見矣江壮則沃野千里
都是陸路故其用車之道如江南用舟也

附錄

濟有兒女歌曰江南三歲歸日本三月歸至是六月而回國
濟人亦曰自有漂以來回國之神速未有如此之行者也盖在
㞾時巽点金士奎陳福熙諸賢爲之先後在淅時汎起潛
余鍔孫凞元諸遊說各衙門怨撫幕賓趙敦禮居中用
事故也嗚呼諸公之恩左不可忘也

之間非無名山也燕京以北非無衆峰也或一塚之傍累代結塚遂成址邱而他人之塚雜錯其間觀其墓碣則亦士大夫墳墓也且太原府皇都之外城也公廨密通之處私室至近之地客人入葬未聞居人有禍敗之端子孫有卤折之喪若是乎山地之無關於人家歟然則為子孫但當愼其六忌謹其瞻掃而已也

舟車說

江淮多舟齊魯多車其地勢使之然也何者東南地下積水之所歸也是以處之鑿渠家〻置舟商人以是而興利爲農人以是而爲灌溉之際則載水車田器爲收藏之節則載黍稷稻粱爲士大夫之相從游者載歌舞絲竹爲其制則下板如我國之舩而內加灰積蓋末以防其滲漏之患

貴賤之分賈生所謂倡優下賤得為后妃者亦非虛語矣

稼穡說

我國治田之制除水田外黍稷之屬幷栽[慶]或豆田栐ニ田
種豆而中國則不然栐田專種栐豆田專種豆又多種玉栐
慶ニ相登我東所謂江南栐也雖醫藥亦然鍼醫專用
鍼藥醫專用藥雖藥醫亦然如苅藥萬應丹太乙丹
自成一家之流是也所謂術業有專攻者歟

墳墓說

我東堪輿之說盛行葬其親者或棄人之塚傍或禁人
之八藝甚者或已葬而遷其言曰體魄不寧而其意
盖爲子孫之禍福也余自吳越至關東則華人之起墳
者或於田野之中或於江湖之邊而初不於山上点山吳越

人之地也距義州一百二十里云

室廬說

我國室廬之制有上下之分有公私之限而中國則不然雖
士庶之微市井之賤苟財有餘則棟宇也極其宏
傑墻高數仞而皆是熟石也屋設四門皆是丹漆也其寢
室則青紗帳紅氊舖客室則床卓不知幾百坐江南之人无以
奢侈相高層抬畳榭廈彡相望賈生所謂富人墻屋被紋繡者非
虛語也

衣服說

我國衣服之制自鄉大夫至士庶人等級分明非但衣件色目之
異雖細段布帛之屬隨其精粗視其地分隨分着服而華人
則不然僧徒之微水火夫之賤皆衣錦履繡遍身綺羅無有

川平沙面白霜重葉心紅不恨行程險江山似太東
行二十里至虎甲山吃飯過三道嶺賦詩曰
山高通鳥道路轉入羊腸寄語二三子安居危不忘
到天水店投宿○二十六日晴過大高嶺 一名摩天嶺 時天寒谷深人
皆呵手賦詩曰
谷洞人無語風寒樹有聲車徒相慰勉東指鳳凰城
日暮至連山關止宿○二十七日晴到牛河口吃飯日暮到薛里店止宿
遠堡止宿○二十八日晴到金家河吃飯日暮到通
二十九日晴到鳳凰城之得名以其有鳳凰山也是日我有國
通事常接駕使 時嘉慶處灤陽我回遣使迎接 出境公文付鳳凰城守尉臨發
聞漂人來到雲面告別○三十日晴留鳳凰城○十月初一日晴午
後間車行十五日止宿○初二日晴到柵門歇馬少頃出柵乃無

君向江南我海東天涯淪落盯懷同正如鴻鴈相迎送
萬里歸帆各順風
二十一日晴留瀋京○至二日晴方渡瀋江濟人與瀋人爭渡瀋
人擠之水中又為扶曳奉殿其臭流血滿面我人攘臂下殷之
者數十人將為蹦蹋之計瀋人呟哮萬狀有死無悔此念
強悍者於此可見矣余與通官勒我人登船遂得解紛而來
二十三日晴至豐隆店○二酉日晴至廂黃斾之迎水寺水東是
新城水西是遼陽有尖山亦巨山也渡太子河感古作詩曰
遼陽城郭尚依然世道令感去學仙邊秋九月風沙暗
恰似當年駐驆年
日暮至陽河堰二十五日晴平明開車山溪之險隱然如我國仍
吟詩曰

白嶺店○十三日晴到巨流河○十四日晴十五日晴十六日晴仍留巨流河天子先驅過去官人報隷輿已發登高視之則驍騎校尉持弓矢挾道而馳者揔亘百餘里皆紅兜綠袍別爲三條而去中央是黃道兩傍皆扈從也又有大車首尾相接過兩日不絶純用白馬亦詩所謂備物而禮所謂行秋令之意也可見中國之大四海之富而俾車脈之制無上下之別君乎牧乎漢唐威儀掃地都盡也○午後到巨流河即遼東舊界也○十八日晴至新民屯止宿○十九日晴至瀋京城郭之雄宮闕之盛市井之櫛比可見與王之地而城外有清太祖生時故宅立下馬碑曰諸王以下皆下馬城址有陵寢皇上東巡即展謁之行也○二十日晴留瀋京江南通州人自我國歸亦漂洋之行也余贈詩曰

初四日晴到醫巫閭○初五日晴至小黑山○初六日晴到廣寧縣胡家窩止宿瀋陽茂才祥雲來索詩余吟一絶曰
皇家日月本悠々逆旅何妨暫淹留不料廣漢知客意江山萬里報同秋
初七日陰到二道境○八日雨九日雨仍留二道境是時發皇上駕瀋京人不許客人過去俟駕過後發程卒々無聊賦重陽詩以自遣曰
萬里関河道路長天涯令節又重陽中原客苦頭生白址地秋光菊貼黃樂亦增悲笳有響醉將發憫酒盈觥明年欲作龍山會逵士何妨老更狂強問壚頭索酒嘗此身醉處是重陽愁來更欲登高罷塞上風烟易斷腸
初十日晴十一日晴仍留二道境○十二日晴至德店東窗到

金玉真三生之幸也夜半到永興店○二十四日到撫寧縣自
豊潤以下山川秀奇城郭嚴富誠天下第一關防也時皇
上東巡行宮帳惟極其華麗道路橋梁並皆平坦是日
到平花舖止宿○二十五日晴到山海關南有滄海曲三置
烟坮此有鼓山峯々置烽臺內設三重城內城門曰天下
第一關外城門曰山海關仍出關到聚和店三止有黑
山口○二十六日晴過前所城到滿井店,二十七日晴到葉
紅舖隷奉天府○二十八日晴過盖平縣市井櫛比畧與
江南同日暮到寧遠州半夜到三義庙○二十九日晴到
錦府之高橋日暮到小凌山夜三鼓發程時皇上方回
鑾治道吏詰之不得前追由小路抵獿陽店○九月初一日
晴到大凌河○初二日晴○初三日晴到廣寧縣純城店○

而豪橫使氣為人赴急難如昔日荊高之頹恐未多得也
余又曰黃金臺尚在否楊苍曰未有聞也余仍賦感古一絕詩
九陌風塵滿目來黃金到處起高臺當時棄劇從遊
地但見紅兒往復來 中國之俗雖市井間落以黃金歸之故云
是日到玉田縣止宿〇二十日晴到萬合店吃朝飯到豐潤
縣止宿自剗城以來邑里蕭條閭里零星自京以此稍稍
有繁華氣像〇二十一日陰到榛子鎮吃午飯後晴由豐
潤行七十五里有門榜曰令支古國夜二鼓到沙河驛〇二十
二日晴到野鷄坨謂戎齊廟二南有首陽山矣是夜到蘆
龍縣〇二十三日晴張長春本秀人業儒趙秉衡茂才賓光
鑑邊余至張等具問漂洋之由余以海中被風四字答之
趙曰尊臺既係一檜之職使愚共得仰芝顏復豪不吝

猴薰讀書人故自己揹捧破袼賜衣〇十四日晴自到皇城卒々無好況苦無詩料是夕月色如練隱然有去國之懷賦得一絕曰

吳山楚水路悠々艱到皇城更淹留明月不知行客恨却從愁裏報中秋

十五日晴〇十六日曉大雨至午後起程夜半到通州府

十七日晴午後起程連夜就道〇十八日晴到三河縣食後起程行十餘里到一大店有高閣榜曰南至山海關北至喜峰口由南作路到薊州縣止宿〇十九日晴到薊之復順店吃朝飯有楊秀才者到車前叙寒暄余問曰燕薊之間古稱多節俠今其市中有昔時所謂狗屠者乎楊曰高歌敔酒兼高車駆快馬馳騁於燕薊之間者種々有之

月流邁道途脩夐我行已久已經二三四月去國尙遠
洽循四五千里屈指計日來月是授衣之節中宵呵寒
今夕是白露之秋伏念太常大人承皇上護送之命念
遠人流離之苦丞丞發俞音早還本土則弊祀有挾續
之感短褐無襆霜之歎決思所造生死難忘無任激
切屛營之至〇初四日大雨〇初五日晴〇初六日晴〇
初七日陰羅州漂流人金光顯以明日起程故裁書兩度
一付羅營一付大靜〇初八日晴金光顯等十二八起程
回國絶域相送懷緖甚不佳至有出門失拜者〇初
九日晴禮部有人給上衣之教〇初十日陰雨〇十一日晴〇
十二日晴〇十三日晴因冷處病感苦痛者久之通使傳
禮部意曰光行十二八未有犒賞之禮大人以侗們有大

水相逢逆矣七八名那意枯草露雨識東風之顔面洞
魚得水迎西江之波流羞官護送綾遠之曲至矣沿道
續食孚小之澤大我茲盖伏遇我大皇帝子視萬里體
天地廣包君臨八荒極霜露之所隆窃念矣等東
國小人海隅蒼生人理到底不過地上無名之草帝德
寬仁猶曰天下有生之類殷以東館詩人詠授餐之
頌繡以太倉休儒抱飽死之慮然甚爵執珪尚南音
之未忘越鳥思枝噫物性之難化遊亦有方尚母訓
之在耳昌月弦歸曾與子而成說至若華表柱邊
愁丁令之不返落日江頭痛屈原之魂散余羨匕此
抱角枕而零淚嗟我季首陟高崗而趙思太白山
前家之思子之臺楊花渡口重之壟夫之石㭆玆日

自泛海至楊州多尾屋且多錦繩多絕色自楊州至濟南覆屋或以林莖或以芦竹男女衣裳皆縑縷率多麻綿自濟南至浙城亦如之其間雖有河間等地古稱繁華而今不足觀堂地有鹹食俗有污隱敝所居茅宅皆土屋也良鄉以後是附京之地故物色稍之可觀矣言語容貌亦皆不同所謂百里不同風千里不同俗者也○初三日晴禮部送部吏覗視行中有衣無衣以十三日呈狀故譯官又要更呈其辭曰伏念矣等草芥寒蹤鴻毛微命宜行璃填飄一葉於中洋死生契活寧殘綾於下邑言言念經歷險阻茫茫關繫命途之崎嶇蒼天悠悠越裳使者迷歸路於三譯鍾儀君子泣南冠於萬里關山難越衰泛海之半百人萍

辱臨奬舘曲賜寵問寂寞之濱何感如之伏問尊駕
官爵姓氏以攄傾蓋之懷公曰賤姓邢拉氏名慶吾閩
東人也現官工部主事曾經翰林者也仍謝客舘供
臆之薄祈原諒余曰漂流之人理合九死而帝德寬
大衣廩俱豊公何過謙耶〇八月初一日晴〇初二日曉
微雨已時快晴有人以葛花爲題要詩
依中國試體作五言六韵詩曰
葭灰飛玉管中夜起西風挩霜前鳥織催機
下虹葛裘斯有節絺綌不宜躬脈盡周姬績復
寒魏女工挽腔綖補綻挺肘丰穿空賦得凄其嘆
天高鴨水東
總論

道邐循復我行永久已經三四月故國尚遠洽有四五
千里昔我來思喊楊柳之依依今我歸思感飄風之
律律月居流大奈攘衣之不遠節臨白露見復霜
之將至絅茲患難餘生疾病居多此方之水土為
崇三秋之瘴癘相戰夫疾病之死亡相去無幾矣
言念及此寧不痛心伏乞太常閤下承皇上護送
之命念遠人流離之苦發還於未寒之前保全於
幾死之境則洪恩所造微物知感生當頂首死當
結草無任激切屏營之至
是日工部主事邢拉慶善來訪問諸公涉險到此愚
身繫官廩國法不敢稍施地主之情殊深抱愧今觀
身向俟并聆尊國風土余答曰一斤靈犀不以華東

伏以矣等萬里漂蹤九死餘生經歷艱險之際言言悲
酸出沒人鬼之域節節痛恨茲將顚末仰塵清鑑伏
乞太常大人蚤神垂察焉矣等頁行丰世遭難厄會
一舸被風百口喪膽青楓江上拜咽楚些之招華表
城邊影斷遼寫之返擧家景色不見是嘗悲疚所
傷何事不有思子之門老者易病空夫之閨生者必
化矣苟如是則矣等惟生之何世況矣等惟還之何
面目伏惟天朝大皇帝德配天地澤善寰守陶匋
所在無一夫之不獲雨露而施闔萬物而包帷茲
東國小人微如草芥輕甚鴻毛而天心孔仁特垂矜
憐差官護送沿道續食明堂有錫餼之典玉門無
思歸之謠海外臣庶方感頌德意茅伏念日月流邁

船漂流一場相逢尤可笑嘆也皇都主山名曰景山自
雲中透迤東北走至太原府閭局龍飛鳳舞未足以
論其形勢之壯也其南有萬壽山香山玉泉山京城隸
順天府其繁華之威城市之雄長安古意一篇略言更
不提說也○二十二日晴二十三日晴先行中宋老以瘧症
眠藥之毒發已而藉生病亦差降幸不可言○二十五日
陰雨○二十六日晴都人聞漂客來到逐日彌滿而率皆
市井子弟卒卒無可語豈此邦士大夫慣見使臣之行謂
漂人無足觀耶○二十七日晴二十八日晴○二十九日乍陰乍
晴是日皇帝廻于関東○三十日陰是時舘裏多日人
冷處泄痢瘧等疢交作痛瞀相聞甚可悶也作原
情狀于禮部冀得回國其辭曰

飛邴居之鄕也行四十里有一石橋長五里立三門榜曰
萬里榜航到良鄕縣止宿○涿州有朱子之後皇明
學士之裔之裔名兆祥者來訪年可十五六時象年五
歲能知朱夫子之後五字大賢之後甚可異也○二十一
日晴因留良鄕縣之有古寺之有千手佛其傍聖母娘
娘行宮○二十二日晴過芦溝橋之長三里橫駕長江入太
原府即京都外城也城內有義塚立短碣以表之咸吳
楚豫宦人客死都下之墓也從南門入都城名曰正陽
門之有三門正門封閉即皇上出入之路也惟東西兩
夾閒閱而自東夾入至禮部門外停車久之不行直
点委之驛使館於朝鮮館之中有濟州漁採船漂到
蕭州者十二人先接矣天涯淪落自是同病之歎而三

謂冀此馬多於天下者也轉眼之間雖不得其詳而觀
其五穀之饒則知其為衣食之鄉觀於六畜之盛則知
其為畜牧之場也昔堯都平陽舜都蒲坂禹都陽城
而皆屬冀州之內是知先聖王之建邦設都莫不
因其地理之美物產之盛為萬世無窮之計也○十
七日晴到趙北口有石橋可以通舟廬落之櫛比江河
之清勝隱然有江南物色矣是日抵雄縣止宿○十
八日晴行二十里有文山吊古處下車祗謁榜曰
宋丞相信國公文先生神位賦得一絕曰
鐵木千兵夜啟門臨安非復宋乾坤惟餘一片蕉
樓土尸祝孤臣未死魂
是日到新城縣止宿○十九日陰雨到涿州古之涿郡張

在夕陽歸馬出平原

十二日到海州府吃午飡到西知站寄宿○十三日晴到景州古之廣州董仲舒之鄉也州屬直隷省古冀州也行中人高汗以納履之故被田主毆打賴尹濟國救解卒至無事而沿途滋事不一而足甚可憫然也是日到高明里畱宿乃阜城縣界也○十四日晴到富庄驛吃朝飡驛乃交河縣也縣隷河間府管轄止去邯鄲四百餘里午後連雨到清河縣一名献縣止宿○十五日晴到河間府止宿乃漢献王采邑也○十六日晴到任邱縣止宿自濟南省以來千里無山平原廣野一望無際土尚秣又有黍稷木綿之饒但無秔稻且多牧塲羊猪之屬不可勝數而馬畜蕃息而咸羣阡陌韓文公所

夕降東封高處續前緣

日暮到濟河縣寄宿即漠時祝阿縣齊之西界也
初十日晴吃朝飱將發有一官隷來告曰王相公來訪公
可少留交話有人作筆曰公是孝廉耶余以玉皇廟韵示
之王仍操筆立就曰
查容聞來漢寨仙遙承箕聖幾千年秋風已奏笙
簧樂慶榜今逢續盛緣　右祝廩生王德懋拜和
是日到濟南省之山東府之禹城縣西宿（十一日晴吃朝
飯起程到平原縣吃午飯到曲鹿站少憩有石門題曰
韻以代筏大明萬曆四十年戊午立也到去里站留宿問
土人則曰此趙公子平原君之采邑也賦得一絶曰
堅白囊錐萃一門居人尚說趙王孫此地空餘蔓草

不同亦二公之遺化也且鄆茨陽龜陰之地與齊之琅邪連疆接界無有名山大川之限春秋時齊魯之交爭者固其勢郊蒙之間多癃蓋土瘠也自此至皇城種々有之而女子居多
初五日晴午時到新泰縣之隸泰安府是日朝食闕晚午吃飯人皆困憊至瞿家庄寄宿○初六日晴至二十里始吃飯々不足或食或不食余又以洋中事寬譬之眾皆指余為弱人側目視之是日至泰安縣之崔家庄寄宿○初七日晴到羊流站寄宿○初八日晴到長盛站寄宿○初九日晴到長清縣之崮山站上泰山謁玉皇廟賦得一絕曰
吾身認是玉京仙謫下人間四十年帝遣平陽令

午時到家陰縣古之龜陰也夕飡未辦具小米粥而以不給之故不得食者居半似是邑殘之致也○初四日晴朝又具粥與餠而不能遍及余之委官听辨詰朝到日中始吃飯行中事甚可悶也

追錄江南道上賦畫眉鳥一絶詩曰
舞鶯歌鷰各得時江南到處綠楊枝只緣兒女前生事故閉雕籠學畫眉

先是由内河起程自蘓州至郊城界千里并無一山到齊魯始有龜豪諸峰連延橫亘地又夕石車不得行市井邨落甚似吾東五穀之早勉永如之禾優無錦繡之飾床卓無種毬之華其地瘠其民儉豈或前聖之遺風歟女子以絲優爲業男子以稼穡爲本俗尚興吳越

常委官石川梁公送詩畧曰
于役京華母宿梁庄志感
旅舘重經又一年白蘋紅蓼尚依然愁中遠岫青
如黛檻外溪流碧映天艱苦勞人憐憔悴往來
鴻爪亦因緣秋宵且耐孤衾冷轉眼重陽喜月圓
余于去秋赴浙路出梁庄今以公事之京華母住舊
舘光陰如水已一載矣不覺觸景感懷賦此呈
崔先生閣下賜四字
余應之曰
衣別光陰已一年馬頭龜峀更蒼然暫屈江東府
戀闕頻瞻北斗天道士重回搖麥日如來三顧宿亲
緣此間更有東歸客行到京城月正圓

梁公復書曰大作流利清空佩甚但過獎抱愧○委官傳諭文字必稱難夷余吞之曰春秋之義夷而進於中國則中國之小邦亦小中華也恐閤下不深原聖人著經之旨而面斥如是也鄙意甚未妥梁公答書曰外夷者對中國而言非斥之也到蘭山縣之隸沂州府〈南有沂水〉賊得一絕曰
鳳去村童作伴振春衣
曾狂幸得聖師依鏗瑟悠然志浴沂日暮東山翔
七月初一日晴到丰城集㪷宿其夜驟雨○初二日晴午時渡汶水態清馳寺日暮到沂水縣之梁庄集古之琅琊縣也南去四十里有高山魯之龜豪也由山下作路峯之若龜伏形山之得名無乃以是歟○初三日微雨陰晴無

袁念遠人視同內脈縣次續食飢者以飽休僵欲死方
感泣不暇而鄙等到紅花舖朝夕兩闕昨於八城之時
泯黙不言者不敢以乾餱細故曉_廬列矣今又兩湌俱
闕炎天人事焉何不生病也今此控訴雖似飲食之人
而亦驅命哥關也惟閤下諒之縣主覽畢慰謝儒至
仍請回站歸則朝湌已具矣是日仍留本站○三十日
晴委送官梁公鉽曾經知縣者也曾在紅花縣送詩曰
十丈紅塵夾路馳且停亭上境清徹倦飛鳥有知
還意又向禪林暫息機
是日奉答曰
車如水馬如飛二使 梁公鉽四十七人又有陳公恒
紅護送太平府漂流八人 星馳近
紫微天子方求經濟手知公未息漢陰機

飡又聞慇之西日關四食而衆不諳諳譯者聞諭切居多
余仍念去國萬里入衆毅飢商量之際衆議僉請
赴訴本官故余不得已入城要見縣主則官人沮遏多
端曰縣主引見入都只有代理之官而又不在署中矣
余曰大皇帝優恤遠人縣次續食差官護送則勾論大
小吏凡係職事者固當宣上德意而官門咫尺自外辟
拒此豈宣主客相敬之意也且代理之官亦是命吏則事無
巨細職當管攝而何其退托也況此邦乃吾夫子桑梓
之鄉則百世之下宜有遺風餘韵可以興起遠人者而今
日諸君慶事若此豈不曰遠人無知不足以禮貞相接
耶於是見者始瞿然相顧走白縣主縣主且威儀開
座邀余入見行賓主禮給筆札討話余曰天朝大皇帝

紙尊者薄者皆有名此出上國東日本願價翔踊千金輕東人賤之不解惜一日文房費千兄冬寫風雲補
總戶時付剖劂翻經傳今年漂到浙江府粉花牋顏
巨床遊人惜膳秉查錄墨客乞書西湖章試將墨
潞一渾瀧紙性粗硬筆不行愊紙却筆一長嘆歎品
殊非漢陽城強欲揮毫手無功聊以廌公思趙兵今
朝試拭故國天涯淪落同書生　右贈曾正儒
二十七日晴到劍城縣之紅花舖止宿委送官要余走方
官請夕飱余曰流入飢餒係是委官事客人何敢憂乞
討食也是日從者皆飢衆皆思食余以海中事寬譬
之○二十八日晴朝飱不辦凌晨治發午時到劍城縣吃
午飱仍起程雖緘十里而宿夕飱又闕○二十九日晴朝

延彼河邊舟畫宵行不休乘查訪識女騎鶴過楊州
殘月凉如水汀花颯欲秋凄凄萬里客幾日到青邱
二十二日晴到寶應縣吃朝飡午時雨晡時晴夜鼓到山
陽縣卸馬歇之鄕也賦小詩以自遣詩曰
八夜風適冷近秋月更明清愁還不禁萬里異鄕情
二十三日午時微雨午後晴到清江浦止宿〇二十四日微雨
渡黃河中流波濤大作僅得上岸到清河縣隸王子營
始下陸乘車〇二十五日晴午時過太安縣之漁溝有茶山
行宮日暮到宿遷縣之順河集縣隸徐州府吃夕食有
人持高麗紙二斤請書乃吾東草白紙也余作萬麗
白紙歌以贈之詩曰
吾東土產之美楮皮膚潔白霜雪明紙工用之擣爲

也一名昭関伍員遇漁丈人處也其上有姜太公之釣坮
云漁船商舶橫亘數百里鳧汀鳬渚縈回東南隅誠天
下之勝地也挽船入瓜州城之中始有茅屋草舍而良田
沃土連畛接畦汙濕宜稻高燥宜秫亦衣食之鄉也午
時到平山塘之上有七層臺金碧之照耀錦繡之華靡
誠樓觀之第一指也是夕到江都縣 隸楊州府縣即漢
時吳王所封也府即小杜詩所謂醉過楊州橘滿車也兒
女之遊嬉者腰肢柔脆體態輕盈猶有唐時物色矣
二十日晴留江都吃夕飡夜二鼓開船○二一日晴到高郵
州吃夕飡仍開船之中眠起殘月初生絃歌齊發荻花
芦葉極目蕭然去國萬里心緒不安佳賦四韵以自遣
詩曰

仍寄宿城外真所謂江楓漁火對愁眠也○十四日晴午時到長洲縣校秉所謂長洲海陵也○十五日晴到無錫縣留宿江南諸郡雖有大少而其繁華一也○十六日晴遇順風至武進縣之隷常州府吃夕飱夜半放船○十七日午後微雨日暮晴至丹陽縣古所謂吳頭楚尾也十八日鷄鳴放船平明微雨巳時晴午時到丹徒縣之隷鎭江府江以南謂之江南江以北謂之江北物色之繁華蒙宅之櫛比稍不及所經列邑矣○十九日晴吃朝飱放船至京口浦所謂酒可飲兵可用之地也自寧波府以西内河凡數千里發源於此寔爲五湖之合流處也而扎軋所謂長江天塹限隔南北者即此水也波流之廣可四十里矣中流有金山寺乃韓世忠破兀朮處

丑陳恒鈺送太平漂人八人每人給銀二兩
初十日晴放船出清波門 新江西行名 午後過新安縣朱夫
子之鄉也○初十日晴至石門縣停船杖尹得喆以其
護罪於護送官也○十一日晴至秀水縣二隸嘉興府吃
夕飡放船沿河兩岸皆層樓飛閣城下上女聞漂船至
爭先眺望甚壯觀仍賦一絶日
沿河十里盡樓臺珠箔紗總次茅間兩二佳人嬌笑
語客從何國過鳳來
十二日晴○十三日晴到江藨省卽姑蘓城也物色與浙江
等城外十里有寒山寺作感古一絶詩曰
姑蘓城外水東流白苧歌殘伯氣收昔日吳王宮裡
月夜深來照過江舟

鯨笑立監記取逃餽多謬誤淋漓酒汁在青衫
右查初白獅午橋坊
初九日晴將發有二士人遮路曰久仰尊名特奉數詩
以致景慕之意懷
天教閱歷到中華習險遙乘貫月查東瀛洋
歸夢遶北朝鳳闕去路賒 十洲波浪堪駕萬
里題名徧足跨萍客莫增漂泊感聖恩行錫指
南車 石歸瑤華居仁和
本是句麗客萍踪萬里遙乘查來佛界破浪到
天朝士習遵三德家拜者八條柵城歸路近指顧
聖恩邀 右脩梅居士
邑府差錢塘貳尸梁鈇送之海漂八四十七八仁和貳

顧元贈詩集三卷乃其從姪女秀芬詩也其警句
云日暮水流急亂山相向愁素勲贈扇一面乃其手
華也沈學善贈五研齋集及冬花庵爐餘集李泉
贈笠山集士友之以紙筆饋遺者甚泉西江葉潮贈
八字皆日謙禮傳家武林孫庠贈長夏讀書圖見三
間芳屋處於江湖之間而一書生端生讀書蕭洒
可愛
初來客欲迷桃塢久住君堪比石涼繩呑好風鴬
歷々綠陰微雨燕護々一犀騷雅樽前壁四壁
溪山畵裏總芝草芳名吾久識不緣八座始心降
山堂昨夕枉華緘且綫歸程半日忙開緘自來元
屬蔣八林從此又交咸來如獨鴈貪追侶飯似長

旣罷滯忘又發矣是日余公錫來訪見余神色問
日先生有甚疾恙乎余具告以出示慈栢以手診視
錯愕久之送孫顥元邀醫來乃碩庵也碩庵診脉
良久次見舌終不見腹以華語之慈栢碩庵笑慈栢
亦笑仍曰盃弩為崇不足為慮仍命藥三貼材不
過五六種也仍終日筆談而罷○是日孫碩庵致
書曰粗紙三張乞書佳什微物聊存外
付五色衲分致是荷孝廉先生足下 求書之件
乞交仙林寺房文以便明午走領碩庵孫樹果頓
孫碩庵贈萬應靈丹十絕菴石一匣金墨二丁紫
金丹五錠石門汪嫂其贈菴石及貢箋余慈栢
贈畫扇一面乃慈栢西梅西一面乃沈學善書也孫

未及造談殊深繼繼上孝廉崔先生 杭州余鏗拜手
先是余懇于諸公冀田國諸公皆曰撫台事也初六日
余慈栢與昕當往來十餘人訪曰田國在明明天可
賀余曰知荷盛念慈栢曰珎重慎行孫碩庵曰努
力加餐飯又曰有土疾鞋底泥和百佛湯飲之最妙
仍分袂而出僧舍蕭然余問于錢塘辮差吏曰俄聞
本省大人以明明天送我云你們亦免辦役矣吏曰未
有聞初七日早朝問必吏曰無有無余心甚落莫
倚樓者久之俄而辦吏來曰信矣信矣明日起程盖諸
公已知而吏隷未及知也〇孫碩庵者淅之明醫也名
樹果一名守正以萬應灵丹擅名于世一日余以手撫
腹見腹穴厚心疑之曰此瘴濕也達夜未寐朝飧

新亭之感耶孫藏之袖左右皆曰什麼孫帖手中左
示邵綸右視孫傅仍曰此係時諱慎勿出口○余見
諸人詩意則西湖不可見矣余問曰西湖不可見耶
曰不可見余曰何故左右皆無言余笑曰有立馬之廬
耶一座皆大笑○華人問曰貴國王姓誰名誰開國
幾年以征伐得之歟以禪受得之歟余吞曰　國姓
李諱非臣子所敢言歷年未及成周者亦東方之堯
舜也其入拜謝○初八日晴先是余敎諭謂余曰屠葉
塢見大集歎作詩文奉遺余曰屠公是中國之鉅公
鄙人之詩何得見賞耶此必老爺過奬之耳是日余
敎諭致書曰屠翰林頃抱病不及作詩文是程堂初
集係其未入詞舘時所刻特奉上乞撿入行笈急迫

間時見寸紙遺落者則皆余與華人交話也李堂
日百歲之後浙江之人知先生過此其言似虛而實亦
際話也○先是同舟人所戴冠在漂船中皆膠觧不
堪着只有一笠故余偕着之自至于浙一夜舟中人
弱去壞之無可着乃於商篋中得宕巾華人愛之曰
冠亦明制衣亦明制先生一身渾是明制一日孫顯
元謂余曰先生冠是何冠余曰東國所謂宕巾也孫
乙曾偕之余許之孫仍着之顧影俳徊似有喜色
而已在座者皆以此輪着之余鍔獨不肯着余手
指紅兜作筆語問曰什麼孫以書對曰紅帽余以笔
句帽字其傍特書兜字曰非耶孫曰是余以手循其
鬓孫曰已諭余於屏處作筆話以示孫曰今日別無

今又親 石楊句
者番客夢到山城倚遍僧樓夕照明西堂西
湖不見一枝塔影惹閒情敲詩風雅現全神
別有元央絕唱新我若夢游黄海外與君重
為筆才親 石楊竹香
芒恍風送抵江城回首鄉關月共明幸有湖山
供眺望君家聊慰客中情樓頭吟罷筆如神
遠當當総徒覺新領畧風光無塔影歸鞍說
與故鄉親 右程詩
時在浙旣久所與從遊者皆南土之有功名者也或
以筆話酬酌或以詩文唱和官隷市井不得與焉以此
傳書自僧樓至于諸方丈操觚弄墨者不可勝數埸

閱覽遍物華新人間天上西闕是近地相思分
外觀　右沈覯
二沈池塘之子也余曰吾與春府契遇甚夐古人所
謂傾盡如古者也二沈曰大人與先生結契先生又春
愛吾輩可謂世交各致別章而去
兼查海客到江城僧寺登臨眼界明一抹山光
青送闢助君此日賦詩情湖光山色盡精神
十二橋邊綠柳却新笑短垣攔不住倚樓相望
等相覘　右楊山樵
十里西湖悵隅城嵐光楠影對隠明倚樓眺處
如圓畫烟外盡楊繋客情詩格翛翛妙入神乘
查吟眺景皆新舊遊曾到法雲寺海客風流

從浪裏聽艣聲歸舟讀書棄查錄萬里揚帆
一水平　右李泉
一統車書達九州榜杭萬里慾傲遊人經臺筆
浮江海事記乘查接斗牛蘂榜聞時曾奪錦
萍蹤合處偶登樓方　解憑文識歌咏昇平聽
越謳　石孫奎
好風吹客到山城杭海東來達四明聞詑西湖天
下少紅塵近隅惱人情何須千宝記搜神往事
乘查翻出新引得異鄉人入勝　却教相近不相
親　石沈福春
沿堤楊柳接山城月印深潭一鏡明曉起露珠
香十里臨波吹動異鄉情　助我帆風謝水神重

故敎小謫至杭州須知此地佳山水天遣諸君作
勝遊湖邊消夏最淸凉雖寓他鄕勝故鄕況
是崔家詩句好一題黃鶴一鴛鴦聞身隨處
即生涯借得禪床便是家鎭日倚樓無箇事只
將笑語付烟霞 奉贈崔詞長正幷祈賜和

石李世楷

先是劉承緖與李世楷不相識余以李之一題黃鶴
一鴛鴦之句示劉仍指李謂曰此李白華也劉便
欣然就揖相得甚歡余謂曰劉李結交梶柳成行
僕雖無能頗添爲三友劉曰不敢請固所願也
鴨綠江澄雨洗兵長風吹送遠遊情中途引去
神山近彼岸登來佛海淸君向天邊寬眼界人

梯杭直接崑崙嶺火敢膼兒

避壤都依連軰教洋遙茂以加聽者怡愕且惘然（華言星宿海也 隸圖版寘荒）

我今爲君詠長古羨君星宿羅胸前　右劉承緒

龕燈孤絕憂萬里客思家總竹風搖翠池荷

曉着花奇遊才愈壯浪跡鬢都華萍合元非

易當盃莫漫嗟　右李堂

一編遺跡東查妙筆摩推老作家吟遍名山

早歸去此身不負到中華　吾杭名勝數西湖

樹影嵐光入西崙可惜遠人蔣未得絲楊陰處

露紅芙　右孫錫磨居古吳歸雲壑

當時箕子主朝鮮設範陳疇事宛然何幸遺風

今得見與君恰似有前緣　莫是東查犯斗牛

醴澤厚薄海卒俾同車書明經崔子僧泛泛颶風忽起
舟紆徐鯨鯢長嘯弄水母嬌壺怒激飛爰居是時颶舵㢮
施無忙榜師呼顧相咨且半百其人奈若何榮光所照不
揚波已飢已渴聖貺與況復一體如新羅叩關控訴我
諸吏道逢祖帳爲君計定海委蛇到浙城浙城人物
著文明手書口誦傳君作洛陽紙貴青倉更直將甄
賦陳恩筆幻作青蓮舌上生我適倦遊逗留此乘査
一篇出相示文瀾似海滾滾束叙事簡峭逼腐史
大氣浩蕩勢排戛貫珠九典黃河水名以乘槎洵
不虛望洋而歎應覘止吁嗟漢武窮河源悽望乘
查三改元歷經月支身毒國涓涓支派控朝暾至元
大德再遣使曾傳牛斗若奔豚我朝壃域普大千

小隱山人

余教諭致書曰屠翰林琴塢係名在京時曾晤庚午貢使金名魯敬李名永純未知二公近狀何如伏乞示知以慰雅緒并望致懷余答曰書金公魯敬方在慶尚監司之任鄒家兩任卑營五十里知起居平安而李公永純現在內署都鄙起~無由承聞伏乞轉告秉查篇為朝鮮崔明經作書以請政
天琅~海蒼~之裹谿谷貞偶徉天有盡海無盡是以污納而垢莊我聞鴻濛造草昧海與天連十萬歲截鰲作柱奠不周三山應有神入戴海天一紙分元黃輕清浮時重濁載九州萬國共此天王者由來本無外朝鮮古國我東隅正朔相承二百餘久道化成

天風浩浩浪花飛海舶飄零到此都近日忽知
鄉夢遠湖山休認作蓬壺　奉贈崔先生敎正
　右李寅聖居錢塘

初六日晴
天遣飄零劇可憐如君已是每生年萍逢不偶
因風合言語難通籍筆傳半榻鍾夔客夢一
總山影入詩篇歸裝剩得槖査錄擧室相看㤼
㤼然　右余錫

黑風吹送到山城遙望西湖忽明兩首新詞
同白雪荷花桂子猶含情整倚井鄕莫傷神
正値江南景物新況休天朝恩浩蕩車書一統共和
親　卽用西湖原韻奉贈江海敬人　右方學啓師

熱先生有麻衣俯予余曰只是隨身之物而已慈柏曰
心之憂矣又之子無衣在家之人五日更衣猶苦汗臭余
答曰皇上寬仁凡係衣廩俱有恩例遠人無衣非寡
婦之憂也慈柏揮毫久之舉手而謝〇女史五六人送
小紙求曰聞芥廎君子有乘查之作伏乞一覽以破閨
房之陋余嘉女子之能識字舉全部示之二人讀之四
人飲燃草環坐聽之聲喁喁可聽余仍吟一絶曰
江海散人不讀書南來贏得威名虛吳娥傳誦來
查錄客窓何宵犯牛墟
海國衣冠古乘查一蹩來湖山瞻麗景江浙重詩才
此亦天緣遇何時得再陪聖朝恩意大萬里送君回
右王乃賦歸香雲居仁和

為妻子哀嬉戲及言笑自同例人隨渾忘跬步地不
念鞠養時今朝涕如雨三復慈柏詩披圖語阿母手
植之葉隨堂萱茁影伴庭桄垂一自終天後風霜
三十暮兒年已白首況是親之枝人物固一理榮枯
互相追凄然反之身皆自襁褓聽昕以君子風能令
頑夫移
慈柏批之曰妙在然則不然則又曰大作典而雅雅而
典可敬可敬然予何德以堪之○李西齋堂曰江南人
物以學士余集馬鵷翰林屠倬謂之三家又曰余學
士徙居吳門世謂之吳門學士以文章德業知名海
內慈柏其小阮也功名雖不及其父而詩書畫并稱三
絶亦吾浙第一名流也○一日余教諭謂余曰庚炎甚

不可知余將以慈柏之義質之慈柏矣一日慈柏
先生持慈柏詩來示余要余奉題詩曰柏是慈
母植惟雷枯樹枝披圖情盍結如讀蓼莪詩余
於是戚然而動悒然而悟曰先生所以自號慈柏
者其歸慕之義乎孔子曰大孝終身慕公年已
六十而摶柏悲號則非孝而能如是乎余亦抱
風樹之慟者也於慈柏詩不能無感慈柏虼廣
慈柏詩以歸之慈柏之門人小子必有齊蓼莪
者詩曰

余年十二三已抱風樹悲聲吞手中澤淚落身上
絲丁〻無所依倚父如母慈〻情念小子為是無
母兒伊來初長咸歲月倏忽馳頻知少艾慕亦

隱若烟光際 吟詩作畫景色 都堪攬淡沫聞作
濃粧以西施春眠下起珠簾十二偸覰未分明
真箇是繁華地歸去應重憶
　右調蘸幕遮題奉崔孝廉先生斧正　　右邵綸
初五日晴余教諭以慈栢詩屬題余辭以手拙且曰
此間有崔志雄者粗解點西使之代書如何慈栢曰
雖拙強要尊書拙亦不妨余感其意作慈栢詩并序
余教諭慈栢吳下大老也余之淅之三日求訪於仙
林寺之僧樓問其號則慈栢也余窃謂先生之
自號慈栢者無乃取義於歲寒後彫之吉耶然
則多一慈字矣不然則世之漂號者或以山名或
以水名未會慈栢是山耶水耶柏耶先生之號則

一時紙價爲君高 素公詩者甚多風恬浪靜帰鄉國歷
發遊踪氣自豪
小詩贈秉查錄中別刀浦原韻奉孝廉崔先生
斧正 右耕石羅承烈
欽把虹筆釣巨鰲海天浩淼不容刀雲時逢
卷鷲沙礫萬里鴻飛惜羽毛綠鴨東歸秋
水遠金牛西坒暮雲高他年奉使秉查至
名勝重遊興更豪
和秉查錄中別刀浦原韻奉贈朝鮮國孝廉
崔先生政 右錢塘章黼
梵王宮殿高敞深林裏傑閣出重霄儘先生衿
懷遠寄憑䐉試筆强丰見西湖界重城青一道

畫筆一柄曰此畫何如荅曰妙絕公曰此乃外甥生安
沉蘭女史手法也又曰尋雲輔元是吾家兒得見
七夕詩甚佳余曰聖壽加二又有賢亂慶賀萬、
寢食若何公曰姑無損節俄而別去前後擁扶者
甚衆似皆公之子若孫也聯曰 不起長心思世事 只將閒意春天和憶公
之而以致壽者也〇初四日晴諸名士聯袂來訪
佛鍾清夜吼鯨鰲萬里歸心寄大刀頻向竿烏
俠風色絕如橳驥動拳毛楊留俠宿緣非淺
不愧詩豪 用東查鉷中別刀韵再 贈江海畯人即請大敎 右西齋李堂航
笛寫離情調轉高東國杲然文雅盛諸君應
海會經跨六鰲隨身有筆似幷刀偶從勝地
留鴻爪幸識賢才有鳳毛州里湖光憑客覽

生居仁杭

行旅曉到古杭城遠眺西湖帶月明莫道烟花
都管領却教舘舍自安情
虎林山水妙如神待得春來分外新原把西湖
比西子芳姿誰望更難親 右朱瑛居仁和
雲孫輔元致書曰昨承惠書詩幅寫有晉唐
風味之欣感之至惜余不能詩不敢奉和而於書畫
有痂技拜覩法書不覺伎儴特寫對聯請政奉
詩箋二匣以為臨池之須也乞一笑而留之尋雲孫
輔元拜白聯曰 怡情憂寫王摩詰
          遣興真追晉永和 初三日晴詣接中議大
夫孫公卯曾來訪時年七十五矣贈手書聯句薰致

致繾綣之意

嘉慶戊寅夏五月余慈伯教諭携示朝鮮崔孝
廉僧樓望西湖二絕句依韻奉酬即

一帆風送到江城坐向僧樓夕照明湖上山光青
繞郭堂中聊慰旅人情

盈盈西子美丰神朝夕陰晴變態新未泛扁舟
君莫悵相思情景勝相親　　石徐秋雪居古杭

長風漂泊到江城小住僧樓嚾眼明畢竟繁華
歌舞地不逢西子也移情

羨君別具好精神歷盡風波詩思新不日乘査
歸古國愾然重與室家親

奉和江海散人原韻即請教正　石沈學善號遵

矣陳又續一絕曰
青襟卄載漸心灰連月書齋戶懶開只有仙林
禪室裏早凉兩度覓君來承詢功名詩以贈之
務求和章
余感其意奉和一絕曰
羈懷咄咄坐書灰長日禪總半面開五月庚炎
衿袍冷清風還與故人來
主簿汪公腹其致書曰
頃有兩廣總督少君來專致與尊駕會晤是
以俯致可下樓至方丈內一叙此上崔斗燦先生台電
余朝飱總罷汗浹遍身少頃將進晤則官隸報少
君已還矣○余是日教諭與諸名士來訪各贈詩以

面天涯咫尺不勝情讀罷琳琅句有神累然俊逸
更清新相逢何必曾相識文字目緣見便親
　右沈起潛號芝塘居仁和
一士人來訪贈詩姿相端雅可愛人也且與余同年生
也　讀畢查錄焉以贈行
先生學富宣貪儒天縱奇遊分外腰莫道寶
山空手入來查一集好語如陳如今上客駕將還
想到重逢亦黯然我未成名君已返不知天使會
何年錄呈斧正並求和章　右陳雲橋居仁和
時南中士大夫日相經過詩章筆談更進迭退余疲
於酬應不得奉和原書四湖詩以贈之日陳雲橋
乃余同庚友也以懷西湖之心懷人則其不忘也必

次韵奉贈　石羅承烈歸耕石上舍居古越
面々風光繞郡城梵宮古廡分明先生似居蓬
山上領畧全湖倍愜情丰姿高古堂如神況復詩
篇字々新信是三生緣不淺夜堂佛火暫相親
敬疊元韵并清江海散人斤正　石部倫彛于查茂于
居庿林

是日芝塘沈公起潛來訪嘉慶五年敎匪反於漢中
公以掌書記從大司馬征討有功超叙直隷州々同刺
者也和西湖韵以贈之並攜芝塘集見惠
六月初一日晴芝塘沈公早朝來訪并索前稿改正
拜讀大作恭和原韵
榜山航海到杭城景物怡人照眼明對面西湖成背

子監博士居仁和
才名占斷古遼城快讀新詩眼倍明也把西湖比西
子知君落筆已多情時公詩有東家慶子之喻
萬里乘風定駭神南來吟賞物華新相逢莫訝
羈棲苦不日還鄉笑語親
江海散人出示西湖二絶句即次元韵奉呈以傳一粲
右孫顥元篩花海茂才居仁和
湖山遠眺屬重城波影嵐光照作明謾託僧樓
蕭索甚六橋烟柳也牽情長風吹下謫仙神身
懸滄溟句倍新浮世萍逢元不偶天教萬里一
相親
戊寅五月過仙佛寺奉晤江海散人讀西湖佳作

嘉慶戊寅夏五月江海散人阻風留浙出示懷西湖二絕
句依韻奉贈即請大雅之教

右章鑣次白官訓導居杭

嵐影湖光淡隔城翻敎容裏眼愈明也如識潯廬山面
倚遍僧樓亦有情湖海相逢謾悵神多君佳句劇清新
柳絲未老荷初放幾箇閒鷗暫可親

奉次西湖韻并末江海散人大敎

右李堂鎬 西齋居古杭

好句渾如唱渭城彩殘傳寫眼猶明湖山異日添佳話不
猶乘查一係旅情雲海蓬萊空爽神西來鴨水綠波新土
風八道馮君問古佛龕燈笑語親

奉和江海散人元韻即正

右孫源元鏞 西菴官國

戊寅仲夏江海散人被風至浙寓仙林寺僧樓出西湖
二詩見詩依韻奉答即請斧正

三面環山一面湖心亭子暎波明移舟若傍西陵住
柳千條係客情暫客殊郷莫悵神却教眼累一時新明
朝風便乘槎去應向僧樓笑語聽

右余錄歸慈柏官平湖教諭居仁和

化浑單敷箕子城九疇潭易著文明高賢不狥通經義美
月吹風亦有情海外文章筆有神凌雲詩賦更清新姓
名敢望流傳遠幸接丰容倍覺親
阻風護憶故郷城遠眷湖光一鑑明行篋携將圖畫出西
隣佳處最関情詩篇書法妙通神偶合萍聚結契新我
欲乘查看月出海鴎何日更相親

擬趁晤緣職軀偶感風寒未得乘輿一訪戴也〇二
十九日晴錢塘主人簿汪復其號石門與余作筆談論
文仍及應舉時事問尊駕中鄉試幾榜余答曰庚子
試舉人也公笑曰兄可謂早達矣弟以戊辰舉人出仕
仍贈和西湖詩曰
此地山川盡有神西湖風物更加新自慚未序齊
蘓白三載遊艇少與親
時公年已六十餘矣雖老少不敵猶論文字亹亹不厭
〇是夕余教官錫與諸名士連袂來訪各和原韵以
贈之又携桃實以饋之余作筆話曰詩云投之以木
果報之以瓊琚木桃一時見投顧此流人何以仰答也
只切感悚

余公崑學士集之經曾徑平湖敎諭者也見秉查錄謂曰讀大作可敬可敬公書西湖兩絕以爲奉和之資余書謬獎字以謝之又書元韻以奉之

二十八日晴呑陽秀才句詩曰
西湖非勝槩東國是吾家炎徽地蒸霧瘴林天
雨花秉查同漢使愽物異張華幸有彰知樂自無大老至嗟

士人王春葉潮舒林朱瑛皆來訪朱藍仙文林即元璀之子也遣官隷致書曰日作忽一悟適有事西湖未得暢敍譚昌勝悵々承賜佳章因友人見愛已被取去敢祈別錄一紙見贈僕當藏諸舊篋永作奇珎耳前讀大集中有七夕諸詞幷乞秋賜一讀爲幸本

海守無垠覆載同萍交底事判自東萊查一飛
渡風雲會走筆傾談 意通古寺隨緣成邂逅
歸途利涉莫憂冲此情推致原皆準明德還
期努力崇

嘉慶戊寅夏五偶過仙林寺得遇朝鮮崔老先生
僉七厚既謡章率此奉和即請海正 錢塘秉熖
老人程棨拜稿
程公之侄潤寅來訪亦秀才人也 中國用人之法有秀
才廩生贍生貢生指生增廣生秀才戴銀頂帽盖衣
彩末有品廩生贍生即學士貢生可做八品教官增
廣生可做七品知縣中進士可做七品知縣或七品中
書中殿試可几鼎甲翰林又有監生與進士同品

問君詩上意者我作何人難把伯牙曲共遊淮海春
荻浦又序前詩失撿和章見授更次一絕幷爲誌別
雅謔原無意酬酢寂寞人乘查歸去後可憶武林春
蓋余之詩意則荻以浦致歎也故有我作何人之語
領聯則以其易別也有雜把伯牙曲等語而荻浦不知
自以爲失撿故余改之曰頗把伯牙曲共遊淮海春荻
浦喜甚余仍援筆作話曰新婦易老海濤不渴且作
閒話以償詩債○余到浙之三日長老來訪鬚眉皓
白氣味淳古坐語移時慰海儒至余感其意奉贈曰
　　白首蒼顏一老翁慇懃相訪古人風靈犀不
　　相華東阻天月山前夕照紅
後二日公來訪贈眞墨四丁熏致四律一詩曰

嘗謝莫怪東風不世情
羨君落筆意通神吟到西湖句倍新山水天然
圖畫在何須身陟始情親
草々錄供噴飯幷希 政之
又贈小詩幷作小序曰惜字錄一卷聊以奉錦還時
祈為廣勸此讀書人芽一要古也將別矣小詩奉別詩曰
一面成知已君真磊落人綠懷湖海志末認錦江春
余和之曰
漂流稍自慰兵下有詩人見月逢相憶華東同一春
荻浦又序得和詩後重次一絕以記良遇
言語誠難達聊為唱和人筆談成絕調已荷十分春
余應之曰

般板日夜鳴海潤鵬初徙檣高鳥歘傾蒿帥
猶無色老弱盡失聲譬如焚林禽巢危共嘤
嘤天地茫無涯風水易迷程吳山似故人一面雲
際晴支難普陀寺漂泊浙江城撫念三旬事怳惚
千脚經性命只空慈心神已喪精頭蓬足不戰未
老衷已形車衫足汗臭兩眼蠅營々有時形吊影
君非舊典刑吳人猶索句乘查浪得名

二十七日晴高秀才瀾歸荻浦者與其內兄禹智字
一枝妹長陳應梶歸米山三兒高師鼎歸蔽泉高
師潤養和高士震春霆來誇且日讀公有憾西湖之
作敢次原韵二絕

十里西湖只隔城艷陽時節是清明桃花已老黃

始止秀才楊句者來訪贈之以詩曰

薄海頒正朔朝鮮亦一家長江浮鴨綠古渡問
楊花遇合同萍水登臨記物華怏怏知有助誅
次莫興嗟

浙城周四十里十二門有巡撫正二品也有布政司從
二品也杭州府正三品也仁知錢塘縣同在一城正七
品也分縣承從八品也○城之南有富春山卽嚴子
陵耕釣處也一名紫陽山亦朱夫子修莊之所也○

二十六日晴土人送紙筆索句余以辭九死之餘精神
昏憒猶強之不已故述懷以贈之詩曰

飄飄三韓客五月西南征中眽人皆惟形容鬼
邐迤卻憶洋中事猶得夢魂驚滄溟忽風雨

而唱酬諸作藻采繽紛惜重洋聯隔不獲時親
風雅爰題一聯相贈以誌三生有幸云其聯曰
文從滄海拜中閣字向神童鏖慶奇 中國
文林卽周元璀幷序
二十四日雨余聞西門外有西湖問于土人則曰三秋桂
子十里荷花依舊無恙而但未知憲府肯許一覽
矣余吟二絶以寓躋勝之懷詩曰
薑興晚到浙江城西堲長湖眼忽明許把烟霞
都管領却敎荷桂未忘情
越中山水盡精神最愛西湖景物新洽似東家
賢慶子隔墻相望不相親
周卽批之曰未免多情誰能違此〇二十五日雨晚後

○二十二日晴 濟州居八人以去年八月漂到太平府 是日來會 雖不相識 隱然有同是天涯淪落之人 歎矣 ○一官員見乘槎錄 謂曰 惠雅之際 得與諸名流唱和 亦屬三生有幸 急宜付之棗栗 以誌一時佳話 又曰 行色忽忽 不獲抄錄以買棗頭 殊為可惜 又曰 尚有數日耽延 擬題一詩以付驪尾 見七夕詩 歎曰 名作也 仍和之曰
小苑清流玉露浮 齋筆興爪上樓頭 銀河夜〻
撏清淺兒女 徧增此夕愁
二十三日晴 又送小序來曰 斗爍孝廉 朝鮮宿學也 放洋遭風 漂泊於玆 海得全身命之省 與余相遇於仙林古刹 出其乘查錄 見示 江海風景 瞭如指掌

二十一日晴到蕭山縣吃朝飯二十里下陸乘竹兜輿
至浙江三廣可十餘里時吳下小旱波流稍殺然當
春水方生之時則奔騰百萬未可漸流巍騎千羣
無所用之矣昔孫伯符以一州之地俯視天下非徒
勇智之過人亦地利使之然也仍到省城周覽山川
則蘇長公所謂龍飛鳳舞萃于臨安者也城池
之碓官府之壯市井之羅列士女之遊嬉誠天下
名藩也意者浙江一帶爲歷代帝王之都故雖列
爲屛翰而其物色則殊異乎五方歟高門大宅連
墻接甍朱樓曲檻臨街塡衖吳都所謂非顧非
陸疇能宅此者也西望而蒼蒼者夏口歟東望而
盡盡者武昌歟自北起龍千里走馬者似是蔣山

士女磨肩於街路山川之形勝城池之雄麗非寧波府諸府之比也東門外有會稽山之下有禹穴西門外有漢高士嚴子之祠意其謂七里灘也府中有柱書曰松菊今彭澤山川古會稽然則彭澤亦會稽地也夫一縣之地想像千古往蹟則凡穴無底即玄圭告功之往跡也越兵棲山乃句賤嘗膽之古地也謝安之東山石軍之蘭亭西子之浣紗溪皆係此山之下則過客懷古之情庸有旣乎是夕過山陰太平橋橋長可十餘里傍有沃野仍感謝女贈聖之事繼之以
詩曰
　泰師萬里杖鞍不識南朝太傅賢此土猶餘
　傅贈聖令人却憶小兒玄

佛宮梵宇間在閭閻河之兩岸皆斷石隄防之偹竹蘆花夾江而生真淮西之勝地也行十餘里又有一大店篆宅之宏麗如曺娥江兩戶藜倍之平原廣野一望際際皆以小車灌溉又於廣野之中高門大宅一字咸行殆五十里之遠而門外引水縈以青雀黃龍之軺盖吳人以水利資生故惟士夫家亦不免置艖與舣之事地亦沃土也蠶眠冬芽壺籠芋果之屬連阡接陌未穫則五月已如發穗時矣隨流而下所經山川迤接不暇其土地之豐衍物產之美好村落之繁華笔哥不能記書哥不能模○二十日晴到會稽縣之隷紹興府引舟入城之周囬殆將二十餘里中有城隍廟千門百万戶家之莊貨戶之興敗舟楫連尾於城市

謂飛閣跨通改者也又以冶容長袂當壚賣酒廛
人所謂二八嬋娟大堤女開壚相對依江渚者也午
後發程○十八日雨至餘姚縣城下有一片石題曰漢
高士嚴子陵之古里仍吟一絕曰
老石崢嶸傍古城薈苔不掩漢先生吳人但知
懸弧宅今夜無緣見客星
十九日晴到上虞縣即虞漢時虞謝所典邑也食朝
飱簽程行二十里具竹兜輿行十餘里到曹娥江一名
楊子江時南土少旱士人作假龍以黃金餙其頭角
使童子著錦繡八龍腹中作跐䟴之狀鼓舞船上
甚壯觀也復秉舟而下江之兩岸皆富高大賈家
也瓦屋粉墻橫亘十餘里高樓傑閣壓臨江頭雜以

溪流非江河之比也西廣官長皆由此路行西浙泛
舡者皆由此路行保無艱險之虞右是衆人猶呼泣
請就陸鄞縣二主謂余曰有是性命我非性命耶其
意則蓋曰吾亦護送官云甫言甚無文故余微哂之
府大人會其意仍辭退府官云此官言雖質直理則然矣余
曰惟公處分仍從府大人亦拜仍有稱賞之敎乃兩
傘粮饌等物也○十七日雨至慈谿縣泛
河邨落寧皆粉墻石門極其宏麗或士夫遊觀之
所或商賈販鬻之場也樹竹之饒蘆花之勝誠小
國之物色也又有梧風橋吉慶橋所謂二十四橋也皆
夾河起梁等石為橋鼈眼之境雖不悉其名目如
是者不知幾許而矣每橋傍有高樓陳閣陸機所

南國是以高樓傑閣在ㄷ相望無一節竹之舍居ㄷ非
錦繡則不著焉非魚肉則不食焉觀音寺又ㄴ海之
一小島也而沙門外又設市井與我東谷營等○姚
繩齋曰定海東接朝鮮東南接日本南通越西
通浙江北京為二月程云○吳申甫又贈扇一柄○是夜
還次江口
十五日兩曉頭解纜所過海中諸山如合襟形唐人所
謂青山萬里一孤舟也極目所觀惟篷幕重ㄷ
午時過鎭海縣亦島邑也日暮到寧波府ㄷ在鄞
縣余聞由寧波走北京有陸有水呈文請從陸其暑
曰病鴈傷矢虛弦自落老牛畏日見月猶喘府大人
讀之三復仍加溫諭曰此去北京只是内河不遇一線

南來浪跡騎詩翁晉代清流又浙東交道尙嬚言語淺寸心遂把低高毛通管絃共作蘭亭會紵縞能忘季子風遠客臨難還惜別向來談笑劇怱之○荅何夢社詩曰
功業逢登學士瀛西來一䘖布衣輕江湖有約秋多夢家室無憑日係情中脈客來滄海色交章君扶大家拜呉人早解成人美麈之矣囊浪得名
金爽花致粉紙一軸扇一柄周瘦峯贈扇一柄陳餘仙贈小印曰此篆江海散人也特奉江海散人金爽花又贈癸花錄一卷乃其幼時與蘭珍女史相贈苔詩也○㞴海乃中國之一下邑而金銀錦繡之富甲於

曰何魚魴魚也鯉魚也夷花顧金以振曰此秀才不食
肉底八也盖以異方鱗羽之屬為不可知不思而對
故也余亦於其不可知處則曰僕聞此北涼有鯤南涼
有鵬而東西二海未聞有之天下之物產不同一也且
弗豹之鞹猶犬羊之鞹烹飪之後安之不存不可以
強解二也苟非張茂先之博物則何以周知耶余仍徵
笑臨別索題余以小箴吞之曰此別甚悵天限華東
地分涯角一別之後形影無憑江又通而謂鬱然消
魂者也惟願僉兄早拾科第位至通顯則可於小邦
令使便問本國有江海散人者以是慰勉焉在庭
者皆傳晤悵然時陳艙仙中著書之子李嗣良李廉
之侄金奕花時在學舘故云且〇荅艙仙詩曰

葵花家聞余復拜倒優相迎者已十餘人矣坐席未
豆請告別葵花不應令家人大張燈燭置酒以饋之時
夜已分矣請撥飲且言閉門可怕葵花曰等有分金
之術兄可安心細酌余笑曰布衣權至使地主當門此
其家不貪擧坐皆笑酒一行肴輒至一下箸而退至
飲罷幸三十咒盞華俗飲酒賓主同案以大貼子盛
魚肉同咒而食惟各設飯咒盞中鉢也食盡則又進
一中鉢善食者或三四中鉢也又各設酒盃之大不
及泌種子三分之一而飲不盡危惟數之沾之曰至三
四擧而卒酌者亦可飲一盃矣每肴進葵花
先問金以振曰何肉金輒曰不知次問余曰何肉余曰
鴨肉也鷄肉也又問金以振曰何魚金又曰不知次問余

圍連餘波又及漂流客日乙公館月俸指
吳將詩置縣主前仍曰先生文章高妙令人起敬穿
當繕寫入錄余言受公辱恩不能無言故忘拙仰呈
覽已乞付水火勿煩人耳目也將別縣主下榻吳申涌
下堂姚祿出門而送袖間出小紙以示余曰縣主見公
詩稱文章神速風格甚高仍有贈遺之教白米五石
錢二萬五千文分給各人紙一軸墨一封筆一封扇一柄
然草六十封奉遺先生吳又至門外祿署復以縣主言
示余曰金士奎羨花聞先生在此遣人相邀就此係近
懇路可一敘別是日羨花躬到客館邀與就飲而余
以臨別告別矣至是復有縣主教故遂興羨人向羨
花所羨花之將舍者又待門外矣時夕之多士團聚

有意故教風浪送詩人相逢萬里各天涯小注由來
便作家寄語歸帆莫早返與君論遍小中華
　右霧海溶
十四日晴將發日已暮矣余在江次縣主沈公使吏邀
見至則吳申浦在座手致新紙一軸即麗風圖也仍應
敘東土題咏大喜皆頌公勸農之勤也要余唱酬時
日已曛黑舟方藏待詩思已北索筆立就詩曰
我本三韓老揩大篆燈早讀循吏篇河南吳公眞
弟一朱邑龔遂同此肩令年漂到玆海縣秧針出
水草茸茸男聲欣欣女顏悅甘雨時降公私田公堂
有圖書耕織穫劉諄風千古傳明公治改自有本
不比俗吏徒嗜錢漢史書中烟幅著周公詩上塲

箕子封斥帆吹送浙江 客本楊花渡口人海外有
才終莫秘一時瘦壁出沉倫不讀周秦以後書恰
遵古訓業三餘青羅範襟期闊刻子何勞左
氏譽衣冠想像漢官仅倚馬才高我幸知五月江
城家萬里狼毫硯紙寫彰詩 端午曾以憶鄉詩見示同登吟
社 友月之四日金癸花邊同社飲于二雨社吟 藥陶ゝ把盞論文逸興豪斗
酒縱觀書萬卷不辭酩酊醉揮毫異地于今攪
識韓繡江霡雨不勝寒來査有路都成鏸九折黃
河眼界寬 先生由內河作路 記日風帆取次行袖箋新稿出
江城贈言此去休怡悵萬里皇興似砥平 石叟峰
周勳
一帆風送海東濱澤國來遊遍地春客本無心天
周勳

如香夢到江風俗最關情星辰忽改他邦夜鷄
犬偏疑古國聲人事語言雖未悉君来處々有
詩名
是夕餘仙陳福熙瘦峯周勳聞余就道有期聯
袂来訪贈詩曰
最多情是碧々吟送詩人到越東海客棄查遊
亦壯江郎有筆話能通居然吟社添今雨<small>旧雨不
来今雨</small>
<small>来雙社
是二雨</small>難得藩疆尚古風萍水相逢總幾日如何
行色又忽々 右餘仙陳福熙
怒浪不作海氛清重譯年々見使臣忽報客從
東國至我来郊館訪詩人席地相逢有古風雅
冠博帶度雍容句麗累愛人依舊不改當年

卽今欲渡平安不金鷄叫罷靈車發河水迄ゝ
不辨牛
十二日雨縣主賜猪頭二顆亦搞賞禮也是日余覽
西浙輶軒錄平湖人趙佃詩有峯谷詩歌東邊押
稻秧西邊收稻穀遽莫似卽心一年一囘熟此亦再
熟之驗也○十三日晴邵秀才聞余發行在明與其
徒五人來誇曰季英占先生聞尊駕明日發行不勝
悵ゝ羗身特來送行余吞曰孝廉足下春尊至此
極慇感賀尊兄之屈離鄉函敎而好意无不可忘
身欲一晉以道慕仰之私而行期甚忙不得展侯煩
兄囘告卯曰敬如兪何夢杜亦孝廉徒也贈詩曰
諸仙託跡此蓬瀛今日布帆一羽輕窮海別離

話別又經年何處相思不可憐斜倚畵屏無一語鵲
橋星渡四更天空怕盡歡夜羊徘徊夢不摹
首雲邊銀漢直疑知異地亦寒生秋河今夕爭無塵
望斷天涯倍悵神明月自圓風自輦儂多作
不眠人西風瑟瑟動離愁此地相思似妾不怨及
天孫今夜好機邊拈線候牽牛

余和之曰

別後光陰已一年仙娥唱罷想夫憐鵲邊鵲噪
行人到簾上銀鉤月上天何處更理支機石雲錦
如烟織不成却恐西風今夜發秣牛河上碧波生
玉臺金鏡爭無塵強理雲鬟却悵神別後相
思顏面改今年羞對去年人北渚風多帝子愁

生秉查之作筆致蒼古深得左史叙事之體詩詞亦
復不亢苐鄙人學淺不能領畧耳明日再来承教余
書愧謝字以荅之〇十日晴午後雨時秀才鳳儀来話
以畫屛無睡待牽牛為題作八絶句索和余問原題
似是唐詩而未能記時荅云非唐詩此題指婚家女
房中宫而言盖賦七夕圖也詩曰
紅豆抛殘憶少年畫屛猗遍倩誰憐星河有路
橋塡鵲頷作人間補恨天空庭獨坐撤禂多少
紅樓夢未成寄語牽牛須鳳駕一年一度話三生
淡淡秋空洗玉塵橫艖不渡似傳神贈言織女休
貽悵卽宣人間貞約人良宵寂寂轉生愁未識銀
河竟渡不天若有情須早合不羞踪跡遶牽牛西怨

者也今承淸範乃故人稚弟也曺指陳謂曰伊相若何
余荅曰溫恭雅飭誠儒子之好氣像而至若術家禍
福之說非愚昧所敢知也諸秀才又言明日特備小酌
先生惠光澤草舍余荅曰陽關一盃盛言可感而遠
方之人不合雜次置之以飮之科幸勿相邀如何曺又曰
倘嫌路遠于街頭弊館一會否余荅曰盛意及此何敢
膠守素戒明當晋拜耳○九日晴曺秀才振絢使諸
學者送招飮帖邀余及金君至則諸賢咸集余吟一絶
腰佩秋道三尺劍觀風上國古延陵諸君頗盡新
和藥水陸登盤酒百朋
相與盡懽而罷○午後微風縣居林良驪林渭壯程光
輪來訪請借兼査鍊余出示之林覽甲作筆談曰先

自言叔為司馬祖為翰林亦秀才人也仍贈一絕曰
天緣千里遇詩翁新種總前竹幾重始覺才人
無隋意頓令心地却頓紅
仍致粉紙一軸余應之曰
徐亭四十始稱翁絕域忘年意幾重筆話細論
心內事不知山外夕暉紅
又書紙面以贈之曰童秀才眉目清婉詞調敏速他
日所就不可量也勿以已得自多更頻進炎千頭以副
逵人艷仰之思也○八日兩縣中秀才胡高曹劉陳五
人來訪日本應閉戶讀書緣貴客在此特來拜問余
日盛意可感其中一人乃陳榦仙之旁也余要與侄
席謂日鄒興令伯氏契遇最厚古人所謂傾盖如故

屈駕過舍余曰來余之教誡極感荷而已負騫慢之罪深庸悵悚然感意不可孤當簇駕趨拜○一貴游來訪問尊兄居國作何官職余曰鄙乃小邦所謂舉人也又問尊兄姓名為誰余具書以對客曰余乃右營游擊陳公之子也名廷麟字舜階居浙江衢州府西安縣大人作官在此故特來相訪余書感慰字以謝之是日金爽花陳辭仙與同學六七人來訪以馬史兩浙輶軒錄見借余作筆話曰金瑞瑞每屈弊舘生色誰謂絶域之外有此神交也仍問同學共作幾人受業何門吾曰同學共有六七人受業於李英占先生盖孝廉此士大儒也其門人皆雅歸之士故余書不問可知爲先生爲子字以美之○有童六一者未訪

照亦椽吏之有才能者也姚曰然本是讀書人晚作材
門客又曰中國以更目用人故士夫子旁不悍爲之〇余
問吳人曰吳都賦云國稅母熟之稻鄕貢八蠶之絲信
否荅曰此間年有之而颙東每年有之余問此距臨
東可幾里曰四百里此距會稽山幾里曰六百里禹穴
尚在否曰有之〇余之流接已五六日矣南土士大夫日
相經過邊與俱去風俗之淳厚情禮之備至无可感
也而但流隷踪跡不可難次未遂掃門之願其可歎也
〇七日晴土人李嗣良未許曰問先生有何律作請教
余將辞謝而業已廣布矣仍出示之李曰必爲乃巽古
之徑也余曰令阮長孝廉足下日來安勝否今承清範
之侄空之餘當作是喜感慰汲量李曰何日敢遂先

極水陸之美留吃夕餞又出書冊以昕之蓋近代兩鳴
稟而我東西未有也余心如貪兒暴富請一借覽則
爽花許諾是日縣主賜流人衣一襲
六日晴縣主又賜流人猪二顆羊中一角黍三苗使姚君
博諭余手荅之曰縣主閤下哀念流人惠以衣件副以
食物以責歸端午故事我以報知各人宣揚德意流
隷輩莫不感泣頃君上達此意〇一日姚持縣主問
情文字来曰何日間船何處到泊逢漁船是何處
棄原船是何處余使姚代草姚援筆條對曰雖不
知洋面名目而但見船內多存網具似是漁採船余
續之曰逢漁船之處即棄原船之處姚授筆謝曰非
鄰人所能及姚曰先生視我何品人余曰君似是椽吏

花家也高門粉墻四圍升堂則多床卓覆以紅
氍毹堭砌皆布以熟石無一点土余知其爲鄉中富
矣坐定爽花要余周覽屋宇周墻壁複牕入心目及
至正寢則東西翼室羅列銀瓶而不知幾百坐錦繡
綾羅之爲皆称此周覽畢出龕外舍則皆吳下英俊
之士也余索筆作話曰三吳冠冕萃于塵左思所謂
英雄之壓也仍題一絶曰
金谷繁華一夢中江南難得冨家翁者君等宅
驚心目七尺珊瑚定幾叢○爽花應之曰○我本淳
家澤國中江南萬里遇詩翁自慚門荜無多物
新種窓前竹數叢
仍進茶、羅煮餠、甚佳又出大酒黃肉以饋之肴核

歡洽余視其年貞則可二十餘矣余問秀才之䑲曰中國以入學者謂之秀才余嘿識其動靜則師家之間情誼泂合隱然溢乎辭表眞可謂有是卽有是矣矣余書之以視孝廉之辭作筆話少頃余謂孝廉曰雖次已久物詼可畏請起去孝廉曰吾輩奉邀于事無碍便一學者前導○秀才陳福熙䑲餘仙謂余曰吾家有萬卷書碩一往覽余曰小邦僻在海隅文獻不足心常爲恨不待借書之恩有此開豪之敎感荷則深而伹遠人離次必駭物聽未敢承敎餘仙曰有官人帶來則無碍俄而學官金士奎歸葵花者來邀余俱去余曰帶去之敎是愛人之意而若有物詼非慢人之道葵花曰吾來時已禀縣主余隨之入城卽葵

開香烟吹一卷同居三十八圓冠亏領尾而隨升堂降
神下龕神時薦芬苾侑公尸遲將鈸餘燕昭穆敎年不
是呼鷗處金盤擎送長老宅綵餙招來隣里兒逐
沱醉東作佳節碧泬羣柳川南眉佳人對舞金縷曲
墨客自題秋千詞酒後擊節南平扇夏日猶延宵
爲期堂知遠作江湖客拜受公庭犒賞危
本縣孝廉李英占來訪興之笔談邀余俱去仍詭笠秀
才世藏家從容討話余見其簽宅之宏麗問曰此乃尊
兄宅耶曰否此乃獎徒家也余問主人安在曰在外未還
俄而茶進茶數行酒進酒數行餙進極水陸之美方食
笠秀才自外而入李廉指之曰此主人也余索笔作話曰貴
問函長相邀至此笠曰先生屈駕獎廬生色應接極其

樂秉爕者來訪贈詩曰
萬里烟波別故鄉 關山難越輒悲傷 知君不是凡閒
客 定有高人作主張

余應之曰
淮海維揚夢一鄉 客心何事獨悲傷 此行東訪岣嶁
石 今世無知好古張

初五日晴仍念在國時茶祀之禮泛遊之樂作述懷十
五韻曰

一身經過三千崎天涯復見端午時 記得吾鄉今日
事 蔡果爭登祖禰祠 南浦菖蒲甘如蜜 銀刀削去青
青皮 北困櫻桃紅紅 瓊露厭沺長之枝 南隣有兄
北隣旁偶墻叫噢 催蔡齋之邃日 晚陳設畢廟門啓

足下一生福祿而中國之筆墨亦可達于貴國爲余書
四星以呈吳熟視良久曰詳觀此造生於巳亥六月二十
三日未時局內財貧妙日支坐卯一生主信義尼心行事
通達惟嫌四十歲前一派大土是使財氣逾旺來居正印
遂致有鵬圖之志未能展舒其才也竢四十五歲行庚卯
木爲日干得祿可以大抒經綸文章二十年昌熾惟六
十六七行丑字乃金之庫地乙木花菓未許利爲過與
皆吉余曰旱事科夢命與仇謀行年強壯逐致漂泊雖
有吉星啟甚功名家有二兒敢問子宮之如何吳曰卯運
一行不但子孫奮起家門卽本身更見利達以前淹滯
不振者皆因土重來壞木印故也又曰卯星爲用功名
上達〇

公事出外使客杭州吳申浦主席行賓主禮曰作筆話曰請問貴國山川風俗余仍詭山川則南北約計四千餘里東西二千五百里風俗則小邦僻處海隅有東夷之稱而箕師東來八條是明君子則知誠正之方小人識忠敬道日用三綱常行五倫仍說漂流以後事又問山川禮數已悉承教而試文用何躰余仍言詩賦疑義表策之制公仍呼紊二進必擧手揖余言以貴下賤雖足下之盛事而進士踈賊不敢承當請除過恭之禮吳愈遜俄而進飯肉品甚豊具種二勒吃惟恐其不飽甚可感公仍作筆話曰薄海內外疆域雖殊五行旺裏理數則一今因足下文儼係貴國疇士不才熟悉天理陰陽干支生克故請足下將生年月日時分明寫出以憑惟薰

人仍贈詩曰
君自乘槎八月天忽然風吹到江邊河清海晏今為
定其慶天朝萬々年
余應之曰
碧海茫々水接天中流自謂四無邊南來一識未家
長生老昇平六十年
也○初四日縣主沈公使姚為給价邀余相見作筆話余赴
有姚繩齋者讀書人也給事縣門隨處曲護其意可感
呂至縣門謂姚曰今謁地主將拜何處昨則公饗流隸
謂地主之禮也今則私覿主見大夫禮也必有異同之數
敢問姚人少頃以小紙來示曰大夫不見士之行相見則長
揖而已余曰此必有攸當之禮姚曰前導就小齋公以

般四隻領去人众委官李華也○初二日黎明放艇千時
到縣々在海島中地方三百里縣主沈公泰閒坐陳威儀
引三人問情余隨問隨答陳情畢是日行犒賞各種肉
品甚豐飢隸皆飽始有生氣喜可知矣仍舘於演武廳
廳古碑乃順治年間所立也倭人陷定海至寧波府城
市官舍蕩殘無餘碑盖言重修事也在舘留一日無以
自適歷叙漂海之狀名之曰秉橃錄取張騫窮河源之
義也越中土大夫曰相徃過有抄錄以去者余以覆醬
瓿尾手止之辭不獲則輪覽甚可愧也○士人朱佩蘭
來訪余問曰公乃子朱子之後耶朱曰吾我乃明太
祖之後也金以振曰公得無黍離之感耶朱大不悅取
金以振筆談紙扯裂之金亦慙而朱私謂余曰彼誠妄

山見山上有寺又問曰是何寺曰觀音寺三屬何縣曰屬定海縣蓋宋帝昺為元兵所逐與張世傑避地處也在禹貢為揚州在三國時為瀚州在趙宋時隸福州青山似畫出海如金点之島嶼岸之漁舟真東南名勝之地也扶病曳脚寸寸前進到觀音寺則佛像之搪撼名山儘非虛語也沙門五里許皆以熱石布地之多紫竹林房舍之多至於三百六十四刹一房為刹康煕皇帝以銀百萬兩重修者也華人所謂天下叢一道場也棟宇之制則金玉其尾錦繡其餘四廊四廡周墻複壁或銅柱或石門八者不得其戶出者不知其路僧徒之衣服鳬舄皆以錦繡緣歸賈生所謂倡優之齋服墻壁之紋繡豈或中國之遺風歟留寺中四日○五月初一日自定海縣羞

真所謂綠林豪客也余始下船而問強盜爲誰則曰建
卅白水人也人有出外則指東指西謂之強盜船或作瞠
若之色或作畏懼之狀必曰普陀山師主可以救我余則
以爲人多故爲是制人必話柄以防閑之謂之有權謀矣
觀其畢竟處置則其意可知也噫眼死於漂船之中則
雖萬金皆爲水府之物也使我爲報恩之計則雖磨頂
放踵不足爲涓埃之酬如千汴物何足顧矣所可恨者
始之以義卒之以利豈不爲義丈夫瑕累耶然古人有
言曰公子有德於人公子忘之人有德於公子公子勿忘
漁舟子之德不可忘也○二十六日以小舟二隻送之普陀山
觀音寺即浙東之寧波府之定海縣也余問漁人曰今夜
行幾里曰洋面三十里余見海上有山問曰是何山曰普陀

來曰此間有強盜撕殺人了全活極難繼以書來曰能
救甬性命不能救你船隻船中若有好貨物帶來兩漁
船團聚一處各遣小舟迎接於是飢者甬病者甦生
爭先按下舟中之指可掏廬盡甬死於蒼黃之中慘矣
慘矣先是封進難種載在一船而漂失殆盡十存其一意
為移載而苹其朽傷變色者也然以其所係之非輕進
文牒如干物種分付該隸以為憑考之地移載之際沒
毀見失事体无可歎也及至漁船則急嗅香燕盡一宪繼之
以粥々盡繼之以飯々時各具責鮐魚一宪欵接之狀攷
悝之意可與蘆歌丈人千古匹美而但下船之初許多人
衆封問船中以強盜詭種々脅持下陸之際如干汴物
藏置一庫推尋之人則以刀劍擬之公私物貨一幷奪取

飲之際忽見両隻漁船自西而来相跟不遠舟中之人一
時叫呼百般求長漁子認得是漂流船油然有惻隱之
心有牽去船隻之象時海濤初漲風力甚高舮艍相泊
両船交通雖欲曲護勢不得行令引船遠避別遣小船
個知舟中事情余仍以朝鮮人漂流之象具書以告小船中
人皆點頭有相向之意仍以回報船主樣桻船而去金君
振急於求活挨身小舟而漁舟亦無拒意俄而小舟更来
金君在船前面察其眉睫大有沮喪之色余噯問曰今
日事何如答曰夗外無他策問其所以則曰人多故也袖
出饙飯以視衆於是衆知必死一時慟哭小頃漁子更
遣一小船赫歸事也書曰盲是何國人搬向何處作何
生理多嚴辨問余仍書漂流之由以答之漁子復以書

距上國必不遠矣余起視之果土水也余因念此水如是黃河下流而禹貢之導河砥柱析城龍門皆梁州粤也無乃近蜀地耶雍州有黃壤無乃秦之近境耶沈吟久之見竹根木榜乘流而下喜其涯之漸近矣其夜風勢大作舩往如箭明朝視之海色又青矣徜徉者久之忽見青舩白舫首尾相接自西邊來認是西邊有陸而南風甚緊舩不得抗回矣听其昕之東下西時舟人無一日之食矣尹濟國之子林呂史之女同日矢逝神乎鬼乎赤子之無知何辜于天一舩之人額頷欲死随而人理倒矣上下之分老火之誼全浚分數未死之前怛劫危懍二十五日舟人以無水之致輪畓賣海而嘗中只有半合末矣日晚不得飲以所餘未和藁古少許付河應龜方謀煑

二十日風雨船向西北走問舟人則曰此乃上國近境也余
曰上國乃吾國也抵泊則可以生矣起視之船向日沒處
去是夕又見月出亦壯觀也○二十一日有鸕鷀捿于船頭
舟人相賀曰鸕雀飛来人居似不遠矣余曰鸕雀乃島
之遠飛者也海色澄清四顧無岸此間安得有人居耶
二十二日無風浮往浮来船不得前矣余微吟此日中流自
在行之句舟人不知其意莫不笑之唇口渇夜丁求
飲火丁以一匙水調之可笑亦可憐也○二十三日遇大風
雨終日不晴其夜惡浪大作船板皆鳴余仍憊卧成眠
鼾聲如雷金居以振蹴覺曰風色如此何暇穩眠余答
曰風色如此不寐何為○二十四日曉船人来告曰此黃水
海也漂人夫江来自言由黃水海達于上國必此海也此

厥數百 漂蕩中洋 幾於覆沒 船何無助 海何不恤 至靈者神 各有職責 盍賜陰隲 導我大陸 余非不知言之狂忘 而無所控告 作此疾痛之呼 ○十九日 風勢少定 海色澄清 見朝日自海底出 欲上未上之際 紅波白浪 照耀萬里 亦憂中之樂也 仍吟赤壁賦一篇 結之以詩曰

浮世彭殤不足悲 人生定命有前期 今朝火得風濟 歌病客閒吟赤壁詞

而已有漁採船過去 船人皆擧頭求濟 漁子以其人多故 回棹遠去 舟人一時慟哭 漁子盤桓久之 似有矜憐之色 俄以二橐穄投之 而去 所謂人皆有惻隱之心也 以爲數日延命之資

不知幾千里也○十七日西風作船向本國流是時舟行已七
八日矣粮道已絶人皆以抵泊彼地為幸而天忽反風船人莫
不失色○十八日此風又作流注流來莫知所之先時水缸已
破無以煮粥人皆喫米而飢渴隨之於是始有煮海得水之
議其法與燒酒同飲之甚淡仍出白米少許置之沙鉢爛烹
而食雖不療飢亦不餓死是時舟行已八九日矣人皆病卧
余扶病而起為文告于天其文曰
維天生民三維天物民之多辟天昨於恤哀我舟人困憊
淑喪亂漂蕩同歸一轍平百其人何辜于天飢者以病
病者魚盡孔仁者天高以聽早敢謹告
又為文告于海王般王之神其文曰
天用以龍利在澤物軒制其舟民不病涉今我舟人

去鴟舟人齊出汲水終夜有拜翌曉連雨從風漂泊往湏
怒浪四顧無際余以莫非命三字慰勉金君相與扶抱以
哎憂是時舭中所載公私馬五六匹舭复蕩漾左傾則右
重右傾則左重舟人始有鮮馬投洋之議而私愛其馬
舭主愛其舭頗有相持之意然余則以為好生惡死之
心物我兩同故姑無可否矣至是風勢益急舭幾覆沒
余以傷人不問馬之義决意投舭隻少之○十二日風雨
如之中流有一孤島問舟人則或稱紅衣島或稱可佳島
雖欲回泊而舭無諸具無可下手處矣仍乘流而下○十
三日風雨少霽一孤島在舟左邊而風輒引去問舟人則
曰曾聞西海中有一島在朝鮮大國之境必此島也午後
東風大作仍隨流而下○十四日東風連作計其水路則

龍欺令之存者只是聰明所及百不一二抹可歎惜也已

日記

戊寅四月初八日乃余下浦時也防禦使趙公義鎭說文武
白塲島三邑守寧皆來會爲防禦公聞余留營下使吏
通訊再三見招余赴飮而已藥作極歡公命禮裨趙上舍
星鎭爲余其夕飡其夜宴觀德亭明日又次別刀浦又明
日巳時始解纜是日羅州士人梁知會靈巖士人金以振皆
同載爲時全羅右營討捕使張公翼余之從妹夫也以書
見邀故約日同向羅營矣日晡時大風雨瘴霧四塞惡
浪打般先驚者數矣日且昏黑舟人惧訝不知所出般主
沙工皆聚首號哭男女幷五十人齊聲慟哭時出身河
應龜在傍有蕘力者也余連呼應龜爺䰞去爲䂨尾

蓬萊雲霧曉來清居人安眠島夷俗游女春歌古國聲
防禦營中日無事狼烟夜~報昇平
別刀浦得高字
三山浮在海中鰲仙分支離滯別刀馬料已青城上草鄉
慈欲白髮邊毛滄海萬里徒心潤漢齒千峯得意高柱
把詩名南國動文章多愧大蘇豪
臨別和接生金宇成李光瀍韻
年來頻恨別離頻着處文朋意轉親匹馬行裝今白面
長亭詩賦最青春高歌素冬陽春曲妙舞誰留玳瑁筵
此行還尋王子路明朝舟楫下盱津
在島時所得詩稿帶來吳囊矣被風之日遂致漂失
無乃漢挐山靈恐仙境之播露人間而付之識字魚

乘槎錄序　　　　　元堂主人崔斗燦漂海錄

余聞耽羅有漢拏山一名瀛洲即三神山之一也心常慕焉
純廟丁丑四月姊翁金令公以散官起家為大靜縣監在漢拏南
亦仙郡也遨余偕往以本年五月渡海遍覽三乙那遺躅秋
觀老人星粵明年二月下浦舟適月始解纜寶戊寅四月初
十日也晡時遇大風雨漂流十六日到浙江省寧波府之定海
縣蓋萬餘里也昔張騫使外國乘槎窮河源犯牛斗作
博物誌行于世余於鼇顐也然塞十九年而余十六日矣不
其疾乎因應叙海中艱險之狀名之曰乘槎錄并以在濟
時若干篇以備顚末後之覽者必將有感於斯文
　　濟州觀德亭次板上韻
亭名觀德不觀賓客守登臨萬古情滄海波濤春後晏

崔孔燦 1771~?
大靜縣監、有乘槎錄、
朝鮮國書解題(人文書院 938

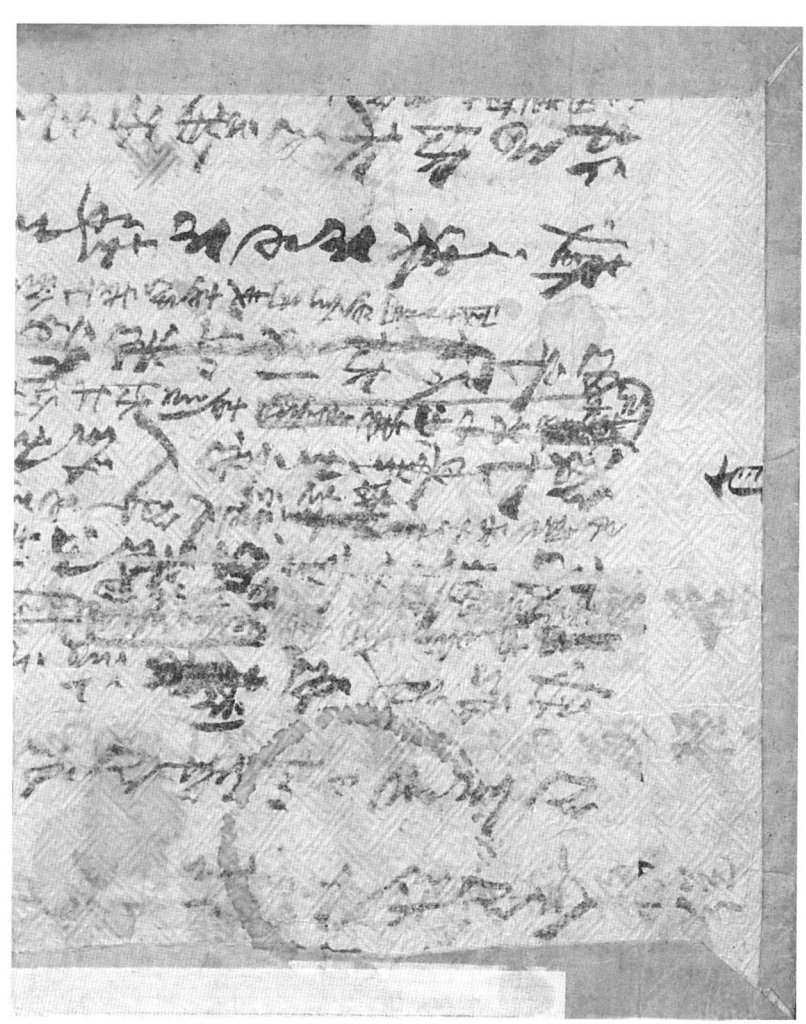

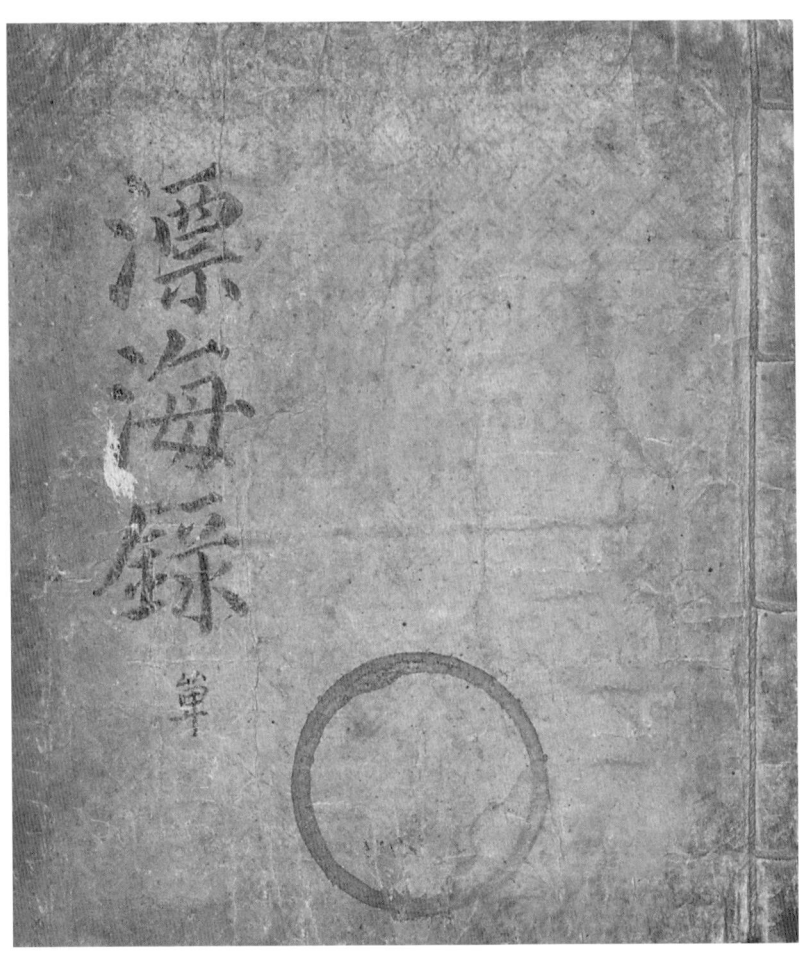

승사록(乘槎錄)

최두찬(崔斗燦)

不足取子長許瑑之壯遊勝情亦君子之所樂道也
余令抽身簿領重訪名山邂逅性師得間叙其遊不
覺爽然起與余故記其說為他日破開之資至若海
域奇詭之觀佛家宏闊之談涉於不經者山林僧舍
之瑣瑣無聞者俱不盡載只存其大都云

金勝京事實

金勝京者金城縣民也生於天啓乙丑丙子之亂避
兵于五申山諗丁丑正月為蒙兵所擄由鐵嶺而行
渡豆滿江越三日從白頭山北行二十餘日渡兀來
江又十餘里至女眞地又三日過長城又兩月餘到

世俗士凡流局於埃壒只守井觀者固不足怪緇徒
雲蹤其能遐擧遠遊如性之流盖未之聞今性也其
人則兒徒也棲止則梵宇也所聞見則釋氏誇誕之
事也無可稱者然能以一杖錫撥棄萬緣浮遊於佳
山好水隨意適情以終其身其視世之泥滓於利欲
眷戀於朝市皇皇營營係名繮而自賢觸刑辟而不
悔者果何如哉余嘗觀梅月堂關西錄有云放山
水忽悟染緇爲山人泛泛物外梅月心事雖不止此
而其平日宣寄情志發舒精神亦不可謂不資遊方
之外也然則如靈運孟郊之理屐登山挼金廢務雖

望月菴會寧還到雙溪菴端川過山水菴吉州擔山城利天佛山咸興白雲山芝川平安佛山興九龍山大升菴原高天寶山興白雲山芝川平安佛山興九龍山大升菴原高天寶山至青蓮寺留一年轉至黃龍山靈源寺五臺山中菴及釋王寺各留數三月往見鶴浦國島由玄風縣俱安至鶖山伊浴溫泉轉至戲靈山深寂菴平生所壁覽山水則楓嶽寺觀則香山最勝只俗離太白小白猶未及到開春將尋此等處而還舊寺云乙巳至月余以事到深寂菴有客僧爲入頗淳眞問其姓名居止則其所云如右東國山川寺觀足迹殆遍漂到海外梟夷殊俗其所歷覽可謂壯矣噫人生於

鳳棲寺神光寺海州白沙汀金沙寺淵長九月山文化仍渡
大津入關西至龍江山城田平壤歴安國寺山越青葱
山忻圓寂山安豆里山嘉鷲蘇龍山廵至于白馬山
城義轉歴長鶴山九里菴藥山東臺邊八古香山
龍門山至內院棲佛影臺留三月又見滿月臺藥師
峯般若峯彌大峯萬壽菴俱照此皆香山高慶也轉
入長學山理雲暗山踰鳥嶺此則自江界向甲山
之路也欲往見白頭山而本府遮載採蔘軍人物不
得往来故不果入甲山過長白山日出菴鏡轉訪七
寶山明川又北至熈域山城鍾遍蹈六鎮諸郡歴雲羅山

物故者蓋所乘舩大且堅緻沙工曾隨使命往来日
本熟諳海路故雖遇天幸得免沉溺之患其所得力
者亦多云遂安佛軀於法堂大設供養轉賣倭國所
得物貨以償其費庚子春又自雙溪出遊轉過金井
山棟圓寂山嵼天台山佛谷此即前日造佛處也
又過長浦山萬里山轉入嶺東歷訪越松亭
窟入五臺山月精上元中臺等寺 又歷洛山寺
襄陽禾嚴寺城到楡岾踏盡金剛内外勝境留長安寺
數月歷寶盖山深源寺原轉往華藏寺遊天磨聖
居朴淵又觀敬天塔過敬陵歷江西寺飛鳳山

不知其名品出置於別舍給以供佛之具
匹三升布十匹燭臺十六雙香爐十六坐佛器紅段二匹
生白檀百斤胡椒五石砂糖百斤麯五百斤米石綠段十五
留九日還到船泊處倭人已作佛舍三間於海上安
其佛像倭僧日來禮佛村人亦相踵施以土物久而
成積綿胡椒二十五匹米十五石砂糖八百斤麯五百匹木
即欲回舟緣風勢不利且為倭所挽留二十四箇月
偕商倭發船經三月到泊釜山是丙申八月也府使
柳公招問前後漂行之事使之罷去遂由金海熊川
昌原鎭海巨濟統營固城泗川南海平山浦露梁泊
蟾江還于雙溪一舩所上二十六人前後三年無一

北風行九日八月旬二到日本達里海烽臺下遙聞
放砲三聲此即鎮堡軍兵候望之地也漸近其島有
倭船三十六隻急來圍船問是何船答以高麗僧人
造佛載角漂風而來云則有一官人來點具錄舟中
人物而去所乘船則下碇於浦上倭船圍住不去而
日給糧資過數月後又有一官人來開仍使下陸供
饋給以衣冠令譯人護行經十餘日到中原此即關
防之地又行一月餘至倭京入倭宮官闕極奢麗庭
鋪蜑甲使行拜禮仍賜坐問以來由取見勸善文饋
以食物一大盤盤中所列皆灑金屑而糖麨之外皆

里島石山嶢嵓遇二船船各有三人而不知何國人
服三升衣頭無所著各佩長柄大斧又欲侵掠遂給
米去其人還入島中而去又遇北風經十六日到穴
島遇二船船各有三人其人長大倍於我國人遍身
黑毛鬆鬆有似麌犬不冠不衣結繩掩其陰面目挺
其凶獰一邊佩鐵椎一邊佩鐵鑿將有殺害之色示
以佛像哀乞其人啁啾指其口腹似有求食之意遂
將舟中米二石投之其人手握米斛如持拳石環坐
噉米各一斗許乘舟東向而去遂留其島三日採薪
汲水而載又經二十八日到如渭島留十五日又遇

德裕山新松江寺㠀又歷扶安筮見邊山又過束金
山鎮遂到智異歷諸剎還雙溪庚寅四月以事徃統
營隨商舩至孫大島㠅候風歷莟島一日中泊濟州
上漢拏山登絕頂周覽四表住曹溪寺兩月還到海
南館頭由統營還雙溪甲午春往天台山㠅斷得至
江以至于雙溪五月行到釜山猝遇南風漂過蔚陵
石刻成十六羅漢將舟于斯江轉于南洋達于蟾
島外過東海又過北海晝夜行十七日泊于黑龍
木米島遇胡人舩二隻胡人十餘持弓矢刀劒將欲
殺害僅以乞免又十二日轉過水宗而行九日到加

法性傳

法性者星州人也生於萬曆丙辰年十七出家於伽倻山海印寺移住卧龍山白泉寺州晉又移智異山雙溪寺遠近山川大小寺刹無處不到徃來於琵瑟山玄風八公山妣金烏山善黃嶽山直吉寺峻入錦山第一菩提菴海南此在絕頂四面無礙馬島入於猪頭中以化主波蟾江轉歷湖南白鷄山玉龍寺光磨尾山正慧寺吉羅山松廣等寺天俸國寺安樂天冠山長八詠山陽大芚山達麻山南無俚山雙溪寺全羅俱海於伊山州綾金山寺溝金道岬寺嶺牛頭山開天寺州俱

雜文

德水李紳頁夏女無後是年十一月初三日藥揚州先兆丙向之原其父為之志泣書納壙

五一床石識

嗚呼谷雲翁晚而抱孫命之曰五一其姿稟絕異表裏瑩澈孝愛天至而二歲自猷知書翁奇愛之常置膝下翁仲子昌肅無後早世越二年乙卯季子昌直生五一將以後之不幸短命八歲而亡噫翁名壽增文正公之孫同知府君之子五十而哭昌肅又十年而失五一慟惜無窮書石而識之嗚呼痛哉

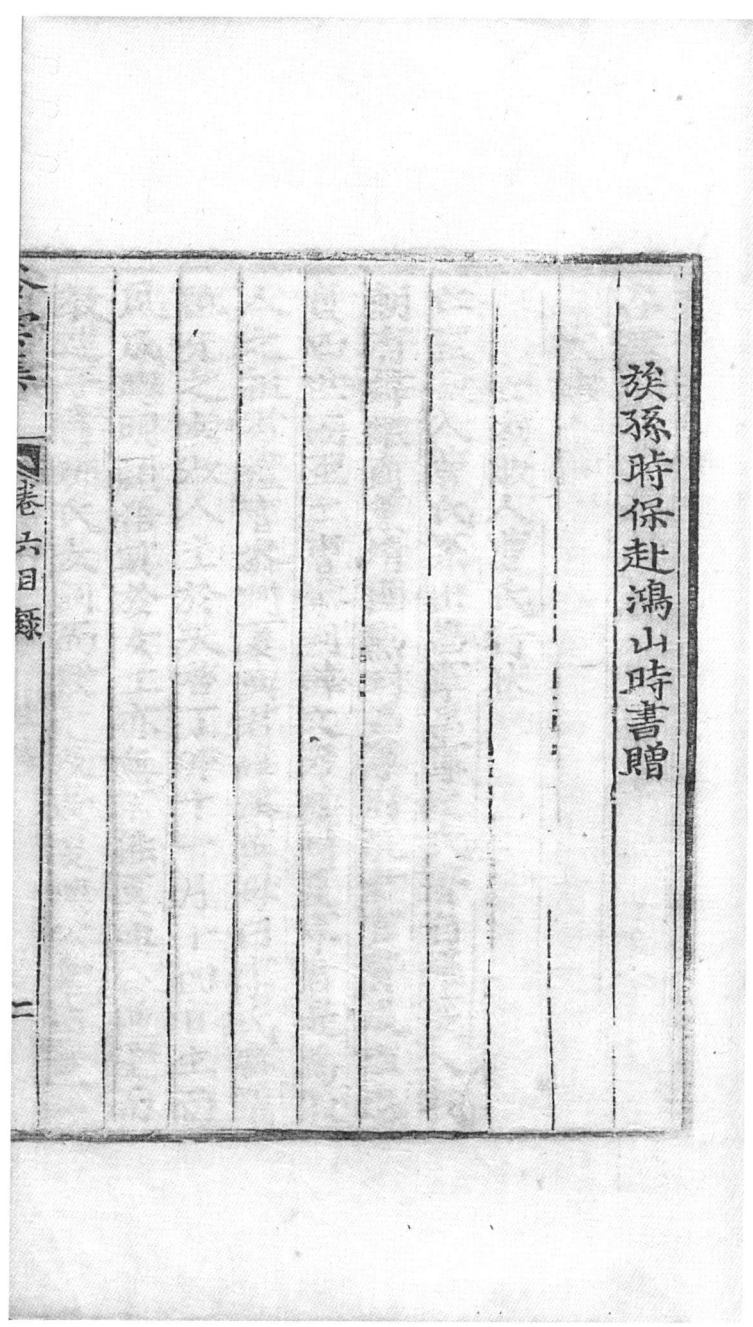

谷雲集

記流民事
籠水亭小序
書漢隸帖後
書先世墨蹟帖後
寫水北公碑文志感
書示昌國三則
孫女入關時書贈
畫像自贊
孫兒嵐祥小字說
嵐祥命名祝辭

谷雲集卷之六目錄

狀誌

亡室淑人曹氏行狀
亡孫五一行錄
亡子昌肅壙誌
五一床石識

雜文

法性傳
金勝京事實
武金事實

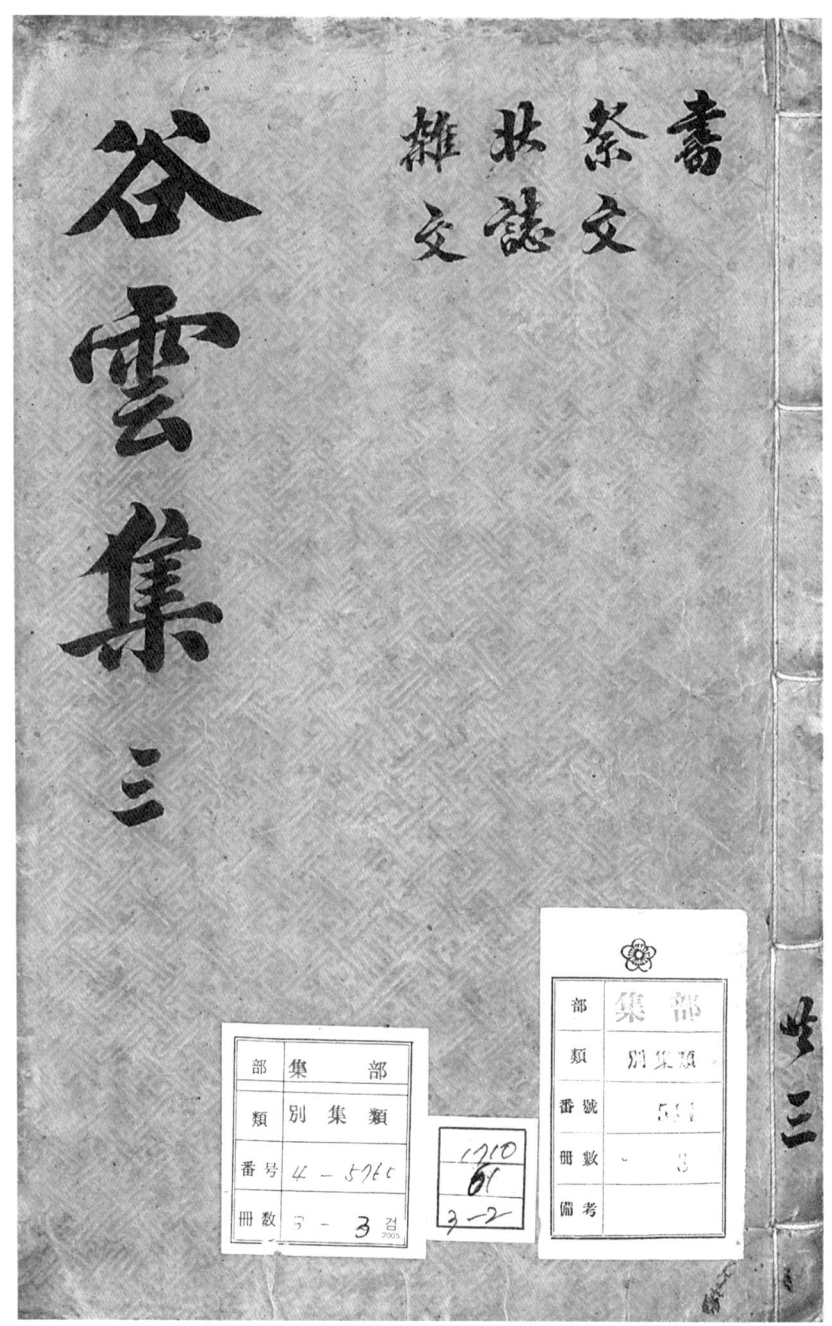

곡운집(谷雲集), 법성전(法性傳)

김수증(金壽增)

차례

부록　고전문헌 원문

김수증,『곡운집』,「법성전」 …………………………………… 5
金壽增,『谷雲集』,「法性傳」

최두찬,『승사록』 …………………………………………… 23
崔斗燦,『乘槎錄』

양지회,『표해록』 …………………………………………… 141
梁知會,『漂海錄』

동아시아 표해록

고전문헌 원문

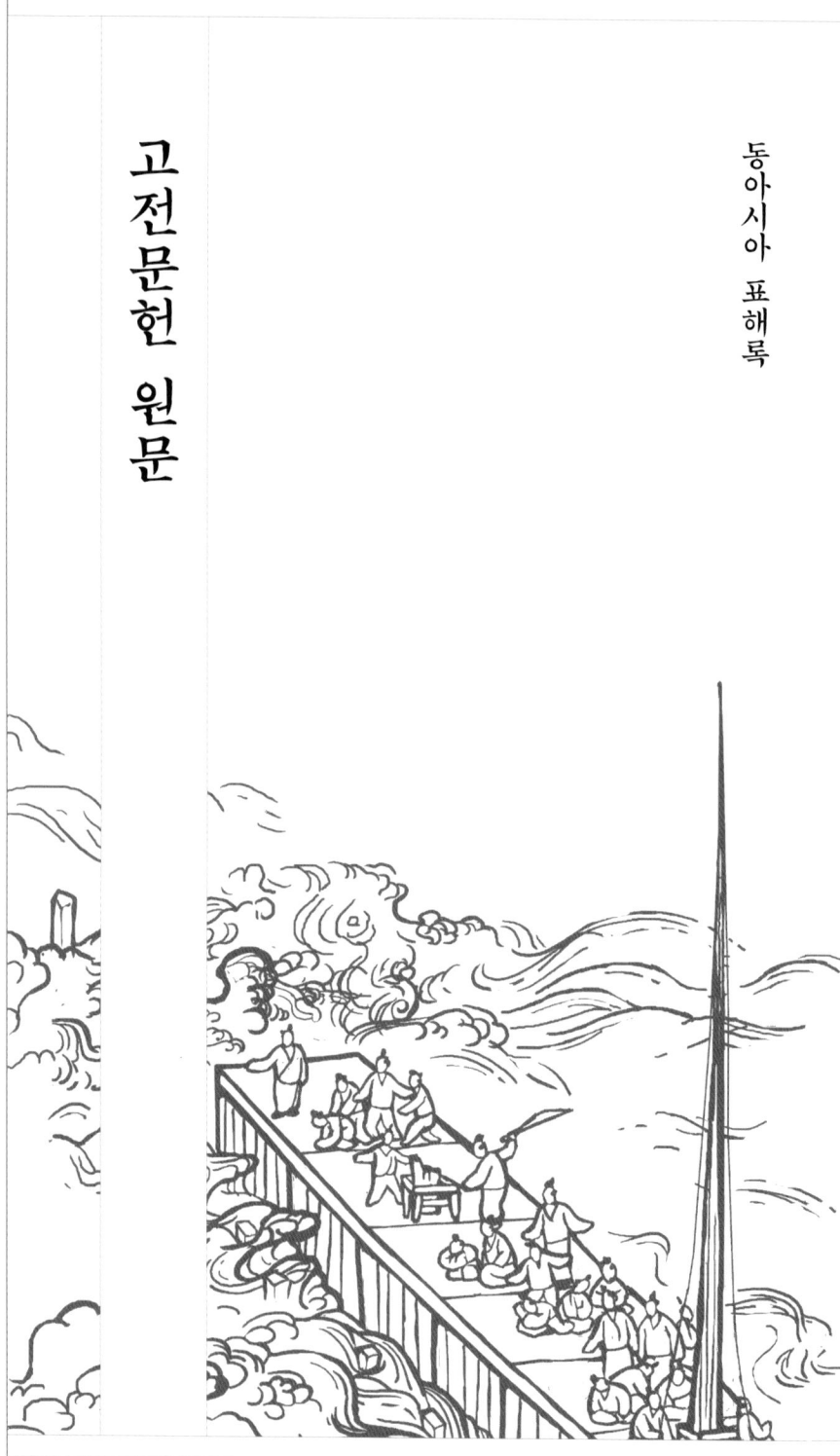